교육심리학

송인섭 · 최명구 · 김누리 · 남궁정 · 박소연
이희연 · 한윤영 · 안혜진 · 김희정 · 김효원 공저

학지사

서 문

최근에 교육심리학도들은 교육심리학의 본질과 접근, 학습과 교수 지능, 심리검사, 지각, 발달, 상담, 개인차 등을 관심 영역으로 들고 있으며, 용어와 개념의 사용과 분화는 좀 차이가 있겠으나 대체로 이러한 범위 내에서 교육심리학 연구와 저술 활동을 하고 있다.

교육심리학의 발전과정을 보면 지난 1세기 동안 심리학과 교육학의 중간에서 두 학문의 중재 역할을 하며 나름대로의 학문적 발전을 이루어 왔다. 그래서 교육심리학도들은 일반심리학의 원리와 법칙을 교육적 상황에 적용하기 위하여 교육학에 적용하는 교육심리학적 연구와 이론적 발전을 위한 작업을 해 왔다. 또 한편으로는 교육심리학 고유의 개념구조와 접근방법을 찾는 데 노력하는 학도들도 증가하고 있다.

그러나 교육심리학의 일반적 관심은 그 초점을 심리학 법칙을 교육현장 문제에 적용하는 데 두고 있다.

이 책은 교육현장에 심리학적 이론을 적용하고 응용하는 데 그 방향을 두고자 한다. 심리학의 기초가 없는 학생들이나 교사들뿐 아니라 다양한 독자층이 쉽게 이해할 수 있도록 기초개념부터 소개하고 가능한 한 다양한 이론을 포함시키려고 노력하였다.

구체적으로 살펴보면, 첫째, 이 책은 전문용어를 가능한 한 쉽게 풀어서 논의함으로써 교육심리학 용어에 친숙하지 않은 사람도 이 책의 내용에 접근할 수 있도록 하였다. 둘째, 이 책은 내용을 축약해서 한 학기 강의에서 전체 내용을 소화할 수 있는 분량으로 저술하였다. 셋째, 각 장 처음에 개요와 학습목표를 제시함으로써 각 장을 충분히 이해하는 데 도움이 되도록 노력하였다.

이 책은 교육심리학의 학문적 성격과 접근방법, 학습자의 다양한 특성, 교수-학습 방법, 생활지도, 심리검사, 교육평가 등 다양한 영역으로 교육심리학의 주제를 잡아 총 13개 장으로 정리하였다.

1장 교육심리학의 학문적 성격과 접근방법에서는 독립된 학문보다는 응용학문으로서 교육심리학의 성격을 정리하고, 학습자의 인지적 특성, 정의적 특성, 발달, 교수-학습 등과 관련된 교육심리학의 문제를 논의하였다. 2장 발달심리에서는 발달 개념을 설명하고, 발달 연구의 쟁점들을 비교하며, 발달단계별 신체적 · 심리적 변화의 내용과 특징을 기술하였다. 3장 성격이론에서는 인간의 정의적 특성 중 성격에 대해 논의하였다. 성격이 어떻게 정의되는지를 살펴보고, 성격에 관한 다양한 이론들을 개관함으로써 정신역동이론, 학습이론, 특질이론 등 다양한 성격이론들을 통해 심리과정이나 행동의 개인차가 나타나는 과정을 기술하고 성격을 평가하는 방법들을 소개하였다. 4장 학습심리학에서는 행동주의와 인지주의 이론을 중심으로 학습에 대해 설명하고, 각 이론들이 교육현장에는 어떻게 적용되는지, 그리고 어떠한 효과를 얻을 수 있는지에 대해서 기술하였다. 또한 이 이론 외에 형태주의와 사회학습이론에 대해서도 제시하였다. 5장 지능에서는 지능이론을 전통적 지능이론, 인지적 지능이론, 현대 지능이론으로 구분하여 살펴보고, 지능의 측정과 관련된 지능검사와 지능지수의 개념을 설명하였다. 또한 창의성의 개념과 지능과 창의성의 관계를 살펴본 후, 창의성 검사와 창의성 훈련 프로그램에 대해서 다루었다. 6장 학습자의 특수성에서는 상위 2~3%에 속하는 영재아와 하위 2~3%에 속하는 학습장애아, 정신지체아 그리고 행동장애아의 개념, 특성, 판별과 교육지도 방안을 기술하였다.

7장 동기에서는 동기 개념, 동기의 기능과 학습의 관계를 여러 각도에서 살펴보고, 학업성취에 가장 큰 영향을 미치는 성취동기에 대해 설명한 후 학습 상황에서 학습자의 동기를 높일 수 있는 방안을 제시하였다. 8장 수업이론에서는 수업과 교수의 개념적 차이를 알아보고 수업설계에 필요한 요소를 살펴보았으며, 이와 같은 수업과정의 이해를 위한 다양한 수업이론들을 소개하였다. 9장 효과적인 수업방법에서는 이론적 수업이론보다 효과성을 높일 수 있는 수업방법에 대해 구체적으로 살펴보았다. 10장 생활지도에서는 생활지도의 개념과 원리에 대해 살펴보고, 상담의 개념과 목표, 이를 설명하는 몇 가지 이론들을 제시하였다. 더불어 진로상담의 개념과 필요성 그리고 이론에 대해 기술하였다. 11장 적응과 스트레스에서는 적응의 개념과 스트레스의 유형, 스트레스 대처방법과 스트레스로 인한 신체적 증상 등의 구체적 정보를 제공하였다. 12장 심리검사에서는 지능검사를 통하여 심리검사를 설명하였다. 마지막으로 13장 교육평가에서는 문항양호도와 접근방법을 제시하고 평가 문항의 제작과 그 타당성과 신뢰성 등을 설명하였다.

이 책의 저자들은 최근의 교육심리학 이론들에 비교적 많은 관심을 가지고 활용하고 있는 젊은 학자들로 구성하였다.

끝으로 이 책의 출판을 맡아 주신 학지사의 김진환 사장님을 비롯하여 직원 여러분에게 감사드린다.

2006년 8월
청파언덕 연구실에서
宋 忍 爕

차 례

3장 성격이론

4장 학습심리학

9장 효과적인 수업방법

10장 생활지도

11장 적응과 스트레스

12장 심리검사

13장 교육평가

1장 교육심리학의 학문적 성격과 접근방법

1. 교육심리학의 성격
2. 교육심리학의 접근방법

제1장 교육심리학의 학문적 성격과 접근방법

학습목표

1. 교육심리학을 독립적 학문과 응용학문으로 분류해서 논의하는 주장들의 배경을 이해한다.
2. 교육심리학의 학문적 특성과 그 영역을 이해한다.
3. 교육심리학의 문제를 해결하기 위한 연구방법에는 어떠한 것들이 있는지를 이해하고 적용해 본다.

학습내용

1. 심리학과 교육심리학의 관계를 이해한다.
2. 교육심리학에서 교수-학습이 갖는 의미를 생각해 본다.
3. 연구방법의 다양한 접근을 이해한다.
4. 교육심리학에서 교수-학습의 관계를 이해한다.
5. 교육에서 정의적 특성이 갖는 위치를 이해한다.

주요개념

심리학	교육학	교육심리학	인지적 특성	정의적 특성
발달심리	교수-학습의 상호작용	기술적 연구	실험적 연구	발달연구
상관연구	통제집단	실험집단		

학습개요

교육심리학은 어떠한 학문적 특성을 가지고 있으며 교육심리학의 문제를 연구하기 위해서는 어떠한 방법들을 이용해야 하느냐의 문제는 교육심리학도들의 계속된 관심이다. 아직도 이 문제는 이 분야에 관심 있는 사람들의 연구문제로 남아 있다. 교육심리학은 독립된 고유한 학문으로의 체계를 가져야 한다는 입장과 교육심리학은 교육심리학적 이론을 교육학에 응용하는 학문이라는 입장은 계속되고 있다. 물론 응용적인 입장에서 고유한 개념 쪽으로 그 정체성을 찾아가고 있는 것이 현실이다. 그러나 이 장에서는 이와 같은 논의를 개괄적으로 하고 독립된 학문보다는 응용학문으로서 교육 심리학의 접근방법을 시도할 것이다. 따라서 이 장은 교육심리학에 포함될 수 있는 다양한 개념과 접근방법을 아우를 것이다.

교육심리학의 영역에서는 인지적 특성, 정의적 특성, 발달, 교수-학습 등과 관련된 교육심리학의 문제를 논의하고자 한다. 접근방법에서는 물론 교육심리학만을 위한 접근방법은 아니지만 교육심리학에서 사용되는 다양한 방법들이 소개될 것이다. 독자들은 앞으로 이 책에서 다루어질 내용들을 요약·정리한다는 의미로 이 장을 이해할 필요가 있다. 특히, 이 장에서는 이 책에서 다루어질 내용과 방법을 다루되 내용보다는 방법에 중점을 두고자 한다. 내용은 앞으로 계속 논의되지만 방법은 이 장에서만 논의되기 때문이다.

1. 교육심리학의 성격

1) 교육심리학의 의미

교육심리학은 학문으로서 성년에 다다른 느낌을 갖는다. 그러나 대부분 학문의 발전과정이 그렇듯이 교육심리학은 그 성격에 대한 합의점에 이르지 못하고 있다. 이러한 개념의 난해성은 *Journal of Educational Psychology*(1910)의 첫 발행 논문집에서도 분명히 나타나 있다. 이를 부분적으로 정리하면 다음과 같다.

> 교육심리학은 보통 교과서에 포함된 내용인 지각, 감각, 기억, 학습, 인지과정…… 뿐만 아니라 발달심리, 개인차, 측정, 평가…… 등을 포함한 것으로 보인다[Bagley, W. C., Seashore, C. E., & Whipple, G. M. (1910). Editorial. *Journal of Educational Psychology, I.* 1-3.

이 정의에서 보면 교육심리학은 고유한 성격의 틀이나 방법이 없는 듯하다. 그러나 지난 1세기 가까운 동안 교육심리학은 심리학과 교육학의 중간에 위치해서 학문적으로 두 학문의 중재 역할을 했다고 볼 수 있다.

최근에 교육심리학도들은 관심 영역으로 학습과 교수, 지각, 사회 행동, 인간발달, 개인차, 상담 그리고 측정, 평가 등을 들고 있으며, 용어와 개념의 분화에는 차이가 있으나 대체로 이러한 범위 내에서 교육심리학을 연구하고 있다. 논의된 대부분의 개념들은 심리학에서 고유한 개념으로 다루어지고 있는 것들이다. 여기서 하나의 자율적인 학문은 그 나름대로의 독립된 개념적 체제와 방법론을 확보해야 한다고 볼 때, 교육심리학은 과연 그러한 요건을 갖추었는지 의문을 갖게 된다.

그래서 현재 이에 대한 대답을 찾는 노력이 교육심리학자들 사이에서 교육심리학적 개념과 방법을 찾는 일로 확산되고 있다. 이는 곧 교육심리학적 가치의 실현에 대한 문제로 귀착된다. 이러한 학문적 가치가 교육심리학적 현상을 어떻게 설명하느냐의 문제는 계속된 우리들의 관심사다. 그러나 한편으로 교육심리학의 발전과정은 응용과 실제적 측면에서 찾을 수 있다.

이 장에서는 교육심리학의 의미를 생각해 보고자 한다. 인간을 이해하고자 하는 노력은 모든 학문의 질문이자 연구과제라고 볼 수 있다. 그중 심리학은 인간의 내면세계에 대한 원리와 법칙을 찾고자 도전장을 던져 놓고 있는 학문이다. 그러면 교육심리학은 어떠한가? 교육심리학을 어떻게 정의하느냐에 따라 다양하게 논의될 수 있다. Wittrock(1970)은 "교육심리학은 심리학적 원칙을 교육에 응용하는 것이라는 케케묵은 개념화를 뛰어넘어, 이제 우리는 교육심리학이 교육장면에서 인간의 행동을 과학적으로 연구하는 학문이라는 해방된 개념을 지칭할 시기를 맞이하였다."라고 하였다(장상호, 1983). 이 논의는 독립된 학문으로서 교육심리학의 학문적 성과에 대한 기대다.

다른 측면으로 교육심리학은 심리학의 인간행동에 관한 보편적 원리와 법칙을 교육에 응용하는 학문이라고도 볼 수 있다. 이런 시각에서 볼 때 교육심리학은 교육 상황에서 개개 학습자의 행동 변화에 따른 심리현상에 관심이 있다고 할 수 있다. 즉, 인간행동의 변화를 모색하기 위한 심리학적 법칙의 적용이라고 할 수 있다. 교육심리학은 인간행동이 변할 수 있다는 전제에서 출발한다. 이 변화에 기여하는 심리적 변인은 과연 무엇인가의 문제는 우리들의 중요한 관심사다.

황정규(1984: 43)는 "교육 및 교사가 가져야 할 신념은 비록 과학적 증거의 99%가 유전에 따라 결정되고 환경에 따라 결정될 가능성은 1%밖에 없다고 할지라도, 이 1% 환경의 힘으로 99%의 불가능을 극복하려는 인간의 프로메테우스적 노력을 인지한다면 변화관에 대한 신념이 과학적 증거 이전에 택해야 할 의사결정이라는 것을 알 수 있을 것이다."라고 하였다.

이러한 관점에서 이 장에서는 앞으로 논의될 교육심리학의 학문적 성격과 현실적용에 대한 논의를 하고자 한다. 이 하위 제목으로 인지, 정의, 발달심리 그리고 교수-학습 등을 포함시켜 교육심리학의 문제를 생각하고자 한다.

2) 교육심리학의 발전과정

(1) 현대 교육심리학의 탄생

〈Galton〉

교육심리학이 심리학에서 그 의미를 찾기 시작한 것은 19세기 말과 20세기 초반으로 영국과 독일 등에서 시작되었다(Boring, 1957). 이때 감각기관에 대한 연구와 Mill(1829)의 의식, 개념, 분류, 추론, 기쁨, 의지 등의 연구는 현대 심리학에 크게 영향을 주었다. 나아가 그의 아들 J. S. Mill은 인간의 사고에 대한 문제를 체계적으로 논의했다. 한편으로 독일에서는 Kant의 이성론이 현대의 인지심리학에 크게 기여하여 Piaget나 Kohlberg 등의 발달심리학 연구의 근거가 되었으며, 감각정보를 조직하고 해석하는 목적을 가진 선행적 범주가 인간의 정신에 내재되어 있다고 주장했다. 인간의 행동과 정신에 관심을 둔 Wundt는 내성법을 주창하고 발전시켜 심리학을 물리학과 차별화한 공로가 인정되어 실험심리학의 개척자로 인정받고 있다. 그는 변별반응, 반응시간, 감정적 반응 등을 측정하는 연구를 시도하였다.

더 나아가 교육심리학의 발전에 직접적으로 기여한 사람은 Galton(1869)이다. 그는 주관심사였던 천재연구에서 통계적 기법을 이용해 인간이 갖는 능력의 개인차 문제가 유전된다는 증거를 제시하였다. 이러한 유전적 요소의 강조는 유전과 환경에 대한 논쟁을 불러일으켰으며, 그의 개인차 연구는 Cattell과 Thorndike 등에 학문적 영향을 주어 교육심리학 발전에 크게 기여하였다.

20세기에 들어서면서 교육심리학의 학문적 성격에 대한 논의가 미국 심리학자들을 중심으로 활발히 전개되었다. 그래서 미국을 중심으로 한 심리학으로서의 학문적인 논의는 점차 교육심리학의 발전에 영향을 미치기 시작하였다(Walberg & Haertel, 1992).

교육심리학을 학문으로 형성시키는 데 크게 기여한 학자는 W. James와 G. S. Hall, J. M. Cattel 등을 들 수 있다. James(1890)는 기능적이고 실제적인 면을 강조하면서 개별성, 선택, 목적 등을 심리학적 체제의 중요한 영역으로 다루었으며 정신을 활동적이고 동시적이며 선택적으로 보았다. Hall은 지식, 믿음, 태도 등을 연구하여 20세기 전반기의 아동연구 운동에 중요한 역할을 하였다. 그리고 컬럼비아 대학의 Cattel은 다양한 측정방법과 통계적 도구를 발전시켜 개인차 연구의 방향을 제시하였다. 이들 세 명의 교육심리학의 기반 구축에 힘을 얻은 Thorndike는 교육심리학을 독립된 학문으로 정립하려고 노력한 최초의 학자다. 그의 연구는 주로 주의집중, 기억, 습관에 초점을 두었으며 지능과 학습에 대한 연구, 학습의 법칙, 통계적 방법 등의 다양한 연구를 수행하였다. 물론 지금까지 논의한 사람들은 대부분 심리학자였으나, 그들의 관심 영역이 현재의 교육심리학의 내용과 큰 차이가 없다는 점에서 교육심리학의 출발점이라고 볼 수 있다.

(2) 교육심리학의 형성기

앞서 논의한 바와 같이 James는 심리학적 이론이 교육적인 문제들을 해결하는 데 기여할 수 있다는 가능성을 시사하면서도 기술적인 학습이론이 처방적인 교수이론과의 차이를 예견하였듯이 구체적인 제안은 꺼렸다(이성진, 1996).

학습곡선, 피드백 강화, 망각의 특성 등의 중요한 심리적 구인을 발전시킨 그는 예비교사들에게 과학에 근거한 수업을 시도하도록 지도하면서 교재가 심리학적 원리에 맞는지를 검증하였다. 그의 대표적인 저서인 *Educational Psychology*(Thorndike, 1903)는 교육심리학에서 가장 영향력이 컸으며, 1921년에는 *The Original Nature of Man(Vol. 1)*, *The Psychology of Learning(Vol. 2)*, *Individual Differences and Their Causes(Vol. 3)*를 출간하면서 교육심리학을 독립적 학문으로 발전시켰다(Walberg & Haertel, 1992: 8). 또한 그는 '교육심리학'의 중요 영역을 지성, 도덕성 및 기능의 생득적 기초를 실험 · 측정하고 정신기능의 향상을 지향하며 개인차와 그 원인을 밝히는 학문으로 보았다. 그는 과학적 접근방법을 교육문제에 적용하려고 시도하였고 양적 처리가 불가능한 자료는 무시하는 태도를 가졌다. 이와 같이 객관적 측정을 강조한 '교육심리학'은 많은 저항을 받아왔다. 그러나 Thorndike가 실험과학만을 강조한 것 같지는 않다. 이는 *Journal of Educational Psychology* 첫 호의 학교 교실 그 자체 연구가 교육의 실제 경험에서 얻은 심리학적 질문에 대한 대답을 해주는 연구들이 많다는 데서도 알 수 있다(이성진, 1996).

학습이론, 동물실험 등의 결과에서 얻은 자료의 양화를 강조했던 Thorndike의 접근과는 정면으로 대치하는 접근을 시도한 사람은 초기의 교육심리학 발전에 기여한 Judd(1939)다. 그는 학교현장에 적용할 수 있는 이론을 강조하면서 교육 내용, 학교 조직, 학교방침, 교육실제 등의 변형을 주장하였다. 결국 Judd의 입장은 교육심리학의 한 축을 이루면서 Thorndike의 양적 접근과 대칭된 개념으로 교육심리학의 발전에 기여하였다고 볼 수 있다.

결과적으로 Thorndike로 대표되는 실험과학적 지향은 학습연구가 협소하고 말초적이라는 점에서 비판의 대상이 되었고, Judd로 대표되는 교육실제를 강조하는 입장은 교육의 현실적인 개선 등에 초점을 두어 교육심리학의 이론적 정립을 소홀히 하였다는 점에서 비판을 받았다. 이와 같이 교육심리학은 기술적 기초학문과 처방적 응용학문으로 양분되어 출발하였다(이성진, 1996). 지금도 교육심리학의 연구는 이론적 입장을 지지하는 접근과 교육실제를 강조하는 측면이 평행선적인 학문적 논의가 되고 있지만, 이 두 입장은 교육심리학의 발전이란 측면에서 상보적 의미를 갖는다. 한국교육심리학회에서는 1996년에 '교육심리학의 학문적 성격과 현장 적용' 그리고 1998년에 '교육심리학의 현장 적용과 과제' 라는 주제하에 교육심리학의 이론과 실제를 논의한 바 있다. 이 학회에서는 교육심리학 문제에 대해 심리학적 이론이 교육실제에 어떻게 적용되느냐의 문제를 주로 다루었다(더 많은 정보는 『교육심리연구』, 제10권, 제1호와 『교육심리연구』, 제12권, 제1호를 참고할 것).

(3) 교육심리학의 확립기

교육심리학이 학문으로서 확립되는 문제는 교육심리학의 성격을 어떻게 보느냐에 달려 있다. 이 문제에 대한 논의는 앞에서 논의한 교육심리학회의 연차 학술대회에서 이성진(1996)이 제시한 것을 중심으로 요약 · 정리하고자 한다. 교육심리학이 교육심리학만의 개념적 체계와 접근방법을 가져야 한다는 논의는 계속되고 있다. 이때 교육심리학으로 유입한 심리학이 교육문제에 얼마나 기여하였느냐의 질문보다 더 중요한 것은 그 심리학 이론이 교육에 적용됨으로써 교육과 융합하여 교육심리학적 이론과 관점을 어떻게 구축할 수 있었느냐의 질문이다.

이런 문제에 대해서 Grinder(1989)는 교육심리학이 고유한 학문으로서 개념 정립을 하지 못한 배경으로 다음의 세 가지를 들고 있다. 첫째, 교육심리학자가 교육현장의 문제를 연구하지 않는다는 점, 둘째, 교육심리학이 이론적 전망의 구축에 실패했다는 점, 셋째, 교육심리학자가 교육정책 결정에 관여하지 못했다는 점이다. Grinder의 주장에 동의하는 입장에 선 Mayer(1992)는 이러한 문제들이 아직 해결된 것은 아니지만 Grinder가 지적한 문제들은 점차 해결되어 간다고 주장한다. 그 한 예로 미국의 교육개혁운동 등에 참여하는 교육심리학자의 교육심리학적 공헌을 들고 있다.

교육심리학이 나름대로의 문제, 개념, 접근방법을 갖는 학문이 되기 위해서는 교육의 현장과정에 심리학적 현상이 내재되어야 할 것이다. 이 문제에 대해서 이성진(1996: 29-32)은 다음과 같이 주장하고 있다.

첫째, 심리학은 인간행동에 관한 일반적 법칙을 다루지만, 교육은 학습자의 행동 특성을 변화시키는 데 주요한 관심을 둔다. 이처럼 심리학과 교육학은 그 목적이 다르기 때문에 심리적 이론이 부여하는 법칙을 교육실제에 응용하기 위해서는 단순한 접목 이상의 어느 정도 변형이 요구된다. 한 예로 학습심리학의 법칙을 학교현장에 응용할 수 있도록 '번역' 하려는 노력은 나름대로 매력을 끌었으나 큰 성과는 거두지 못하고 말았다. 이러한 노력의 성과가 어떻든 간에 설사 심리학적 원리를 교육에 적용하는 것이 성공을 거둔다고 하더라도 그것은 어디까지나 심리학의 학문적 성과지 교육심리학의 성과는 아닐 수 있다. 이러한 문제부터 해결하는 것이 교육심리학 확립의 출발이 될 수 있을 것이다.

둘째, 심리학은 방법론적으로 정밀성과 경제성을 중요시하면서 행동의 작은 변화도 중요한 고려의 대상으로 본다. 예컨대, 지각의 연구에서 빛의 룩스의 미세한 차이가 시지각에 어떤 영향을 미치는가는 지각현상에 대한 심리학의 지식에 중요한 공헌을 한다. 반대로 교육은 다소의 정밀성과 경제성은 없다 하더라도 학습자의 행동에 의의 있는 변화를 일으키는 변인에 관심을 갖지 않을 수 없다.

셋째, 심리학은 가치중립적이며 기술적인 반면, 교육은 가치지향적이며 처방적이라는 점에서 심리학적 지식을 교육에 적용하는 데는 한계가 있다. 심리학은 일반적으로 행동의 학습, 변화, 발달 등의 연구에서 있는 그대로의 본질적 현상을 증명하는 입장을 취한다. 이렇게 본다면 심리학은 교육학에 비해서는 그 출발부터 가치중립적인 실증과학이라고 할 수 있다. 그러나 교육학은 가치중립적인 심리학과 상당히 다른 결정을 해야 한다. 학습이론을 중심으로 Skinner와 Bruner를 대비할 때,

Skinner의 이론을 기술적이라고 특징짓고 Bruner의 이론을 처방적이라고 하는 이유도 여기에 있다.

넷째, 심리학의 법칙들이 통제된 실험실에서 형성되는 반면, 교육학적 이론은 상당히 자연상태에 가까운 교실에서 일어나는 과정이기 때문에 심리학의 지식을 교육의 장에 적용하는 데는 한계가 있다. 어떤 특수한 변인의 효과를 검증하는 심리학의 실험에서는 외래적 변인을 가급적 엄밀히 통제할 수밖에 없다. 그러나 교육의 현장은 심리실험실에 비하면 통제되어 있지 않고 학습자에게 모든 변인이 동시에 작용하여 학습자의 행동에 영향을 미친다.

심리학과 교육학 간의 목적과 관심의 차이 때문에 심리학의 지식을 교육에 적용하는 데 무리가 있다는 것은 자명하다. 교육심리학은 심리학의 확립한 원리를 교육현상에 적용하는 데서 시작하였으나, 심리학의 응용분야가 아니라 독립된 개념적 구조와 연구방법을 통하여 고유의 연구영역을 확립해 나가는 학문이라는 인식은 당연한 추세의 귀결이다.

Ausubel(1969)은 교육심리학이 학교의 학습에 중점을 두어야 한다고 주장한다. 즉, 그는 많은 교육심리학 교과서가 '일반심리학을 좀 부드럽게 쓴 잡동사니' 들을 담고 있다고 말하면서, 교육심리학을 하나의 독립된 학문으로 규정하고 '학교학습의 본질, 조건, 성과 그리고 평가에 관한 심리학의 특수 분과' (Ausubel, 1969: 232)라고 교육심리학의 응용학문적 성격을 인정하면서도 학교학습에 초점을 맞춘다는 점에서 심리학과 구별되어야 한다고 주장하였다.

Wittrock(1967, 1992)은 교육심리학을 심리학의 지식을 응용하는 분야로 규정하였을 때 교육심리학의 발전을 저해할 가능성이 있다고 하였다(이성진, 1996). 그는 교육심리학을 응용적 학문으로 볼 때, 심리학적 이론과 연구가 심리학의 특권이 되어 교육현장과는 아주 다른 연구가 된다고 보았다. 결국 교육심리학자는 교육현장과 동떨어진 맥락에서 연구된 것에서 쓸 만한 것을 적용하는 일만 하게 된다는 것이다.

최근에는 교육심리학을 교육현장에 내재하는 모든 심리적 과정을 과학적으로 연구하는 학문으로 보는 분위기가 나타나고 있다(Mayer, 1987; Slavin, 1988; Woolfolk, 1987; Wittrock & Farley, 1989; 이성진, 1996). 예컨대, '교육심리학자는 다른 분야의 지식을 응용하며 또 다른 지식을 창조한다' (Woolfolk, 1987: 21), '교육심리학의 주된 초점은 정보, 기능, 가치, 태도가 전달되는 과정과 심리학 원리를 교수실제에 적용하는 데 있다' (Slavin, 1988: 2), '교육심리학은 인간의 인지과정과 지식상태에 관계된 과학적 연구에 초점을 맞춘다' (Mayer, 1987: 7) 등을 볼 때 종전의 교육심리학에 대한 응용 일변도 개념 규정에서 점점 벗어나고 있음을 알 수 있다.

3) 교육심리학의 영역

교육심리학의 의미를 어떠한 방법으로 개념화하든 교육심리학은 다양한 심리학 분야와 관련이 있다. 따라서 교육심리학과 관련이 많은 심리학적 영역을 정리해 보고자 한다. 여기에서는 인지적 특성, 정의적 특성, 발달심리 그리고 교수-학습을 교육심리학과 관련시켜 논의하고자 한다.

(1) 인지적 특성과 교육심리학

교육심리학과 밀접한 관계가 있는 한 영역은 학습자의 인지적 특성이라고 볼 수 있다. 인간의 행동 특성을 인지적 특성과 정의적 특성으로 나눌 때, 인지적 특성은 교육심리학에서 어떤 영역보다도 중요시하는 측면이다. 인지적 특성 중에서 핵심적인 것은 학생의 학업성취 능력과 관련 있는 지능, 창의력 등이다.

지능은 학자에 따라 다양하게 정의되고 있다. 지능의 본질에 대한 개념적인 논의와 접근은 다양한 이론을 향상시켜 왔고, 각 이론마다 지능이라는 구성요인과 접근을 다르게 하고 있다(송인섭, 1996). 지능에 대한 연구는 방대하기 때문에 그것을 어떤 방식으로 개념화한다는 것은 위험한 일이라고도 볼 수 있다.

몇 가지를 정리해 보면, 우선 요인이론으로 Spearman의 2요인이론, Thurstone의 다요인론 그리고 Guilford의 지능구조이론을 생각할 수 있다. 최근에 지능의 개념을 형용사적 또는 일반적 가능성 혹은 능력으로 보려는 Gardner는 지능을 언어적 지능, 음악적 지능, 논리수리적 지능, 공간적 지능, 신체운동적 지능 그리고 개인적 지능으로 재개념화하였다.

또한 인지이론적 입장을 생각할 수 있다. 인지이론 중 Sternberg의 삼위일체 지능이론은 기존에 지능의 근원을 오로지 개인 행동으로부터 구하려 했기 때문에 불완전한 이론이 되었다고 가정하고, 이를 탈피하기 위해서는 지능의 근원이라 볼 수 있는 세 가지 하위이론들, 즉 상황이론, 경험이론, 요소이론으로 구성된 종합적인 지능이론이 필요하다고 보았다.

요인이론과 인지이론적 접근은 각자 독자적인 주장들을 하고 있으며 나름대로의 합리적 근거를 갖고 있다. 두 입장은 서로 반대편에 놓여 있는 것 같지만, 배타적이라기보다는 오히려 인간의 지능을 상호 보완하여 설명하는 방식으로 생각할 필요가 있다.

학생의 인지적 특성 중 또 하나 중요한 것은 창의성 영역이다. 창의성에 대한 관심은 21세기의 지식정보화 사회가 가까워 오면서 교육심리학자들의 지대한 관심 영역이 되고 있다. 창의성은 다양한 개념으로 정의되고 있는데, Guilford는 창의성을 새롭고 신기한 것을 낳는 힘이라고 하였고, Taylor는 생산적 사고와 창조적 사고를 표현하는 복잡한 심리적 과정이라고 보았다.

창의성의 구성요인은 Guilford의 입장이 많이 인용되고 있다. Guilford는 그 구성요인으로 유창성, 융통성, 독창성을 들고 있다. 이외에도 인지적 특성을 더 논의할 수 있을 것이다. 좀 더 자세한 논의는 앞으로의 인지적 특성 부분에서 자세히 논의될 것이다.

(2) 정의적 특성과 교육심리학

교육심리학의 중요한 목표인 학생의 학업성취는 학습자의 특성, 학습과제 그리고 수업 간의 상호작용의 결과다. 학습자의 변인 중 정의적 특성은 학습자의 중요한 요소자 학교학습의 원동력으로서 학교학습이 일어나기 위한 조건인 동시에 결과다. 이러한 정의적 특성에는 학교교육 및 학교교육과 관련되는 흥미, 태도, 가치, 자아개념, 포부수준, 불안 등이 있다. 이러한 문제를 교육현장에 적용하여 교육이라는 문제와 정의영역에서 다루는 개념들이 융화되어 교육현상을 설명하는 것이 정의적 특성과 관련된 교육심리학이라고 할 수 있다.

정의적 특성의 중요한 심리적 변인들로는 동기, 기대수준과 자아개념을 들 수 있다. 첫째로 동기는 인간행동의 활발성, 목표지향성을 증진시키거나 감소시키며 행동의 방향을 결정해 주는 심리적 요인이다. 동기에는 기본적 동기, 성취동기가 있다.

동기이론을 대표하는 Maslow의 동기위계설은 인간행동의 활성화 방향을 욕구위계로 정리하여 생리적 욕구, 안전욕구, 애정 소속 욕구, 자존욕구, 자아실현 욕구, 지와 이해의 욕구 그리고 심리적 욕구로 나누어 정리하였다.

둘째로 정의적 특성의 중요한 요소인 기대수준은 구체적 과제에서 이루어지는 구체적 성취로 포부의 수준을 말하기도 한다. 기대수준에 관한 연구는 성취 상황에서의 동기의 수준과 그 수준이 실제 성취수준과 어떤 관계에 놓이는지를 밝혀 준다. 그뿐 아니라 여러 과제에서 성공과 실패의 경험이 학습의 상황에 일반화하는 경향을 가지고 있다는 것은 교육심리학적 의의를 갖는다.

끝으로 자아개념은 인간의 심리적 특성 중 핵심적 구인으로 자신에 대한 느낌과 개념을 의미한다. 자아개념에 대한 논의는 철학적, 심리학적, 행동과학적 측면에서 논의될 수 있는데, 특히 교육심리학적 관점에서는 자아개념과 학업성취의 관계에 대한 논의가 되고 있다. 자아개념은 학업성취 변량의 4~25%의 설명력을 가지고 있다는 것이 일반적 연구 결과다. 특히, 이 책에서는 자아개념을 하나의 장에 할애해 자아개념이 교육심리학에서 갖는 의미를 심층적으로 다룬다(좀 더 자세한 내용은 송인섭, 1998a 참조).

인간의 정의적 특성이 인간의 행동 변화에 대한 설명에서 중요한 심리적 요인인 것은 분명하다. 이러한 정의적 특성에 관한 제 이론들이 교육심리학 관점에서 어떻게 논의되어야 할지를 고민하는 것으로부터 정의적 특성과 교육심리학의 만남은 시작될 것이다.

(3) 인간발달과 교육심리학

교육심리학의 중요한 관심 중의 하나는 인간의 성장과 변화를 의미하는 '발달'이라는 현상에 관한 것이다. 그래서 교육심리학은 인간의 발달현상에 대한 이론을 정립한 발달심리학을 교육심리학의 한 영역으로 보고 있다. 발달심리학은 출생부터 사망에 이르는 전 생애에 걸친 기간 동안 나타나는 사람의 성장과 변화에 관련된 이론을 형성하기 위해 과학적 탐구를 하는 학문이다. 이 같은 발달심리학은 인간의 인지적 발달, 정의적 발달에 관한 인간의 행동과 정신에 관한 연구를 포함한다.

발달심리학에서 연구된 인간의 발달단계의 개념들이 교육에 어떻게 관련되고 적용되는지를 밝히는 것이 인간발달과 교육심리학의 접점을 만드는 일이다. 좀 더 구체화하면 인간발달적 심리학은 지각, 사고, 유추, 기억, 사회화, 도덕화 등에 대한 연구를 포함한다. 이러한 발달심리적 변인들이 교육현상에 적용되는 과정과 행동의 변화현상을 어떻게 설명하느냐에 관심을 두고 있는 것이다.

〈Piaget〉

Piaget의 인지발달이론은 교육심리학에 큰 영향을 주었다. 교육심리학자는 1960년대 이후 Piaget의 단계설이 교육에 중요한 시사를 주리라는 기대 속에서, 그의 이론을 따라 인지적 발달을 촉진하는 프로그램을 만들고 수학이나 과학 교육 프로그램을 개발하여 유아교육 프로그램의 전파에도 자극을 주었다.

Vygotsky의 인지발달이론은 아동이 타인과의 관계에서 영향을 받으며 성장하는 사회적 존재임을 강조함으로써 인간의 발달에서 사회문화적 측면을 강조했다. 따라서 Vygotsky는 이러한 상호작용에 필요한 요소인 언어의 습득을 중요시하였다. 그의 근접발달영역은 교육심리학에 중요한 의미를 주었다. 근접발달영역은 아동이 혼자서는 해결할 수 없지만 성인의 독려를 받으며 학습하면 성공할 수 있는 부분을 말한다. 이 영역에 위치한 아동에게는 구조화를 형성할 수 있는 단서를 제공하거나 기억할 수 있도록 조력하고 꾸준히 격려해 주어야 한다.

정의적 발달영역에서 관심을 두는 부분은 Freud의 성격발달이론이다. Freud의 정신분석학이 가정하고 있는 본질은 의식과 무의식의 두 부분으로 구성되어 있다는 것이다. 그는 성격구조를 본능, 자아, 초자아로 보았으며, 이러한 세 가지 성격구조를 형성하고 움직이게 하는 것은 리비도라 하였다. Freud는 발달단계를 구강기, 항문기, 남근기, 잠복기 그리고 생식기로 나누었다.

다음으로 Erikson의 심리사회적 발달이론은 Freud의 영향을 받은 Erikson이 아동이 어떻게 자아정체감을 발달시키고 어떻게 사회화하는지를 밝힌 이론이다. 그의 이론은 심리적, 사회적 발달에 대한 관심을 반영하고 있다. 그의 발달단계는 기본적 신뢰감 대 불신감, 자율성 대 수치심과 회의심, 주도성 대 죄책감, 근면성 대 열등감, 정체감 대 역할혼미, 친밀감 대 고립감, 생산성 대 침체성, 그리고 통합감 대 절망감으로 나누어진다.

정의발달이론의 마지막으로는 Kohlberg의 도덕성 발달이론을 들 수 있다. 그는 인간이 사회적 상황에서 도전적 판단을 할 때 자연스러운 도덕적 발달단계를 거친다는 것을 주장한다. 지금까지 예시한 발달이론은 심리학에서 교육심리학 이론으로 침투하여 교육심리학이 인간의 행동 변화를 설명할 때 이용하는 발달적 이론의 근거가 되었다.

(4) 교수 – 학습과 교육심리학

교육의 핵심은 교사와 학생 간의 상호작용으로 이루어지는 교수–학습과정이라고 볼 수 있다. 이와 같은 상호작용이 어떻게 일어나느냐에 따라 인간의 행동 변화에 대한 변량이 결정된다. 결국 한 학생의 교육적 변화 또는 학습의 극대화는 교수–학습과정에 달려 있다고 볼 수 있다. 이러한 과정에서 다양한 심리학적 배경, 교수설계, 프로그램 학습, 교육공학적 적용을 하는 것이 교육심리학의 교수–학습과정이라고 할 수 있다. 예를 들어, Gagné(1962)의 인간학습의 위계적 구조에 대한 연구, Skinner가 발전시킨 프로그램 학습이론 등을 인간행동 변화에 적용시키는 문제가 교육심리학에서 교수–학습활동이 차지하는 영역이다.

'지금까지의 수업에 대한 연구는 원시적 단계에 있다.' 고 전해진다(Berliner, 1982). Bloom의 완전학습이론, Gagné의 교수계열에 대한 연구 등은 그 예다. 또한 최근에는 교수공학, 교수설계, 절대평가기준, 컴퓨터 보조수업 등이 발전되어 가고 있다. 이에 따라 교육심리학자는 교사의 수업, 교재 및 교육 프로그램 개발, 평가, 그리고 학습시간, 학습내용, 피드백, 수업환경 등의 광범위한 변인에 대한 연구를 시도하고 있다.

이 같은 교수이론 중 우선 Glaser의 교수이론을 들 수 있다. 그는 교수활동에 대한 개념적 체제를 잘 보여 주고 있고 학습내용을 정보로 간주하여 수업과정을 막대한 양의 정보가 신속하고 정확하게 처리되는 컴퓨터의 구조와 기능에 비유하였다. 그래서 그의 교수모형에서는 교수과정을 교사의 연속적인 의사결정과 정의로 보았다. 둘째로 Bruner의 교수이론은 인지적 교수이론을 대표하는 입장으로 선행경향성의 자극, 지식의 구조화, 학습의 계열화, 강화 그리고 학습자 사고의 자극이라는 다섯 가지 측면을 강조하고 있다. 셋째로 Ausubel의 교수이론은 교사가 많은 양의 정보를 효율적으로 전달하는 방법에 관심을 두어 기계적 학습이 아닌 유의미 학습을 강조하고 있다. 끝으로 Gagné의 교수이론은 인간의 학습이 단순한 것에서 복잡한 것으로, 저차원에서 고차원으로 발전하는 위계를 이루고 있으며, 한 단계의 학습은 다음 단계의 학습에 필수적인 선행요건이 된다는 위계학습에 기초를 두고 있다.

이 같은 교수이론들은 교수-학습과정에서 중요한 이론적 뒷받침을 하고 있다. 교육심리학은 이 이론들을 근거로 하여 학생의 학업성취를 극대화하는 데 어떠한 변인과 상호작용이 필요한지를 말해 주고 있다. 교수이론에 대한 논의는 이 책의 교수-학습 장에서 좀 더 구체적으로 다루어질 것이다.

2. 교육심리학의 접근방법

교육심리학의 접근방법은 어떠한 시각에서 보느냐에 따라 달라질 수 있다. 이에 연구의 접근절차에서 볼 것이냐, 자료 수집방법에서 볼 것이냐, 다양한 연구방법에 관심을 둘 것이냐 등의 논의가 필요하다. 물론 이 모든 문제가 교육심리학의 접근방법이라는 제목하에 생각될 수 있다. 그러나 이 책은 교육심리학의 개론서이기 때문에 중요한 접근방법만을 다루겠다(송인섭, 1997).

연구를 위한 설계는, 첫째, 연구의 목적을 어디에 두느냐에 따라 기초연구와 응용연구로, 둘째, 관심이 있는 여러 변인들 사이의 기능적 관계를 규명하는 접근방법에 따라 기술적 연구와 실험연구로 구분할 수 있다.

1) 기초연구와 응용연구

교육심리 연구를 기초연구와 응용연구로 나누는 것은 연구목적에 기준을 둔 것이다. 교육심리의 기초연구는 일단 응용의 성격을 띠지 않는 연구문제에 대한 탐구라고 볼 수 있다. 그래서 이 접근방법은 교육심리에서 연구자가 인간행동의 한 측면을 설명하려고 할 때, 그 행동의 형성과정을 이해하고자 할 때, 혹은 하나의 현상에 관한 지식을 얻고자 할 때 하는 연구다. 따라서 기초연구는 연구 결과가 즉시 어떤 현실적인 사용가치를 가지게 될 것인가의 문제에는 별 관심을 두지 않는다.

반면에 응용연구는 한 가지 특정한 현장의 실제 문제를 해결하려 하거나 필요한 정보를 얻기 위해서 설계된다. 임상적인 문제나 교육문제를 다루는 많은 연구들은 그 연구의 결과를 실제 상황에 적용할 목적을 가지고 있다. 그래서 이런 분야의 연구는 기초적 연구보다는 특별한 문제를 다루기 위한 정보가 필요하다. 이러한 경우는 기초연구보다는 응용연구를 선호하게 된다.

기초연구와 응용연구의 차이를 한 가지 예를 들어 생각해 보고자 한다. 한 아동의 자아개념의 내적 관계에 대한 연구를 하는 연구자가 있다고 하자. 이 연구자의 첫 번째 관심은 한 아동의 자아개념의 구조를 밝히는 데 있다. 이러한 연구는 연구자가 관심을 가지고 있는 아동의 자아개념 구조의 모형이 무엇이냐에 대한 연구로, 아동의 자아개념에 관한 하나의 기초이론을 만드는 것이다. 한편으로 이러한 아동의 자아개념 구조의 결과를 가지고 실제 생활 속에서 어떻게 활용되고 그 정보가 어떤 응용적 가치를 가지고 있는지를 연구한다면 그것은 응용연구가 되는 것이다.

즉, 자아개념의 기본적인 이론과 법칙에 관심을 가지는 것과 그것의 기본적인 법칙이 실제 아동의 다양한 문제해결에서 어떻게 활용되느냐는 것은 다른 것이다. 전자는 기초연구라 할 수 있고, 후자는 응용연구라 할 수 있다.

교육심리의 연구활동에서는 이 두 가지가 다 필요하다. 기초연구도 처음에는 연구자의 호기심에서 출발했지만, 같은 연구가 후일 다른 연구자에 의해 이루어졌을 때는 아주 실제적인 의미와 사회적 가치를 가지게 되는 수가 많다. Benjamin Franklin의 연 올리기 연구가 처음에는 전기에 대한 순수한 연구로서 실제적으로 그리 가치가 없었지만, Thomas Edison이 전기를 이용한 무수히 많은 발병을 할 때는 그 공헌도가 높았다. 이와 같이 기초연구와 응용연구는 이분법으로 나누는 것보다 오히려 또 다른 상호작용으로 다루는 것이 좋을 것이다. 다시 말해, 이 둘은 서로 보완적인 관계로 보는 것이 옳다.

2) 기술적 연구

기술적 연구와 실험적 연구는 일반적으로 독립변인과 종속변인의 관계를 어떠한 방법으로 수집하느냐에 따라 구분된다. 한 예로 '연령에 따라 학습 속도가 변한다.'는 데 관심이 있다고 하자. 이 경우 연령이 다른 두 집단을 이용할 수 있다. 두 집단 모두에게 같은 과제를 학습하게 하는 것은 언뜻 보아 실험적인 연구 같지만 독립변인이 의도적으로 조작되지 않았으므로 실험적 방법이라고 볼 수 없다. 이것은 기술적 연구라고 할 수 있는 것이다. 왜냐하면 여기에는 어떤 변인에 연구자가 사건을 일으키게 하는 자극을 주지 않았기 때문이다.

기술적 연구는 한 현상을 있는 사실대로 기술하며 관계를 조사하는 연구다. 따라서 단순한 관찰기법을 통해 많은 양의 자료를 수집하며 흔히 비실험 상황에서 이루어지는 연구를 말한다. 이 방법의 특징은 관찰하고 기록할 뿐, 자연 상황을 의도적으로 조작하지 않는다는 점이다. 그래서 여기서는 변인들 간에 현재 존재하고 있는 기능적 관계에 연구의 초점을 맞춘다.

반면에 실험적 연구에서는 연구자가 한 현상을 일으키는 데 적극적 역할을 수행한다. 능동적으로 사건을 이끌어 나가면서 실험조건과 통제조건을 변화시킴에 따라 종속변인 값이 체계적으로 달라지는 것을 측정하게 한다.

기술적 연구는 어떤 현상에 대한 사실조사에서 한 현상에 대한 이론을 발견하기 위한 가설 연구에 이르기까지의 연구방법이다. 이 접근방법은 무엇이 존재하고 있는가를 관찰 · 조사하여 사실대로 기술하고 해석하는 방법이다. 이와 같은 기술적 연구는 보기에 따라서 다양한 방법으로 분류될 수 있다. 그 종류에는 조사연구, 발달연구, 사례연구, 상관연구, 내용분석, 관찰연구, 임상방법 등이 있다.

이 방법들은 서로 독립적 의미를 가지면서 중복된 특성을 갖는다. 그래서 여기에서는 조사연구, 사례연구, 상관연구 그리고 발달연구의 네 가지로 정리하고자 한다.

(1) 조사연구

조사연구 방법은 기술적 연구의 대표적인 연구법이다. 조사연구에서의 주된 관심은 어떤 변인에 대해서 아무런 조작이나 통제를 가하지 않고 자연적인 상황에서 그

변인을 조사하여 정확하게 기술하는 것이다. 그리고 어떤 사건의 현상에 관련된 여러 변인들 간의 관계를 파악하고 분류 · 분석하는 것도 조사연구의 중요한 방법이다. 대표적인 예로서 자유롭게 놀고 있는 아동의 특성을 자연적인 상황에서 관찰하는 연구를 들 수 있다. 특정 연령의 아동이 갖고 있는 지적인 특징이 무엇인지를 결정하는데 목적을 둔다면, 그들이 노는 대로 그들의 지적 행동을 관찰하면서 연구를 할 수 있다.

조사연구 방법에서는 그 연구대상의 전집을 대표할 수 있는 일부 대상을 뽑아서 하는 표본조사를 많이 활용한다. 이와 같은 조사연구는 일반적으로 조사 목적에 따라 사실 발견적인 것과 가설 검증적인 것으로 나눌 수 있다. 우선 조사연구의 목적이 사실 발견일 때에는 어떤 집단의 특성이나 사건, 어떤 현상이 어떠하냐 등 있는 그대로의 사실을 알아보기 위한 연구라고 할 수 있다. 예를 들어, 5.13 교육개혁에서 5세 아동을 입학시키는 문제가 제기되었을 때 학부모, 교육전문가와 유치원 교사들은 각각 교육개혁에 대해서 어떤 의견과 태도를 가지고 있는지를 조사하는 것이 여기에 속한다. 이러한 조사를 통해서 교육개혁안에 대한 국민들의 여론을 알 수 있고 그 여론은 곧 정책에 반영될 수 있다.

조사연구에서 많이 쓰이는 자료수집 방법으로는 질문지법과 면접법이 있다. 특히, 질문지를 이용한 조사가 많이 이루어지는데, 이는 일련의 질문을 질문용지에 인쇄하여 응답자가 답을 기술하도록 하는 방법이다. 이와 같은 질문지법을 사용할 때 신뢰성과 통계적인 의미를 갖게 하기 위해서는 사전에 신중한 절차와 질문지 작성 및 출제방법, 응답방법들의 정밀한 검토가 요구된다. 또한 실시 시기와 주위 환경 및 분위기를 고려하여 성의 있는 응답을 얻을 수 있도록 응답자 측의 협력을 의뢰하는 것도 중요하다.

다음으로 조사연구에서 많이 쓰이는 방법이 면접법이다. 질문지법이 간접적인 방법인 데 반하여 면접법은 면접대상과 마주한 상황에서 이야기를 나누며 필요한 자료를 모을 수 있는 일대일 응답방법이다. 이 방법에는 단순히 피면접자로부터 어떤 정보의 획득이나 자료수집을 목적으로 이루어지는 조사면접, 면담과정의 진단과 치료적 · 교육적 가치를 중요시하는 상담면접 등이 있다. 상담면접의 기본적인 조건은 피상담자가 면접에 적극적으로 응할 수 있도록 이해와 수용의 분위기가 이루어져야 한다는 것이다. 면접법은 때로 찾아내기 어려운 학생의 감정과 의지들, 내면 등을 알아낼 수 있는 장점이 있다.

면접을 시행할 때에는 교육장면에서도 교사와 학생이 서로 정보를 주고받을 수 있으므로 동기유발이 필요하다. 또한 면접은 상호작용의 과정이므로 필요한 사항에 대해 자연스럽게 질문하고 올바르게 대답할 수 있는 분위기를 만들어야 한다.

연구에서 조사연구가 갖는 목적은 분명히 있다. 관심 영역이 갖는 어떤 특징에 관해 현재 무엇이 이루어지고 있는가에 대한 정보를 알고 싶고 그 현상을 이해하고 싶을 때 쓰이는 방법이다.

(2) 사례연구

사례연구 방법은 한 가지 사실이나 상황에 관련된 측면을 여러 각도에서 포괄적으로 다루는 방법이다. 이 방법은 한 학생의 적응문제의 원인이라고 생각되는 현재 상황과 관련된 여러 종류의 항목을 조사해서 그 학생이 가지고 있는 문제와 원인을 진단하고 그에 따른 적절한 치료방법을 찾는 데 이용될 수 있다. 사례연구는 개별화, 변별화, 조직화, 그리고 포괄화의 개념을 가지고 있다고 볼 수 있다.

물론 사례연구의 기초적인 방법은 개인이나 사회기관 또는 지역사회를 연구의 단위로 하여 한 사상이나 사태에 관련된 모든 측면을 다루는 데 쓰이고 있다.

사례연구는 정상아 연구, 학생의 배치 등 다방면에 적용될 수 있다. 사례연구의 초기에는 사례사와 같기 때문에 흔히 사례연구를 문제원인 진단을 위한 초보단계인 사례사에서 그치는 경우가 많다. 사례연구는 개인에 관한 모든 것을 아는 사례사에 그쳐서는 안 되며, 그것의 원인 진단을 거쳐 문제를 해결하는 실천적인 데까지 도달할 때 그 의의가 있는 것이다.

사례연구법의 특징인 개인에 대한 집중적 연구는 개별 · 기술적 연구라고도 일컬어지고 있다. 또한 이는 심리학의 특징인 법칙 정립적 연구에 대한 보충적인 것으로 간주될 수도 있다. 사례연구법은 일반화 가능성, 즉 어떤 단일 개체의 연구 결과를 기초로 어떻게 일반화할 것인가의 문제를 갖고 있다.

이러한 사례연구법은 나름대로 장점과 단점을 갖는다. 장점은 종단적인 발달 상황과 사회적 · 환경적 존재인 인간에 대하여 다각적인 접근을 할 수 있다는 점이다. 또 개인을 신체적, 심리적, 환경적 요인의 종합으로 보고 포괄적으로 다룬다는 점에서 좋다. 단점으로는 심리적 수양이나 예리한 통찰력 없이 주관적인 해석에 빠질 우려가 있다는 것, 시간과 노력이 많이 들고 연구대상자를 근거 없는 불안에 빠지게 할 위험이 있다는 것 등을 들 수 있다.

사례연구의 절차와 양식을 보면, 우선 사례연구의 절차에서는 첫 번째로 무엇을 다룰 것인가를 분명히 규정할 필요가 있다. 이 문제의 규정은 무단결석, 특수아 문제, 가정파탄 등의 형태로 연구의 단위를 발견하는 일이다. 두 번째로 연구할 단위를 발견하고 결정했으면 이에 관련된 자료를 수집해야 한다. 자료를 수집함으로써 보다 문제 규명이 철저해지고, 문제를 설명하거나 그 원인을 규명함으로써 진단의 기초자료를 제공할 수 있게 된다. 세 번째 단계는 원인과 진단의 단계라고 볼 수 있다. 진단이란 문제행동에 영향을 준 원인에 관한 이론이나 가설을 형성하는 것을 말한다. 진단과 치료는 불가분의 관계에 있다. 따라서 진단은 치료에 직결되는 것으로서 적절한 치료방안에 대한 예외적인 성격을 띠기 때문에 치료에 실패할 경우 다시 원인을 규명하고 새로운 진단이 필요할 수 있다. 문제의 원인을 올바로 진단하려면 자료수집의 도구나 방법이 적절해야 하지만, 무엇보다 중요한 목적을 달성할 수 있느냐 하는 기본전제를 지킬 수 있어야 한다. 네 번째 단계는 지도와 치료의 단계라고 볼 수 있다. 진단의 목적은 효과적인 치료를 하는 데 있다. 치료 및 추수지도는 전문가가 수행하는 것이 바람직하다.

(3) 상관연구

상관연구는 두 개 혹은 그 이상의 변인들 간의 관계를 나타내는 것으로, 각 변인들 간의 상호 관련성에 초점을 두는 접근방법이다. 예를 들면, 학생들이 똑같이 시험을 치를 때 어떤 학생은 시험시간이 다 끝날 때까지도 문제를 푼다. 이 학생이 몇 점을 맞을지를 생각해 본 일이 있는가? 먼저 끝낸 학생이 학급에서 제일 잘할 것인가? 마지막에 끝낸 학생이 철저히 답을 확인하고 재확인했으므로 점수를 더 받을 것인가? 많은 다른 종류의 상관이 존재하지만 일반적으로 특별한 형태의 관계를 측정하도록 설계된 종류들이 있다. 여기에서는 주로 직선관계를 측정하는 것만 논의하고자 한다.

① 일치

두 변인이 어떠한 방법으로 관계되는가가 밝혀지면 변인 중 하나를 이용하여 다른 것의 정확한 위치를 알 수 있다. 예를 들어, 대학 입학신청을 하면 대학적성검사를 비롯한 많은 양의 개인정보를 제출하라고 요구한다. 대학 사무원들은 이 정보를 원하며 이것을 가지고 대학에서 성공할 확률을 예측할 수 있다. 수능점수와 대학의 평균학점 사이에 상관관계가 있다고 증명되었다면, 수능을 잘 본 학생들은 대학에서 우수한 경우가 많고 수능에서 어려움이 있었던 학생은 대학에서도 곤란을 겪는 경우가 많다고 할 수 있다. 이러한 관계를 근거로 대학의 입학관리위원회는 각 지원자들의 잠재적 성공을 예측할 수 있다. 물론 이 예측이 완벽하게 정확한 것은 아니다. 수능점수가 낮은 사람이 모두 대학에서 곤란을 겪는 것은 아니다. 그것이 입학지원을 할 때 추천서와 고등학교 성적, 그 밖의 다른 자료를 함께 제출하는 이유다.

② 이론 검증

많은 교육 · 심리학 이론들은 두 변인 간의 관계에 관한 구체적인 예를 예측한다. 예를 들어, 한 이론은 자아개념과 학교능력 간의 관계를 예측한다. 발달이론은 부모의 IQ와 아이의 IQ 사이의 관계를 예측할 수 있으며, 교육 · 심리학자는 인성의 종류와 행동의 관계를 예측하는 예를 가지고 있을 수도 있다. 이런 법칙은 두 변인 간의 상관관계를 밝힘으로써 검증될 수 있다. 교육연구에서 상관연구가 사용될 측면은 상당히 많다. 학생이 교사의 지도에 대해서 상당히 공포증을 갖거나 학생이 교사의 말을 듣지 않고 딴청을 부리고 있을 때 우리는 그 원인을 가정에서 찾아볼 수 있다. 그 학생의 가정환경을 조사하여 그 학생이 현재 가지고 있는 여러 가지 대인기피증을 학생의 가정환경과의 관계를 통해서 파악한다면 그것은 하나의 상관적인 연구가 된다. 이외에도 X변인과 Y변인이 어떤 관계에 있느냐를 연구하는 데 상관연구는 많이 사용된다.

③ 상관과 인과관계

인과관계라는 개념은 상당히 복잡한 철학적, 과학적 역사를 지니고 있다. 17세기의 위대한 철학자 David Hume은 인과관계는 자연계에 대한 인간 정신의 습성에 지나지 않는다고 주장함으로써 그 개념을 뒤엎었다. 자연적인 사건은 인과적으로 연결되어 있는 것처럼 보이는데, Hume은 단지 동시에 일어나는 것으로 보았다. Hume이 말했듯이 오늘날에는 비록 자연적인 사건들 사이에 상관이 있다고 하더라도 하나가 다른 것의 원인이 된다고 말할 수는 없다. 단지 그 현상들이 동시에 일어나는 것뿐이지 인과관계가 있는 것은 아니라는 것이다. 이런 큰 철학적인 문제를 여기서 한꺼번에 해결할 수는 없다. 다만 연구에서 사용되는 인과관계를 조작적으로 정의할 수는 있다. 그 영향은 명백히 독립변인이 종속변인의 변화를 야기하는 원인이 된다는 것을 의미하는 것으로 그 이상의 의미는 없다.

이것은 통제된 실험에서 볼 수 있는 경우다. 즉, 인과관계는 외재변인의 영향력을 통재함과 더불어 독립변인이 체계적으로 종속변인에 영향을 주었다는 것이 나타날 때 성립되는 것이다. 비록 그러한 인과관계가 거의 확실하다고 해도 그것은 어디까지나 확률적일 뿐이다. 또 실험이 가장 강력한 연구방법이라 할지라도 그것은 오직 확률적인 법칙만을 만들어 낼 뿐이다. 예를 들어, 우리가 종속변인에서 변화의 원인이 될 가능성이 있는 것을 모두 제거하려 해도 사실상 어느 정도의 외재변인은 존재한다.

이러한 두 집단 간의 통계적인 차이는 오직 확률적일 뿐이기 때문이다. 그래서 상관관계의 연구에서 두 변인 사이에 상관관계가 존재한다는 것은 그들 간의 인과관계 때문일 수도 있고, 제3요인이나 우연요인 때문일 수도 있다는 것을 알 필요가 있다.

(4) 발달연구

발달연구는 주로 연령에 따른 변화과정에 관심을 두기 때문에 연령변인이 중요하다. 한 아동의 발달 경향과 속도, 유형 또는 그것에 관계되는 여러 가지 변인에 관심을 갖게 된다. 이 연구방법에는 종단적 접근방법과 횡단적 접근방법이 있다.

① 종단적 접근방법

종단적 접근방법은 한 연령집단을 표집하여 동일한 연구대상을 오랜 기간 동안 반복적으로 관찰함으로써 연령에 따른 발달적 변화과정을 추적하는 방법이다. 예를 들어, 태어나면서 15세가 될 때까지의 연령 증가에 따른 지능의 변화, 신장의 변화, 체중의 변화가 어떻게 이루어지는지를 연구하는 것이다. 이 방법을 이용하려면 출생과 동시에 한 집단을 표집하여 선정한 표집을 대상으로 그들이 12, 13세가 될 때까지 매년 지능 또는 신장, 체중의 변화 정도를 측정해야 한다.

종단적인 방법은 발달연구에서 만족스러울 수 있으며 다음에 논의할 횡단적 방법보다 발달적 변화과정을 비교적 정확하게 측정할 수 있다. 그러나 이 방법은 연구자가 경험이 없을 때 너무 힘이 들고 또 비생산적이며, 횡단적인 방법에 비해서 경비와 시간이 많이 드는 문제점을 갖고 있다. 그래서 연구자의 훈련과 사전 지식이 필요하다.

종단적 접근방법은 동일 대상을 초기와 후기로 나누어 관찰 · 비교할 수 있는 장점이 있다. 그러나 피험자들의 중도 탈락 문제가 심각하며 연구대상으로 삼은 연령집단의 특성이 오랜 시간이 경과함에 따라 비교대상의 특성과 크게 달라질 가능성이 있기 때문에, 종단적 연구의 결과를 토대로 비교할 때에는 이 점에 유의해야 한다. 또한 소수의 대상에게서 얻은 연구 결과를 다른 집단에 일반화할 때는 어려움이 있음을 인식하고 주의해야 한다. 연구의 초기와 후기에 사용되는 측정도구의 차이로 말미암아 결과를 서로 비교하기 어려운 경우도 발생한다.

② 횡단적 접근방법

횡단적 접근방법은 종단적 접근방법과 달리 다른 연령의 서로 다른 개인을 대상으로 택해서 발달 특성을 알아보는 방법이다. 이 접근은 여러 연령집단을 동시에 표집하여 이들 집단에서 얻은 자료를 가지고 연령집단 간의 차이를 발달적 변화의 수치로 기록한다. 예를 들어, 아동의 지적 발달을 연구하기 위해서 2, 5, 8, 11세 집단의 아동 20명씩을 표집하여 이들을 대상으로 자료를 수집한 후 각 연령의 지적 특성의 차이에 따라 지적 특성의 발달을 유추하는 경우다.

횡단적 방법은 종단적 방법보다 적은 경비와 노력으로 짧은 시간 내에 필요한 정보를 얻을 수 있는 장점이 있다. 그러나 이 방법은 각 연령층마다 서로 다른 대상들을 가지고 연령단계별 대표값을 구하여 그 대표값을 서로 연결시켜 한 개인의 발달 경향성을 알아보는 것이므로 개인의 성장과 발달과정에 관한 참모습을 알 수 없는 단점을 가지고 있다. 예를 들어, 2, 4세 아동의 평균 차이를 얻었다고 해서 그 점수 차이를 두 연령 사이의 차이로만 보기에는 무리가 있는 것이다.

그러나 각 연령층에서 표집한 연구대상들이 전집을 잘 대표할 수 있으며 그 역사적 또는 가정환경 배경이 대체로 같다고 한다면, 여기서 얻은 결과를 근거로 발달의 경향을 측정해도 큰 무리는 없을 것이다. 하지만 각 연령층에서 뽑은 대상들이 편파적으로 표집되었거나 서로 이질적 배경을 가지고 있을 때에는 각 집단의 결과를 상호 비교하기 곤란하며, 이러한 결과를 가지고 발달의 일반적 경향을 찾는 것도 타당하지 못할 것이다. 종단적 · 횡단적 방법은 각기 장단점을 갖고 있어서 이 두 방법을 통합하는 시도의 설계가 논의되고 있다.

③ 종단적인 방법과 횡단적인 방법의 상호 보완적 관계

횡단적 접근방법을 쓰면 비교적 짧은 시간 내에 한 개인의 발달현상을 파악할 수 있고, 어떤 특별한 발달현상이 어떤 연령층에서 나타나는지 파악할 수 있으며 그것에 따라 각 개인의 발달 정도를 비교 · 연구할 수 있다. 그러나 횡단적 접근방법으로는 일반적인 경향은 알 수 있겠으나 구체적인 개인차는 알 수 없다.

이러한 횡단적 연구가 갖는 문제를 해결하기 위해서 종단적 방법이 요구된다. 종단적 방법으로 아동 발달에 관한 연구를 하면 발달 시에 나타나는 아동들의 개인차를 파악할 수 있고, 그 개인차를 일으키는 선행조건들을 조사함으로써 아동의 발달과정을 보다 깊게 이해할 수 있는 장점이 있다.

연구주제에 따라 다르겠으나 일반적으로는 발달연구에서 종단적 방법이 선호된다. 예를 들어, 유아기 애착행동과 후기 사회적 행동 사이의 관계를 연구한다고 하자. 횡단적인 방법으로는 피험자가 어릴 때 대소변 훈련을 어떻게 받았는지 혹은 의존적이었는지를 관찰할 수 있다. 따라서 이럴 때는 종단적인 방법으로 초기의 특성이 후기의 발달에 영향을 미치는지를 연구해야 할 것이다. 물론 회상을 방법으로 채택할 수 있으나 이 방법은 기억에는 왜곡이 있다는 점 때문에 그만큼 연구 결과에 위험성이 내재해 있는 것이다.

앞에서 간단히 살펴보았듯이 횡단적인 접근방법과 종단적인 접근방법은 각기 나름대로의 문제점을 가지고 있다. 그래서 이 두 방법의 장점을 살리고 단점을 보완하면서 발달연구를 할 방법을 모색할 필요가 있다. 이러한 방법들이 갖는 문제의 한계를 극복하면서 새로 고안된 방법이 종단적-연속적 설계방법과 횡단적-연속적 설계방법이다(이종승, 1988).

앞에서 논의하였듯이 이 종단적인 방법과 횡단적인 방법은 나름대로의 장점과 단점을 가지고 있다. 각 연령이 갖는 특징을 파악하고자 할 때는 종단적인 방법을 선호할 수 있고, 여러 가지 지속적인 조건과 한 개인이 특수한 연령에서 갖는 특징을 알고자 할 때는 횡단적인 방법을 선호할 수 있다. 이럴 때에도 횡단적 방법의 단점을 보완하기 위하여 종단적 방법이 사용될 수 있다. 즉, 종단적인 방법과 횡단적인 방법은 상호 보완적으로 사용될 수 있다.

㉠ 종단적-연속적 설계방법

이 설계는 연령이 다른 아동집단을 동일한 종단적 연구기간 동안 연구하여 이를 토대로 서로 비교하는 방법이다. 한 예로 3세에서 7세까지의 아동 발달 연구를 시도할 때, 종단적-연속적 설계는 세 개의 다른 연령집단인 3, 4, 5세 연령층의 아동들을 각각 표집하여 이들을 3년간 연구한다. 이 경우 어느 특정 시기를 중심으로 각 집단의 횡단적인 비교와 발달과정의 종단적인 비교를 할 수 있다. 그래서 발달상의 변화가 있을 때 그것이 문화적 · 환경적 영향 때문인지, 연령의 증가 때문인지, 혹은 양자 사이의 상호작용에 따른 것인지를 알 수 있다.

이러한 접근방법은 종단적 방법보다는 비교적 짧은 기간 안에, 횡단적 방법보다는 비교적 긴 기간의 발달에 관한 정보를 수집할 수 있는 방법이다. 위의 예에서는 3년 동안 5년에 해당하는 연구자료를 얻을 수 있는 것이다. 이러한 방법을 단기-종단적 접근방법이라고도 한다.

㉡ 횡단적-연속적 설계방법

이 설계는 각기 다른 출생집단에서 표집한 아동들을 일정기간 횡단적으로 연구하는 방법이다. 횡단적-연속적 설계는 서로 다른 연구대상 집단에서 두 번 이상의 기간에 둘 이상의 연령층의 피험자들에 관한 자료를 얻을 수 있다는 점이 종단적-연속적 방법과 비슷하다. 그러나 횡단적-연속적 설계에서는 한 연구대상 집단 안에서 동일한 피험자들을 반복해서 관찰하는 것이 아니라 매번 다른 피험자들을 연구대상으로 한다는 점이 다르다.

한 예를 보면, 3~9세까지의 아동 발달 상황을 연구할 때 첫해는 각 연구대상 집단에서 그 당시 5, 6, 7세 된 아동을 표집하여 연구한다. 두 번째 해는 각 집단에서 6,

7, 8세 된 아동들을 새로 표집하여 관찰한다. 그리고 다음해는 그 당시 7, 8, 9세 된 아동들을 각 집단에서 표집하여 연구대상으로 한다. 이러한 연구설계는 어느 한 관찰시기부터 다음 관찰시기에 이르기까지 동일한 피험자를 반복적으로 조사하지 않고 연구할 수 있다는 장점이 있다. 그러나 이 방법은 시기의 흐름에 따른 각 개인의 변화는 측정할 수 없다는 한계가 있다.

3) 실험연구

앞에서 논의한 연구에서는 기술적 연구가 많이 쓰이고 있지만, 어떠한 법칙을 발견하고자 할 때는 실험방법이 선호될 수 있다. 실험적 연구방법은 통제된 관찰법으로 사전에 면밀하게 짜인 조작을 필요로 한다는 점에서 단순관찰과는 구별된다.

실험연구 방법은 독립변인과 종속변인 간의 관계를 평가하기 위해 한 개 또는 그 이상의 독립변인이 변화하고 외재변인들이 통제되는, 하나의 구성되고 계획된 관찰이다. 그 주된 목적은 한 개 또는 그 이상의 외재변인들에 의해서 생긴 종속변인의 변화인 실험오차를 감소시키는 것이다.

(1) 조건통제

① 실험집단과 통제집단

조건통제를 언급하기에 앞서 실험집단과 통제집단에 관하여 설명하기로 한다. 일반적으로 실험적 방법을 적용하는 교육연구에서는 실험집단과 통제집단을 두어 연구를 진행한다. 실험집단은 일정한 실험조건(독립변인)을 조작하여 그에 따른 반응의 변화를 관찰하고자 하는 연구대상 집단이고, 통제집단은 어떠한 조작도 가하지 않고 실험집단과 어떤 차이가 나는지를 비교하는 집단이다. 따라서 통제집단을 일명 비교집단이라고도 한다.

예를 들어, 산수 과목을 프로그램 학습에 따라 지도하면 어떤 변화가 나타나는가를 알아보는 실험연구에서 5학년 1반에게는 프로그램 학습에 따라 지도를 하고 2반에게는 종래의 방법대로 지도한다고 하자. 이때 5학년 1반이 실험집단이고, 2반이 통제집단이 된다. 실험집단과 통제집단의 개념 이해에 도움을 주기 위하여 심리학적 실험에서 사용하는 통제집단의 예를 하나 들겠다. 어떤 연구자가 정신박약아에게 투약하면 그들의 지능지수를 높일 수 있는 약을 발명했다고 주장한다고 하자. 약의 효력을 검증하기 위하여 이 약을 실험연구의 독립변인으로 하고 피험자 집단의 지능지수를 종속변인으로 할 수 있을 것이다. 만일 그가 다만 100명의 피험자에게 그 약을 투약하고 그들의 지능지수를 다시 측정했다고 하자. 그 결과 지능지수가 의미 있는 수준만큼 증가했다고 한다면 이를 어떻게 해야 될 것인가?

연구자는 지능지수의 증가가 약의 사용 때문이라고 장담하지 못할 것이다. 왜냐하면 피험자의 지능지수는 그들에게 약을 투입하지 않았어도 증가되었을지 모를 일이기 때문이다. 그뿐 아니라 피험자들은 처음 지능검사를 받았을 때보다는 2회 검사 때 동기가 더 잘 유발되었을지도 모른다. 또 그들은 영양을 잘 취했는지도 모르고, 좋은 환경에서 살아왔는지도 모르고, 늘 관찰의 대상이 되기 때문에 의학적인 고려를 비교적 잘 받았는지도 모른다. 이 중의 어떤 조건과 그 이상의 더 많은 조건들이 지능지수 증가에 영향을 주었는지도 모를 일이다.

주의 깊은 실험자라면 지능지수의 증가가 약만의 영향으로 생긴 변화인지를 확인하기 위하여 자신의 연구설계에 통제집단을 설정할 것이다. 통제집단은 아주 중요한 한 가지 예외만을 제외하고는 실험집단과 똑같은 방법으로 처치될 것이다. 즉, 통제집단은 약을 받는 대신에 인체에 무해하면서 아무런 작용도 하지 않는 소금 같은 것을 받게 될 것이다. 이와 같은 처방을 진정제(placebo)라고 부른다. 그러나 피험자들은 자신들이 실험집단에 속하는지 통제집단에 속하는지도 모를 것이다. 또 아주 그럴 듯하고 가장 안전한 방법으로는 피험자로 하여금 자신들이 실험에 참여하고 있다는 자각을 하지 못하게 약과 일시적 진정제를 두 집단에게 다 주는 것이다. 약과 일시적 진정제를 매 식사 전에 주고, 필요하다면 피험자들에게 비타민이 주어지고 있다고 믿게 한다.

실험자는 피험자들을 50명씩 두 집단으로 나누고 같은 집단의 피험자를 똑같은 방법으로 다룬다. 단, 한 집단에게는 약을 주고 다른 한 집단에게는 진정제를 준다. 그리고 2회째의 검사를 실시한 후에 실험집단의 지능지수가 통제집단의 지능지수보다 많이 증가했는가를 조사한다. 실제 그와 같은 현상이 나타났고 또 그것이 의미 있는 것이라면, 실험자는 비교를 위해서 통제집단을 사용하지 않았을 때보다 지능지수의 증가가 약의 효력 때문이라고 주장할 수 있는 이유를 가지게 된다.

이와 같이 실험연구는 독립변인을 처치하는 집단인 실험집단과 처치하지 않는 집단인 통제집단을 두어 독립변인의 효과를 검증하는 방법이다. 그래서 실험연구에서는 실험집단과 통제집단이 필요하다.

② 통제기법

실험자들이 적절한 실험통제를 하려고 할지라도 때때로 통제되지 않은 외재변인이 자료가 수집된 후에 발견될 수 있다. 중요한 외재변인을 발견한 후에는 이를 어떻게 통제해야 하나? 다음의 일반적 기법들은 폭넓고 다양하며 특별한 통제문제에 적용될 수 있는 주요한 원리들을 설명한다(연구방법의 이해, 성원사(역)).

제거 외재변인을 통제하는 데 가장 바람직한 방법은 외재변인을 실험 상황에서 제거하는 것이다. 예를 들면, 스키너 상자는 외부의 소음과 빛을 제거하기 위해 방음장치를 했고 불투명하게 만들었다. 그렇지만 불행히도 대부분의 외재변인들은 제거될 수 없다. 확실히 빛은 글자 읽기에 필요하다. 성, 연령, 지능은 제거하기 어려운 또 다른 외재변인이다.

조건의 항상성 제거될 수 없는 외재변인들은 실험을 하는 동안 항상성이 유지되어야 한다. 따라서 외재변인의 동등한 값이 모든 피험자들에게 주어진다. 아마 하루의 시간 중 오후보다 아침이 종속변인에 대해 더 나은 작업을 수행할 수 있을 것이다. 시간을 일정하게 유지하기 위해 모든 참여자들은 며칠 동안 계속 거의 같은 시간에 연구되어야 한다. 피로의 양이 매일 모든 참여자들에게 일정하게 유지되지 않더라도 이 절차는 분명 도움이 된다.

예를 들어, 이 방법은 목록 읽기 실험에서 빛의 조건을 일정하게 유지하는 일 같은 것이다. 조건을 일정하게 유지하는 표준기법을 적용하는 한 방법은 같은 방에서 실험을 시도하는 것이다. 그래서 그 방의 특별한 조건(유쾌함, 향기, 벽과 가구의 색깔, 소재)들이 얼마간의 영향을 미칠지라도 모든 피험자들에게 동일하게 작용할 수 있다.

균형 동일한 조건을 유지할 수 없을 때 실험자는 외재변인들의 영향에 대해 균형을 맞출 필요가 있다. 균형은 두 가지 상황에서 사용된다. 외재변인을 확인할 수 없을 때와 외재변인이 확인되고 그것을 통제하기 위해 특별한 조치를 취할 수 있을 때다. 그 한 예로 소총사격 훈련기간의 연장이 군인들이 무기를 다루는 데 안정감을 증가시켰는지를 알아보는 실험 상황을 생각해 볼 수 있다(송인섭, 1989a). 이 연구는 소총을 더 침착하게 잡을수록 사격은 더 정확해진다는 것을 보여 준다. 그러므로 당신이 소총 훈련을 통해 안정감을 증대시킬 수 있다면 소총을 쏘는 데 정확성을 증가시킬 수 있다. 소총의 안정성 검사들은 소총 훈련 전후에 주어졌다.

이 논리는 만약 집단들이 독립변인에 관한 것을 제외하고 똑같은 방법으로 처치되었다면, 집단들 간의 종속변인의 차이는 (결국에는 최소한) 독립변인에 기인되었다고 할 수 있다. 예를 들어, 독립변인 이외에 실험집단에 작용하는 알지 못하는 외재변인이 세 개 있다고 가정하자. 이 외재변인의 영향은 통제집단에도 마찬가지로 작용함으로써 균형을 이룰 수 있다. 그러므로 독립변인은 두 집단들에 달리 영향을 미칠 수 있는 유일한 변인이다([그림 1-1] 참조).

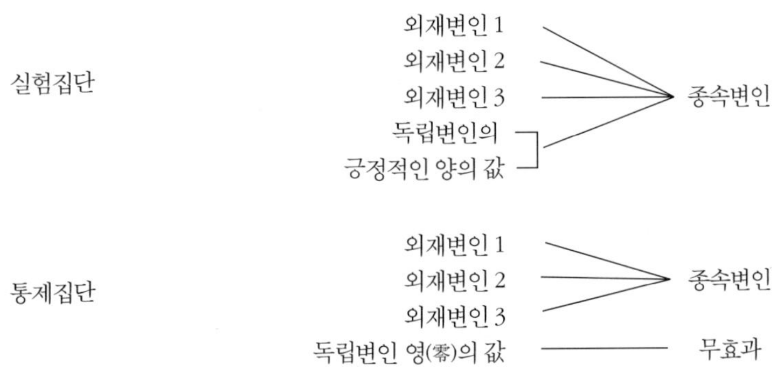

[그림 1-1] 균형기법을 이용한 통제집단 사용

평형 한 실험에서 참여자들은 둘 이상의 다른 실험조건하에 있을 수 있다. 예컨대, 교통신호에서 멈춤 표시를 빨간색으로 칠할 것인지 노란색으로 칠할 것인지를 결정하기 위하여 두 가지 색에 대한 반응시간을 측정할 수 있다. 우리가 빨간색 신호

〈표 1-1〉 외재변인 통제를 위한 평형방법 설계

	실험기간	
	1	2
참여자의 1/2	노란색 표시	빨간색 표시
참여자의 1/2	빨간색 표시	노란색 표시

를 제시한 후 노란색 신호를 제시하여 노란색에 대한 반응시간이 더 짧았다는 것을 알아냈다고 가정하자. 교통행정부서에 노란 멈춤 신호를 추천할 것인가? 참여자들은 먼저 빨간색 신호에 반응했기 때문에 그들의 반응시간은 실험기구를 조작하는 학습과 실험 상황에서의 적응을 포함한다. 이에 기구를 조작하는 학습과 상황에 적응시킨 후에 참여자들에게 노란색 신호를 제시했다. 그러므로 노란색 신호에 대한 더 빠른 반응시간은 색깔의 효과라기보다는 단지 연습과 적응의 효과가 반영된 것일 수도 있다. 즉, 신호의 색과 연습의 양이 혼합되어 있다.

연습량에 대한 외재변인을 통제하기 위해 우리는 평형(counterbalancing)방법을 사용할 수 있다. 평형을 유지하기 위해 참여자의 반은 노란색 신호에 먼저 반응하고 두 번째로 빨간색 신호에 반응하며, 나머지 반은 빨간색 신호에 먼저 반응하고 두 번째로 노란색 신호에 반응한다(〈표 1-1〉 참조).

평형의 일반 원리는 각 조건(색 또는 신호)이 각 참여자들에게 동일한 횟수로 제시되어야 하며, 각 조건이 연습기간에서 똑같은 횟수로 일어나야 한다. 더욱이 각 조건이 모든 다른 조건들에 선행하는 횟수와 뒤에 오는 횟수가 똑같아야 한다.

평형기법에서는 두 번째 변인에 앞서 어느 한 변인을 제시한 효과는 첫 번째 변인에 앞서 두 번째 변인을 제시한 효과와 같다는 것을 가정한다. 예를 들면, 첫 번째로 빨간색 신호에 반응하는 연습효과와 첫 번째로 노란색 신호에 반응하는 연습효과는 같다. 그러므로 처음에 빨간색 신호를 보여 주는 것은 더 큰 연습(또는 피로) 효과를 야기할지도 모르며 그릇된 결과로 이끌 가능성도 있다.

무선화 기법 무선화는 모집단, 즉 전체 집단의 각 구성원이 동등한 확률로 선정될 수 있는 절차다. 만일 500명의 학생 모집단에서 동등한 방법으로 참여자를 선정한다면 그 학생들이 당신의 실험에 참여하게 될 확률은 같다. 통계책에 있는 난수표(random number)를 사용하면 무선 표집을 확실하게 할 수 있다. 이는 외재변인의 영향을 동등하게 할 가능성을 높이는 통제기법이다. 무선화는 두 가지 일반적인 적용을 가한다. 첫째, 어떤 외재변인이 실험 상황에서 작용하는 것을 알고 있으나 선행한 통제기법 중 하나를 적용할 수 없는 경우와 둘째, 몇 가지 외재변인이 작용하지만 이 외재변인이 무선화될 수 있다는 가정의 가능성, 다시 말해 외재변인의 영향이 무엇이든 그것은 대략 같은 정도로 영향을 미칠 수 있다는 가정의 가능성을 높이는 예방책을 취한다.

실험연구는 연구에서 행동 특성의 인과관계를 추론하는 접근방법으로 어떤 다른 방법보다 선호될 수 있다. 행동의 원인이 무엇인가를 밝히기 위해서는 독립변인과 종속변인의 관계가 외재변인이 통제된 가운데서 밝혀질 때 더 의미 있다.

그러하다면 앞에서 논의한 그 어떤 방법보다도 실험연구를 사용할 때 두 변인의 인과를 추론할 수 있고 결과에 대한 원인을 찾을 수 있다. 그러나 이 방법을 사람을 대상으로 연구할 때는 여러 통제상의 어려움이 있고, 특히 학교 상황에서 연구할 때는 학교 상황을 두 가지 조건, 다시 말해 실험집단과 통제집단을 선정하는 문제, 피험지를 무작위로 선정한다고 해도 두 집단의 동질성을 보장받을 수 있는가의 문제 등으로 실제적인 어려움이 있다. 이런 어려움이 있다 하더라도 연구의 주제가 인과를 밝히는 데 주된 관심이 있다고 한다면 이 방법은 유용하다.

(2) 실험설계

다음의 실험설계에 나오는 도식에서 X는 실험처치를 표시한다. O는 어떤 관찰이나 측정치의 과정을 의미한다. 또 XS와 OS라고 표시한 것에서 S는 시간의 순서를 말한다. R은 별개의 처치집단에 임의로 집단화되는 무작위 배정을 의미한다. 이들 표시와 함께 가운데 구획선 없이 아래위로 나란히 배열된 것은 비교집단을 동질화한 것을 말하고, 직선으로 구분한 것은 동질화하지 않은 것을 표시한 것이다.

① 준실험설계

1회적 사례연구 교육이나 사회학의 연구에서 단 하나의 집단을 단 한 번만 연구해서 어떤 처치가 변화를 가져왔을 거라고 가정하는 실험설계를 말한다. 이와 같은 연구는 다음과 같이 도식화될 수 있다.

X	O

이는 과학적인 가치가 없을 정도로 실험적 통제가 거의 없는 연구다. 그러나 실제에서는 이와 같은 종류의 연구를 실시하고 인과적 추리를 하려는 경우가 있다. 어떠한 과학적 증거를 얻을 때 기본적인 것은 비교와 차이의 기록과 개입이다.

과학적 증거를 얻는다는 것은 최소한 한 가지 비교라도 있어야 한다. 그러나 이 설계에서는 비교집단이 없기 때문에 은연중에 우연히 관찰했거나 기억하고 있는 다른 결과와 비교하게 된다. 이 연구설계는 이렇게 설계 중 가장 큰 약점을 가지고 있는 설계방법이나 교육이나 사회학에서는 종종 이와 같은 약점을 보완하는 수준에서 이용되는 경우가 있다.

단일집단 전후검사 설계 교육이나 아동 연구에서 사용되고 있고, 위에서 논의한 1회적 사례연구보다는 양호하므로 다른 설계를 택일할 수 없을 때 사용되는 방법이다. 이 방법은 내적 타당도를 위협하는 외제변인들이 뒤섞인 하나의 설계법이다. 이를 그림으로 제시하면 다음과 같다.

O_1	X	O_2

이 설계의 문제는 첫째로 타당도의 역사성을 들 수 있다. O_1 과 O_2 사이에는 실험자가 원하고 관심 있는 X라는 실험처치 변인 이외에 변화를 야기한 여러 가지 외제변인이 작용할 수 있다. 둘째로 성숙이라는 내적 타당도를 저하시키는 변인을 생각할 수 있다. 성숙이란 생물학적 또는 심리학적 과정을 망라한 것으로서 시간의 경과와 함께 변화하며 어떤 투입변인과는 관계없는 변인들이다. 셋째로 검사실시에 따라 일어나는 변인을 생각할 수 있다. 즉, 사전검사 자체의 영향을 말할 수 있는 것이다. 학력검사와 같은 테스트를 받거나 동형 테스트를 받는다고 하면 첫 번째 검사를 받

았을 때보다는 점수가 좋아지는 것이 당연하다. 이와 같은 반동현상으로 인해서 X변인이 작용했는지에 영향을 줄 수 있다는 것이다. 다음으로는 도구 사용에서 도구의 영향에서 오는 내적 타당도의 문제와 앞에서 설명한 통계적 회귀로 인한 연구 결과의 문제가 나타날 수 있다.

이질집단 사후설계 세 번째 전실험설계도는 이질집단 사후검사설계를 들 수 있다. 이 설계는 처치변인의 효과를 확실히 얻기 위한 목적으로 처치변인을 경험한 집단과 그렇지 못한 집단을 비교하는 설계다. 이 방법을 그림으로 제시하면 다음과 같다.

X	O_1
	O_2

이 설계에 따른 연구의 예로는 교사의 자격이 학위소지자일 것을 요구하는 학교와 그렇지 않은 학교 간의 비교를 들 수 있을 것이다. 이 연구설계는 두 집단이 동질적이라는 것을 보증할 수 있느냐의 문제를 가진다. 이는 O_1 와 O_2 의 두 집단이 무작위 방법에 의해서 실험과 통제 집단으로 나누어지지 않았다는 점이다. 만일 O_1과 O_2에 차이가 있다면 그것은 그 두 집단을 형성하고 있는 사람들의 질이 다르기 때문에 생겨났는지도 모르기 때문이다. 그렇다면 결국 처치변인이 없었더라도 어차피 두 집단은 다른 결과를 가져왔을 것이라 생각된다.

② 진실험설계

여기에서 다루어질 기본설계는 진실험설계로 내적 · 외적 타당도 문제가 비교적 적은 접근방법이다. 이 진형 설계들은 대체로 X와 비X의 형식을 갖는데, 이 비교는 실제로 X의 영향을 받는 실험집단과 X의 영향을 받지 않는 통제집단 간을 비교하는 것을 말한다.

전후검사설계 실험설계에서 '통제집단'의 아이디어는 연구의 타당도 증가에 기여하였다. 확률화의 방법으로 동질집단을 만드는 이 전후설계 설계방법은 다음과 같은 형으로 제시될 수 있다.

R	O_1	X	O_2
R	O_3		O_4

이 설계는 실험에서 내적 타당도를 위협하는 요인들을 대부분 통제할 수 있다. 이 연구 설계는 통제집단이 있을 뿐만 아니라 피험자가 통제집단과 실험집단에 무작위 배치되었기 때문에 역사, 성숙, 검사, 도구 사용, 피험자의 선발요인들의 영향을 통제할 수 있다. 여기서 이들 내적 타당도를 저해하는 요인들이 통제되어야 하는 이유와 통제하는 방법을 보면 다음과 같다.

첫째, 역사가 $O_1 \sim O_2$의 차이의 원인이라면 이러한 역사적 사건이 $O_3 \sim O_4$의 차이도 만들게 된다. 이 설계에서는 실험과 통제의 기간을 두 집단에서 똑같이 두고 연구를 진행시킬 필요가 있다. 이를 위한 최선의 방법으로는 무작위 방법이 좋다.

둘째, 성숙과 검사의 문제는 통제집단과 실험집단에서 똑같을 정도로 나타난다는 점에서 통제된다.

셋째, 도구 사용에서 타당도 문제는 실험기간 동안의 역사 통제가 가능하기 때문에 쉽게 통제될 수 있는 요인이다. 넷째, 통계적 회귀는 평균치의 차이라는 점에서는 사전검사 점수가 아무리 극단적인 집단이더라도 통제될 수 있다. 왜냐하면 실험집단, 통제집단 모두가 똑같은 극단적인 사례에서 임의로 배정되었기 때문이다.

다섯째, 선정은 무작위 배치로 두 집단의 동질성이 확보되므로 결과의 차이를 설명해 줄 때는 위력이 없다.

솔로몬 4집단 설계 이 설계는 외적 타당도를 분명히 고려해서 만들어진 설계다. 앞의 전후검사설계의 사전검사 실시는 실험 결과의 일반화를 저해하는 요인으로 작용할 수 있다. 솔로몬 4집단 설계는 이러한 문제를 해결하기 위해서 고안된 설계다.

R	O_1	X	O_2
R	O_3		O_4
R		X	O_5
R			O_6

이 방법은 전후검사설계의 $O_1 \sim O_4$를 병용하면서 실험 및 통제 집단에게 사전검사를 하지 않는 설계를 병합한 형태다. 그래서 검사의 영향도 알 수 있고 검사와 X의 상호작용 영향도 결정할 수 있다. 이렇게 해서 일반화의 가능성이 높아질 뿐만 아니라 X의 영향도 다른 네 가지 방법으로($O_2 > O_1$, $O_2 > O_4$, $O_5 > O_6$, $O_5 > O_3$) 검증될 수 있도록 되어 있다. 이들 비교들의 결과를 통해서 독립변인의 영향을 판단할 수 있다.

이 설계의 통계적 검증이 이들 여섯 가지 관찰($O_1 \sim O_6$)을 동시에 할 수는 없다. 또한 이 설계의 비대칭성 때문에 변량분석도 할 수 없다. 이에 사전검사를 무시하고 사후검사만 가지고 2×2형의 변량분석의 형식으로 할 수도 있다.

사전검사	O_4	O_2
무사전검사	O_6	O_5

세로로 평균치를 내서 X의 주효과를 측정하고 가로로 평균치를 내서 사전검사 유무의 주효과를 측정하는 것 외에 사전검사를 실시하지 않은 두 집단을 실험에 포함시킴으로써 사전검사만의 영향, 사전검사와 실험처치 간에 상호작용으로 나타나는 영향을 알 수 있다.

사후검사 통제군설계 교육이나 심리학에서 실험연구를 할 때 반드시 사전검사를 할 필요는 없다. 사전검사를 실시하지는 않더라도 무선화의 방법을 쓰면 실험집단과 통제집단의 동질화를 꾀할 수 있기 때문이다.

즉, 사전검사란 것이 교육학이나 심리학 연구자들의 머릿속에 깊이 뿌리박고 있기는 하지만 진실험설계에서는 꼭 필요한 것이 아니다. 그러나 집단의 동질화를 보장하기 위해서 사전검사 대신 무선화로 이를 해결할 수 있다. 그리고 실제로는 사전검사를 할 수 없는 경우도 있으므로 어떤 일정한 유의도 한계 내에서는 사전검사 없이 무선화로 충분한 것이다. 이 설계의 형은 다음과 같다.

R	X	O_1
R	O_2	

자칫하면 이 설계를 이질집단 사후설계와 혼동하기 쉽겠지만 둘은 근본적으로 다르다. 이 설계는 솔로몬 4집단 설계의 마지막 두 집단과 같은 설계에 속한다. 그리고 주효과인 검사와 상호작용 효과를 통제해 준다. 사전검사와 실험처치의 상호작용이 예상되는 경우에 사용될 수 있는 접근방법이다.

이 방법은 대부분의 교육연구처럼 검사를 여러 번 하게 되는 연구에서 선행변인들에 관한 정보를 우리가 가지고 있을 경우, 그 정보로 연구계획을 세우거나 집단 간의 동질화를 유지하는 데 유용하다. 그런데 사전검사를 할 수 없거나 검사하기가 불편하거나 반동현상이 일어날 것 같은 경우에는 여러 가지 문제가 생기게 된다.

2장 발달심리

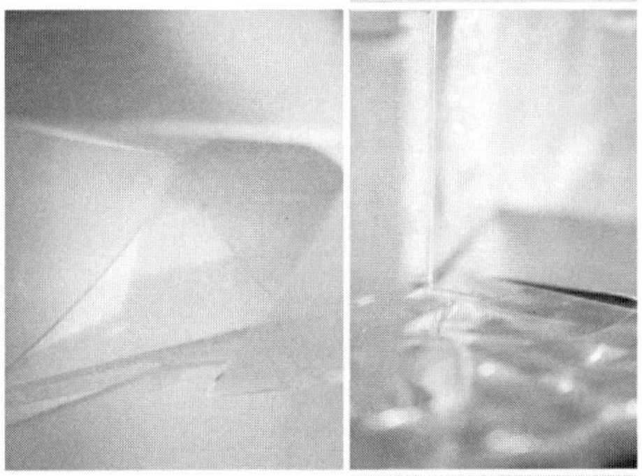

1. 인간발달의 개념
2. 발달 연구의 쟁점
3. 발달의 일반원리
4. 발달단계별 발달 특징

제2장 발달심리

학습목표

1. 발달의 개념을 이해한다.
2. 발달 연구의 쟁점들을 비교하고 이해한다.
3. 발달단계별 신체적 · 심리적 변화의 내용과 특징을 이해한다.

학습내용

1. 발달 연구에서 사용되는 방법들은 무엇인가?
2. 발달에 영향을 미치는 요인들은 무엇인가?
3. 발달 연구에서 주요 쟁점이 되는 주제는 무엇인가?
4. 전 생애 발달이란 무엇을 의미하며, 특히 최근에 와서 대두되는 이유는 무엇인가?
5. 인지발달에 대한 Piaget의 견해는 무엇인가?
6. 청년기의 신체 및 성적 발달이 이 시기의 적응에 미치는 영향에 관하여 논하시오.
7. 성인 후기의 적응과정에서 요구되는 중요한 발달과업들에 대해 논하시오.

주요개념

성장	성숙	발달	결정적 시기	태내기
반사능력	애착	인지발달	다요인적 사고	심리성적 발달이론
심리사회적 발달이론	도덕성 발달	사회인지	자아정체감	사회유리설

학습개요

발달(development)은 성장에 따르는 기능적인 발전과정으로 생명이 시작되는 수정에서 사망할 때까지 유전과 환경의 상호작용을 받아서 신체적, 심리적, 행동적으로 일어나는 모든 변화를 의미한다. 즉, 뇌의 중량증가와 신경세포의 성장에 따른 뇌의 성장은 인간의 운동기능과 정신기능의 발달을 가져온다.

심리학자들은 발달심리 분야에서 학습, 기억, 지각, 성격 등의 모든 주제들을 연구한다. 이러한 발달은 전 생애를 통해서 이루어지며 발달에 영향력을 갖는 요인들에 대한 논쟁 그리고 발달의 단계별, 영역별 특징들을 연구하는 분야로 구성된다.

인간발달에 영향력을 갖는 요인들에 대한 논쟁으로 가장 대표적이며 긴 역사를 갖고 있는 쟁점은 유전과 환경의 논쟁이다. 최근에는 유전과 환경의 상호작용적 입장이 발달 연구에서 설득력 있게 받아들여지고 있지만 여전히 유전론과 환경론은 발달에 관한 증거들을 연구하고 있다. 최근에 환경론의 경우에는 인간발달에 영향력을 갖는 초기환경과 후기환경의 중요성에 대한 논쟁이 중요시되고 있다.

발달은 단계별로 신체적, 심리적, 행동적 변화를 나타내는데, 발달의 과정에는 일반적인 원리가 있다. 발달의 원리는 인간발달의 특징을 이해하고 예측하며 통제 가능하게 한다.

인간발달의 단계는 태내기, 영아기, 아동기, 청년기, 성인기 및 노년기로 구분할 수 있으며 각 발달단계마다 신체적, 심리적, 행동적 특성들이 다양한 변화를 나타낸다. 특히, 태내기의 태아 발달은 산모의 신체상태와 밀접한 관련을 갖고 자아가 형성되는 유아기 이후의 발달은 환경과의 상호작용을 통해 경험한 내용들이 지능, 도덕성, 성격 발달에 영향을 준다. 일반적으로 발달적 특성은 청년기까지 상승곡선을 나타내고 성인기 이후 하향곡선을 나타낸다. 그러나 발달의 양적인 특성은 감소할 수 있지만 질적인 특성은 발달의 후기로 갈수록 경험의 통합에 따른 영역 특수적 발달곡선을 형성하고 있다.

1. 인간발달의 개념

발달심리학자는 연령에 따라 변화하는 인간의 행동, 능력 그리고 심리 특성에 관심을 갖는다. 이 경우 발달적 변화란 대개 유아나 아동 시기에 새로운 행동이나 능력이 출현하는 것으로 해석한다. 그러나 발달심리학의 틀에서 인간을 연구한다는 것은 단순히 각 연령에서 나타나는 행동이나 심리 특성의 변화에만 국한하지 않는다. 발달심리학은 각 연령기에 일어나는 아동의 행동 변화에 관심을 가지기도 하지만, 무엇보다도 이렇게 나타나는 변화가 각 개인의 성장과 적응에 어떤 역할을 하며 이미 가지고 있는 다른 행동과 심리 특성에 어떤 관련이 있는가를 설명하는 데 더 초점을 둔다. "발달적 변화란 여러 차원에 걸친 행동이나 심리 특성들이 조직화되고 구조화되는 것(Flavell, 1977)"이라고 설명한 발달심리학자에 따르면 이 변화는 다음과 같은 두 가지 방법으로 알 수 있다.

첫째, 발달적 변화란 연령이나 변화의 지점에서 일어나는 행동형태들을 기술하여 이 특성들이 출현하는 시기와 이들 이전에 출현하였거나 형성된 행동 특성들의 관련성을 파악함으로써 알 수 있다. 둘째, 좀 더 이론적인 측면에서 발달의 각 지점의 특징적인 심리나 사고과정에 깔려 있는 심층구조를 밝힘으로써 발달적 변화가 무엇인지를 보여 주는 것이 가능하다. 이런 입장은 발달과정이란 인간이 자신의 환경 속에서 적응하고 변화하는 과정이며, 이 과정 속에 이미 형성된 행동 특성과 새롭게 나타나는 행동들이 기본적으로 통합된다고 보는 것이다.

그러나 유기체가 자신의 환경에 적응하는 과정에는 단지 지적 능력의 변화만 있는 것이 아니다. 비록 성장함에 따라 변화하는 가족 · 사회환경 속에서 적응하기 위해 인지능력도 중요하지만, 인간이 살아가는 과정에는 단지 문제를 해결하고 지식을 획득하는 일만 있는 것은 아니다. 이런 측면에서 우리는 인지발달과 함께 사회적 환경의 변화나 그 속에서 이루어지는 사회발달도 인간발달의 다양성을 이해하는 데 똑같이 중요하다는 것을 알 수 있다.

갓 태어난 신생아를 보면 거의 모든 측면에서 매우 무력하고 무능해 보인다. 과연 인간은 아무런 능력 없이 태어나는 것일까? 또한 이처럼 생후 초기에 무력해 보이던 아이가 언어, 인지, 학습 능력 및 행동에서 유능한 성인으로 변화해 가는 과정을 어떻게 설명할 수 있을까?

이러한 물음에 대한 답을 얻기 위해서는 인간의 발달에 관한 이해와 지식이 필요하다. 발달심리학자들의 발달 연구 목적은 다음과 같다.

첫째, 인간이 전 생애를 통해서 보이는 보편적인 발달적 변화의 내용과 특징을 밝히고 나아가 이러한 발달적 변화가 일어나는 이유에 관해 연구한다. 둘째, 개인들 간의 차이가 나타나는 원인을 설명한다. 셋째, 인간의 발달 혹은 발달적 변화가 일어나는 과정에서 유전 및 환경 요인이 어떤 경로를 통해서 어느 정도의 영향을 미치게 되는지를 밝힌다.

발달심리학자들은 이러한 과제들에 대해 연구함으로써 사람들이 정상적이고 건강한 개인으로 발달해 가는 데 도움이 되는 기초 지식을 제공해 준다.

인간은 모든 포유동물 가운데서 가장 미숙한 상태로 태어나며 이후 부모로부터 독립해서 살아갈 수 있게 되기까지 가장 긴 시간이 소요된다. 흔히 인간이 신체적으로 성숙해지면 발달이 완성되는 것으로 생각하기 쉽다. 그러나 인간은 신체적으로 최고의 발달이 이루어진 이후에도 인생 전체를 통해 유전 및 다양한 환경요인들의 지속적인 영향을 받으면서 변화해 간다(Atkinson, Atkinson, Smith, & Bem, 1990). 이러한 변화는 인간의 신체적, 심리적, 행동상의 측면 등 거의 모든 부분에 걸쳐 진행된다.

발달이란 성장에 따르는 기능적인 발전과정으로 생명이 시작되는 수정의 순간부터 사망할 때까지 유전과 환경의 영향을 받아 신체적 기능과 심리적 기능 및 행동적 기능상에서 일어나는 모든 변화라고 정의된다. 즉, 뇌의 중량 증가, 신경세포의 성장을 통해 뇌의 운동기능과 정신기능이 변화하는 것을 의미한다. 발달적 변화는 전 생애 기간 동안 이루어지는 것으로 신장이나 체중의 증가 또는 감소와 같은 신체적 변화와 지능, 사고, 언어, 성격, 정서, 도덕성, 사회성 등에서 나타나는 심리적 변화 그리고 다양한 행동의 변화가 모두 포함된다.

최근의 발달에 관한 연구에서는 인간의 발달기간을 수정된 순간부터 사망에 이르기까지 전 생애 기간으로 확대하여 보고 발달을 긍정적이고 상승적인 변화들뿐 아니라 감퇴적인 변화들도 모두 포함하는 의미로 사용하고 있다. 이와 같이 발달기간을 전 생애로 확대하는 것은 청년기 이후 노년기까지의 기간이 이전보다 더 길다는 점과 이 기간 동안에도 다양한 측면에서 발달적 변화가 일어나기 때문이다. 실제로 노년기 동안에는 신체 및 운동 능력에서 나타나는 감퇴적인 변화뿐 아니라 인지능력에서는 부분적으로 긍정적인 발달이 이루어지는 등 지속적인 변화가 일어나는 것으로 알려지고 있다.

인간의 전 생애에 걸친 발달과정에는 어떤 특징이 양적으로 증대되고 기능이 유능해지며 구조가 더욱 복잡해지는 긍정적인 변화와 더불어 양적으로 감소되고 기능과 구조가 쇠퇴하는 부정적인 변화도 포함된다.

종래에는 흔히 아동기와 청년기의 발달은 긍정적인 변화인 반면, 중년기 이후부터 노년기의 발달은 쇠퇴로 인한 부정적 변화라는 생각이 지배적이었다. 그러나 최근에 밝혀진 연구 결과들에 따르면 노년기에도 분석, 통합, 추론, 문제해결 능력 등 여러 영역에서 긍정적인 발달이 지속되고 있는 것으로 나타났다(Baltes, 1987). 따라서 인간의 발달적 변화를 시기에 따라 긍정적이거나 부정적으로 변화한다고 생각하는 단순한 증가와 감퇴의 도식은 발달과정을 제대로 보여 주지 못하는 것이다(송명자, 1994; Datan et al., 1987).

발달과 밀접하게 관련되는 개념으로서 성장과 성숙을 들 수 있다. 성장은 주로 유전적 계획에 따라 일어난 신체적 특성의 긍정적인 변화를 뜻하는 개념(Benn & Garbarino, 1992)으로 받아들여져 왔다. 그러나 근래에 와서 지적 성장이라는 용어가 낯설지 않듯이 성장과 발달은 서로 교환해서 사용할 수 있는 동일한 개념으로 간주된다. 성장은 출생부터 청년기까지 진행되며 4단계로 구분해 볼 수 있다. 출생부터 2세까지 성장 속도가 빠른 제1 발육급진기, 2~10세까지 서서히 성장하는 시기, 10세 이후부터 15~16세까지 빨리 성장하는 제2 발육급진기, 15~16세부터 성숙기까지 성장 속도가 급속히 감속하는 시기로 나누어 볼 수 있다.

성숙은 유전인자가 발달과정을 방향 짓는 기제를 뜻한다(Crain, 1992). 따라서 성숙은 대체로 유전의 영향, 즉 부모로부터 받은 유전자 속의 유전정보에 따라 진행하는 생물학적인 변화로, 특히 운동 및 신경 계통의 발달을 의미한다(Davis & Palladino, 1997). 예를 들면, 생후 초기의 아기가 보이는 기고 앉고 걷는 등의 운동 발달이나 사춘기에 나타나는 이차적 성 특징의 출현 등은 성숙의 결과라고 할 수 있다. 즉, 성숙은 유전적 정보에 따라 일정시기가 되면 출현하는 변화를 의미한다.

2. 발달 연구의 쟁점

발달의 연구에서 가장 중요한 질문 가운데 하나는 발달의 원인에 관한 것으로 인간의 다양한 발달적 변화들이 유전(heredity, nature)의 작용으로 일어나는 것인지, 환경(environment, nurture)의 작용으로 일어나는 것인지에 관한 문제다.

발달적 변화들은 대부분 유전과 환경 두 요인이 상호작용하는 과정에서 이루어지는 것으로 이해되고 있는데도 이러한 질문은 과거부터 오늘에 이르기까지 오랫동안 논쟁의 주제가 되고 있다.

1) 유전

인간발달의 유전적 입장은 발달이 정해진 순서에 따라 이루어지며 인간의 발달을 규정하는 원동력은 개인 내부에 있다고 보는 입장이다. 즉, 발달의 기제는 본성(nature), 성숙(maturation), 생득(nativism)적인 것으로 극한 상황이 아니면 대부분의 발달이 유전적 예정 프로그램의 영향에 따라 진행되는 것으로 본다.

유전적 입장에 서 있는 발달 연구자들은 인종, 민족, 가계, 쌍생아 연구, 연령, 성별, 염색체 이상 등의 연구를 통해 발달의 유전적 증거들을 제시하고 있다.

(1) 가계 연구

H. H. Goddard는 'Thek Kallikak family' 란 연구에서 발달의 유전적 증거를 제시하고 있다.

Martin Kallikak는 맨 처음 지적 능력이 낮은 여자(a feeble-minded girl)와 결혼하였고 그 후 정상적 부인과 재혼하였는데, 정상 부인과 낳은 496명의 자손은 2명을 제외하고 모두 정상이었으며 변호사, 의사, 공무원, 교수, 대학총장 등 명사가 많았다. 그러나 지능이 낮은 여자와 낳은 아이들 및 그 자손 488명 중에는 정상인 사람이 겨우 46명, 지능이 낮은 여성이 143명, 사생아가 36명, 매음 여인이 33명, 알코올 중독자가 24명, 간질환자가 3명, 요절자가 82명 등 그야말로 비참한 모습을 보여 주었다.

F. Galton은 'Hereditary genius' 란 연구보고서에서 영국의 저명인사 332가족(부: 89명, 형제: 114명, 자: 129명)을 대상으로 한 연구에서 우연히 성공할 수 있는 기대 수보다 이들은 1,200배 이상의 더 많은 성공률이나 우수성을 보여 주고 있다는 점에서 저명인사의 가계는 유전되고 있다고 결론짓고 있다.

(2) 쌍생아 연구

K. J. Holzinger는 H. H. Newman 및 F. N. Freeman과 공동으로 연구한 'Twins: A study of heredity and environment' 에서 일란성 쌍생아가 이란성 쌍생아에 비해 신체적 특성이나 심리적 영역에서 더 유사하다는 점을 밝히고 있다.

일란성 쌍생아는 하나의 수정란에서 분열하여 두 개체로 발달하기 때문에 동일한 성(性)과 신체적 특징을 공유하게 된다. 반면에 이란성 쌍생아는 두 개의 난자에 대해 각각 정자가 하나씩 수정되어 두 개체로 발달하는 경우로 두 개체 간의 유전적인 일치도는 일란성 쌍생아에 비해 낮다(Craig, 1992). 그러므로 이 두 집단에 미치는 환경의 영향이 같을 때 이란성 쌍생아의 발달적 특징보다 일란성 쌍생아의 발달적 특징이 더 유사하다면 이것은 유전요인의 영향에서 비롯된 것이라고 볼 수 있다.

수천 명의 정신분열증 환자를 분석한 결과 쌍생아 가운데 한쪽이 정신분열증이 되었을 때 다른 한쪽도 정신분열증이 될 확률이 일란성 쌍생아의 경우에 42~86%였고, 이란성 쌍생아의 경우에는 15%를 나타냈다(최경숙, 1991). 이러한 결과들은 유전요인이 정신장애를 유발하는 직접 증거로 해석되기에는 무리가 있지만 일정한 정도의 환경자극에 접하게 되면 유전적 성향의 발생 가능성이 더 높은 것으로 해석될 수 있을 것이다.

2) 환경

인간은 살아가는 동안 끊임없이 환경의 영향을 받게 된다. 사회경제적 요인, 신체적 환경, 계절, 심리적 요인과 같은 외부적 요인과 운동 및 신체 자극, 영양상태, 질병 등과 같은 다양한 환경들이 인간의 발달에 영향을 미친다. 이러한 환경요인들은 인간의 발달과정에서 생물학적 및 심리적 욕구를 충족시켜 주는 등 긍정적 작용을 하는가 하면 때로는 해를 주기도 한다. 환경론적 입장의 발달기제는 양육, 학습, 경험을 중요시한다.

발달에서 사회경제적 요인의 영향은 부모의 경제적 능력 부족으로 아동의 영양, 위생 상태가 불량할 경우 발육에 장애를 가져올 수 있다. 일광의 부족이나 불결한 위생상태는 발달에 부정적 영향을 미치는 신체적 환경이다.

환경이 인간의 발달에 영향을 미치는 것은 임신하는 순간부터 시작된다. 대표적인 환경요인으로는 어머니가 복용하는 각종 약물을 들 수 있다. 한 예로 1960년대 유럽에서는 임산부가 태아의 손발이 형성되고 있는 시기인 임신 초기에 입덧을 줄이기 위해 신경안정제 계통의 약물인 탈리도마이드(thalidomide)를 복용한 결과 팔과 다리가 없거나 팔다리가 몸체에 붙은 기형아가 다수 출생한 일이 있었다. 이외에도 임산부의 알코올 섭취는 출생 이후 아동의 미약한 빨기능력, 과잉행동, 정신지체 등 다양한 문제를 보일 가능성이 높은 것으로 밝혀지고 있다.

특히, 출생 전의 임산부의 영양섭취는 출생 후 아동의 성장발육에 영향을 미치는데, 태아의 뇌세포가 분열 중인 임신 초기에 임산부의 영양섭취가 너무 적거나 단백질 섭취가 지나치게 부족하면 태아의 발달에 해를 주기 쉽다. 이 시기에 태아가 영양부족 상태가 되면 이후 아동은 정상보다 적은 수의 뇌세포를 가지고 태어나게 되며 여러 가지 손상을 입게 되는 것으로 알려져 있다(이관용 외, 1990).

3) 유전과 환경의 상호작용

출생한 이후 인간은 일반적으로 먼저 앉기 행동을 하고 서기 행동을 하며 이후에 걷기 행동 등의 순서로 운동 발달을 보이게 된다. 이러한 운동능력의 발달은 주로 유전의 영향을 받아 이루어지는 성숙과정의 결과로 볼 수 있다. 그렇지만 운동능력이 발달하는 과정에서 약물 및 음식 섭취, 질병, 각종 스트레스 등과 같은 환경요인의 영향을 받아 발달의 정도와 속도에 장애가 올 수도 있다. 결국 다양한 측면에서 진행되는 인간의 발달은 대부분 유전과 환경의 영향을 모두 받는 것으로 볼 수 있으며, 유전적 요인은 개인의 성장 한계를 규정하고 환경적 요인은 유전적 잠재력이 실현될 수 있는 정도와 범위를 제한한다. 예를 들어, 지능의 성장과 발달은 유전으로 그 대략적인 한계가 결정되지만 환경에 따라 달라질 수 있는 여지도 많아서 보통 IQ점수도 15점 정도의 범위 내에서 변화될 수 있는 것으로 보인다(임승권, 1992). 즉, 선천적 특성들이 잠재적 변화의 한계를 규정하지만 이러한 한계는 적절한 환경이 뒷받침된 상태에서만 충분히 실현될 수 있다. 따라서 사회는 개인의 유전적 잠재력이 최대한으로 발휘될 수 있는 최적의 환경적 조건과 상황을 조성하도록 노력해야 한다(Salkin, 1985).

Cole(1993)은 발달을 결정하는 기본 프로그램이 유전적 인자에 들어 있고 유전인자는 표현형을 결정하고 발달의 성향을 조절할 뿐 발달의 한계점을 갖고 있다고 본다. 이는 발달에 있어서 유전적 요인의 극대화를 위해 환경이 역치요인으로 작용한다고 볼 수 있다. 즉, 유전적 소질이 있더라도 환경적 조건이 충분하지 못하고 역치이하이면 유전적 특성의 발현은 방해받지만 역치를 넘어서면 현실화된다는 것이다.

4) 연속성 대 비연속성

발달이 연속적으로 진행된다고 보는 학자들은 인간의 발달과정에서 나타나는 다양한 행동 및 기술들은 점진적으로 이루어지는 발달적 변화라고 본다. 인지발달의 정보처리 접근을 취하는 학자들은 발달을 연속적으로 진행되는 과정으로 보며, 점차 복잡해지는 아동의 사고와 행동은 아주 초보적이었던 정신과정이 점차 빨라지고 효율적으로 되어가는 과정이라고 설명한다(Bootzin, Bower, Crocker, & Hall, 1991). 또한 행동주의적 접근을 취하는 학자들은 인간의 행동을 자극-반응이 결합되는 조건화(conditioning) 과정을 통해 발달해 가는 것으로 보기 때문에, 아동이 발달과정에서 어떤 특정한 행동을 습득했다면 그것은 갑자기 나타난 것이 아니라 이전부터 서서히 연속적으로 이루어져 온 것이라고 본다.

반면에 발달이 비연속적으로 이루어진다고 보는 학자들, 즉 발달이 몇 개의 단계를 거치면서 진행되는 과정이라고 보는 학자들은 발달과정에서 새로운 단계가 시작될 때 나타나는 독특하고 분명한 특징들에 관심을 갖는다. 발달을 한 단계에서 다음 단계로 진행되는 과정으로 보는 단계이론가들은 인지발달에 관한 이론을 제시한 Piaget, 정신분석이론의 Freud와 Erikson 등이다. 이들은 발달의 한 단계에서 다음 단계로의 진행은 아주 급격히 이루어지며 새로운 단계를 나타내는 능력과 행동은 대부분 비슷한 시기에 나타난다고 본다(Flavell, 1985).

발달의 연속성은 유아가 처음 말을 시작할 때 찾아볼 수 있는데, 몇 주 또는 몇 달에 걸친 성장과 연습의 결과로 본다. 인간발달의 불연속성은 발달이 양적인 것이 아니라 질적으로 서로 다른 단계를 통해서 진행된다고 본다. 예를 들면, 추상적인 사고를 할 수 없었던 아동이 어느 날 추상적 사고를 할 수 있게 되고, 성인이 생식이 가능한 존재에서 어느 날 그렇지 못한 존재로 변하는 것이다.

유전과 환경의 논쟁처럼 인간발달을 연속성-비연속성의 이분법적 논리로만 이해하려는 사람은 드물 것이다. 만약 상당 기간에 걸친 변화의 실제 곡선을 관찰한다면 발달적 변화는 두 가지 형태를 결합한 모양으로 나타날 수 있을 것이다(Salkind, 1985; Santrock, 1998).

5) 결정적 시기

결정적 시기라 함은 유기체를 둘러싼 내·외적 사건들이 발달에 최대의 영향을 미치는 짧은 기간을 의미한다.

Lorenz는 각인(imprinting)현상이 결정적 시기에 일어난다는 것을 최초로 발견했다. Lorenz는 알에서 깨어난 새끼오리들에게 처음부터 모이를 주며 키웠다. 이렇게 키운 오리들은 진짜 어미 오리를 보아도 Lorenz의 뒤를 좇아다녔다. 각인이 일어날 수 있는 특정 시기를 결정적 시기(critical period)라고 하면, 결정적 시기 이전이나 이후에 환경에 노출되면 각인은 형성되지 않는다.

인간발달을 통한 변화들 중에도 결정적 시기가 존재하는가? 언어발달의 결정적 시기에 대한 예는 프랑스의 아비뇽 숲에서 발견된 빅터라는 소년의 이야기를 통해서 알

수 있다.

19세기 초, 프랑스의 시골에서 발견된 빅터라는 열두 살 난 소년은 구제불능의 백치로 판명되어 동물과 같은 취급을 받다가 이타드 박사에게 맡겨졌다. 이타드 박사는 빅터가 백치가 아니라고 확신하고 그에게 언어훈련을 시켰다. 매일 집중적인 훈련을 해서 다소 나아지기는 했지만 빅터는 끝내 언어를 익히지 못하였다. 빅터가 정신지체가 아닌데도 12세라는 나이에 언어를 습득하지 못한 것은 언어발달에 결정적 시기가 있다는 가설을 뒷받침하는 단적인 예가 될 수 있다. 언어발달의 결정적 시기는 2세부터 사춘기에 이르는 기간이라고 한다(Lenneberg, 1967). 그렇다면 이러한 결정적 시기에 적절한 훈련을 받지 못한 것이 빅터가 언어를 습득하지 못한 이유가 될 수 있다는 것이다.

성 역할 습득에도 결정적 시기가 존재한다. John Money는 양성체(hermaphrodite)거나 다른 결함 때문에 자신의 생물학적 성과 반대로 양육된 아동들을 연구하였다(Money & Ehrhardt, 1973). 그 결과 생후 18개월까지는 심리적 성 역할 부여에 상당히 융통성이 있다고 결론지었다. 즉, 생물학적으로 남성인 사람도 인생 초기의 강력한 훈련을 통해서 사회적 여성으로 사회화될 수 있는 것이다. 그러나 3~4세가 되면 사회화를 통해서 반대 성의 역할을 획득하는 기회는 급격히 감소된다.

특정의 발달영역에는 결정적 시기라는 것이 존재하는 것으로 보인다. 그러나 이처럼 민감한 기간 동안에 일어나는 변화들이 인간의 발달에 어떤 중요한 역할을 하는지에 대해서는 더욱 많은 연구가 필요할 것이다(Salkind, 1985).

3. 발달의 일반원리

발달은 일정한 체계를 가지고 진행되는 변화과정으로서 많은 부분은 예측이 가능하다.

학문적인 이유에서 보면 발달의 양상을 이해함으로써 각 연령에 따라 신체, 심리 및 행동상에서 어떤 변화가 나타날 것인지를 알 수 있으며, 나아가 이를 토대로 인간발달에 관한 지침을 세울 수 있다는 점이다. 현실적인 이유에서 보면 부모 및 교사들은 일반적인 발달 양상에 관한 지침을 기초로 하여 아동이 가지고 있는 발달 잠재력이 충분히 발현될 수 있도록 적절한 자극과 안내를 해 줄 수 있다는 점을 들 수 있다.

지금까지 알려져 온 발달의 일반원리로 다음과 같은 몇 가지를 들 수 있다(Hurlock, 1978).

① 발달은 변화의 과정을 포함한다. 발달은 전 생애에 걸쳐 이루어지는 변화의 과정으로서 신체적 · 심리적 · 행동적 변화를 모두 포함한다.

② 발달의 양상은 예측 가능하며, 이러한 양상은 출생 전후의 환경조건에 따라 지체될 수도 있고 부분적으로는 촉진될 수도 있다.

③ 발달은 일정한 순서와 방향이 있다. 발달은 두부(頭部)에서 먼저 진행되고 미부(尾部)에서 나중에 진행(cephalo-caudal direction)된다. 따라서 태아는 머리의 발달이 아랫부분보다 먼저 진행되고 팔이 다리보다 먼저 발달한다. 또한 발달은 중심 부분에서 먼저 진행되고 말초 부분에서 나중에 진행된다(proximo-distal direction). 즉, 손으로 물건을 잡는 운동에서는 어깨와 팔굽을 먼저 움직이고 다음에 주먹이나 손가락을 움직이며 물건을 정확히 쥐는 행동은 제일 늦게 발달한다. 발달은 전체운동에서 특수운동으로 진행되기 때문에 아동이 처음에 나타내는 반응은 대부분 전신반응이며, 이것이 특수운동으로 분화된다. 예를 들어, 손가락으로 세는 동작은 팔운동, 손목운동, 손가락운동으로 근육의 움직임이 큰 근육운동에서 작은 근육운동으로 진행된다.

④ 발달에는 결정적 시기가 있다. 발달의 속도는 불규칙적이다. 인간의 발달은 어느 시기에나 점진적인 것이 아니라 발달영역에 따라 급격한 발달이 이루어지는 최적의 시기가 있다. 이때에는 환경요인에 크게 영향을 받게 되는데, 이 시기를 결정적 시기 또는 민감기라고 한다.

⑤ 모든 발달단계 또는 발달시기마다 사회적 기대가 있다. 사회적 기대는 발달과업을 의미하는데, 부모 및 교사들은 각 시기의 아동들이 환경에 잘 적응해 가기 위해 이루어야 할 발달적 변화 및 행동들이 무엇인지를 알고 있다면 이들을 지도하는 과정에서 긍정적인 영향력을 갖게 된다.

⑥ 발달은 점성성을 갖는다. 발달은 지금까지 이루어진 전 단계의 변화를 기초로 해서 다음 단계로 이어진다. 발달과정에서 특정 기관의 형성과 운동은 때로 돌발적인 변화를 보이기도 하지만, 자세히 관찰해 보면 그것은 전 단계의 변화를 기초로 하여 발생하며 다음 단계의 발달수단으로 사용되기 때문에 언제나 연속적인 관계를 갖고 있다(민영순, 1994).

4. 발달단계별 발달 특징

인간의 발달을 기술하는 방법으로는 일반적으로 다음의 두 가지가 사용되고 있다. 한 가지 방법은 발달의 특정 영역(예: 지능)을 중심으로 연령증가에 따른 변화를 기술해 가는 방법이고, 다른 하나는 인간의 생애를 몇 개의 단계(예: 태내기, 영아기, 유아기)로 구분하고 각 단계에서 나타나는 발달적 변화의 내용과 특징을 기술해 가는 방법이다. 이 책에서는 후자의 입장에 따라 인간발달의 특징을 기술하고자 한다.

1) 태내기

인간의 발달은 남성의 정자와 여성의 난자가 만나면서 시작된다. 이러한 과정을 수정이라 하고 새로 생긴 단일세포를 수정란이라 한다. 접합체라고 불리는 이 수정란은 곧 새로운 생명의 시작이다.

남성이 한 번 사정할 때 정액 속의 정자 수는 3~5억 개 정도로 생존기간은 약 72시간이다. 정자의 이동 속도는 1분에 0.5cm로 여성의 자궁에 도달한 정자들 가운데 단 하나의 정자만이 난자를 만나 수정하게 된다.

성숙한 여성의 경우 월경주기(보통 28일)의 중간쯤에 양쪽 난소에서 한 달에 한 번씩 번갈아 난자를 배출하는데, 이것을 배란이라고 한다. 난자의 생존기간은 약 24시간이며 난소에서 내려오던 난자는 나팔관까지 헤엄쳐서 올라온 정자와 만나게 된다.

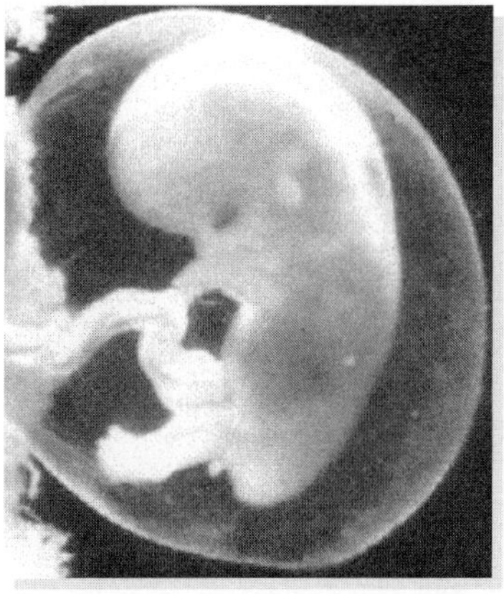

[그림 2-1] 태내의 태아 모습

23쌍의 염색체 중 마지막 1쌍은 성염색체인데, 이에 따라 태아의 성이 결정된다. 여성의 난자는 X염색체만 가지고 있으나, 남성의 정자는 약 반수가 X염색체고 나머지 약 반수는 Y염색체를 가지고 있다. 따라서 정자와 난자가 결합할 때 X염색체를 가진 정자가 난자와 만나면 여자 아이가 태어나고, Y염색체를 가진 정자가 난자와 짝지어지면 남자 아이가 태어난다.

정자와 난자의 결합을 통해 남아 또는 여아로 성이 결정될 확률은 이론적으로 50:50이다. 실제로 Y염색체를 가진 정자가 X염색체를 가진 정자보다 쉽게 난자와 결합하므로 수정 시에는 남녀의 비율이 130:100 정도다. 그러나 유전자의 결함이나 자연유산의 위험이 남아의 경우가 더 높기 때문에 출생 시 남녀의 비율은 106:100 정도가 된다.

수정된 순간부터 수정란은 한 인간으로 출생할 때까지 예측 가능한 순서에 따라 발달해 간다. 태내에서 발달이 완성되기까지 수정란에 내재되어 있는 유전정보와 자궁의 환경이 상호작용하면서 태아의 성장 및 발달에 영향을 미치게 된다.

(1) 태내기 발달의 단계

수정란은 배종기, 배아기, 태아기의 세 단계로 발달된다.

배종기는 수정이 이루어지는 순간부터 시작되며 이후 수정란이 빠른 세포분열을 하면서 10~14일경에 자궁벽에 착상할 때까지의 시기를 말한다.

수정란은 즉시 이분분열을 시작하여 2일 후에는 4개의 세포로, 3일 후에는 32개의 세포로, 4일째에는 90개의 세포로 분열된다. 수정 후 1주일이 지나면 약 100~150개의 세포로 급속하게 분열한다.

난관 내부의 섬모운동과 난관의 수축작용으로 수정란은 3~4일 후에 자궁에 이르게 된다. 이때 수정란의 크기는 머리핀의 머리 크기만 하고 작은 공 모양의 배반포로 변해 1~2일 동안 자궁 속을 자유롭게 떠다닌다.

수정란의 착상이 완전히 이루어지는 데는 약 1주일이 걸리며 착상과 동시에 배아기가 시작된다. 배아기는 수정란이 자궁벽에 착상한 때, 즉 수정 후 2주부터 8주까지의 기간이다. 이 시기에 수정란이 자궁에 착상하지 못하고 난관, 난소, 자궁경부, 자궁각에 착상하게 되는 경우를 자궁외 임신이라고 한다.

배아는 태반을 통해 모체와 연결되는데 이를 통해 배아의 발달에 필요한 산소와 영양분이 유입되고 동시에 배아에게서 발생한 탄산가스와 노폐물도 배출된다.

배아기 동안에는 신체의 주요 기관과 조직이 형성되고 분화된다. 신체의 여러 기관이 거의 형성되는 시기이므로 태내 환경에 각별한 주의가 요구된다. 먼저 머리 부분이 발달되고 3주 말에는 심장이 뛰며 4주 말쯤에는 소화기관의 분화가 이루어진다. 8주 말에 배아의 길이는 약 2.5cm, 무게는 약 14g 정도가 된다.

태아기는 신체의 각 기관이 거의 형성되는 8주경부터 출생할 때까지의 시기로 급속한 성장이 이루어진다. 태아는 신생아와 유사한 수면과 각성의 사이클을 가지게 되며 소음을 들을 수 있고 큰 소리나 음악은 태아의 움직임을 촉발시킨다. 12주경에는 태아의 성 구별이 가능해지고, 16~20주가 되면 산모가 태동을 느낄 수 있게 된다. 임신 20~22주경이 되면 출생할 때 신장의 절반인 25cm가 되고 몸무게가 400~500g에 이르게 된다. 이후 출생 전까지의 시기 동안에는 태아가 인간의 모습을 거의 갖추게 되며 모체에서는 출산에 필요한 호르몬이 분비된다. 약 28주경에는 신경 및 호흡기 계통의 발달이 많이 이루어지게 되므로 이 시기에 태아가 미숙한 상태로 태어나더라도 의료적인 도움을 받으면 생존이 가능하다. 일반적으로 체중이 1.5kg 정도면 생존이 가능하고, 2.3kg 이상이면 인큐베이터에서 양육하지 않아도 된다. 마지막 3개월 동안에 태아는 지방층의 발달로 체중이 급격하게 증가한다. 36주경에는 대부분의 태아는 머리가 아래로 향한 위치로 정착하게 된다. 이러한 형태는 자궁 내에서 가장 많은 공간을 확보하게 해 줄 뿐만 아니라 출산을 용이하게 해 준다.

(2) 태내환경

모체는 태아와 직접적인 신경접촉은 없으나 모체의 건강상태 및 태내환경이 부적절할 때에는 자궁 내에서 자라고 있는 태아의 건강에 해를 줄 뿐만 아니라 생명을 위협할 수도 있다. 즉, 모체의 정신건강, 영양상태 등은 곧 태아에게 영향을 준다. 특히, 태아는 성장과 발달에 필요한 영양분을 모체의 다른 조직이 섭취하기 전에 먼저 섭취하게 되는데, 임산부가 섭취하는 영양상태가 부적절하게 되면 태아는 미숙아 혹은 저체중아로 태어날 가능성이 높아진다.

태아에게 바람직한 태내환경을 제공하기 위해 고려해야 할 사항들은 다음과 같다.

① 영양

임신기간 중의 충분한 영양섭취는 태아의 발달뿐 아니라 임산부의 건강에도 필수적이다. 특히, 임신 중기부터는 태아가 모체의 철분을 흡수해 자신의 혈액을 만들기 시작하므로 철분을 충분히 공급하는 것이 좋다. 철분은 혈액 속의 적혈구를 만드는 데 없어서는 안 될 중요한 영양소다. 철분이 부족하면 빈혈을 일으키고 임신중독증의 원인이 되기도 한다.

② 질병

임신 중에 산모가 겪을 수 있는 풍진, 후천성 면역결핍증(AIDS), 매독 등의 질병이나 알코올, 방사능, 다양한 환경오염 물질 등은 태아를 기형으로 만들거나 사망하게 할 가능성이 매우 높다(Bootzin et al., 1991).

풍진바이러스는 선천성 풍진증후군을 일으킬 수 있으며 태아가 출생 후 백내장, 심장질환, 청각장애 등을 일으킬 수 있다. 또한 산모가 매독균에 감염되었을 경우 바이러스 인자가 태반 막을 통과하여 태아의 매독을 일으킬 수 있다. 태아의 매독감염은 1만 명 중 1명 정도로 나타난다.

③ 약물

일반 의약품이나 헤로인, 코카인 등과 같은 약물들도 모두 태아의 발달에 큰 해를 줄 수 있다. 탈리도마이드가 대표적인 약물인데, 전 세계적으로 약 1만 2,000명의 태아가 탈리도마이드 때문에 사지기형으로 태어난 것으로 보고되었다.

④ 흡연

산모의 흡연 또한 태아에게 부정적인 영향을 미친다. 임부가 담배를 피우면 태반을 통해 태아에게 전달될 수 있는 산소와 영양분을 줄일 뿐만 아니라 혈액 속에 니코틴을 축적하고 혈압을 증가시킨다. 8개월 된 태아를 대상으로 연구한 결과 임부가 담배를 피운 지 30분 되었을 때 모든 태아가 반응을 보였는데, 그들은 가슴을 움직이는 것이 줄어들었고 잠시 동안 숨쉬기를 완전히 멈추었다(Owen, 1993).

그 외에도 임부의 흡연은 태아에게 저체중, 비뇨기 이상, 행동 이상, 성장저하, 정신지체 등을 일으킬 수 있다.

⑤ 알코올

알코올 남용은 태아 정신지체의 가장 일반적 원인으로 알려져 있다. 산모가 임신 기간 동안에 알코올을 많이 섭취한 경우에는 사산하거나 태아 알코올증후군을 일으킬 수 있는데 이는 1,000명 중 2명꼴로 나타나고 있다. 그 밖에도 정신지체, 느린 성장, 신체 기형 등과 같은 장애를 보이게 된다.

산모가 알코올중독인 경우 태아에게도 알코올중독증과 같은 현상을 볼 수 있다. 그들의 특징은 세 가지로 나타난다(Furey, 1986). 먼저 중앙신경계통이 미성숙해서 지적 발달이 원만히 이루어지지 못하고 성격이 불안정하다. 둘째, 성장의 장애를 보여서 출생 시의 몸무게와 키가 평균치에 미달한다. 셋째, 얼굴 모양에 이상이 있는데, 특히 턱 모양이 정상인보다 가는 것으로 특징지어진다.

⑥ 기타

공기 중이나 음식물 속에 포함되어 있는 납, 수은 및 기타 여러 가지 화학물질들은 산모나 태아의 체내에 축적되며 미숙아 및 저체중아 출산 등 다양한 부작용을 초래하는 것으로 밝혀지고 있다.

2) 영아기 및 아동기

(1) 신체 및 운동 발달

생후 약 2주까지의 영아를 신생아라 지칭한다. 의학적으로는 신생아의 체중감소로부터의 회복, 산모의 자궁 회복, 맥박과 호흡의 정상 유지, 출산에 따른 상처의 회복 등이 이루어지는 시기다. 발달심리학적으로는 출산충격에서의 회복, 새로운 환경에의 적응, 정상적인 수유 등이 이루어지게 되는 생후 약 1개월간을 신생아기로 본다(민영순, 1994). 출생 시 우리나라 신생아의 평균 신장은 남아가 51.4cm, 여아가 50.5cm며 체중은 남아가 3.4kg, 여아가 3.24kg이다. 생후 3~4개월이 되면 출생 시 몸무게의 2배가 되고, 1년이 되면 3배, 2년이 되면 11~12kg으로 성인 몸무게의 20% 정도가 된다(조복희 외, 1994). 신장은 2년이 되면 88.1cm 정도로 출생 시의 1.5배 정도가 된다. 이처럼 영아기 동안에 이루어지는 급속한 성장을 제1차 성장급등이라

한다.

한편, 신생아는 신체의 크기에 비해 머리 부분이 커서 신장의 1/4 정도가 되며, 뇌의 무게는 350g이고 출생 후 1년이 되면 800g이 된다.

운동발달은 신체적 성장과 뼈, 근육 및 신경계가 성숙하면서 획득된다. 보편적으로 생후 10개월이 되면 길 수 있게 되고, 15개월이 되면 걸을 수 있게 된다.

신생아는 외부의 특정한 자극에 즉각 대응할 수 있는 20여 가지의 반사능력을 가지고 태어난다. 이러한 선천적인 반사는 뇌간에서 통제하는 무의식적인 운동으로 학습이나 연습과 관계없이 나타나며 성숙에 기인한다고 가정한다(민영순, 1994). 이러한 여러 가지 운동반응은 신생아의 신경학적인 정상 여부를 판단하는 중요한 근거로 사용되며(김태련 외, 1992), 초기의 생존과정에서 중요한 기능을 하는 것으로 알려져 있다. 신생아의 선천적인 반사로 대표적인 것이 찾기반사와 빨기반사다.

신생아가 자신의 얼굴에 닿는 자극을 향하여 머리를 돌리는 찾기반사는 생후 초기의 생존에 필요한 젖이나 음식물을 향하도록 하는 기능을 한다. 빨기반사는 입에 닿는 것을 빨려고 하는 반사로서 신생아는 젖꼭지나 우유병, 손가락 등 입가에 닿는 것은 무엇이든 빨려고 한다.

신생아의 운동은 전신적인 전체운동과 국부적인 특수운동으로 나눌 수 있다. 전체운동은 신경계통의 발달이 미숙하여 눈과 손의 협응과 같은 신체의 여러 부분이 협동성 없이 신체 전체가 확산적으로 움직이는 것을 말한다(Hurlock, 1956).

파악반사는 특수반응으로 신생아의 손에 막대기와 같은 물체를 쥐어 주면 빼내기 힘들 정도로 강하게 쥐는 반사를 말하며 다윈반사(Darwin reflex)라고도 한다. 이외에도 신생아를 매트에 눕힌 다음 매트를 세게 두드리면 팔과 다리를 번쩍 들면서 쭉 편 다음 다시 몸을 활같이 구부려 앞으로 뻗는 동작을 취하게 된다. 이는 큰 소리가 나거나 몸의 균형이 불안정하여 놀라게 되면 나타나는 반응으로 모로반사라고 한다. 그리고 신생아의 발바닥을 손가락이나 젓가락으로 발뒤꿈치에서 엄지발가락 쪽으로 긁어 주면 순간적으로 발가락을 부채처럼 폈다가 오므리는 동작을 보이는 바빈스키반사 등이 있다. 이러한 반사운동은 아기의 신경조직이 발달함에 따라 생후 1년 전후까지 계속되다가 소멸된다.

(2) 인지발달

인지란 일반적으로 사고의 능력을 의미하며 넓은 의미에서는 사고 외에도 지각, 기억, 지능, 언어 등을 포함하는 정신과정으로 보기도 한다.

성장과 발달에 따른 인지기능의 변화에 대한 대표적인 이론으로는 Jean Piaget의 이론을 들 수 있다. 그는 아동이 성숙해 감에 따라 사고 및 추론 등의 인지능력이 몇 개의 단계를 거치면서 발달해 간다는 인지발달이론을 발전시켰다.

Piaget는 인지 혹은 지적 능력이란 개인이 환경에 효과적으로 적응할 수 있는 능력이라고 본다. 인간의 인지구조는 도식들로 구성되어 있는데, 조직과 순응은 환경에적응하는 도식의 형성과 유지에 중요한 역할을 한다. 인지기능에는 조직과 순응이 포함되어 있다. 조직은 외부 환경과 접촉하면서 받아들인 지식이나 행동을 순서 있고 일관성 있게 잘 정리해서 분류해 놓고, 그 속에 모든 사상이나 사물들을 귀속시키는 것을 의미한다. 순응은 현재 자기가 지각하고 이해하고 있는 모든 사물, 사상 및 지식들과 새로운 문제해결 상황에서 부딪히게 될 현상과 균형을 맞추고자 하는 행동이다(민영순, 1994).

Piaget는 조직 기능과 순응 기능 간의 관계를 설명하기 위한 심리적 기제로서 동화, 조절, 평형의 개념을 도입하였다

도식은 환경에 적응하기 위해 습득하는 지식 또는 행동양식을 말한다. 이미 가지고 있는 도식을 적용하여 새로운 사물 또는 대상을 이해하고 적응해 가는 인지과정을 동화라 한다. 예를 들면, 손으로 물체를 잡는 도식을 가지고 있는 경우 손에 와닿는 것(젓가락, 칼 등)은 무엇이나 잡으려는 행동을 하는 경우가 동화에 해당된다. 즉, 새로운 환경자극을 자신이 기존에 이해하고 있는 틀에 맞도록 변형하여 흡수하는 현상을 동화라고 한다. 조절은 기존의 도식으로 새로운 사물이나 대상을 동화하는 데 실패할 경우, 새로운 사물이나 대상에 적응할 수 있도록 기존의 도식을 바꾸어 가는 인지과정을 말한다. 이러한 조절을 통해 새로운 도식들을 획득해 가게 된다. 이와 같이 더 많은 새로운 도식들을 획득해 가면서 인간은 인지발달을 이루게 된다.

동화와 조절의 결과로 변형된 인지적 도식은 보다 복잡한 정보를 동화시킬 수 있으며 새로운 지식에 맞추어 재구성된다. 순응은 이러한 동화와 조절 중 어느 한쪽에 치우치지 않게 두 과정의 평형 혹은 균형을 유지하는 현상을 의미한다. 이러한 순응

은 일생동안 계속 이루어진다.

결국 인지발달이란 인간의 기존 지식을 기초로 만들어진 도식에 새로운 정보를 동화시키거나 기존 지식을 조절함으로써 새로운 도식을 만들어 가면서 인지기능이 체계화되고 조직화되는 과정이라고 할 수 있다.

Piaget는 인지능력의 발달을 감각운동기, 전조작기, 구체적 조작기, 형식적 조작기로 구분하여 각각의 인지적 특성을 설명하고 있다. 그중 영아기에서 아동기까지 나타나는 인지발달적 특성은 다음과 같다.

① 감각운동기

생후 약 2년에 걸쳐 진행되는 감각운동기 동안에 영아는 세상에 대한 추론이나 사고능력이 없으며, 출생 시부터 갖고 있는 몇몇 감각능력 및 빨기나 잡기와 같은 반사적인 행동들을 사용하여 세상을 탐색하고 자신의 행동과 그 결과의 관계를 발견해 가면서 세상을 배워 간다.

이 단계의 중요한 인지적 발달은 바로 대상 영속성 개념의 획득이다. 대상 영속성은 관심을 갖고 있는 대상이 사라진다 해도 그 대상물이 여전히 존재한다는 사실을 이해하는 지적 기능이다. 생후 약 8개월이 된 아동은 가지고 놀던 공을 넓은 천으로 덮어서 가리면 곧 공에 대한 흥미를 잃고 더 이상 찾으려고 하지 않는다. 그러나 생후 10개월 정도의 아동은 천 아래에 숨겨진 공을 찾으려고 한다. 이러한 행동은 10개월 된 아동은 물체가 보이지 않아도 여전히 존재한다는 사실을 알고 있음을 보여 주는 것으로 대상 영속성의 개념을 획득했음을 의미한다. 동시에 보이지 않는 물체의 존재를 생각할 수 있게 되었다는 점에서 내적 표상능력을 갖게 되었음을 의미하기도 한다. 이러한 내적 표상능력은 언어를 사용해서 의사소통할 수 있는 인지구조의 발달을 의미한다.

② 전조작기

생후 2세경부터 7세경까지 진행되는 전조작기 동안 아동은 사물의 구체적인 속성을 판단하여 내적으로 표상하지만 그 표상을 정신적인 것으로 변환시키지는 못한다.

이 시기의 아동은 언어와 내적 상상을 통해 세상을 이해할 수 있게 된다. 따라서 아동들은 가장놀이를 하기도 하고 인형이나 장난감 자동차를 사람이나 실제 자동차처럼 가지고 놀며 물활론적인 사고를 한다. 그러나 아직 체계적이고 논리적으로 사고하는 능력이 결여되어 있기 때문에 이 시기를 '전조작기' 라고 명명한다(Jaffe, 1998).

전조작기의 인지기능은 자기중심성, 중심화, 불가역성으로 정리될 수 있다. 자기중심성은 아동이 사물이나 사건을 대할 때 자신의 관점에서만 볼 뿐 타인의 관점이나 견해를 이해하지 못하는 경향을 말한다. 즉, 다른 사람의 관점이나 입장은 자신과 다를 수 있다는 점을 고려하지 못하는 상태로, 이 점은 이 시기의 아동이 아직 자신과 외부세계를 구분하지 못하고 있음을 의미한다. 예를 들어, 테이블 위에 세 개의 산 모형을 놓고 한쪽에는 아동이 앉고 반대편에는 다른 사람이 앉았을 때, 상대편의 위치에서 산의 모양이 어떻게 보일 것인가에 대한 질문에 아동은 자신의 위치에서 보이는 산의 모형을 설명한다. 이러한 자기중심성은 사회적 관계뿐만 아니라 공간지각, 언어 등에서도 다양하게 나타난다.

아동이 친구나 부모에게 선물을 할 경우 선물을 받을 사람이 필요한 것이 무엇인가보다는 아동이 관심을 갖고 있는 물건을 선물하는 것도 자기중심성의 예라고 할 수 있다.

한편, 전조작기 아동의 또 다른 인지적 한계로서 보존개념이 없다는 점을 들 수 있다. 보존개념이란 어떤 대상 혹은 물체의 겉모양이 변해도 그 양에서는 변함이 없다는 것을 이해하는 능력을 말한다(Mussen, Conger, Kagan, & Huston, 1990). 전조작기 아동의 보존개념에 관한 연구는 액체의 보존, 수의 보존, 부피의 보존, 무게의 보존 등에 관한 실험을 통해 이루어져 왔다. 예를 들어, 액체의 보존실험에서 볼 수 있는 것처럼 5세 이전의 아동에게 동일한 크기의 비커 두 개(A, B)에 든 물을 보여 주고, 그중 한 개의 비커(B)에 든 물을 폭이 좁고 대신 높이가 더 높은 비커(C)에 붓고 나서 A와 C 중 어느 쪽 물이 더 많으냐고 질문하면 전조작기의 아동은 C에 든 물이 더 많다고 대답한다. 이처럼 A와 C에 든 물의 양이 같다는 것을 이해하지 못하는 것은 이시기의 아동에게 아직 보존개념이 발달하지 못했음을 보여 준다.

전조작기 아동이 보이는 보존개념상의 한계는 중심화로 설명된다. 즉, 전조작기의 아동은 어떤 사물이나 사건을 볼 때 한 측면에만 집중하는 경향이 있다. 위의 보존실험에서도 C에 든 물의 높이가 A에 든 물의 높이보다 더 높다는 한 측면에만 집중할 뿐 비커 C의 밑변의 폭이 비커 A보다 좁다는 점은 간과하기 때문에 두 비커에 든 물이 같다는 판단을 못하게 되는 것이다.

한편, 연령이 증가해 감에 따라 점차 다양한 유형의 보존개념들을 획득하게 된다. 일반적으로 수의 보존개념은 5~6세경에, 무게 및 액체의 보존개념은 7~8세경에, 그리고 부피의 보존개념은 11~12세경에 획득되는 것으로 알려져 있다.

③ 구체적 조작기

Piaget 이론의 세 번째 단계는 생후 7세경부터 12세경까지 진행되는 구체적 조작기다. 이 시기의 아동은 전조작기에서 보이던 한계를 극복하고 논리적으로 사고할 수 있게 되며, 어떤 상황을 한 가지 관점이 아닌 여러 가지 관점에서 고려하는 탈중심화와 물체가 공간적 배열을 달리 하거나 모양을 다르게 해도 그 속성은 변하지 않는다는 보존개념이 발달한다. 수에 대한 보존개념이 가장 먼저 형성되며 길이, 면적, 액체(양), 크기, 무게, 부피의 순서로 보존개념이 획득된다(Sarafino & Armstrong, 1986).

이와 같은 인지적 특징들은 구체적 조작기의 아동이 논리적으로 문제에 접근해 갈 수 있음을 보여 준다. 그러나 구체적 조작기의 아동들이 보이는 이러한 능력은 다룰 수 있거나 현재 다루고 있는 구체적인 상황에 국한될 뿐 가설을 설정하여 문제해결에 접근해 가거나 추상적인 사고를 하지는 못한다. 예를 들면, 100원이 50원보다 많으며 50원이 10원보다 많다는 것을 알게 되어 100원이 10원보다 크다는 사실을 알고 있으나, A > B고 B > C므로 A > C가 된다는 추론은 이해하기 어렵다. 즉, 구체적 준거가 있을 때는 논리적 사고가 가능하나 익숙하지 못한 어떤 상황이나 대상에 일반적 법칙을 일반화하거나 가설개념을 이해하지는 못한다. 이러한 능력은 인지발달의 최종단계인 형식적 조작기에 가서야 가능하게 된다.

(3) 성격 및 사회성 발달

① 애착

사회성은 사회관계의 의식을 말하는 것으로 사회생활에 적응하는 행동 특성이다. 즉, 타인과 상호관계를 맺을 수 있는 개인의 능력, 사회 적응성, 대인관계의 원만성이라고 말할 수 있다. 발달 초기의 사회적 행동은 주위에 있는 가족, 특히 어머니와의 관계에서 이루어진다. 영아는 자신을 돌보아 주는 사람에게 친밀한 애착을 형성하게 된다. 애착이란 영유아와 양육자 간의 관계에서 발달하는 지속적이고 강한 사회정서적 유대관계라고 정의할 수 있다(Kail & Wicks-Nelson, 1993). 애착반응은 영유아에게서 보편적으로 나타나는 행동으로 모든 문화권의 영유아가 대부분 애착을 형성하는 것으로 알려지고 있다(Ainsworth, 1977).

〈Piaget〉

일부 심리학자들은 한 개인이 타인에 대해 갖는 기본적인 신뢰감은 생후 처음 1년 동안의 경험에 따라 결정된다고 보고 있다(Bowlby, 1973). 애착은 생후 처음 몇 개월 사이에 천천히 형성된다. 6개월에 영아는 어머니를 보면 옹알거리면서 반응하고, 어머니가 사라지면 우는 반응을 보이게 된다. 7개월경에는 어머니에게 팔을 뻗쳐 안기려 하고 어머니의 무릎으로 기어가서 매달리기도 하는 반면, 낯선 사람이 접근하면 울고 소리를 지르는 등 낯가림 행동을 보인다(장동환 외 1995).

애착은 불안을 감소시키는 역할을 하며 이후 아이가 애착대상이 있는 곳을 떠나서 외부 환경을 탐색할 수 있게 한다. 즉, 어머니와 맺은 일차적인 사회적 관계는 시간이 경과해 가면서 아동 초기에 형제 및 친구로 확대되고, 학교에 들어가면서는 학교 친구, 선생님, 이웃 그리고 점차 다양한 사회구성원들과의 관계로 확대된다. Bowlby(1973)는 '결정적 시기' 의 중요성을 강조하면서 유아기에 애착을 형성하지 못한 사람은 어른이 되어서도 타인과 밀접한 인간관계를 형성하지 못한다고 한다. Schaffer와 Emerson(1964), Yarrow(1993)의 연구도 사회적 애착발달을 위한 결정적 시기의 증거를 제시하고 있다.

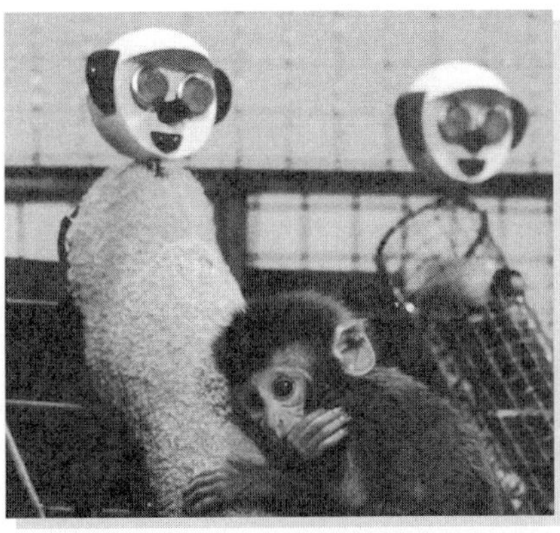

[그림 2-2] Harlow의 원숭이 대리모 실험

애착형성을 위해서는 아동의 생리적 욕구충족보다 신체적 접촉을 통한 위안이 더 큰 영향력을 갖는다. 초기 유아와 어머니 간의 애착형성에 작용하는 요인을 찾기 위한 실험에서 Harlow(1970)는 어미에게서 분리시킨 원숭이를 철사로 만든 대리모와 부드러운 천으로 감싼 대리모가 있는 방에 두었다. 이때 새끼원숭이는 천 대리모와 대부분의 시간을 보낸다는 사실을 발견하였다. 더욱이 철사 대리모에게 젖병을 매달아 수유를 시켰을 때도 천 대리모에게 애착하는 경향은 마찬가지였다. 이러한 Harlow의 실험은 새끼와 어미 간의 애착형성이 젖을 주기 때문일 것이라는 종래의 가설에서 벗어나 신체접촉이 애착형성의 주 요인임을 밝혀 주는 것이다.

Ainsworth는 '낯선 상황(strange situation)' 에서 어머니가 사라지거나 낯선 사람이 다가올 때의 영아의 행동을 관찰하고 그 결과에 따라 애착유형을 식별해 냈다. 낯선 상황에서 한 실험절차는 〈표 2-1〉과 같다.

이 실험을 통해 세 가지 유형의 애착반응이 나타났다. 먼저 안정애착 유형의 아기는 낯선 상황에서 어머니가 있는 동안에는 이따금 어머니에게 가까이 가서 몸을 대보며 어머니가 떠났다가 들어오면 열렬하게 반긴다. 어머니만 있으면 두려움 없이 낯선 상황을 탐색하며 낯선 장난감에 호기심을 보이거나 가지고 논다. 친숙한 상황

〈표 2-1〉 낯선 상황 실험과정

계열번호	등장인물	지속시간	행동기술
1	어머니, 아기와 관찰자	30초	관찰자가 어머니와 아기를 장난감과 여러 가지 놀이기구들이 있는 실험실에 인도한 후 남겨 두고 나간다.
2	어머니와 아기	23분	어머니는 아기가 방 안을 탐색하도록 내버려 둔다. 아기가 아무것도 하지 않을 때는 2분이 지난 후 놀이를 하도록 고무한다.
3	낯선 이, 어머니와 아기	3분 또는 보다 짧게	낯선 이가 들어온다. 최초의 1분은 침묵하고, 다음 1분은 낯선 이가 어머니와 대화를 하고, 그 다음 1분은 낯선 이가 아기에게 접근한다. 3분이 다 지난 후 어머니가 가만히 방을 나간다.
4	낯선 이와 아기	3분 또는 보다 길게	첫 번째 격리계열. 낯선 이의 행동은 아기의 행동에 맞추어 조정된다.
5	어머니와 아기	3분 또는 보다 길게	첫 번째 재회계열. 어머니가 아기를 반기거나 달랜 후, 아기가 다시 놀이를 하도록 도와준다. 그런 다음 어머니가 '안녕' 이라고 말하며 방을 나간다.
6	아기 혼자	3분 또는 보다 짧게	두 번째 격리계열
7	낯선 이와 아기	3분 또는 보다 짧게	두 번째 격리의 계속. 낯선 이가 들어와서 아동의 행동에 맞추어 행동한다.
8	어머니와 아기	3분	두 번째 재회계열. 어머니가 들어와서 아기를 반기고 안아 준다. 그 사이에 낯선 이는 가만히 방을 나간다.

*출처: Ainsworth, Blehar, Water, & Wall(1978).

에서는 어머니가 잠시 떠나는 데 대해 크게 격리불안을 보이지 않는다. 이 유형의 아기 어머니는 아기의 요구에 민감하게 반응하고 아기 스스로 노는 것을 충분히 허용해 준다. Ainsworth는 이러한 아기를 B유형(type B)이라 부르는데, 미국의 경우 약 15~75%의 아기가 이 유형에 속한다.

나머지 두 유형은 불안정하게 애착된 유형이다. 먼저 A유형인 회피애착 유형의 아기는 어머니가 떠나도 별 동요를 보이지 않으며 어머니가 돌와와도 다가가려 하지 않고 무시한다. 이 유형의 어머니는 아기의 요구에 무감각하며 아기와 신체적인 접촉을 적게 하고 화가 나 있거나 초조하며 거부하듯이 아기를 다룬다. 전체 영아의 약 20~25%가 이 유형에 속한다.

마지막으로 저항애착인 C유형은 일반적으로 어머니의 접촉시도에 저항하는 경향이 크다. 어머니가 있어도 잘 울고 보채지만 어머니가 떠나면 극심한 불안을 보인다. 어머니가 돌아오면 화를 내지만 불안정 회피유형과 달리 어머니 곁에 머물러 있으려고 한다. 어머니와 접촉하는 것에 관심이 없거나 다가가서 안겼다가는 이내 화난 듯이 밀어내 버리는 양극적 반응을 보인다. 이 유형의 어머니는 아기의 요구에 무감각하고 아기를 다루는 방식이 어색하지만, 화가 나 있거나 아기를 거부하는 느낌은 없다. 전체 영아의 약 10~15%가 이 유형에 속한다.

좀 더 최근에 애착형성이 불안정하면서도 회피와 저항의 어느 쪽에도 속하기 어려운 영아를 혼돈애착인 D유형으로 구분하고 있다(Main & Solomon, 1990). 이 유형의 아기는 회피와 저항이 복합된 반응을 보인다. 낯선 상황에서 어머니가 돌아오면 처음에는 다가가서 안겼다가 이내 화난 듯이 밀어 버리거나 어머니에게서 떠나는 양극적인 반응을 보인다. 이러한 반응은 어머니와 접촉하려는 욕구는 강하나 어머니로부터 무시당하거나 구박받은 데서 오는 공포가 공존하기 때문에 나타나는 것으로 해석된다(Shaffer, 1993).

Ainsworth의 '낯선 상황'에서 우리나라 영아의 애착유형을 분석한 결과, 홍계옥과 정옥분(1995)은 실험에 참가한 영아의 61.8%가 안정애착 유형으로 나타났고 불안정 회피유형이 25%, 나머지 유형이 약 11.2%로서 서구 아동과 유사한 비율을 관찰했다. 그러나 박응임(1995)의 연구에서는 안정애착 유형이 약 80%, 불안정 회피유형이 약 17%, 나머지 유형이 3%인 것으로 나타났으며 김민정(1990)도 73.5%의 안정애착을 보고하고 있어 우리나라 아동의 안정애착 유형이 서구 아동에 비해 훨씬 높은 것으로 보인다.

② 성격발달이론

성격발달을 설명하는 대표적 이론으로는 Freud의 심리성적 발달이론과 Erikson의 심리사회적 발달이론을 들 수 있다.

Freud는 인간의 정신을 본질적으로 무의식과 의식으로 구분하면서 성적 에너지를 뜻하는 리비도가 집중적으로 표출되는 신체 부위에 따라 성격발달단계를 구분하였다. 리비도는 심리적 · 생리적 의미에서 성적인 원동력이 되고 일정한 순서에 따라 상이한 신체 부위에 집중되며 이에 따라 성격발달이 결정된다. 그러므로 Freud의 성격발달단계에서 중요한 것은 리비도의 해결이다. 출생에서 대체로 1년 6개월까지의 시기에 해당되는 구강기에 리비도는 입에 집중된다. 그러므로 유아는 빠는 행위로부터 쾌감을 얻고자 하며 구강욕구가 과도하게 만족되거나 결핍되면 고착이 되어 구강적 성격 특징을 나타낸다. 입술, 손가락 빨기, 과음, 과식, 지나치게 의존적인 성격 등이 구강기의 고착 특징을 나타낸다.

1년 6개월 된 유아부터 3세 사이의 유아는 항문기에 해당되며 배설에 따른 쾌감을 통해 리비도의 만족을 추구한다. 이 시기에 배변훈련을 받으면서 아동은 본능적 충동이 통제받는 경험을 하게 되고 자아가 형성된다. 적절한 배변훈련은 아동의 창의성과 생산성을 발달시키는 기초가 된다. 하지만 아동의 좌절을 일으키게 되면 낭비하거나 어지럽히며 지저분하게 하는 항문기의 폭발적 성격을 보이거나, 반대로 지나치게 청결하고 정돈과 질서에 신경을 쓰는 항문기의 강박적 성격을 보이기도 한다.

3세부터 6세 사이에 유아는 남근기의 시기로 성적 긴장과 흥분이 성기에 집중되며 자신의 성에 눈뜨게 되고 성적 욕구의 대상으로서 어머니에게 관심을 갖게 된다. 이 시기의 유아에게 아버지는 어머니와 맺은 애정관계를 저해하는 두려운 경쟁자로 인식되는데, 이러한 유아의 무의식적 경쟁심리를 오이디푸스 콤플렉스라고 한다. 대부분의 정상적인 남아의 오이디푸스 콤플렉스는 무의식 속에 억압되며 적대감 대신에 아버지를 닮아 가려는 동일시로 경쟁심을 극복하게 된다. 이러한 동일시 기제는 초자아의 형성과 성역할 학습 등 이 시기 아동의 성격발달에 큰 영향을 미치게 된다.

6세에서 11세 사이의 잠복기에는 성적이며 공격적인 현상으로 나타나던 리비도의 표출양상이 대부분 잠복하게 된다. 이 시기의 아동은 자신을 둘러싼 외계에 대한 탐색과 지적 호기심을 강하게 나타낸다. 또한 스포츠나 게임 등 보다 건전한 사회적 활동에 에너지를 사용한다. 그 결과 일반적으로 잠복기 아동들은 가족 이외의 사회적 접촉이 확산되며 평온하고 침착하고 자기통제적인 성격 특성을 보이게 된다.

여아의 경우 약 11세, 남아의 경우 약 13세경부터 제2차 성징이 나타나며, 더불어 강력한 성적 에너지가 분출되는 생식기에 접어들게 된다.

생식기의 청소년들은 잠복기의 억압되었던 충동들이 의식의 세계로 들어오게 됨으로써 본능적 충동들을 현실적으로 수행할 수 있는 능력을 갖추게 된다. 그러므로 그들은 이성으로부터 성적 만족을 얻으려고 한다.

Anna Freud에 따르면 이 시기의 청소년들은 이전의 오이디푸스적 감정에서 자유로워지기를 바라며, 이러한 욕구가 부모로부터 벗어나려 하거나 부모를 경멸하는 양상으로 표출된다(서봉연 역, 1983). 기존의 권위에 대한 청년기의 저항과 비판적 특성은 이러한 측면에서 설명될 수 있다.

Erik Erikson은 개인의 자아양식이 주변 인물들과 상호작용하면서 심리사회적 위기를 경험하고 개인의 욕구가 충족 또는 좌절되는 양상을 성격발달의 양극적 측면으로 기술하고 있다.

〈표 2-2〉에 Freud와 Erikson의 성격발달이론을 대비시켜 보았다.

〈표 2-2〉 Freud와 Erikson의 성격발달단계 비교

연 령	Freud의 단계	Erikson의 단계
출생~1.5세	구강기	신뢰감 대 불신감
1.5~3세	항문기	자율성 대 수치심
3~6세	남근(오이디푸스)기	주도성 대 죄책감
6~11세	잠복기	근면성 대 열등감
청년기	생식기	정체감 대 역할혼미
성인 초기		친밀감 대 고립감
성인기		생산성 대 침체성
노년기		통합감 대 절망감

출생부터 1.5세에 해당되는 신뢰감 대 불신감의 단계에서 양육자로부터 애정어린 보살핌을 받아 기본적인 욕구가 충족된 아동은 자신과 주변에 대해 신뢰감을 형성하나, 추위, 배고픔, 불쾌함 등과 같은 욕구좌절로 인한 부정적인 경험이 많은 아동은 불신감을 갖게 된다. 이 시기의 아동은 신뢰감 형성을 통해 희망을 갖게 된다.

Freud의 항문기에 해당하는 자율성 대 수치감의 단계에서 아동은 신체적 및 생리적으로 성숙해져 최초로 자아감각을 갖고 외부를 탐색하고자 한다. 자아의 분화로 아동은 '나' '내 것' '내가 할 거야.' 등 자기를 주장하게 되는데, 이때 부모들의 규제를 받거나 실패에 부딪히게 된다. 이와 같은 성공과 실패의 양극적 위기 속에서 아동은 자기통제에 기본적인 자신감을 갖게 됨으로써 자율성이 형성되거나, 이러한 자기 결정과 주장에 대한 수치와 회의에 빠져들게 된다.

3세부터 6세 사이의 주도성 대 죄책감 단계에서 아동은 형제나 또래집단과 더불어 놀이활동에 참여하면서 자기주장이 나타나고 경쟁에 몰입하며 이러한 과정 속에서 때로 좌절을 경험하기도 한다. 이 시기에 자기주장 활동이 성공하게 되면 아동은 주도성을 확립하게 되며 자신의 행동목표나 행동계획을 세우게 된다. 그러나 실패의 경험이 많을 경우 아동의 주도성은 위축되고 자기주장에 대해 죄책감을 갖게 된다. 근면성 대 열등감의 시기는 6세에서 11세 사이의 초등학교 학동기로 아동의 지적 능력이 개발되고 친구관계를 통해 사회적 가치관, 규범을 습득하게 된다. 부모와 교사는 아동의 능력에 적절한 과업을 꾸준히 제시하고, 아동은 과제를 해결함으로써 자신감을 갖게 된다. 이러한 아동의 자신감은 근면성 개발에 긍정적 영향력을 갖는다.

그러나 아동 자체가 학교생활에 준비가 안 되어 성취감이 부족하거나 친구와 비교되면 열등감에 빠진다.

③ 도덕성 발달

도덕성은 옳고 그름에 대한 판단능력으로 사회가 지닌 가치, 규범, 관습을 내면화함으로써 발달된다.

Kohlberg는 1956년부터 10~16세 사이의 아동과 청소년 75명을 대상으로 하여 개인의 도덕적 추론능력의 발달을 연구하기 시작하였는데, 이는 인지발달 이론가들(Gilligan, 1979; Nucci & Turiel, 1993; Rest, 1975; Turiel, 1969)의 후속 연구를 자극하는 역할을 하였다. 도덕성 발달에 관한 Kohlberg의 이론은 Piaget의 연구에 기초한다. Piaget와 동일하게 개인의 도덕적 추론능력은 그의 인지발달 수준에 따라 일정한 순서로 진행된다고 생각한 Kohlberg는 Piaget의 도덕성 발달단계를 확장하였다. Kohlberg(1976)는 피험자들에게 가상적인 도덕적 갈등 상황을 제시하고서 그들이 어떤 반응을 나타내는가에 따라 6단계로 도덕성 발달수준을 구분하였다.

다음에 제시한 '하인츠 딜레마'와 유사한 아홉 개의 딜레마를 가지고 10세부터 16세까지의 소년들을 대상으로 면접한 결과, 3수준 6단계의 도덕성 발달단계를 확인할 수 있었다.

> 하인츠는 암으로 죽어가는 아내를 구하기 위해 약국을 찾아간다. 그런데 하인츠의 아내를 살릴 수 있는 약을 최근에 개발해서 가지고 있는 약사는 하인츠에게 약값으로 재료비의 10배를 요구했다. 이에 하인츠는 아는 사람들을 찾아다니면서 겨우 약값의 절반을 빌릴 수 있었다. 하인츠는 약사에게 약을 싸게 팔거나 나중에 지불하게 해 달라고 사정했지만 약사는 하인츠의 요청을 거절한다. 실망한 하인츠는 죽어가는 아내를 살리기 위해 약국으로 몰래 숨어 들어가서 약을 훔친다.

3수준 6단계로 구성되는 Kohlberg의 도덕성 발달단계는 〈표 2-3〉과 같다. Kohlberg에 따르면 사회적 인습을 이해하지 못하는 전인습적 수준(preconventional level)의 아동들은 기쁨을 얻고 고통을 회피하려는 이기적 소망이 도덕적 판단의 동기가 된다. 그러나 인습적 수준(conventional level)의 개인들은 사회적 인습을 중요시하고 가족이나 사회 혹은 국가의 기준에 맞추어 행동하며 사회질서를 적극적으로 유지하려고 한다. 도덕성 발달의 최상 단계인 후인습적 수준(postconventional level)에 이르면 개인은 자신이 소속한 집단의 인습적 규칙에서 벗어나 추상적이고 이타적이며 보편적인 규칙을 바탕으로 도덕적 추리를 한다.

청년 후기와 성년기에는 도덕적 판단수준이 안정화되는 경향이 있다. 대부분의 성인들이 도달하는 도덕적 판단의 수준은 여성의 경우는 대개 3단계고 남성의 경우는 그보다 한 단계 높은 4단계라고 한다.

Kohlberg의 도덕성 발달이론은 인지적 성숙과 도덕적 성숙의 관계를 제시한 것이

〈표 2-3〉 Kohlberg의 도덕성 발달단계

전인습적 수준 (4~10세)	벌-복종 지향	• 처벌을 피하기 위해 규칙에 따라 행동한다. • 외부의 요인에 따라 옳고 그름을 판단한다. • 벌과 복종 지향 단계 • 도구적 상대주의 지향 단계
	자기 이익중심의 교환단계	• 자신의 욕구를 만족시키는 도덕적 가치가 옳고 그름의 판단기준이 된다. • 자신이나 사랑하는 사람을 만족시켜 주고 이익이 되는 정도에 따라 행동을 판단한다.
인습적 수준 (10~13세)	착한 아이 지향	• 타인이 기뻐하고 승인하는 행위를 도덕적으로 옳은 행위라고 판단한다. • 타인의 기대에 부합하고 싶은 동기를 갖는다.
	법-질서 지향	• 사회질서 유지의 중요성을 인식한다. • 사회가 정한 법률이나 규칙을 준수하느냐 위반하느냐에 따라 옳고 그름을 판단한다. • 자신의 의무를 다하고 법과 질서를 따르는 것이 옳다고 판단한다.
후인습적 수준 (13세 이후)	사회계약 정신지향	• 사회적 합의인 법과 제도의 중요성을 인정하지만 사회적 융통성, 합리성에 따라 법, 제도를 변경할 수 있음을 안다. • 개인의 권리를 중요시하며 합리성에 따라 사회적 기준이 바뀔 수 있음을 안다.
	보편적 도덕원리 지향	• 시간과 문화를 초월하여 적용될 수 있는 보편적 원리를 바탕으로 행동을 판단한다. • 개인 자신의 이데올로기의 일부로서 도덕원리를 수용한다. • 공정성, 정의, 인간권리의 상호성, 평등을 존중하는 도덕원리에 따라 행동한다.

었으며, 도덕성 발달의 이론적 틀을 제공했음에도 몇 가지 문제점이 지적되고 있다.

첫째, Kohlberg의 도덕성 발달이론은 도덕적 사고에 관한 것이지 도덕적 행동에 관한 것이 아니라는 비판이다(Colby & Damon, 1992; Kurtines & Gewirtz, 1991; Lapsley, 1993; Turiel, 1997). 일상의 도덕적 갈등 상황은 강력한 정서반응을 불러일으키므로 도덕적 행동이나 결과를 간과하는 도덕적 판단이론은 어떤 이론도 완전하지 못하다는 주장이다(Hart & Chmiel, 1992; Haidt, Koller, & Dias, 1993).

둘째, Kohlberg의 도덕성 발달이론은 문화적 편견을 보인다는 지적이다. 도덕적 판단을 분석하기 위한 딜레마의 내용 자체가 미국의 중 · 상류층 중심의 문화에 보편적이기 때문에 그의 도덕성 발달단계는 모든 문화권의 보편적인 현상은 아니라는 지적을 받는다(이관용, 1990).

특히, Kohlberg의 후인습적 도덕수준은 서구 사회의 이상인 정의를 반영하기 때문에 비서구 사회에 사는 사람들이나 개인의 권리를 높이 평가하지 않는 사람들에게는 불리하다(Shweder, Mahaptra, & Miller, 1990). 또한 사회적 조화를 강조하고 개인의 이익보다는 단체의 이익을 더 강조하는 사회에서는 정의에 대한 개념이 인습적 수준에 머무르게 된다(Snarey, 1985; Tietjen & Walker, 1985). Lei(1994)의 연구에서 대만 성인들의 도덕적 추론수준을 분석한 결과 Kohlberg의 5단계와 6단계는 나타나지 않았으며, 우리나라의 연구(강영숙, 1981)에서도 6단계 이행은 전혀 나타나지 않았다.

〈Gilligan〉

셋째, Kohlberg의 이론에는 여성에 대한 편견이 자리 잡고 있다는 비판이다. Kohlberg의 연구에 참여한 피험자들을 남성으로만 구성했기 때문에 Kohlberg의 도덕성 발달을 남녀 모두에게 일반화하는 것은 부적절하다는 것이다. 실제로 Kohlberg의 도덕성 발달단계에서 대부분의 남성은 4단계 수준, 대부분의 여성은 3단계 수준으로 나타나고 있다. 그렇다면 여성의 도덕적 판단수준이 남성보다 낮다고 할 수 있는가? Gilligan(1977)은 Kohlberg의 도덕성 발달이론이 여성의 도덕적 판단에서 나타나는 대인관계적 요소를 평가절하함으로써 도덕적 추론에서 여성들이 내는 타인에 대한 애정의 목소리를 무시했다고 주장한다. Gilligan(1977, 1982, 1993)에 따르면 남아는 독립적이고 단호하며 성취지향적으로 사회화되므로 도덕적 갈등 상황을 해결하는 데 있어 다른 사람의 권리나 법과 사회적 관습 등 정의를 중시하게 된다. 이것은 Kohlberg의 도덕성 발달 중 4단계에 반영되는 견해다. 반면, 여아는 양육적이고 동정적이며 다른 사람의 욕구에 대한 관심을 강조하는 사회화로 인해 도덕적 행동이 사람들의 감정에 어떻게 영향을 미칠 것인가를 중요시해서 도덕적 판단을 하게 된다. 이것은 주로 Kohlberg의 도덕성 발달 중 3단계에 반영되는 견해다. 결과적으로 남성은 개인의 권리를 존중하는 법과 질서를 우선시하는 정의의 도덕성(morality of justice)을 지향하게 되고, 여성은 다른 사람에 대한 책임과 복지가 핵심인 배려의 도덕성(morality of care)을 지향하게 된다고 한다.

3) 청년기

아동기에서 성인기로 옮겨가는 과도기라고도 하는 청년기는 최근에 오면서 인간 발달 과정의 특징적인 한 시기로 분류되는 추세를 보이고 있다(Sprinthall & Collins, 1995). 모든 문화에서 청소년기가 존재하는 것은 아니다. 기술적으로 발달되지 못한 문화에서는 성년식이나 사냥의식 등 일종의 통과의례를 거쳐 아동에서 성인으로 인정받는다. 그러나 문명화된 사회일수록 아동기에서 성인기로 넘어가는 준비기간이 길어지게 되고, 그 과정에서 독립적인 성인으로 성장해 가는 개인의 특성을 이해하고 독특한 발달과업을 갖는 청소년기에 대한 관심이 증대되고 있다. 청소년기는 부모로부터 벗어나 심리적 독립이 필요한 심리적 이유기다. 청소년들은 그 발달과정에서 다양한 변화에 적응하는 동시에 개인에게 부여되는 다양한 역할을 성공적으로 수행하기 위한 여러 가지 기술, 지식, 능력, 태도 등과 같은 발달과업을 이루어야 한다(Havighrust, 1972).

(1) 신체 및 성적 발달

청년기를 연령으로 명확하게 규정하기는 어렵지만 일반적으로 제2차 성징이 시작되는 12~13세경에서 22~23세경의 시기를 의미한다. 이 시기는 아동에서 성인으로 이행하는 변환기적 성격이 강하므로 대단히 불안정하고 동요가 심한 특징이 있다.

청소년기 동안에는 키, 몸무게, 근육 그리고 신체 비율에 급격한 변화가 일어나는데 이러한 경향을 제2차 성장급등이라 한다. 일반적으로 여자가 남자보다 2년 정도 사춘기가 빨리 시작된다. 여자의 사춘기가 시작되는 시기는 8세에서 14세로 평균 10~11세고 남자의 경우는 10~16세경으로 남녀 평균 12~13세다(Davis & Palladino, 1997).

우리나라 사춘기 청소년의 신체 및 성적 발달은 1960년대 이후 급격한 가속화 추세를 보이고 있다. 1965년과 1985년의 17세 청년의 신장을 비교해 보면, 남자는 평균 5.41cm 증가하였고 여자는 평균 0.76cm 증가하였다. 여자의 초경 연령 또한 1960년의 평균 14세 8개월에서 1982년에는 12세 3개월로 앞당겨져 보다 빠른 성숙을 보이고 있다(이춘재 등, 1988). 특히, 가족의 생활수준이 높은 경우에는 자녀가 사춘기를 경험하는 시기가 더 빨라지는 경향을 보이는데, 이는 더 좋은 영양섭취와 건강관리에서 비롯된다.

청년기 동안 나타나는 신체 변화로 남자는 어깨가 넓어지고 근육이 발달하여 남성다운 체형으로 변모하고, 여자는 골반이 넓어지고 피하지방이 축적되어 여성다운 체형으로 변모한다.

청년기의 성적 발달은 이차적인 성 특징들이 뚜렷하다. 남자의 경우 고환과 음경이 커지고 음모와 턱수염이 나고 변성이 되며 정자를 생산하게 됨에 따라 몽정을 경험하게 된다. 여자의 경우는 자궁과 질이 커지고 음모가 나며 유방의 발달과 초경을 경험하게 된다.

한편, 청년기 동안에 개개인이 보이는 성숙의 차이는 이 시기의 부적응 문제와 관계가 많은 것으로 알려지고 있다(Davis & Palladino, 1997).

대부분의 사춘기 청년들은 자신의 변화하는 신체와 성적 발달에 많은 관심을 갖는데, 지나치게 높은 관심과 기대로 인해 이 시기 청년들은 청년 후기에 비해 자신의 신체에 불만이 대단히 높은 것으로 보고되고 있다(Wright, 1989). 또한 청년기 신체 및 성적 발달은 전반적인 자아개념과도 밀접한 관계를 가지는데, 자신을 신체적으로 보다 매력적이라고 생각하는 사춘기 청년들이 일반적으로 보다 긍정적인 자아개념과 좋은 교우관계 및 적응도를 보이는 것으로 알려지고 있다(Brooks-Gunn & Warren, 1988; Lerner & Karabenick, 1974). 청소년들은 친구나 매체 등을 통해 성에 관한 정보와 지식을 획득하게 되며 대부분 이 시기를 거치면서 불안감과 성적 쾌감을 동시에 경험하게 된다.

초기 청년기 연구자들은 청년기의 불안정성이 주로 억압된 성충동이 야기하는 내적 긴장 때문이라고 생각하였다. 일찍이 Hall이 청년기를 '질풍노도'라 지칭한 말은 이러한 관점을 가장 잘 대표하는 것이다. 그러나 최근에는 대부분의 청년기 문제가 청년들의 자아와 사회 간의 긴장 또는 사회적 역할압박에서 야기된다는 데 의견이 일치하고 있다(Keniston, 1975). Mead(1928)가 발견한, 사모아에서 성인기를 맞는 청소년들이 질풍노도를 경험하지 않는다는 사실은 문화적 상대주의가 청년기 발달을 이해하는 데 중요함을 인식시킨다.

(2) 인지발달

Piaget의 인지발달이론에서 11~15세의 청소년들은 형식적 조작사고를 하게 된다.

① 형식적 조작기

형식적 조작기는 11, 12세경부터 시작하여 15, 16세경까지 진행된다. 형식적 조작사고의 발달과 더불어 청년들은 현재보다 가능성의 세계를 중시함으로써 가설설정을 통해 문제해결을 할 수 있게 되고, 다양한 상징적 표상을 이용하여 추상적이고 연역적인 추론이 가능하게 된다. 즉, 어떤 상황에 대한 직접적 경험 없이 언어적 진술만으로도 문제해결이 가능하다. 또한 상징체계의 사용은 수학적, 과학적 문제해결 과정의 기초가 된다.

Piaget는 15세 이전에 대부분의 청년들이 형식적 조작사고로 이행한다고 주장하고 있으나(Inhelder & Piaget, 1958), 이러한 주장에 대해 여러 연구자들은 의문을 제기하고 있다(Overton & Byrnes, 1991). 실제로 많은 청년들이 형식적 조작사고를 획득하지 못한 것으로 밝혀지고 있다(Santrock, 1992). 우리나라에서도 중학교 2학년 학생(15세)의 78%가 형식적 조작기에 완전하게 도달하지 못한 것으로 보고되고 있다(Han, 1982).

오랜 기간에 걸친 관찰을 통해 제시된 Piaget의 인지발달에 관한 단계이론은 많은 학자들의 지지를 받기도 했지만 한편으로는 몇 가지 비판을 받는다.

첫째, Piaget가 설정한 것처럼 최종적인 인지발달이 15, 16세경의 청소년기에 완성되는 것이 아니라 그 이후 성인기의 인지발달에 대한 새로운 단계를 설정해야 한다는 주장이다. 또한 구체적 조작기에 가서 대부분 획득된다고 본 여러 가지 보존개념도 Piaget가 생각한 것보다 훨씬 이른 시기에 형성될 수 있다는 주장도 있다.

둘째, Piaget의 인지발달단계가 불변적인 순서로 진행되는 것이 아니라 특정 단계의 앞뒤로 이동할 수 있다는 견해도 제기되고 있다. 즉, 인지발달이 다음 단계로 전진 발달만 하는 것이 아니라 전 단계로 후퇴할 수도 있다는 것이다.

셋째, 정보처리적 접근의 인지발달은 계속 진행되는 비단계적인 과정으로 Piaget의 단계적 인지발달론과는 차이가 있다. 정보처리 입장에서는 인간의 인지능력을 컴퓨터에 비유하여, 정보나 지식 그리고 정보를 기억하는 데 이용되는 전략들은 아동

〈Vygotsky〉

이 발달해 감에 따라 점진적으로 증가하게 된다고 보며, 이러한 지식과 전략들의 점진적인 증가과정을 인지발달이라고 본다(Kail & Wick-Nelson, 1993).

넷째, 인지발달에서 사회적 상호작용의 중요성을 강조한 Lev Vygotsky(1896~1934)는 개념, 언어 등과 같은 인간의 인지적 요소들이 모두 사회적 상호작용에서 발달한다고 보았다. 아동들은 그들이 속한 사회적 세계와 계속 상호작용을 하는 과정에서 그 문화의 여러 가지 상징체계와 언어를 능동적으로 사용할 수 있게 되며, 그 과정에서 사회로부터 영향을 받기도 하고 반대로 영향을 주기도 한다고 보았다(Bootsin et al., 1991). 이러한 Vygotsky의 견해는 아동의 인지능력이 사회적 맥락 속에서 보다 더 수월하게 발달하게 된다는 점과 개인이 특정 기술의 잠재력을 발달시키는 과정에서 부모, 교사 등의 협동이나 지지가 중요하게 작용할 수 있다는 점을 시사해 주고 있다.

② 사회인지

청년기 형식적 조작사고의 시작은 청년들의 자기인지와 타인인지에 큰 영향을 미친다. 청년들은 가설설정 능력을 획득함으로써 자신과 자신을 둘러싼 주변에 대해 자신들이 기대하는 가상적인 모습을 형성하게 되는데, 이러한 과정이 곧 청년기 이상주의를 낳게 하는 기저가 된다. 청소년들은 끊임없이 자신이 설정한 이상적 준거와 현실을 비교하게 되며 기성세대의 가치관에 대해 실망하고 비판을 제시한다. Elkind(1976)는 이와 같은 청년기 특유의 비판적 사고를 법관적 또는 판단자적 관점이라 부르고 있다. 그러나 타인의 견해나 다양한 견해에 대한 존중이 부족하기 때문에 자신의 의견만을 관철시키려는 편협한 이상주의자가 될 수도 있다.

청년기의 형식적 조작사고에서 기인하는 또 하나의 특징적인 사회인지로는 청년기의 자기중심성을 들 수 있다(Elkind, 1976, 1978). 청소년기의 자기중심성은 상상적 청중과 개인적 우화를 만들어 낸다. 상상적 청중 속에 자신이 둘러싸여 있다고 믿고 상상적 청중을 통해 자신을 대단히 중요한 존재로 지각한다. 즉, 자신의 감정과 욕구는 타인과 비교될 수 없는 독특한 것이라는 개인적 우화(personal fable)를 만들기도 한다. 이러한 청년기의 자기중심성은 마약 사용, 자살 경향 등 청년기의 무모하고 비현실적인 행동을 낳게 하는 원인이 될 수 있다(Dolcini et al., 1989). 특히, 그러한 행동은 남학생에게서 더 빈번하게 일어난다.

청소년기의 자아중심성은 사회인지 과정 속에서 바뀐다. 즉, 친구나 사회적 경험 등을 통해 타인과 상호작용하는 동안 나와 다른 사람들의 다양한 견해를 인식하게 됨으로써 상상적 청중이 약화되고 나에게 중요한 타인과 개인적 정서교류를 통해 개인적 우화를 극복해 가게 된다.

(3) 성격발달

① 정체감 대 역할혼미

자신과 관련하여 청년기 동안에 경험하는 문제를 Erikson은 정체감의 위기라고 부르고 있다. 정체감 혹은 자아정체감이란 자신의 독특성에 대해 비교적 안정된 느낌을 갖는 것으로 행동, 사고, 감정이 변화하는데도 '나' 라고 생각하는 일관성을 말한다(Erikson, 1968). 다시 말해, 청년기는 어느 때 어느 장면에서건 '내가 누구인가?' 에 대해 일관성 있게 동일한 자기인식을 가지며 그렇게 행동할 수 있는 능력을 갈등과 혼돈을 겪으며 확립해 가는 시기다(박아청, 1984). 이러한 정체감 형성과 관계되는 것으로는 가치 있는 행동 및 기준, 자신의 능력이나 성 역할 등에 대한 느낌과 생각 등이 포함된다.

청년기 동안 각 개인은 내 · 외적 환경 변화 때문에 정체감 위기를 경험하며 영웅이나 위인을 동일시하거나 친구들을 모델링하면서 위기에 대처한다. 신체의 급격한 변화와 인지발달에 따라 생겨나는 자기 존재에 대한 새로운 인식은 고민과 갈등을 일으키며 '나' 에 대한 결정을 유보하는 심리적 유예기간을 거쳐 정체성을 탐색해 나간다. 즉, 지루하고 긴 유예의 기간을 거친 후 '나는 무엇인가?' '나는 무엇을 할 수 있는가?' 등 자신의 존재와 능력을 탐색하면서 자신의 역할을 인식하고 목적의식을 확립함으로써 자아정체감을 형성한다.

Newman과 Newman(1984)은 청년기의 정체감을 두 개의 단계로 분리하였다. 그들은 개인적 정체감이 확립되기 위해서는 집단정체감 확립이 선행되어야 한다고 주장하였다. 사춘기부터 18세까지의 시기는 급속한 신체 변화가 일어나고 동년배의 승인이 중요시되기 때문에 집단정체감 대 소외의 심리사회적 위기가 해결되어야 한다.

반면, 18세부터 21, 22세까지는 가족으로부터 자율성을 획득하고 개인적 정체감을 확립하는 개인적 정체감 대 역할혼란의 심리사회적 위기를 해결해야 한다. 청년기가 연장되고 있는 현대사회의 특성을 감안할 때 청년기를 두 개의 시기로 분리한 Newman과 Newman의 제안은 더 타당한 것으로 해석되기도 한다.

청년기 동안 정체감 획득이 이루어진다면 성인기의 역할 수행은 보다 용이하게 이루어질 수 있다. 정체감을 획득하지 못한다 해도 성장을 촉진시킬 수 있는 경험과 다양한 선택의 기회들(직업 선택, 친구 선택, 배우자 선택 등)은 성인기에도 접할 수 있다.

Marcia의 이론을 통해 네 가지 유형으로 분류하였다. Marcia는 청년들이 자신의 삶의 방향을 결정하기 위해 겪는 위기와 관여의 정도와 양상에 따라 정체성 유실, 정체성 혼란, 정체성 유예 그리고 정체성 성취의 네 수준을 식별해 냈다. 위기란 의미 있는 대안들 중에서 어느 것을 선택할까 고심하는 단계인 반면, 관여는 행동을 수행하기 위한 의미 있는 선택을 이룬 단계다.

정체성 혼돈은 아직 정체성 위기를 경험하거나 어떠한 결정도 내리지 않은 상태를 의미한다. 정체성 유예는 극심한 위기를 경험하고 있으면서 아직 아무런 결정을 내리지 못했거나 아주 막연하게 방향을 찾기 시작한 상태를 말한다. 정체성 폐쇄는 위기를 경험하지 않은 채 결정을 내리는 상태를 가리킨다. 마지막으로 정체성 성취는 위기를 겪고 결정에 도달한 수준을 의미한다.

위기를 성공적으로 극복하고 확고한 신념체계를 확립한 사람들은 정체성 성취로 분류된다. 그들은 직업을 선택하고 정치적, 개인적 이념체계를 확립한 사람들이다.

정체성 유실상태에 있는 청소년들은 직업선택과 개인적 신념을 확립하기 위해 노력하기보다는 부모와 같은 의미 있는 다른 사람들의 가치와 기대를 무조건 수용하고 채택한다. 그들은 광범위한 대안들을 탐색하는 과정을 거치지 않고 타인의 기대를 선택하였으므로 심리사회적 유예기간을 경험한 적도 없다. 따라서 정체감 유실은 정체감 발달과정의 중단으로 간주되며 개인의 완전한 잠재능력의 발현을 방해한다.

자기정의를 획득하기 위하여 열심히 노력하는 청소년들, 즉 위기 상황에 처해 있으면서 아직 관여는 결정하지 않은 상태가 정체성 유예(identity moratorium)에 해당된다. 이에 해당하는 청소년들은 다양한 역할실험에 몰두하여 다양한 사회적 경험을 하고 광범위한 독서를 하며 백일몽을 꾸거나 전공 학문에 대해 회의하기도 한다. 또한 이성교제, 결혼문제, 종교문제, 도덕문제 및 정치문제에 대해 심사숙고한다. 그들은 현재 위기에 처해 있기는 하지만 그것을 해결하기 위해 노력한다.

정체성 혼란은 현재 위기상태에 있지도 않고 개인적 해답을 얻기 위한 필요성을 느끼지도 않는 청소년들에 해당한다. 젊은이들은 확고한 신념체계도 확립하지 못하고 직업 역할을 수행하지도 못한다. 과도한 자의식에 빠져 있는 이 유형의 젊은이들은 직업이나 성취 관련 활동을 하지 못하고 타인과도 친밀한 관계를 형성하지 못한다. 정체감 혼란은 정체감 문제는 물론 자율성과 친밀성, 성욕 및 성취의 영역에도 그대로 반영된다.

개인의 정체감 상태는 유동적이며 발달적 속성을 지닌다(Archer & Waterman, 1983; Waterman, 1982). 즉, 학년이나 연령이 증가할수록 정체감 획득과 유예의 청소년은 증가하였고 유실이나 혼란의 청소년은 감소하였다.

② 도덕성 발달

청년기의 시작과 함께 10대들의 도덕적 추론능력은 급속히 발달한다. 10세경에 우세하게 나타났던 전인습적 도덕수준은 10대 동안 급격히 감소되며 단계3과 단계4의 인습적 도덕수준은 청소년기 동안 우세해진다. 사회화의 영향으로 청소년들은 인습을 인식하고 이에 동조하려는 경향을 보인다. 따라서 13, 14세경의 도덕적 판단수준은 단계2나 단계3에 머무르지만, 16~18세경에 이르면 50% 이상이 단계3의 수준에 이르고 20% 정도는 단계4의 수준에 도달한다(Colby et al., 1963).

Kohlberg는 초기 연구에서 소수의 청소년들이 사회적 인습에서 벗어나 후인습적 수준의 도덕적 판단을 할 수 있다고 주장하였다. 그러나 실제로 단계6의 판단은 성인기까지 전혀 나타나지 않았고, 단계5의 도덕적 판단이 가능한 성인들의 비율도 10% 정도에 지나지 않았다. 따라서 청소년기 동안의 도덕적 추론능력은 전인습적 추론에서 인습적 추론으로 전환이 이루어지므로 단계3과 단계4의 추리가 우세하다는 결론을 내릴 수 있다.

3장 성격이론

제3장 성격이론

학습목표

1. 교육심리학에서 정의적 행동 특성으로서 성격이 갖는 의미와 중요성을 이해한다.
2. 성격이론의 다양한 접근방법을 이해한다.
3. 성격의 평가방법에 대해 이해한다.

학습내용

1. 성격의 개념과 특징은 무엇인가?
2. 성격 형성과정에서 환경과 유전은 어떤 영향을 미치는가?
3. 성격의 개인차를 설명하는 다양한 이론적 접근에는 무엇이 있는가?
4. 자기보고식 성격검사와 투사적 성격검사의 특징은 무엇인가?

주요개념

성격	원초아	자아	초자아	무의식
리비도	불안	심리사회적 위기	자아정체감	자기실현
자기	특질	욕구위계	긍정적 존중	Big Five

학습개요

일반적으로 인간의 행동 특성 중 지적인 요소가 우세한 심리적 특성을 인지적 특성으로, 비지적인 요소가 우세한 특성을 정의적 특성으로 구별한다. 그러나 두 가지 종류의 특성은 서로 별개의 속성으로 발달하거나 형성되는 것이 아니라 밀접하게 상호작용하며, 인간은 이 두 가지 종류의 특성을 동시에 가지고 있다. 정의적 특성은 인간의 정서와 기질을 기초로 발달되는 것으로 개인의 태도, 흥미, 자아개념, 성격 및 동기와 성격 등 다양한 내용을 포함한다.

우리나라의 교육방향이 전인교육, 인성교육을 목표로 인지적 영역의 특성보다 정의적 영역에 속하는 특성을 중시하는 경향으로 전환되고 있는 시점에서 성숙한 인격 형성의 핵심 요소인 개인의 정의적 특성 발달을 위한 교육의 필요성이 더욱 대두되고 있다. 그러나 정의적 특성은 개념의 모호성, 인지적 성취중심의 학교학습 풍토, 장기간에 걸쳐 형성되는 정의적 특성의 교육 및 평가에 대한 거부감 등으로 인해 교육현장에 적용되는 데 많은 한계를 드러낸다.

학생이 소유하는 정의적 특성은 학생들이 성공적으로 적응하느냐 못하느냐에 중요한 영향을 미친다. 그러므로 학교에서 개인의 인지적 측면의 발달뿐 아니라 정의적 특성을 함께 고려할 때 학생들의 학업성취나 행동 특성을 더 잘 설명하고 예언할 수 있을 것이다. 이 장에서는 인간의 정의적 특성 중 성격에 대해 논의하고자 한다. 특히, 정신역동이론, 학습이론, 특질이론 등 다양한 성격이론들을 통해 심리과정이나 행동의 개인차가 나타나는 과정을 살펴보고자 한다. 따라서 우선 성격이 어떻게 정의되는지를 살펴보고, 성격에 관한 다양한 이론들에 대해 개관할 것이다. 마지막으로는 성격을 평가하는 방법들에 대해 살펴볼 것이다.

1. 성 격

우리는 일상생활에서 어떤 사람에 대해 말할 때 '성격' 이라는 말을 자주 사용한다. 예를 들어, "그 사람은 부끄러움을 많이 타는 성격이야." "그녀는 성격이 활달해." "그는 흥분을 잘 하는 성격이야."라는 표현을 사용하며 그 말을 듣고 있는 주변 사람들은 그 사람이 어떤 사람인지 아는 것처럼 고개를 끄덕인다. 이렇듯 일상생활에서 말하는 성격은 다른 사람과 구별되는 그 사람만의 두드러진 특징을 의미한다. 우리는 서로 다른 외양만큼이나 서로 다른 성격을 가지고 있다. 우리가 자기 자신이나 다른 사람들의 성격에 관심을 가지는 것은 인간이 본질적으로 자신이나 다른 사람들에 대해 더 깊이 이해하고자 하는 욕구를 갖고 있기 때문이다. 자신과 남의 성격을 좀 더 잘 이해하게 되면 여러 가지 상황에서 어떻게 행동할 것인가를 알 수 있게 되기에 자신이 원하는 방향으로 행동할 수 있도록 준비할 수 있게 된다.

그리고 더 나아가 성격이 어떻게 형성되었는가를 이해하게 되면, 이를 통하여 성격이 바뀌도록 노력하는 길이 열리게 될 것이다(이훈구 외, 2003).

1) 성격의 정의

성격(personality)이란 말은 어원적으로 탈 혹은 가면의 뜻을 함축한 라틴어 '페르소나(persona)' 에서 유래되었다. 이는 고대 희랍의 원형극장에서 배우들이 사용한 가면으로, 겉으로 나타난 탈의 모습을 통해 그 사람의 성격을 미루어 알 수 있다는 것으로 이해할 수 있다. 즉, 성격이란 겉으로 사람들에게 보이는 개인의 모습 및 특성을 나타낸다. 심리학에서 사용하는 성격이란 용어는 일반 사람들이 성격에 대해 생각하는 것과 달리, '한 개인이 환경에 따라 반응하는 특징적인 양식으로서 타인과 구별되게 하는 독특하고 일관성 있는 사고, 감정 및 행동 방식의 총체' 라고 할 수 있다(이훈구 외, 2003). 이러한 정의에는 다음의 몇 가지 특징들이 함축되어 있다.

첫째, 성격은 개인의 독특한 측면, 즉 사람들을 서로 구별해 주는 개인 간의 차이가 그 핵심이다. 모든 사람이 똑같은 방식으로 사고하고 행동한다면 성격이라는 개념은 그 의미를 잃을 것이다. 인지심리학, 발달심리학 등의 다른 분야에서는 모든 사람들에게 적용될 수 있는 보편적인 원리의 탐구를 그 목적으로 하는 데 반해 성격심리학은 개인 간의 차이를 설명하는 데 관심을 갖는다.

둘째, 성격은 여러 상황에서 일관성 있게 나타나는 행동 및 사고방식을 말한다. 우리는 사람들의 행동에 비교적 일관성이 있으리라고 가정한다. 예를 들어, 수줍어하는 사람은 수업시간에도 발표하는 것을 꺼리고 다른 사람 앞에 자신을 드러내는 일도 피하려고 한다. 또한 오늘 활달한 성격을 보이는 사람은 내일 혹은 일주일 후에도 역시 활달할 것이라고 가정한다.

셋째, 성격은 환경에 적응하는 방식의 개인 간 차이를 말하므로 적응과 밀접한 관계가 있다. 우리가 성격에 관심을 가지는 이유 중 하나는 삶의 과정에서 어려움을 주는 문제 성격의 원인을 이해하고 이를 변화시키고자 하는 데 있다.

끝으로 성격은 수많은 성격 특성들의 단순한 조합이 아니라 개인이 그 특징들을 조작하여 총체적으로 나타나는 양상이라고 할 수 있다. 성격심리학에서는 부분적인 심리과정들보다는 그것이 어떻게 통합되어 전체로서 작용하는지에 더욱 관심을 갖는다. 따라서 오늘날의 연구자들은 막연히 정신신체적 체계들의 통합과정으로 성격을 이해하는 대신 인지와 감정과 행동이 통합되는 양식에 관심을 갖고 성격을 연구한다(민경환, 2002).

2) 성격의 형성

인간의 성격은 타고나는 것일까, 학습되는 것일까? 성격은 한번 형성되면 일생 동안 변하지 않는 것일까, 나이를 먹으면서 달라지는 것일까? 성격의 형성에 유전과 환경이 미치는 영향에 대한 질문들은 성격연구에서 중요한 주제다(민경환, 2002). 유전의 영향을 중시하는 입장에서는 타고난 체형, 유전인자 등이 중요하게 고려되고, 환경의 영향을 중시하는 입장에서는 개인이 속해 있는 가정과 사회를 중심으로 그가 경험하게 되는 타인들과의 관계가 중요시된다. 많은 학자들이 이 두 요인 중 어느 것에 중점을 둘 것인가에 대해 끊임없이 논쟁을 벌였으나, 오늘날에는 성격이 타고난 바탕과 성장과정의 경험이 복합적으로 작용하여 형성되는 것이라는 데 의견 일치를 보이고 있다.

(1) 유전적 요인

성격의 생물학적인 바탕에 대한 관심은 여러 심리학자들의 연구에서 찾아볼 수 있다. Kretschmer(1925)는 사람들의 체형을 가냘프고 마른 형, 강하고 근육이 발달한 투사형, 둥글고 땅딸한 비만형, 신체발달이 불균형적인 이상발육형으로 나누고, 체형마다 독특한 성격이나 기질이 있음을 주장하였다. 비슷한 관점에서 Sheldon (1940)은 내장구조들이 고도로 발달한 내배엽형, 근육이 우세한 중배엽형 그리고 근육이 섬세하고 약한 외배엽형으로 나누어 외배엽형은 수줍어하고 내성적이며, 중배엽형은 활동적이고 모험을 즐기며 정력적이고, 내배엽형은 편안하고 낙천적이고 사교적이라고 하였다. 이와 같이 체형과 성격을 연결지어 생각하는 것은 그럴싸하게 보이지만, 실제로 체형과 성격 특성들의 관계를 조사한 결과는 Sheldon이 가정한 바와 같은 상관관계가 나타나지 않았다.

환경과 접촉이 거의 없는 신생아들을 대상으로 한 연구에서 어린 아기들도 각자 독특한 행동적 특징을 보인다는 것이 밝혀지고 있다. 신생아들의 활동수준, 전반적인 기분, 규칙성, 참을성, 반응의 강도 등에서 개인차가 뚜렷이 나타나고, 이러한 기질의 개인 차이는 성장과정에서 비교적 안정되게 유지되는 경향이 있다(Rhomas, Chess, & Birch, 1970).

Newman과 Freeman이 쌍생아들을 대상으로 성격적 특성을 비교한 연구에서는 일란성 쌍생아 간의 상관이 이란성 쌍생아 간의 상관보다 더 높은 것으로 나타났다. 유전적으로 동일한 일란성 쌍생아들은 이란성 쌍생아나 형제들보다 기질적 특성에서 더 비슷한 양상을 보이고 있어서, 기질의 개인차는 유전적인 요인의 영향을 받고 있다는 것을 알 수 있다. 이와 같이 유전적 요인이 성격 형성의 바탕이 된다고 볼 수 있는 것은 다양한 기질적 특성이 적어도 부분적으로 유전의 영향을 받아 형성된다는 것을 의미한다.

생물학적 요인이 성격 형성에 미치는 영향에 관한 연구들을 보면 개인이 지닌 성격 특성은 적어도 이러한 요인들의 영향을 받는 것으로 보인다. 그러나 개인의 기질이나 신체적 특징 등과 같은 생물학적 요인들이 성격 형성에 직접적으로 영향을 끼친다기보다는 그가 접하게 되는 경험의 내용이나 범위를 제한함으로써 간접적인 영향을 끼칠 가능성이 있다. 예를 들어, 근육형의 사람은 마르거나 뚱뚱한 사람과 비교할 때 일상생활에서 즐겨하는 운동활동에 차이가 있을 것이고 또 대인관계에서도 다른 경험을 할 수 있다. 태어날 때부터 활동적인 기질의 아이는 성장과정에서 비활동적인 기질의 아이와는 매우 다른 경험을 하게 될 것이고, 부모를 비롯한 다른 주변 사람과의 대인관계 역시 다른 방향으로 발전할 것이다.

이와 같이 생물학적 특징에 바탕을 둔 개인 특유의 요인들은 그 자체가 성격을 직접 결정하지는 않더라도 성장과정에서 그 사람의 경험의 종류와 내용을 다르게 함으로써 개인의 독특한 성격 형성에 영향을 미칠 수 있다.

(2) 환경적 요인

성격 형성과정에서 유전적인 요인이 분명 많은 영향을 미치지만 환경의 중요성 또한 간과할 수 없다. 우리는 쌍생아 연구와 입양 연구를 통해 환경의 영향에 대한 정보를 얻을 수 있다. 쌍생아 연구에서 일란성 쌍생아 간의 상관관계가 이란성 쌍생아 간의 상관관계보다 높다는 것은 서로가 공유하는 유전자 비율의 차이 때문일 것이다. 이 연구에서는 동일한 환경에서 양육한 쌍생아와 상이한 환경에서 자란 쌍생아를 비교하여 유전과 환경의 상대적 비중을 밝히고자 하였다. 그 결과 상이한 환경에서 양육된 일란성 쌍생아 간의 유사성은 유전요인의 작용으로, 차이는 환경요인의 작용으로 해석될 수 있을 것이다. 여기서 문제가 되는 것은 쌍생아 중의 한 명이 겪는 환경이 다른 한 명이 겪는 환경과 얼마나 유사한가(혹은 다른가)다. 함께 자라는 일란성이나 이란성 쌍생아는 상당부분 환경을 공유한다고 가정하지만 실제로 얼마나 공유하는지는 알 수 없다. Dunn과 Plomin(1990)은 형제들 간에 공유되지 않은 환경이 공유되는 환경보다 훨씬 더 영향이 큰 것으로 결론 내렸다.

또한 입양 연구는 유전과 환경의 영향에 관해서 많은 정보를 제공한다. (환경에 영향을 미치지 않는) 생물학적 부모와의 유사성과 (유전자를 공유하지 않는) 양부모와의 유사성을 고려할 수 있기 때문이다. 여기서 생물학적 부모와의 유사성 정도는 유전요인의 지표가 되고, 양부모와의 유사성 정도는 환경요인의 영향의 크기를 나타낸다. 즉, 생물학적 형제가 입양 형제들보다 서로 더 유사하고 부모와도 유사한가의 질문을 통해 유전요인의 중요성을 확인할 수 있다. 또한 입양 형제들 간의 유사성이 이들과 격리되어 살고 있는 생물학적 형제들 간의 유사성보다 더 큰가의 질문을 통해 환경요인의 영향을 확인할 수 있다(민경환, 2002).

심리학자들은 성격의 생물학적 바탕을 인정하는 데 상당히 주저하는 경향이 있다. 성격의 생물학적 바탕을 인정한다는 것이 곧 성격의 변화 가능성을 부정하는 것으로 해석될 수 있기 때문이다. 환경이나 후천적 경험을 통하여 바람직한 성격을 형성해 나갈 수 있다고 믿는 입장에서는 이를 받아들이기 어려웠다. 그러나 성격의 유전적 기초나 생물학적 바탕은 단지 우리의 성격이 발달되어 나갈 방향이나 틀을 결정해 줄 뿐, 구체적으로 어떤 성격이 되는가는 성장과정에서 겪는 경험에 따라 결정된다고 볼 수 있다(이훈구 외, 2003).

그러므로 성격심리학의 주요 이론들은 대체로 성장과정에서 경험한 환경요인이 성격 형성에 어떤 영향을 미치는가에 초점을 두고 있다. 정신분석이론은 유년 시절의 성장 경험을 강조하고, 학습이론에서는 개인이 처한 환경이나 상황적 조건에 따라 성격이 형성되는 것으로 보았다. 또한 현상학적 관점을 취하는 인본주의 이론은 성격 형성과정에서 겪게 되는 개인의 주관적 경험을 중요시한다.

3) 성격 연구방법

Wundt가 라이프치히 대학에 최초의 심리학 실험실을 세움으로써 과학적 심리학이 생겨난 이래 실험연구는 심리학의 대표적인 연구방법으로 자리 잡아 왔다. 그러나 성격에 관한 연구는 실험연구에만 치중했던 심리학의 다른 연구와 달리 전통적으로 임상연구와 상관연구가 실험연구 못지않은 비중을 지니고 연구에 이용되어 왔다.

(1) 임상연구

임상연구는 임상장면에서 한 개인을 집중적으로 깊게 연구하는 방법이다. 임상연구는 사례연구로도 불리지만 비임상적 방법(기록이나 인터뷰 혹은 친지들로부터 얻은 정보 등)에 의존하는 사례연구도 적지 않다. 예를 들어, Erikson의 *Young Man Luther*는 주로 기록에 의존하여 젊은 시절의 루터를 분석 · 조명한 것이다.

임상연구의 장점은 자연스러운 상황에서 다양한 심리현상을 심층적으로 연구할 수 있다는 점이고, 단점은 변인통제가 어렵고 일반화에 제약이 있으며 체계적인 관찰과 객관적인 자료해석이 어렵다는 점이다.

전통적으로 성격이론이나 발견들은 임상장면의 관찰에 의해서 비롯된 것이 많다. Freud, Jung, Erikson 등을 비롯한 정신역동이론가들 대부분은 임상관찰에 근거하여 자신들의 이론을 발전시켰다. 또한 비정신역동이론가인 Rogers와 Kelly도 대표적인 임상연구자들이다(민경환, 2002).

(2) 상관연구

상관연구는 변인들 간의 관계에 관심을 가질 때 사용되는 방법으로 개인차, 측정, 통계적 관계에 관심을 갖는 성격심리학에서 특히 중요하게 취급되었다. Cattell과 Eysenck를 비롯한 많은 특질이론가들은 성격의 개인차를 반영하는 중요한 특질들을 발견하기 위해 요인분석이라는 상관연구법을 사용하였다.

상관연구의 장점으로는 윤리적 혹은 현실적 이유 때문에 실험연구가 불가능한 경우에 대안연구법으로 사용할 수 있다는 점, 자연 상황 혹은 현실세계에서 연구할 수 있다는 점, 여러 변인들 간의 관계를 조사할 수 있다는 점 등을 들 수 있다. 그러나 변인들 간의 심층적인 관계를 확인할 수 없으며, 특히 인과관계의 확립이 불가능하다는 단점이 있다.

(3) 실험연구

실험연구는 변인들을 엄격히 통제하여 체계적인 관찰과 객관적인 자료에 따라 변인들 간의 인과관계를 확립할 수 있는 강력한 연구법이다. 그러나 성격은 상당히 안정적이고 핵심적인 심리과정이므로 실험실에서 하는 처치로 쉽게 변화하지 않을 뿐 아니라 변화시키려는 시도 자체가 윤리적인 문제를 내포하고 있기 때문에 심리학의 다른 영역과는 달리 유독 실험연구가 적은 편이었다. 그러나 1960년대에 인지심리학이 발달하면서 성격에 대한 실험연구도 활발하게 이루어지기 시작하였다. 행동주의심리학에서 무시되었던 많은 성격과정들이 실험인지심리학의 원리와 절차들을 통하여 연구되기 시작하였다. 그 대표적인 성격과정들은 무의식, 자기, 동기, 정서 등이다. 대표적인 연구자로는 Mischel과 Bandura를 들 수 있다(민경환, 2002).

2. 이론적 접근

성격이론(personality theory)이란 사람들의 일반적인 행동양식에서 드러나는 차이를 묘사하고 설명하려는 체계적인 시도다. 성격이론가들은 이 성격이론을 통해 '성격을 구성하는 특질이 무엇인지' '어떤 과정을 통해 그 특질들을 갖게 되는지' '성격 특질들이 어떻게 기능하는지'에 대해 설명하려 한다. 그러나 성격의 모든 측면을 설명할 수 있는 통일된 이론체계는 아직까지 확립되지 않았다고 볼 수 있다. 정신역동이론, 인본주의이론, 학습이론, 특질이론 등은 각각 다른 시각으로 성격에 대한 독특한 개념을 제공하고 있다.

성격이론을 분류하는 일반적인 방법은 이론의 개념들이 사용하는 근거의 종류에 따르는 것이다. 첫째는 임상적 현상에 기초한 이론들로 주로 심리치료가들이 제안해 왔다. 그들은 내담자의 내면에 관한 경험과 통찰에 관한 지식을 이론의 기초로 사용하는데, 정신역동이론과 인본주의이론이 이에 해당된다.

둘째는 실험에 기반한 학습이론이다. 학습이론가들은 대부분의 행동을 자극에 대해 학습된 반응으로 간주하고 개인의 성격 차이를 각 개인이 경험한 환경조건의 차이에서 비롯한 행동 및 사고 양식의 차이에 불과하다고 보았다. 그러므로 Freud와 같이 성격구조를 상정하지 않고 성격 역시 조건화에 따라 변할 수 있다고 보았다.

셋째는 특질이론으로 통계적 절차를 통해 심리검사의 결과를 종합하고 분석하는 심리측정학자들에 의해 발전되었다. 그들은 성격이 각 개인이 가진 특정한 성격요인에 따라 이루어진다고 보았다.

1) 정신역동이론

정신역동이론에서는 개인의 성격이 인간의 다양한 내적 욕구들과 이를 충족시켜 가는 과정에서 생기는 갈등 속에서 역동적으로 작용하는 심리적인 힘에 따라 결정된다고 보았다.

(1) Freud의 정신분석이론

Freud는 심리장애 환자들의 증상이 무의식적인 정신적 갈등에서 유발된다는 통찰에 기반하여 정신분석이론(psychoanalysis theory)을 제안하였다. 이 이론은 심리학과 정신의학 분야를 넘어 예술, 교육, 문학, 사회 전반에 그 영향력을 미쳤다. Freud는 인간의 성격이 어린 시절의 양육 경험에 따라 결정적으로 형성된다고 보고 유년기의 경험을 중시하였다.

〈Freud〉

① 무의식적 동기

Freud 이론의 가장 근본적인 생각은 인간행동의 주요한 원인이 무의식적 본능에 있다는 것이다. 그는 우리가 의식하고 있는 정신세계는 극히 일부분에 불과하고 의식 밑에 깔려 있는 거대한 무의식의 세계가 우리의 생각과 행동에 영향을 미친다고 하였다.

무의식의 영역은 우리의 욕구나 충동들이 담겨 있는 저장고로 이 에너지의 강도, 성질, 배출방식에 따라 개인의 성격이 결정된다고 보았다. 그는 본능을 삶의 본능(life instinct)과 죽음의 본능(death instinct)으로 나누었다. 전자는 배고픔, 목마름, 자기보존, 성(性)본능 등의 생존에 관련되는 본능들이고, 후자는 자살, 전쟁 등의 파괴적인 성향들이 해당된다고 하였다. Freud는 삶의 본능 중 특히 성본능이 성격발달에 중요한 영향을 미친다고 하였다.

② 성격의 구조

Freud는 성격이 서로 다른 세 가지 요소로 구성되어 있다고 보고 그 구성요소들을 원초아(id), 자아(ego), 초자아(superego)라고 하였다.

원초아는 성격의 가장 기본이 되는 바탕으로 식욕, 성욕, 공격성 등 인간의 가장 기본적인 본능적 충동들로 구성되어 있다. 이러한 충동들이 일어나면 원초아는 즉시 이를 충족시키려 한다. 현실적인 제약이나 미래의 결과에 관계없이 본능을 충족하려

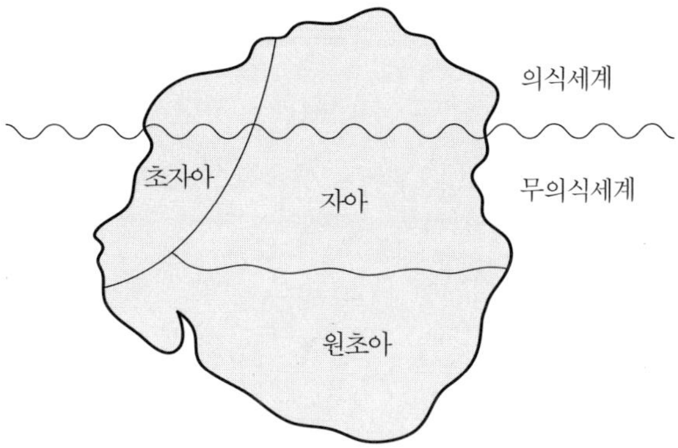

[그림 3-1] Freud가 제시한 성격의 구조

한다는 점에서 원초아는 '쾌락원리' 를 따른다. 원초아가 본능의 욕구를 충족시키는 방법은 충동이 일으킨 긴장상태를 즉시 해소시키는 것과 1차 과정사고에 의한 소원 충족의 두 가지가 있다. 예를 들어, 배가 고플 때 바로 음식을 먹거나, 그것이 여의치 않을 때는 음식의 심상을 불러일으킴으로써 긴장을 감소시키려 한다. 이를 1차 과정사고라고 한다.

자아는 유아기 때 원초아에서 분화되어 생기는 것으로 성격의 조직적, 합리적 집행자의 역할을 한다. 원초아와 같이 본능의 충족을 목표로 하지만 자아는 '현실원리' 에 따라 움직인다. 자아는 현실의 요구와 맥락을 고려하여 이를 위한 수단이 발견될 때까지 욕구충족을 지연시키거나, 경우에 따라서는 억제하는 결정을 하는 데 있어 논리적인 사고와 계획을 하게 된다. 이를 2차 과정사고라고 한다.

초자아는 아동기 초기 원초아의 또 다른 부산물로 발달하는데, 이는 사회의 도덕 규칙이 내면화된 것으로 부모와 상호작용을 함으로써 획득된다. '도덕원리' 를 따르는 초자아는 우리가 본능의 충동을 누르고 자아로 하여금 도덕적이고 바람직한 행동을 추구하도록 압력을 가한다.

서로 다르고 상반되는 목표를 추구하는 성격의 세 가지 구성요소는 서로 역동적으로 작용하므로 사람은 끊임없는 갈등을 경험할 수밖에 없다. 원초아가 충족시키려는 본능의 욕구, 자아가 따르는 현실의 여건 그리고 초자아가 추구하는 도덕성이나 가치는 모두 저버릴 수 없는 중요한 것이다. Freud에게 있어 잘 적응된 성격이란 성격의 세 요소 간의 갈등을 잘 조정하여 환경에 효과적으로 적응하는 것을 의미한다.

③ 불안

자아는 의식적 사고와 행동을 통제하는 과정에서 자기에게 영향을 주는 세 가지 다른 힘들(현실세계, 원초아, 초자아)의 요구를 모두 어느 정도 충족시키는 방식으로 통제하려고 노력하지만 그 과정에서 불안(anxiety)이 생겨나게 된다. 불안은 위험이 가까이 있다는 신호를 자아가 느끼는 것이라고 정의할 수 있다. Freud는 불안을 위협의 근원에 따라 현실적 불안, 신경증적 불안 그리고 도덕적 불안으로 구분하였다. 현실적 불안은 외부세계에 대한 위험을 느낄 때 발생하는 불안이다. 신경증적 불안은 자아가 원초아의 충동을 처리할 수 없다고 느낄 때, 즉 성적 혹은 공격적 본능을 그대로 표현하면 현실에서 어떤 처벌이나 제재를 받을 것이라는 위험을 느껴 불안감을 갖게 되는 것이다. 도덕적 불안은 자아가 초자아의 처벌을 예견할 때, 즉 죄책감이나 수치심 같은 양심의 처벌에 대한 위험을 느낄 때 나타난다.

자아는 이러한 불안을 다스리기 위한 목적으로 자신의 경험을 왜곡하거나 위장하는 등 여러 가지 방어기제(defense mechanism)를 사용한다. 이러한 방어기제는 현실을 부정하거나 왜곡해서 받아들이게 하는데, 이는 대부분 무의식 수준에서 작용한다. 방어기제에는 억압(repression), 투사(projection), 부정(denial), 합리화(rationalization), 치환(displacement), 반동형성(reaction formation), 고착(fixation), 퇴행(regression), 승화(sublimation) 등이 있다.

④ 심리성적 발달단계

Freud는 성장과정에서 삶의 에너지인 리비도(libido)가 집중하는 부위가 변화한다고 주장하고, 리비도가 집중되는 신체부위에 따라 심리성적 발달단계(psychosexual stage)를 구강기, 항문기, 남근기, 잠복기, 성기기로 나누고 있다.

구강기(oral stage)는 생후 첫 1년간 나타나는 단계로 리비도는 생존에 가장 밀접한 구강영역, 즉 입술, 입, 혀 등에 주로 몰려 있으며 이를 통해 긴장감소와 쾌락을 경험한다.

항문기(anal stage)는 2세경까지의 시기로 변을 참거나 배출하는 데서 쾌감을 느낀다. 이 단계에서 유아는 현실의 요구에 따른 금지를 경험하는데 그 대표적인 것이 배변훈련이다. 대소변을 적절한 시기에 적절한 방법으로 배설하는 것을 학습하는 과정에서 유아는 자신의 욕구를 조절할 수 있는 능력을 얻고 이에 대한 만족감을 느낄 수 있게 된다.

남근기(phallic stage)는 4세경에 나타나는데, 자신의 성기를 만지거나 성적인 공상을 하는 데서 만족을 느끼는 단계다. 자신의 신체에 관심을 갖게 되고, 여성과 남성의 신체구조의 차이를 인식하기 시작하며, 자신과 가장 친밀한 관계에 있는 부모에게 강한 애착과 사랑을 느낀다. 남아의 경우 어머니에 대한 사랑과 성적 관심으로 아버지를 경쟁자로 인식하게 되고 이로 인해 아버지가 자신의 남근을 거세할 것이라는 두려움과 내적 갈등을 경험하게 된다. 이것을 오이디푸스 콤플렉스(Oedipus complex)라고 한다. 그러나 이러한 갈등은 아버지를 동일시함으로써 극복된다. 남근기에 일어나는 동일시 과정에서 초자아가 발달하고 아버지의 가치관, 목표 등까지 함께 받아들임으로써 성역할 학습을 촉진시켜 성격발달에 중요한 영향을 미친다.

잠복기(latent stage)는 12~13세의 청소년기까지 시기로 잠시 성적인 에너지가 억제되거나 의식 밑에 가라앉아 있는 단계다. 이 시기에는 환경을 다루는 기술을 익히는 데 주의를 기울이게 된다.

성기기(genital stage)는 사춘기와 더불어 신체적 · 성적 발달이 이루어지면서 이성이 주요한 관심의 대상이 되고 성적 본능이 다시 활발히 나타나게 되는 단계다.

Freud는 심리성적 발달단계를 거쳐서 성격이 발달한다고 하였으며, 어느 단계에서 욕구가 지나치게 충족되거나 좌절되는 경우 그 경험은 그의 성격발달에 지울 수 없는 영향을 미친다고 하였다. 예를 들어, 구강기의 욕구가 지나치게 충족되거나 좌절된 사람은 의존적이고 음주, 흡연 등의 구강기 만족을 추구하게 되며, 항문기적 욕구가 지나치게 충족되거나 좌절된 사람은 인색하고 꼼꼼하고 완벽주의적 성격을 갖기 쉽다고 하였다.

⑤ Freud 이론의 계승과 발전

Freud의 정신분석이론은 우리가 의식하지 못하는 내면의 갈등이나 소망이 우리의 행동과 사고에 영향을 끼칠 수 있다는 생각을 제시함으로써 성격연구에 새로운 차원을 열었고, 성격을 서로 다른 세 요인의 역동적인 구조로 파악하였다는 점에서 새롭고 독특한 시각을 제시하였다. 또한 성격발달에 대한 고찰 그리고 불안과 방어기제에 대한 통찰이 인간에 대한 우리의 이해를 넓혀 주었다.

그러나 Freud 이론은 성격을 설명하는 데 성본능을 지나치게 강조하여 상대적으로 사회문화적인 요인에 대한 인식이 부족하다는 비판을 받고 있다. 이에 Freud의 뒤를 이은 다른 정신분석학자들은 사회적 요구, 자기존중감, 심리적 정체성의 중요성을 강조한다. 대표적인 학자로는 Jung, Fromm, Erikson을 들 수 있다. 이들은 원초아와 초자아 사이에서 조정자의 역할을 하던 자아의 기능을 강조하는 자아심리학(Egopsychology)과 자기표상이 대인관계에 미치는 영향에 관심을 갖는 대상관계이론(Object Relation Theory)을 탄생시켰다.

(2) Erikson의 사회적 정신역동이론

자아심리학의 아버지라 불리는 Erikson은 자아를 성격의 중심구조로 보고 성격이 전 생애에 걸쳐 발달한다고 보았다. 그리고 성격 형성에 있어 사회문화적 요인의 중요성을 강조하였다.

에릭슨은 성격발달을 개인의 심리적 발달과 사회적 관계들이 병행되어 성장해 나가는 과정으로 보고 8단계의 심리사회적 발달단계를 제시하였다. 각 단계는 개인의 생리적 성숙과 더불어 개인에게 부과되는 사회적 요구(발달과업)를 제시한다. 이 요구는 심리사회적 위기로서 개인이 새로운 과업을 이루게 되면 더 성장하게 되고 문제를 해결하지 못하면 성장이 왜곡된다고 보았다. 그는 성격발달을 아동 초기의 경험으로부터 계속 영향을 받는 것으로 간주하지 않고 성인기 이후까지 계속되는 발달과업의 해결과 관련이 있는 것으로 보면서 성격의 점진적인 발달을 설명하고자 하였다. 특히, Erikson은 개인의 심리사회적 발달에서 중추적인 역할을 하는 청소년기의 자아정체감(ego identity)을 중시하였다.

〈Erikson〉

〈표 3-1〉 Erikson의 성격발달의 단계와 특성

단계	심리사회적 위기	바람직한 결과	바람직하지 못한 결과
생후 1년	신뢰감 대 불신감	환경과 인간에 대한 믿음	불신과 의혹
생후 2년	자율성 대 수치심	자기통제감과 자기효능감	수치심과 자기의혹
3~5세	주도성 대 죄책감	자신의 활동에 대한 자율감	죄책감과 부족감
6세~사춘기	근면성 대 열등감	사물을 이해 · 조직하는 능력	이해 · 조직하는 데 있어서의 열등감
청년기	정체성 대 역할혼미	자기정체성의 확립	자기정체성에 대한 혼미
성인 초기	친밀감 대 고립감	타인을 위해 봉사 · 사랑하는 능력	애정관계 형성 못함
중년기	생산성 대 침체감	가정과 사회에 대한 책임감	자신의 번영에만 관심
노년기	통합감 대 절망감	통합과 성취감	생에 대한 불만과 죽음에 대한 두려움

(3) Freud와 Erikson의 이론 비교

이상 Freud와 Erikson의 성격이론들을 종합해 보면, Freud는 성적 에너지 리비도를 중심으로 성격 형성과 발달에 있어서의 심리성적 측면을 강조하는 데 비해 Erikson은 개인의 사회적 관계, 즉 부모, 형제, 친구, 사회 등의 상호작용에 의해 많은 영향을 받고 있음을 강조한다는 점에서 차이가 있다. 이러한 성격발달이론들이 교육심리학에 주는 시사점을 살펴보면, 인생 초기 경험을 매우 중요시한 Freud는 유 · 아동기의 경험이 건전한 성격발달에 큰 영향을 미친다고 주장함으로써 유아교육의 중요성을 부각시켰다. 이에 반해 Erikson은 개인의 성격발달이 유 · 아동기에 한정되어 형성되는 것이 아니라 전 생애에 걸쳐 진행되는 것이라고 가정하므로 아동기뿐만 아니라 성인기, 노년기까지 관심을 확장시켜야 함을 주장함으로써 성인 및 평생 교육의 필요성을 부각시켰다. 또한 Erikson은 각 연령에서 직면하게 되는 심리사회적 위기를 적절하게 해결하게 되면 건강한 성격을 발달시키게 되지만 그렇지 못할 경우에는 성격발달의 왜곡을 가져오게 된다고 하여 개인의 성격발달에 있어 가족과 사회의 영향을 강조하였다(송인섭, 2003).

2) 인본주의이론

인본주의적 이론에서는 정신분석과 행동주의의 비관적 인간관에 반해 인간은 자신의 잠재력을 실현하고 성장을 추구하려는 경향을 가진다고 하였다. 또한 개인의 주관적인 경험을 강조하는 현상학적 접근을 시도하였다. 이는 모든 행동은 주어진 순간에 개인이 경험하는 모든 것, 현상적 맥락에 따라 결정되므로 개인의 행동을 이해하고 설명하려면 무엇보다 그 사람의 눈으로 세상을 바라볼 필요가 있다는 것이다.

(1) Rogers의 자기이론

인본주의적 심리치료가 Rogers는 상담을 통해 자기(self)라는 개념이 개인의 세계에서 중요한 역할을 한다는 것을 발견하고 심리치료의 목표를 '실제 자기가 되는 것' 이라고 하였다.

Rogers의 성격이론 중에서 가장 중요한 것은 자기개념이다. 자기는 주관적인 '나(I)' 와 객관적인 '나(me)' 가 갖는 특성들의 조직되고 일관된 개념적 지각, 두 개의 나와 타자 사이의 관계에 관한 지각, 이러한 지각과 관련된 가치 등을 모두 포함한다. 환경과의 상호작용에 의해 자아는 분화되며 이 분화된 자아는 개인의 주관적인 경험에 영향을 미치고 우리의 체험과 기억을 걸러 내는 역할을 한다. 예컨대, '약한 나' '강한 나' 로 지각하기도 하고, '부드러운 나' '거친 나' 로 지각하기도 한다(황정규, 2003).

〈Rogers〉

사람은 자기가 느끼는 자기개념과 경험 사이에 일관성을 유지하려는 경향이 있다. 그러나 우리들은 일상적인 경험을 통해 가치를 받아들이므로 실제 사고 또는 행동과 자기개념 간의 불일치를 경험하게 된다. 이럴 때 우리는 불안을 느끼게 된다. 예를 들어, 부모님에게 화를 내는 것은 나쁜 것이라고 들은 어린 소녀는 자기개념에서 생겨나는, 분노를 배제하려고 할 수도 있다. 그러나 분노의 감정은 인간으로서 당연한 것이다. 어린 소녀는 분노와 부모님에게 화를 내지 말아야 한다는 가치 간의 불일치로 불안해하게 되고, 그러한 불안을 줄이고 자기개념을 유지하기 위해 분노의 경험을 부인하거나 왜곡할 수 있다. 건강한 성장이란 긍정적인 감정뿐 아니라 분노도 받아들일 수 있어야 하므로 이는 심리적 성장의 기회를 놓치는 것이 된다고 할 수 있다.

Rogers는 사람은 누구나 부모를 비롯한 중요한 타인으로부터 사랑받고 인정받고자 하는 긍정적 존중(positive regard)의 욕구를 지니고 있다고 하였다. 기본적으로 사람은 누구나 무조건적으로 사랑받고 존중되는 경험이 필요하다. 무조건적인 긍정적 존중이란 어떤 행동을 그대로 수용한다는 의미가 아니라 인간으로서의 가치와 존중이 다른 어떤 것보다 우선적으로 인정되어야 한다는 것을 뜻한다.

그러나 이러한 긍정적 존중은 그냥 얻어지는 것이 아니라 특정한 조건을 충족시켰을 때 주어지는 것이다. 어린아이들은 자라면서 다른 사람들의 긍정적 존중을 받기 위해 공부를 잘한다거나 어른의 말을 잘 듣는 등의 조건을 충족시켜야 함을 배우고 되고 이러한 가치의 조건에 신경을 쓰게 된다. 이 가치의 조건은 사회화에서 중요한 역할을 하지만 너무 집착하게 되면 자신의 잠재력을 실현하는 데 지장을 초래하게 된다(이훈구 외, 2003).

Rogers는 자신의 잠재력을 발휘하고 자기가 부딪히는 여러 가지 체험에 대해 마음이 열려 있으며 자신이 있는 그대로 살 수 있다는 자유로움을 느끼는 사람을 '완전하게 기능을 하는 적응적인 사람(fully functioned person)' 으로 보았다. 그리고 무조건적인 긍정적 존중이 이러한 능력을 발달시키는 데 핵심적인 영향을 미친다고 하였다.

(2) Maslow의 자아실현이론

Maslow는 인간은 자신의 독특한 능력을 최대한 발휘하려는 자아실현(self-actualization) 경향을 지닌다고 주장하며 인간의 행동을 이끄는 욕구의 위계를 제시하였다. 이는 생리적 욕구, 안전의 욕구, 소속감 · 애정 욕구, 자존 욕구, 자아실현의 욕구로 자아실현을 이루는 사람이 되기 위해서는 낮은 단계의 욕구뿐 아니라 높은 단계의 욕구도 충족되어야 한다고 하였다. 그는 건강하고 자아실현을 이

〈Maslow〉

룬 사람들의 특징과 자아실현을 이끄는 행동들에 많은 관심을 가졌으며, 자아실현가들은 보다 효율적으로 현실을 지각하고, 자신과 타인에게 수용적이며, 독창적이고, 민주적이며, 적의 없는 유머 감각을 갖고 있으며, 자신들의 문화와 환경으로부터 독립적으로 문제해결을 할 수 있는 특성을 가진다고 하였다.

Maslow의 욕구위계설은 교사에게 중요한 시사점을 제시한다. 우리는 흔히 학생들에게 욕구위계의 최상위 단계인 자아실현을 달성하라고 은연중에 강요하지만, 실제로 이는 달성하기 어려운 경지로 모든 사람들이 달성할 수 있는 욕구가 아니다. 그러므로 교사는 자아실현을 장래의 목표로 제시하는 데 만족하고 대신 그 하위욕구들, 즉 안전의 욕구와 인정받고자 하는 욕구들이 충족되었는지에 항상 관심을 가져야 한다(송인섭, 2003).

3) 특질이론

특질이론(trait theory)은 개인의 성격적 특성 내지 경향성을 발견하고 기술함으로써 개인의 성격 차이를 분명하게 진술하고자 하였다(홍경자, 2004). 이를 위해 특질이론가들은 사람들의 행동을 기술하는 특질형용사를 범주화하여 성격의 개인차를 기본 특질의 차이로 이해하는 입장을 취하였다. 여기서 특질(trait)이란 한 사람을 다른 사람과 구분해 주는 비교적 영속적인 심리적 경향성을 말한다. 이는 성격을 이루는 기본 단위자 인간행동의 다양성을 설명해 주는 중요한 요소로서 누구나 공통적으로 가지고 있으며, 다만 정도의 차이만 존재하는 성격적 특질을 말한다.

특질이론은 인간행동의 다양성을 설명할 수 있는 기본적인 성격의 단위, 즉 특질의 종류와 내용을 알아내는 데 비중을 두어 상대적으로 성격발달이나 역동적 측면을 설명하는 데는 빈약하다. 그러나 특질이론은 개인의 성격적 특성을 객관적인 방법으로 평가하는 다양한 성격검사의 개발에 큰 공헌을 하였다.

(1) Allport의 특질이론

특질의 개념적 기초를 세운 Allport는 성격을 '환경에 대한 개인의 독특한 적응행동을 결정하는 심리물리적 체계들의 역동적인 조직'이라 정의하고, 개인의 반응을 결정짓는 특질을 개인의 행동과 사고에 미치는 영향력의 범위에 따라 구분하였다. 성격적 특성을 설명하는 약 1만 8,000개의 형용사를 분석하여 성격의 특성을 구분하였다. 무의식적인 힘의 영향보다는 현재와 미래를 추구하는 것을 건강한 성격으로 본 그는 개인이 갖고 있는 특성을 주특질, 중심특질, 이차적 특질로 분류하였다(홍경자, 2004). 주특질은 모든 행동에 영향을 미치는 지배적인 특질이다. 예컨대, 어떤 사람의 주 특질이 권력추구 성향인 경우 그 사람은 밤낮으로 일에 매달리게 된다. 중심특질은 주 특질보다 영향의 범위가 제한되나 개인의 행동에 폭넓은 일관성을 나타내는 성향이다. 우리가 평상시 사용하는 '정직한' '성실한' 등의 말들이 그 예라고 할 수 있다. 이차적 특질은 중심특질보다 덜 현저하게 덜 일관적으로 나타나는 것으로 훨씬 국한된 상황에서 나타난다. 그러므로 그 사람을 잘 아는 사람이 아니면 이차적 특질을 알 수 없다.

(2) Cattell, Eysenck의 특질이론

성격의 개인차를 설명하는 특질들을 찾아내고자 시도한 성격심리학자들 중에서는 Cattell과 Eysenck가 가장 유명하다. Cattell은 자기보고식 질문지, 생활기록자료, 객관적 성격검사자료 등 여러 가지 자료를 통계적으로 요인분석하여 성격을 구성하는 기본 특질을 밝히고자 하였다. 그는 특질을 표면특질과 근원특질로 구분하고 성격을 구성하는 저변의 구조라 볼 수 있는 근원특질 16가지를 제시하였다. Eysenck는 성격의 개인차를 설명하는 특질로 외향성, 신경증 성향, 정신병 성향의 세 가지 특질차원을 제안하고 이를 측정하기 위한 성격검사(EPQ)를 개발하였다. 또한 이 차원들의 생물학적 기초를 밝히기 위한 연구들을 수행하였다(민경환, 2002).

(3) 성격의 5요인 모델

Allport, Cattell, Eysenck 등 특질이론가들은 특질이 성격의 기본 단위라는 점에는 다같이 동의하고 있으나 특질들의 종류와 수에 관해서는 서로 다른 의견을 갖고 있다. 그러나 1980년대 이후 성격의 특질연구 결과들은 성격 특성이 5개 요인으로 구성되어 있다는 성격의 5요인 모형으로 수렴되고 있다. Goldberg는 그때까지의 연구를 종합하여 이 5요인을 'Big Five' 라고 불렀다. Big Five는 연구자들에 따라 명칭이 조금씩 달라질 수는 있지만 대체로 신경증 성향(neuroticism: N), 외향성(extraversion: E), 개방성(openness: O), 우호성(agreeableness: A) 그리고 성실성(conscientiousness: C)을 지칭한다. 이러한 5요인은 상당한 정도의 신뢰도와 타당도를 가지며 성인기에 이르기까지 비교적 안정적임이 밝혀졌다(McCrae & Costa, 1990, 1994 재인용).

최근까지의 5요인 모형에 대한 연구는 요인 자체를 목적으로 삼았다. 즉, 5요인이 다양한 문화와 다양한 측정방법에 걸쳐서 공통으로 발견된다는 점을 보여 주려고 했다. 여러 문화권에서 성격을 기술하는 자연언어(natural language)를 분석한 결과, Big Five와 동일하거나 유사한 요인들이 일관성 있게 발견되었다. 한국어 단어들을 사용한 육성필(1994, 재인용)의 연구에서도 Big Five가 확인되었다. 다만 요인의 순서에서 차이가 났고 Big Five에 추가해서 여성성과 남성성의 두 요인이 발견되었다(민경환, 2002).

좀 더 최근의 연구는 이러한 5요인이 인생 전반에서 어떻게 반영되거나 표현되는지에 더 관심을 가지고 있다. 최근의 몇 가지 발견들을 살펴보면, 외향성과 우호성은 개인적 가치관이나 삶의 목표와 일관되게 관련되는 것으로 밝혀졌다. 외향성은 성취와 자극을 가치 있게 여기는 것과 관련되는 반면, 우호성은 박애와 전통을 가치 있게 여기는 것과 관련되었다(Roccas, Sagiv, Schwartz, & Knafo, 2002 재인용). 또한 경험에 대한 개방성은 그 사람을 인생의 실존적 도전에 보다 관여하게 한다고 밝혀졌다(Keyes, Shmotkin, & Ryff, 2002 재인용).

또한 Big Five의 성격 특질들은 성격장애와도 관련된다. 의학모델에서 성격장애를 정상성격과 독립적인 분리된 범주로 파악하는 것과 대조적으로 Big Five 이론가들은 성격장애를 정상성격의 연장 혹은 극단으로 파악한다. 예를 들면, 강박적 성격장애는 성실성에서 극단적으로 높은 성격이고, 반사회적 성격장애는 우호성에서 극단적으로 낮은 성격이다. 단일 특질뿐 아니라 Big Five 각 특질의 점수들이 보여 주는 패턴은 다양한 성격장애들의 진단에 좋은 준거가 된다. 예를 들면, 자기애적 성격장애는 우호성에서 낮은 점수로, 외향성과 경험에 대한 개방성에서 높은 점수로 특징지어진다(민경환, 2002).

특질이론가들의 대다수가 성격적 특질의 5요인 모형에 합의를 이루기는 했으나 이것이 만장일치를 의미하는 것은 아니다. 다양한 이유로 반대 관점이 제기되었는

데, 특히 5요인 모형이 다시 2개의 상위차원, 초특성으로 줄어들 수 있다는 지적이 대두되고 있다. 또한 경험에 대한 개방성은 지능과 관련된 것으로 알려져 있다. 이러한 질문은 현재 성격학자들의 많은 관심을 끌고 있으며 지속적으로 연구되고 있다.

4) 학습이론

앞서 살펴본 정신분석이론이나 Rogers의 자기이론 또는 특질이론은 사람의 생각이나 행동이 내적인 요인에 따라 결정된다고 가정한다. 그러나 학습이론의 입장에서는 이와 달리 겉으로 나타나고 객관적으로 관찰될 수 있는 행동과 학습에 영향을 주는 조건들에 더 관심을 갖는다. 이러한 시각에서 볼 때 학습이론적 관점은 여러 상황에서 행동의 일관성을 부여하는 개인의 내적 특성이라는 성격개념을 받아들이지 않는다고 할 수 있다(이훈구 외, 2003).

학습이론의 입장에서는 성격을 과거 경험에 의해서 학습된 행동성향으로 파악하고 있으며, 상황이 바뀌어 다른 행동이 강화를 받게 되면 과거와는 다른 새로운 행동성향이 나타날 수 있다고 본다. 예를 들어, 얌전하고 착실한 행동이 늘 칭찬받는 환경에서 그러한 행동을 많이 보이던 사람도 그 환경을 떠나 대범하고 활발한 행동을 높이 평가하는 환경에 처하게 되면 새로운 행동성향을 많이 나타낼 수 있다는 것이다.

학습이론의 접근은 학습의 원리를 통하여 성격이라는 현상을 설명한다. 이는 성격이해에 대한 새로운 시각을 제공하였고, 특히 이전에 간과했던 상황적 변인에 대한 관심을 새롭게 하였다. 특히, 환경의 조건을 바꿈으로써 행동을 바꿀 수 있다는 생각은 성격을 변화시킬 수 있음을 제안하고 있다. 예를 들어, 스스로 소극적인 성격이 불만스러운 사람은 이를 극복하는 경험을 통해 성격을 바꿀 수 있다는 것이다(이훈구 외, 2003).

학습이론에 근거를 둔 행동치료기법들은 여러 가지 부적응행동을 수정하는 데 효과적으로 활용되고 있다. 그러나 학습의 단순한 개념을 통해서 사람의 복잡한 심리과정을 설명하는 데는 한계가 있다고 지적하는 사람도 있다. 인간은 생각하고 계획하고 상상하는 존재로서, 이러한 인지적인 측면을 제외하고 인간의 행동을 이해하는 것은 무리라는 것이다. 또한 인간행동의 학습은 주로 사회적 상황 속에서 이루어지므로 학습의 사회적 맥락도 중요하다. 미국의 심리학자 Rotter, Bandura, Mischel 등은 이러한 사회학습이론의 관점에서 주변의 상황을 해석하고, 자신의 능력을 평가하고, 수행 결과를 평가하는 자기체계 등의 인지적 변인들을 행동을 결정하는 중요한 개인의 내적 변인들로 보고 있다(이훈구 외, 2003).

3. 성격 측정과 평가

일상생활에서 우리는 우리 자신과 주변 사람들의 행동을 이해하려 하고 그러한 과정에서 그 사람의 성격에 대해 나름대로 판단을 하게 된다. 일단 그 사람의 성격에 대해 판단을 내리게 되면 그 판단은 우리가 그 사람의 행동을 해석하는 데 혹은 그 사람을 대하는 태도에 영향을 미치게 될 것이다. 우리는 성격을 이해함으로써 다른 사람의 행동을 이해하고 예측할 수 있기 때문이다.

개인의 성격을 좀 더 객관적인 방법으로 알아보기 위해 여러 가지 심리검사가 개발되었다. 여기서는 자기보고식 성격검사와 투사적 성격검사에 대해 살펴보겠다.

1) 자기보고식 성격검사

성격측정의 목적으로 가장 많이 사용하는 것이 자기보고식 성격검사다. 이는 자신의 마음상태에 관해서 피검사자가 스스로 진술하도록 하는 방식의 성격검사다. 예컨대, "나는 다른 사람과 어울리는 모임에 가는 것보다는 혼자 있는 것이 편하게 느껴진다." "작은 일에도 쉽게 마음이 상하는 편이다."와 같은 문항들에 대해 '예, 아니요'로 반응하거나 리커트 척도(Likert scale)와 같이 자신에게 해당되는 정도를 수치로 평가하도록 되어 있다.

자신에 대해 가장 잘 아는 사람이 곧 자신이라고 가정할 수 있고 검사대상이 되는 사람이 솔직하고 성의 있게 진술하기만 한다면 이러한 자기보고식 성격검사는 가장 효과적인 방법이 될 수 있을 것이다. 자기보고식 성격검사는 단시간에 많은 자료를 얻을 수 있으며 실시가 용이하지만, 피검사자가 솔직한 답변을 하지 않을 수 있으므로 자료의 타당성 문제가 제기될 수 있다는 약점이 있다.

자기보고식 성격검사 중 가장 잘 알려진 것이 미네소타 다면적 인성검사(MMPI)다. 이 검사는 원래 심리장애의 진단을 목적으로 제작되었으나 정상인의 행동 설명 및 일반적 성격 특성에 관한 유추도 어느 정도 가능하다. 개인의 인성 특징의 비정상성 혹은 징후를 평가하여 상담 및 정신치료에 기여함은 물론이고 비정상적, 불건전한 방향으로 진전될 가능성을 미리 찾아내어 예방 및 지도책을 도모하기 위한 검사다(임상심리학회 편, 1989). 근래에는 심리장애의 진단뿐 아니라 개인의 성격적 특징을 이해하기 위한 측정도구로도 많이 사용되고 있다.

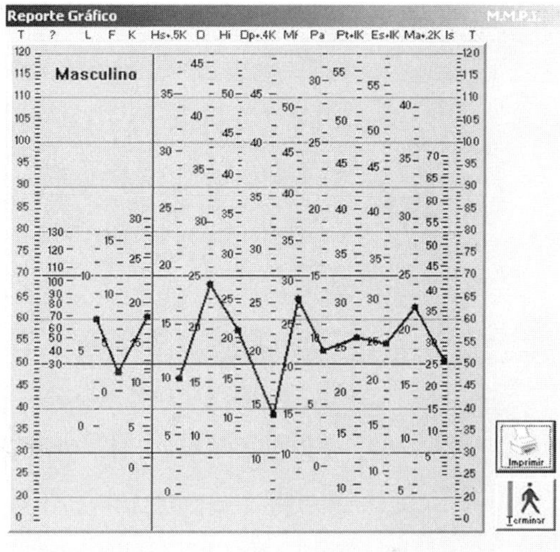

[그림 3-2] MMPI 프로파일 검사표

이 밖에도 CPI, MBTI, 16PF 등이 대표적인 성격검사라 할 수 있다. 우리나라 의 검사로는 이상로, 변창진, 진위교의 표준화 성격진단검사(1969), 진위교와 김형립의 간편 MMPI검사(1970), 김기석의 일반성격검사(1973), 정한택의 성격적응검사 등이 있다.

2) 투사적 성격검사

투사(projection)란 정신분석학에서 유래된 말로서 개인의 무의식적인, 받아들여질 수 없는 충동이나 욕망을 자기 자신에게서 끌어내어 다른 사람이나 사물에 되돌려 버리려는 심리적 현상을 말한다. 이러한 투사는 최근 보다 넓은 의미로 사용된다. 즉, 받아들여질 수 없는 욕망뿐 아니라 가치, 태도, 욕구, 희망, 동기 등 모든 것을 그 개인 밖에 존재하는 환경 속의 사람이나 사물에 배출시키거나 투입시키는 현상을 지칭한다. 따라서 투사적 방법은 '개인의 욕구, 특수한 지각, 해석 등의 밖으로 표

[그림 3-3] 로르샤흐 잉크반점검사

출될 수 있도록 고안된 자극을 피검자에게 제시함으로써 성격을 측정하는 방법' 이라고 할 수 있다(황정규, 1998). 즉, 투사적 성격검사는 우리가 의식하고 있는 행동이나 생각보다는 스스로 인식하지 못하고 있는 내면의 욕구나 갈등이 개인의 성격을 이해하는 데 중요하다고 보고, 무의식적 욕구나 갈등을 알아내기 위해 개인에 따라 전혀 다른 해석의 여지가 있는 애매모호한 자극으로 이루어진 자료를 통해 성격을 측정한다.

대표적인 예로는 로르샤흐 잉크반점검사(Rorschach Ink-Blot Test)와 주제통각검사(Thematic Apperception Test: TAT)가 있다. 스위스의 정신과 의사 Rorschach가 개발한 로르샤흐 잉크반점검사는 복잡한 잉크 얼룩으로 만들어진 카드 10개로 이루어져 있다. 피검자는 각 카드를 보면서 잉크반점이 무엇과 같이 보이는지를 보고하게 된다. 이 결과를 토대로 검사자는 피검자의 성격의 종합적인 측면을 추론하게 된다.

주제통각검사(TAT)는 Murrary가 개발한 것으로 다양한 생활장면을 묘사한 그림을 제시하고 피검사자로 하여금 이야기를 구성하도록 한다. 이를 분석하여 피검사자의 욕망, 환경으로부터의 압력, 이에 대응하는 방식 등을 알게 된다.

이 밖에도 집, 사람, 나무를 그리게 하는 HTP검사, '내가 두려워하는 것은~' 과 같은 문장의 서두만 주고 문장을 완성하게 하는 문장완성검사 등이 내면의 성격이나 갈등을 알아내기 위해 흔히 사용되는 투사적 성격검사다.

[그림 3-4] 주제통각검사(TAT)

투사적 성격검사는 검사자의 의도가 뚜렷하지 않아 피검사자가 의도적인 반응을 할 가능성이 적지만 검사를 실시하고 해석하기 위해서는 경험이 풍부한 전문가가 필요하며 다수를 대상으로 하는 데는 어려움이 있다. 또한 해석자의 주관이 개입될 수 있으므로 신뢰도와 타당도에 의문을 제기하기도 한다. 그러나 성격의 핵심이 우리가 의식하지 못하는 욕구나 갈등의 역동적 관계에 있다고 보는 정신역동적 관점에서는 투사적 성격검사가 특히 강조되고 있다.

4장 학습심리학

1. 학습의 개념
2. 20세기 이전의 학습이론
3. 행동주의 학습이론
4. 인지학습이론
5. 최근의 학습이론

제4장 학습심리학

학습목표

1. 학습의 의미를 이해한다.
2. 학습의 이론과 이와 관련된 중요 개념에 대해 이해한다.
3. 위의 이론들이 실제 학교현장에서 어떻게 적용될 수 있는지 이해한다.

학습내용

1. 고전적 조건화와 조작적 조건화는 무엇인가?
2. 강화와 벌은 무엇이며 이는 학습장면에서 어떻게 활용되는가?
3. 사회학습이론이란 무엇이며, 특히 관찰학습이란 무엇인가?
4. 정보처리이론에서 설명하고 있는 인간의 사고과정은 어떻게 이루어져 있는가?
5. 상황학습이론과 정황교수이론은 무엇이며 이는 학습에서 어떻게 활용되는가?

주요개념

학습	행동주의	조건형성	일반화	변별화	소거
강화	벌	강화계획	형태주의	통찰	관찰학습
자기효능	정보처리	기억	망각	상황학습	정황학습

학습개요

학습은 인간이나 동물과 같은 유기체의 행동과 관련된 개념으로서 이를 통해 행동의 변화가 일어난다. 특히, 인간의 행동을 이해하는 데 있어서 학습과정은 매우 중요한 요소 중 하나라고 할 수 있다. 왜냐하면 행동하는 것뿐 아니라 생각하는 것, 특정한 태도를 취하는 것 등의 수많은 일들이 학습과정에 의해 형성되기 때문이다. 학습을 설명하는 이론은 크게 행동주의와 인지주의로 나눌 수 있다. 학습의 과정을 자극과 반응의 연합이라고 보는 관점이 행동주의의 기본원리다. 그러나 복잡한 인간행동을 위의 원리로만 적용시키기에는 너무나 역부족이기 때문에 인간의 사고과정에 초점을 맞추고 이에 대한 개념과 원리를 설명하려고 한 것이 인지주의다.

이 장에서는 이 두 이론을 중심으로 학습에 대해 설명할 것이고, 각각의 이론들이 교육현장에는 어떻게 적용되며 어떠한 효과를 얻을 수 있는지에 대해서도 살펴보고자 한다. 그리고 이 이론 이외에 형태주의와 사회학습이론에 대해서도 제시할 것이다.

1. 학습의 개념

우리는 학습을 생각하면 학교장면을 바로 떠올리게 된다. 물론 학교장면 속의 행동들도 학습된 것이지만 이는 일부분에 속한다. 실제 우리의 행동들은 대부분 학습된 것이다. 예를 들어, 취미생활로 바이올린을 배운다거나 다이어트를 위해 인터넷에서 정보를 검색하여 따라해 보는 것, 사람들 앞에서 발표를 할 때 긴장이 되어 말을 더듬는 것 등은 모두 학습에 의한 것이다.

학습심리학자들은 학습이론을 교육현장에 가지고 옴으로써 학생의 학습에 보다 효과적으로 도움을 주기 위해 지속적인 연구를 해 왔다. 그리고 이러한 연구 결과들을 활용하여 교사나 부모가 학생들의 학습을 어떻게 도와주어야 하는가에 대해 다양한 관점의 이론을 제시하였다. 이를 통해 교사들은 상황에 맞는 학습이론을 적용할 수 있다. 하지만 이론이 항상 적재적소에 완벽하게 들어맞는 것은 아니다. 따라서 교사는 이에 대한 철저한 이해와 더불어 자신의 판단과 축적된 경험들을 가지고 교육현장에 적용했을 때 학생들에게 많은 도움을 줄 수 있을 것이다.

20세기 이전에는 주로 철학을 기초로 한 추상적이고 체계를 덜 갖춘 이론들로 철학자들의 주관적인 견해가 그 중심을 이루었다. 하지만 1930년대에서 1960년대에 이르면서 학습연구는 행동주의 심리학의 영향으로 보다 객관적이고 과학적으로 진보하게 되었다. 학습에 대한 행동주의적 관점은 인간의 관찰 가능한 행동에 주로 초점을 맞추며, 이러한 행동의 변화를 야기하는 환경적 자극의 역할에 강조를 두었다. 그러나 이는 오직 눈에 보이는 행동만을 설명하고 있다는 점에서 비판을 받았다. 이후 1960년대에 들어와 인지심리학의 등장으로 인간의 사고와 의도 및 느낌에 대한 내적인 요소에 관심이 모아졌다. 하지만 이 역시 인간행동을 일반화하고 보편화하고 있다는 지적을 받았다. 최근에는 인지활동에 대한 맥락적 요소들의 역할이 강조됨에 따라 구성주의 원리에 근거한 사회적 맥락과 학습의 상호작용에 큰 관심을 두고 있다. 또한 과학이 최첨단을 걷고 있는 이 시점에 공학적인 측면을 접목한 학습이론도 많은 관심을 불러일으키고 있다.

2. 20세기 이전의 학습이론

인간은 태어남과 동시에 학습의 과정을 거치면서 보다 완전한 존재로 성장하게 된다. 따라서 어느 시대에서나 교육의 중요성은 강조되었으며, 교육을 연구하는 학자들은 어떻게 하면 더욱 효과적인 학습활동을 할 수 있을지에 대해 부단한 연구를 해왔다. 그 결과로 여러 가지 관점에서의 학습이론이 형성되었다. 하지만 수많은 학습이론 중 어떤 이론이 정확히 인간의 학습에 대한 모든 것을 설명해 준다고는 단정 짓기 어렵다. 따라서 우리는 각 이론에서 강조하는 점을 중심으로 인간의 학습을 어떻게 규정하고 설명하는지 다각적인 시각을 통해 전반적이고 일반적인 해석을 얻어내야 할 것이다.

먼저 역사적인 측면의 학습이론부터 살펴보면, 20세기 이전의 학습이론은 전반적으로 철학적이고 사변적인 특징이 주류를 이루고 있으며 그 전개방법에서도 주관성이 강하다.

20세기 이전의 학습이론은 크게 세 가지로 나누어 볼 수 있다. 첫째, 정신도야(Classical mental discipline)은 교육사적인 측면에서 볼 때 합리론적 이성주의에 시반을 두고 고전이나 수학의 연구를 통해 교육의 목적을 달성할 수 있다고 보는 입장이다. 그러므로 이 이론은 특정의 지식이나 유용한 정보의 습득과는 거리가 먼 것으로 보이는 정신능력의 연마를 강조하였다. 인간의 정신이 고전을 통해서 연마될 수 있고, 여기서 사물을 판단하는 능력을 기를 수 있게 됨에 따라 선천적인 잠재력이 개발될 수 있다고 여겼다.

둘째, 자연적 개화이론(unfoldment theory)은 인간이란 선천적으로 선하며 환경에 대해서 능동적이라는 기본전제에서 시작된다. 따라서 모든 인간은 자기 자신을 신장시켜 나가면서 자신들의 세계를 구축하는 자유롭고 자율적인 존재로 보고 있다. 이 이론에서는 학습의 가치를 경시하며 욕구의 개념을 우선시했다. 유기체의 정신은 일련의 단계를 거쳐 자연적으로 발전하고, 각 단계는 고유한 욕구를 자기고 있으며, 이 욕구는 모든 사회 속에서 살아가는 인간의 기본적인 것으로서 모든 인간행동의 원천이 된다고 하였다. 이는 이후 기능주의 심리학에 영향을 미치게 된다.

셋째, 유화이론(apperception theory)의 기본사상은 Aristoteles로 거슬러 올라가는데, 이는 지식의 항목에 대한 인간의 학습을 밝히는 데부터 시작된다. Locke는 인간의 정신은 백지와 같다는 백지설(tabula rasa)을 주장하였다. 여기서 지식이란 감각 경험에서 얻어지는 것이며 지각과 학습은 동의어고 지각은 경험의 산물이라고 하였다. 따라서 인간의 타고난 능력은 저절로 훈련되는 것보다 환경적인 표상이나 감각, 경험을 통해 훈련된다고 보았다. Harbart(1776~1841)는 심리학 역시 물리학이나 생물학처럼 과학적인 탐색이 이루어져야 한다고 보았다. 그는 심리학의 주된 역할은 정신 속의 관념들이 어떻게 융합되어 있는가를 밝히는 것이어야 한다고 보았다. 또한 정신에 관한 Locke의 백지설을 조건화하면서 최초로 체계적인 교수-학습 단계를 발전시켰다. 그의 교수단계는 명료, 연합, 체제, 방법의 4단계였으나 이후에는 예비, 제시, 비교 및 요약, 일반화, 적용이라는 5단계 교수활동으로 발전되었다.

3. 행동주의 학습이론

20세기에 들어오면서 실험심리학과 자연과학의 발달로 학습이론에서도 새로운 변화가 나타났다. 그중에서 가장 두드러진 이론은 행동주의(behaviorism)와 인지주의(cognitivism)다. 먼저 행동주의는 관찰에 의한 인간의 경험적인 지식을 존중하였다. 이 이론의 기원은 영국의 경험주의와 연합주의에서 찾아볼 수 있다. 앞에서 말한 Locke의 백지설은 행동주의의 기본전제인 경험이 내성보다 더 중요함을 강조하기 때문에 이를 전제로 한 행동주의에서는 인간의 외현적 행동을 연구대상으로 하여 인간의 모습을 규명하려고 한다.

1) Watson의 고전적 조건반사이론

Watson은 1918년 Pavlov의 조건반사에 관해 연구하여 조건반사의 원리를 아동연구에 최초로 적용시켰다. 그는 인간의 행동을 설명하기 위해 Pavlov의 학습이론에 의존하면서 행동주의를 더욱 발전시켰으며, 기본적 정서만을 제외하고는 인간의 모든 행동이 학습된 것이라고 주장하였다. 특히, 학습은 하나의 자극을 다른 자극과 대치시켜 줌으로써 조건반응을 형성시켜 주는 과정이라고 보았다.

Watson은 고전적 고전반사(classical conditioned reflex)의 원리를 이용해서 중성 자극(S)이 어떻게 조건화되어 반응(R)되는지를 연구하였다. 그는 9개월 된 알버트라는 아이를 대상으로 흰 쥐 공포반응 실험을 하였다. 실험자는 알버트가 흰 쥐에 접근할 때 아이 뒤에서 망치로 큰 소리를 내었고, 알버트는 망치 소리에 깜짝 놀라 앞으로 넘어졌다. 이 과정을 아이가 쥐에 접근할 때마다 되풀이하자 아이는 마침내 흰 쥐만 보면 공포반응을 보이며 울기 시작하였으며, 이 반응은 다른 동물까지 일반화되는 결과가 나타났다.

그 후 Watson은 공포반응을 갖게 된 알버트에게서 그 반응을 소거시키려고 하였지만 성공하지 못하였다. 이 탈조건 형성은 몇 년 후 Jones(1924)에 의해 성공되었다. 그는 피터라는 아이가 맛있는 음식을 먹을 때 두려운 대상을 그에게서 멀리 두었다. 차츰 그 대상을 가까이 제시하면서 맛있는 음식과 함께 조건화하여 결국 두려움 없이 그 대상을 대할 수 있게 하는 데 성공하게 되었다. 그의 방법은 Wolpe(1958)가 개발한 체계적 둔감법(systematic desentinztion)과 유사한 방법이었다.

2) Thorndike의 연결주의

Thorndike는 인간학습의 가장 전형적인 형태를 시행착오학습(trial and error learning)으로 보았다. 이는 어떤 문제 상황에 직면할 때 처음에는 여러 가지 방법으로 시도를 하지만 해결책을 못 찾다가 시간이 지나 여러 번 반복하다 보면 간헐적으로 성공하게 된다는 것이다. 결국 수많은 반복을 하다 보면 성공의 횟수는 높아지고 시간 역시 단축되어 가장 좋은 해결책을 얻게 된다는 것이다.

Thorndike는 문제상자라는 실험에서 상자 속에 고양이를 넣어놓고 고양이가 상자 안의 페달을 밟게 되면 탈출할 수 있도록 하였다. 고양이는 초기에는 탈출시간이 160초 이상으로 오래 걸렸지만 수많은 반복연습 후에는 10초 이내 탈출이 가능하게 되었다. 그는 이 실험 결과를 통해 다음의 세 가지 학습법칙을 제시하였다.

첫째는 효과의 법칙(law of effect)으로 결합이 이루어져서 만족을 얻게 되면 그 결합은 강화되나 불만족하게 되면 그 결합은 약화된다는 것이다. 둘째는 연습의 법칙(law of exercise)으로 가장 빈번하게 일어나는 반응은 강화될 수 있다는 것이다. 자극과 반응의 결합은 적극적으로 사용함으로써 강화된다. 결합은 연습을 중단하거나 사용되지 않으면 약화되는데, 이는 '불사용의 법칙' 이라고 불린다. 셋째는 준비성의 법칙(law of readiness)으로 활동할 수 있는 준비태세가 없는 결합은 불만족을 일으킨다는 것이다. 즉, 학습하는 태도가 준비되어 있을 때는 그렇지 않을 때보다 만족감이 증가된다는 것이다.

그러나 1929년 그는 자신의 이론을 다음과 같이 수정하게 된다. 첫째, 수정된 연습의 법칙에서는 단순한 불사용도 결합을 약화시키지 않는다는 사실을 확인함으로써 사실상 연습의 법칙은 제외되었다. 둘째, 수정된 효과의 법칙에서는 보상은 결합의 강도를 증가시키나 처벌은 결합과 아무런 관계가 없다는 것을 밝혔다. 셋째, 결합의 형성은 인접이나 접근보다는 소속성에 의미가 있음을 인정하고 '소속성' 을 제시하였다. 다시 말해, 유기체가 두 개념을 서로 같은 것으로 혹은 어울리는 것으로 지각한다면 이들 간의 연결은 더욱 쉽게 이루어진다. 넷째, 학습된 반응은 원래 연결이 형성된 방향으로 더 쉽게 작용한다는 '극성' 의 원리를 제시하였다. 마지막으로 효과의 파급은 만족스러운 결과가 뒤따르는 반응은 재출현의 확률이 증가함과 동시에 그 반응의 주변에 있는 반응까지도 재출현의 확률이 함께 증가한다는 개념이다. 이는 보상이 그것에 속하는 연결에만 영향을 미치는 것이 아니라 주어지는 결과와 시간적으로 전후의 인접된 연결까지 영향을 미친다는 것을 강조한 것이다.

3) Pavlov의 고전적 조건형성이론

현대 학습이론의 출발은 Pavlov의 연구에서 찾아볼 수 있다. 그는 동물학습연구에 관심을 두기 시작하여 조건반사에 관한 연구를 하게 되었다. 그의 고전적 조건형성 실험절차는 [그림 4-1]처럼 먼저 개의 타액 분비를 측정할 수 있도록 실험장치를 만들고 개에게 종소리를 들려준 후 먹이를 가져다 주는 과정을 반복하는 것이었다. 개는 먹이를 보면 선천적 반사로 타액을 분비하게 되는데, 이는 먹이만 보면 개가 무조건적으로 나타내는 반응으로 무조건반응(unconditioned response: UCR)이

조건화 이전		
먹이 (무조건자극)	타액 분비 (무조건반응)	
벨소리 (중성자극)	반응없음	
조건화 과정		
벨소리+ 먹이 (무조건자극)	타액 분비 (무조건반응)	
조건화 후		
벨소리 (조건자극)	타액 분비 (조건반응)	

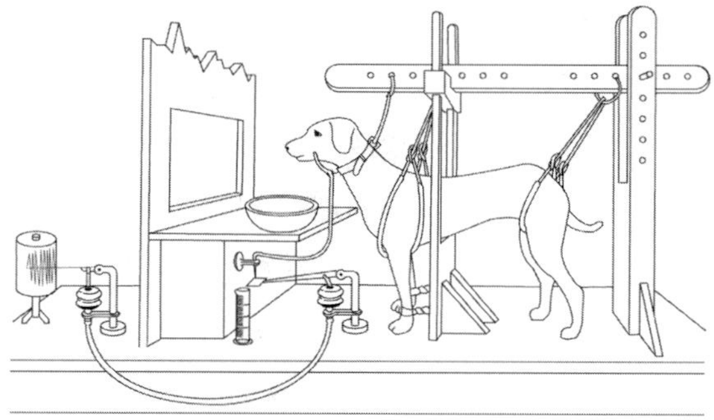

[그림 4-1] Pavlov의 고전적 조건형성 실험

라 한다. 여기서 먹이는 무조건반응을 유발시키는 자극이기 때문에 무조건자극(unconditioned stimulus)이 된다. 그리고 처음 개에게 종소리를 들려주었을 때에는 아무런 반응을 일으키지 못했으므로 종소리는 중성자극(neutral stimulus)이 된다. 이후 종소리를 들려주고 먹이를 주는 것을 반복하게 될 경우, 개는 이제 종소리만 듣게 되어도 타액을 흘리는 반응을 하게 된다. 여기서 종소리는 타액을 유발하는 자극이 되었으므로 조건자극(conditioned stimulus)이 되고, 개의 타액은 종소리에 반응을 나타냈으므로 조건반응(conditioned response)이 된다. 이러한 과정을 '학습되었다'

고 할 수 있다.

Pavlov의 고전적 조건형성 과정에서는 다음의 개념이 도출되었다. 첫째는 강화의 개념이다. 조건형성은 반사적 강화를 통해 획득된다는 데서 시작된다. 즉, 조건자극을 제시한 후 적절한 시간 간격으로 무조건자극을 제시함으로써 조건형성이 가능하다. 위 실험의 경우 무조건자극은 조건자극을 짝지어 주는 강화인(reinforcer)이 된다.

둘째는 실험적 소거(experimental extinction)의 개념이다. 조건자극은 계속해서 작용하지는 않는다. 예를 들면, 종소리를 타액 분비를 위한 조건자극으로 만들었지만 음식 없이 종소리만을 몇 번 울리게 되면 종소리는 그 효과를 잃게 되고 결국 아무런 반응을 일으키지 않게 된다는 것이다.

셋째는 자발적 회복(spontaneous recovery)의 개념이다. 이는 소거가 이루어진 후 다시 강화물을 제시하면 조건반응이 일시적으로 나타나는 현상을 말한다([그림 4-1]).

넷째는 자극 일반화(stimulus generlization)의 개념이다. 이는 일반 무조건자극과 조건자극 사이에 연결이 형성되고 나면 조건자극과 약간 변형된 자극일지라도 같은 반응을 일으킨다는 것이다. 즉, 앞의 실험에서 원래 조건이 된 종소리가 만약 10데시벨 정도였다면, 15나 20데시벨의 크기에서도 같은 반응이 나타난다는 것이다. "자라 보고 놀란 가슴 솥뚜껑 보고 놀란다."라는 속담도 자극 일반화의 예다(정옥분, 2004).

Pavlov의 조건형성 원리는 많은 학습이론가들의 연구에 영향을 미쳤으며 무수히 많은 실험연구의 자극이 되었다.

조건적 조건형성 원리는 우리 주변에서 항상 볼 수 있는 학습의 원리다. 예를 들어, 좋아하는 교사가 가르치는 과목을 학생들은 결국 좋아하게 되고, TV광고에서 중립적인 자극(제품)을 사람들이 좋아하는 대상이나 장면과 짝지으면 그 제품을 선호하게 되도록 자극된다. 그러나 이러한 현상은 교육적이라기보다는 단순한 연합작용이어서 이를 직접 교육현장에 적용하는 데는 한계가 있다.

4) Skinner의 조작적 조건형성이론

Skinner는 Pavlov보다 훨씬 더 체계적인 행동주의 학습이론을 제공하였다. 그는 아무리 복잡한 행동도 적절히 분석하여 기본적 개념과 원리들의 복잡한 관계를 해석할 수 있다고 보았고, 이 복잡한 행동에 대해 실험적 분석을 추구하였다.

Skinner는 조작적 조건형성(operant conditioning)이란 용어를 사용하였다. 즉, 그는 유기체가 실험 상황에서 먹이를 얻기 위한 능동적인 역할을 하며, 실험자가 바라는 유기체의 반응이 나타나지 않거나 나타날 때까지 유기체는 보상을 받지 못하거나 벌을 받아야 한다는 의미에서 '조작적' 이라는 용어를 사용한다. 조작적 조건형성 과정은 자극, 반응, 강화물이라는 세 가지 중요한 요소로 구성되어 반응과 그 결과에 강조점을 준다.

Skinner는 [그림 4-2]에서 보는 바와 같이 '스키너 상자' 라는 실험도구를 이용해 조작적 조건과정을 설명하였다. 이 실험상자 안에는 굶주린 쥐를 넣어 놓고 쥐가 그 안에서 돌아다니다가 우연히 먹이 페달을 밟게 되면 먹이가 나올 수 있도록 장치를 해 두었다. 결국 쥐가 지렛대를 누르는 행동이 강화되어 먹이를 먹는 조작행동의 확률이 증가됨을 확인할 수 있었다. 이 실험에서 지렛대는 조건자극이고 지렛대를 누르는 행동은 먹이를 얻는 수단이 되기 때문에 이러한 조건형성을 '조작적 조건형성'

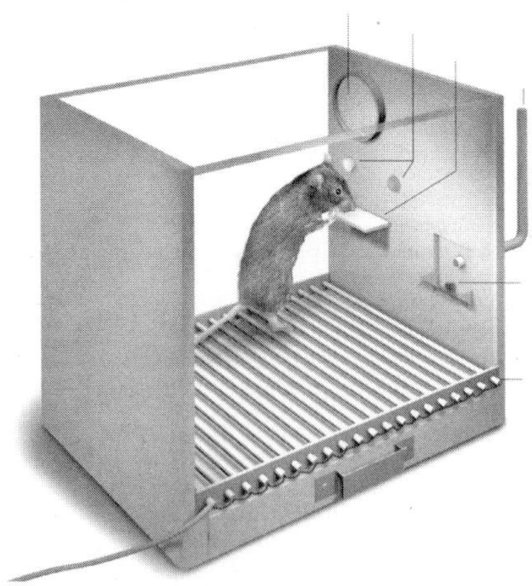

[그림 4-2] 스키너 상자

이라고 한다.

그의 실험과정에서 도출된 몇 가지 개념을 살펴보면 다음과 같다. 첫째, 행동의 조성(shaping of behavior)은 실험자가 원하는 행동에 가까운 반응을 선택해서 강화해 나가는 과정을 의미한다. 예를 들면, Skinner는 실험과정에서 어떤 쥐에 대해 지렛대를 오래 누르고 있을 때만 보상을 주거나 어느 기준 이상의 힘으로 누를 때만 보상을 주는 방식으로 원하는 행동을 조성하였다. 이와 같은 기법으로 동물조련사들이 훈련용 개에게 처음에는 낮은 장애물을 넘을 때 먹이를 주다가 점차 장애물의 높이를 높여 원하는 높이의 장애물을 넘도록 행동을 조장하는 것이다.

둘째, 강화는 어떤 반응이 일어나는 것을 조건부로 하여 강화자극을 제공함으로써 그 반응이 다시 나타날 가능성을 높이는 조작이다. 따라서 강화의 가장 기본적인 원리는 '반응(R)→강화자극(S)'이라고 할 수 있다. 강화에는 크게 정적 강화와 부적 강화가 있다. 정적 강화(positive reinforcement)란 어떤 긍정적 반응을 수행하는 데 보상을 제공해 줌으로써 그 반응이 나타날 확률을 증가시켜 주는 것이다. 예를 들어, 과제를 제시간에 할 때마다 그 보상으로 컴퓨터 오락을 30분 할 수 있도록 함으로써 과제를 제시간에 할 수 있도록 유도하는 것이다. 부적 강화(negative reinforcement)란 긍정적인 행동으로 간주되는 반응을 했을 때 반응자의 혐오하는 자극을 제거하여 긍정적 행동의 빈도를 높이는 것을 의미한다. 이는 흔히 벌(punishment)과 많이 혼동되는데, 부적 강화와 벌은 다른 개념이다. 예를 들어, 부적 강화는 일주일 동안 선행을 가장 많이 하는 학생에게는 한 주 동안 교실 청소하는 일을 감해 줌으로써 착한 일을 많이 하도록 유도하는 것을 의미한다. 그러나 벌은 지각을 가장 많이 하는 학생에게 방과 후에 남아서 교실 뒷정리를 시키는 것을 의미한다.

셋째, 일차적 강화인과 이차적 강화인의 개념이다. 일차적 강화인(primary reinforcer)은 대개 유기체의 생리적인 욕구에 도움을 주는 것으로 배고픔이나 수면 등이 해당된다. 이러한 일차적 강화인과 중립자극(빛, 종소리 등)이 짝지어지면 그 자체가 강화적 속성을 갖게 되는데, 이것을 이차적 강화인(secondary reinforcement)이라고 한다. 그러므로 조건형성 과정의 자극은 대부분 이차적 강화인이라 할 수 있다.

이러한 강화 또는 벌은 일상생활에서 계속 실시하기가 매우 어렵다. 그래서 대부분의 강화는 시간간격이나 반응횟수를 고려하여 실시하게 되는데, 이를 바로 강화계획이라 한다.

강화계획에는 크게 일정한 시간간격과 반응횟수에 따라 강화를 주는 고정계획과 무선적으로 강화를 실시하는 변동계획이 있다. 고정계획은 다시 고정간격계획과 고정비율계획으로 나누어진다. 고정간격계획은 앞의 강화로부터 계산하여 일정한 시간이 경과하면 강화를 주는 방법이다. 예를 들어, 1분의 고정간격계획에서는 마지막 반응을 한 후에는 어떤 강화도 제공해 주지 않고 1분이 지나고 처음 나타나는 반응에 강화를 제공하는 것이다. 고정비율계획은 일정한 수의 반응을 한 후에 강화를 주는 방법이다. 이는 흔히 테이크아웃 커피전문점에서 9잔의 커피를 마시고 각각의 도장이나 스티커를 모아 오면 마지막 한 잔의 커피는 무료로 주는 것과 같다.

변동계획도 변동간격계획과 변동비율계획의 두 가지로 나뉜다. 변동간격계획은 강화를 주는 평균 시간간격을 정해 놓지만 실제 강화를 주는 시간간격을 변동시키는 방법이다. 예를 들어, 평균 3분에 한 번씩 강화를 주도록 계획을 세우고 강화를 주는 시간을 5분, 2분, 3분, 2분 등으로 변동시키는 것이다. 그러나 결국 평균적으로는 3분에 한 번씩 강화를 주는 방법이다. 변동비율계획은 일정한 횟수의 반응을 한 후 강화가 주어지나 실제 반응횟수는 평균치를 중심으로 변동시키는 방법이다. 이는 카지노에서 도박을 하는 사람들의 심리를 떠올려 보면 이해하기 쉬울 것이다. 그들은 언제 강화를 받을지, 즉 언제 돈을 딸지는 모르나 자신에게 올 강화를 기대하며 수없이 도전을 하게 되는 것이다.

이러한 네 가지 강화계획의 반응은 각기 나름대로의 특징을 나타낸다. 먼저 고정간격계획에서는 강화가 주어진 직후 반응률이 급속도로 떨어졌다가 다음 강화가 주어질 무렵이 되면 반응률이 급상승한다. 변동간격계획에서는 강화와 강화 간의 반응률이 크게 도용되지 않는다. 왜냐하면 언제 그 시간이 끝날지 모르기 때문이다. 그래서 강화가 주어질 때 빨리 그것을 받기 위해 상당히 꾸준하게 반응한다. 그러나 고정비율계획과 변동비율계획에서는 상당히 빠른 반응률을 보인다. 비율이 낮으면 강화 직후부터 반응이 시작되는 반면, 비율이 높으면 각 강화 후에 잠깐 중단했다가 꾸준히 반응을 한다(이성진, 1996).

한편, Premack(1962)은 한 행위가 다른 행위보다 자주 일어날 때 이것을 덜 자주 일어나는 행위를 강화하기 위한 강화인으로 사용할 수 있다고 하며 이를 Premack의

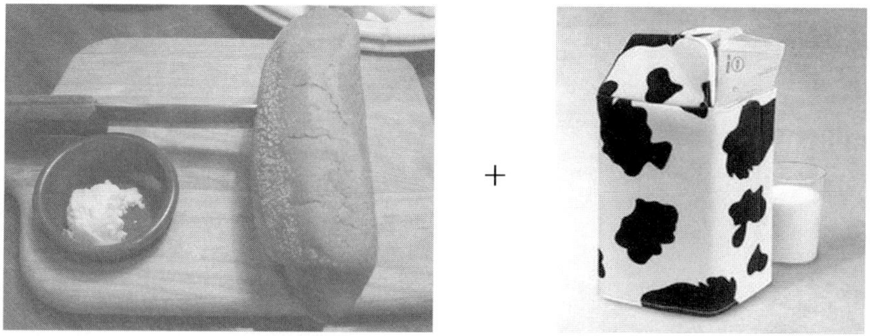

[그림 4-3] 빵과 우유를 짝지어 줌

원리라고 하였다. 예를 들어, 숙제도 안 하고 컴퓨터 오락만 하는 아이가 있다면 오락을 하는 것이 높은 빈도로 일어나는 반응이고 숙제를 하는 것은 낮은 빈도로 일어나는 반응이 된다. 따라서 이 경우 오락은 공부하는 반응을 강화하기 위한 강화물로 작용할 수 있다. 그러므로 공부를 한 시간 동안 하면 오락을 30분 할 수 있게 해 준다고 약속을 하여 아이들이 공부를 하게끔 유도하는 것이다. [그림 4-3] 역시 대표적인 예다. 그림은 빵을 좋아하는 높은 빈도와 우유를 싫어하는 낮은 빈도를 짝지어 줌으로써 우유를 먹도록 유도하는 것이다.

5) 고전적 조건형성과 조작적 조건형성의 비교

조건형성을 통해서 무엇이 연합되는가를 살펴보면 고전적 조건형성과 조작적 조건형성 간에는 차이가 있다. 고전적 조건형성을 통해서 무조건자극과 조건자극의 연합이 형성되며, 조작적 조건형성을 통해서 조작반응과 강화물의 연합이 형성된다. 또한 절차 면에서 고전적 조건형성에서는 실험대상의 반응과는 관계없이 실험자가 조건자극과 무조건자극을 제시한다. 그러나 조작적 조건형성에서는 실험대상의 반응에 강화물의 제시가 달려 있다.

이와 같은 차이점 때문에 많은 연구자들은 고전적 조건형성과 조작적 조건형성이 서로 다른 학습과정이라고 생각했다. 하지만 이는 다른 학습이 아니라 방법이 다르게 일어나는 같은 종류의 학습과정이라고 본다(Schwartz, 1980). 즉, 고전적 조건형

〈표 4-1〉 고전적 조건화와 조작적 조건화의 비교

	고전적 조건화	조작적 조건화
자극을 주는 원인	알려져 있고 중요한 자극	관련성이 없음
반응의 원인	자극에 유도된 반응	유기체에 의해 나타난 반응
자극과 반응의 관계	유도자극이 반응에 선행함(S−R)	강화자극이 반응에 따름(R−S)
대표적인 예	소화작용, 반사작용	운전하기, 사회화

*출처: 정옥분(2004). 전생애발달의 이론. 학지사.

성은 주로 타액 분비나 공포와 같은 불수의적 행동과 관련되어 있으며, 조작적 조건형성은 수의적 행동과 관련되어 있기 때문이다. 그리고 수의적 동작을 조성(shaping)하는 경우에도 고전적 조건형성을 사용할 수 있는 연구도 있으며, 두 가지 형태의 조건형성은 기본적인 원리가 동일한 점도 많다. 또한 강화나 소거, 자발적 회복, 일반화, 변별과 같은 기복 있는 학습현상에서도 차이가 없다.

6) 조작적 조건형성이론에 대한 평가 및 교육적 함의

이차적 강화인의 개념은 실제 학교현장에서 매우 유용하게 활용될 수 있다. 학교에서는 대부분 일차적 강화인보다는 칭찬, 상, 점수, 학점과 같은 이차적 강화인을 사용한다. Skinner는 교육에 있어서 행동을 격려하기 위한 외재적 강화인의 사용을 적극 권장하고 있으며, 유용한 행동을 학습시키기 위해 가장 효과적인 방법은 부분 강화계획이라고 하였다.

한편, Skinner의 이론은 훈련의 초기단계 또는 연령이 어린 아동일수록 그 효과가 크다. 그리고 행동수정을 하는 방법에서도 이 이론은 좋은 적용이 된다. 학교에서 교사들은 바람직한 반응이 일어날 때마다 주기적으로 보상을 제공해 주는 것이 유용하고, 바람직하지 못한 행동을 할 경우에는 벌을 주기보다 무시하는 것이 바람직하다.

4. 인지학습이론

관찰과 실험에 따른 과학적 방법으로 유기체의 행동을 설명하려는 입장이 행동주의라면, 유기체의 행동은 단순히 외현적 행동으로만 설명될 수 없으며 어떤 자극이 주어졌을 때 유기체의 내부에서 적극적 · 능동적 작용이 일어난다고 보는 입장은 인지주의라고 할 수 있다. 따라서 이 이론에서 학습이란 자극과 반응의 단순한 관계 속의 반복적인 구조가 아니라 기억 속의 전체 구조사태에 대한 인지구조를 형성하는 것이다. 그러므로 학습은 행동의 변화가 아닌 인지구조의 변화를 의미하며, 이것은 자극과 반응의 결합에 따른 조건형성이 아니라 자신과 세계를 이해하려는 개인의 정신활동을 의미한다.

인지학습 이론가들은 문제의 해결이 전체 구조 속에서 통합되며, 목적과 수단의 관계에서 통찰이 일어난다고 설명한다. 따라서 학습은 목표와 수단 간의 관찰과 통찰, 장면의 재조직, 인지구조 등에서 일어나는 현상인 것이다.

1) 형태주의 학습이론

형태주의 심리학(Gestalt psychology)에서 바라보는 관점은 유기체는 하나하나의 자극을 지각하는 것이 아니라 유의미한 형태로 모여진 전체를 지각한다는 것이다. 따라서 이 이론에서는 있는 그대로의 정신적 사상을 더 이상 분석하지 않고 전체적이고 대단위적, 주관적, 인지론적으로 연구한다. 지각에 있어 이러한 형태가 가능한 것은 지각하는 주체인 유기체가 지각된 대상을 조직해 주는 능력이 있기 때문이다. 따라서 형태주의 심리학에서는 유기체가 두뇌로 들어오는 감각정보를 보다 유의미하고 조직적으로 구성하는 경향성을 갖고 있기 때문에 생득론적인 입장을 취하고 있다.

형태주의 심리학에서 중요하게 다루어지는 지각의 법칙은 다음과 같다.

첫째, 함축성의 법칙으로서 형태주의의 일차적인 원리다. 이 법칙은 모든 정신적 사상들이 완전성, 간결성, 유의미성으로 향하려는 경향성을 의미한다. 이는 학습과 기억 연구에서 기본원리로 사용된다.

둘째, 지각의 법칙으로서 지각에 있어 가장 기본적인 조직화는 도형과 배경의 관계다. 도형은 지각의 장에서 주위의 초점이 되는 부분이며, 배경은 도형의 장면을 제공해 주는 부분이다.

셋째, 지각적 항상성의 법칙으로서 어떤 대상을 여러 다른 상황에서 경험할 때도 동일한 대상으로 보는 경향성을 의미한다. 실제 자극은 변화할지라도 대상의 의미는 항상성을 갖고 남아 있게 되므로 대상이 전달하는 의미는 실제의 자극보다 훨씬 더 중요하다.

(1) 학습에 대한 형태주의적 접근

형태주의 심리학자들은 학습을 지각의 특수문제로 인식하고 있으며 비연속적 인지 현상으로 본다. 유기체는 문제해결에 필요한 모든 요소를 하나의 전체적 관계로 조직해서 신중히 생각한 다음 인지적으로 해결방안을 모색하게 된다. 이러한 과정을 통해 문제해결에 대한 통찰(insight)이 일어나 갑자기 해답을 얻는 지적 경험을 하게 된다.

Köhler는 이 과정을 학습에 관한 실험을 통해 확인하였다. 그는 침팬지를 방 안에 넣어 놓고 천장에 매달아 놓은 바나나를 어떻게 먹는지 관찰하였다. 침팬지는 바나나를 먹기 위해 한참 동안 애를 쓰더니 방 안에 있는 상자를 가져와 발판으로 딛고 올라서서 따먹었다. 실험 결과 침팬지는 문제해결 과정에서 행동적 시행착오가 아닌 인지적 시행착오, 즉 여러 모습의 인지적 가설을 거쳐 올바른 전략을 찾아내면서 문제해결에 이르렀음을 확인할 수 있었다.

[그림 4-4] 막대기를 이용하여 먹을 것을 획득하는 원숭이

(2) 형태주의 이론에 대한 평가 및 교육적 함의

형태주의 이론은 당시의 행동주의적 접근과는 전혀 다른 새로운 시각으로 유기체를 보려고 하였으며, 이러한 접근은 후에 인지이론의 발달에 큰 공헌을 하였다. 이 이론은 인간을 자극에 대해 반응하는 단순한 수동적 존재로 보지 않고 능동적이고 적극적인 존재로 인식하는 발판을 마련하였으며 보다 높은 수준의 정신능력을 설명하는 데 공헌하였다. 형태주의에서는 학습의 유의미성과 이해를 강조하며 부분은 전체와 관련되어야 하고 기계적인 암기보다는 전체적인 이해와 내적 강화 등을 중요한 개념으로 들고 있다. 또한 학생들로 하여금 문제해결 장면에서 요소들 간의 관계를 살펴보도록 하고, 그것을 유의미한 유형으로 조직하는 것을 가르쳐 준다. 학습 경험의 계획은 친숙한 것에서 출발해야 하며, 다음 단계는 전 단계에 기초를 두고 전체적인 개념 또는 경험에 연결시켜 준다.

2) Bandura의 사회학습이론

사회학습이론(social-learning theory)이란 인간이 어떤 모델의 행동을 보면서 학습이 이루어진다는 입장으로 관찰학습이론, 모방이론이라고도 불린다. Bandura는 그 대표적인 학자다.

(1) 주요 개념

① 관찰학습의 과정

Bandura는 모델의 행동에 대한 관찰자의 심리적 과정에 수용되어 있는 기호 습득에 큰 관심을 가지고 관찰학습을 연구하였다. 모델링 현상에 관한 사회적 학습의 분석은 모델의 행동이 관찰학습을 좌우하는 요소적 과정들에 대한 도식을 다음과 같은 과정으로 제시하고 있다.

- 주의집중과정(attention process): 모델로부터 학습하기 전에 우선 모델에 주의집중을 해야 한다. 이 과정에서 무엇인가에 주목하도록 결정하는 것은 어떤 것인가에 관한 문제가 제기된다.

3~5m의 도움닫기로부터

양발로 도약하여

손을 대고 다리 벌려

뛰어넘어 착지한다.

[그림 4-5] 뜀틀넘기의 운동재생과정

- 파지과정(retention process): 관찰에서 얻은 정보가 유용하게 사용되려면 파지가 이루어져야 한다. 이 과정에서는 정보가 심상적 및 어문적 방법의 상징적인 기호로 저장된다.
- 운동재생과정(motor reproduction process): 이 과정에서는 학습된 것이 어느 정도의 수행으로 전환되는가를 결정하게 된다. 인간은 인지적으로 많은 양을 학습할 수 있지만 성숙, 피로, 질환 등의 이유로 습득한 정보를 수행할 수 없을 수도 있다.
- 동기과정(motivation process): 이 과정은 두 개의 강화적 기능을 갖는다. 즉, 모델과 같이 행동하면 자신도 강화를 받게 된다는 기대와 학습을 수행으로 전환시키면 유인가를 얻게 될 것이라는 기대가 생기게 된다. 학습자는 자기 자신의 행동 또는 타인의 행동 결과를 관찰함으로써 정보를 획득한다. 획득된 정보는 사용할 필요가 있을 때 여러 장면에서 활용된다.

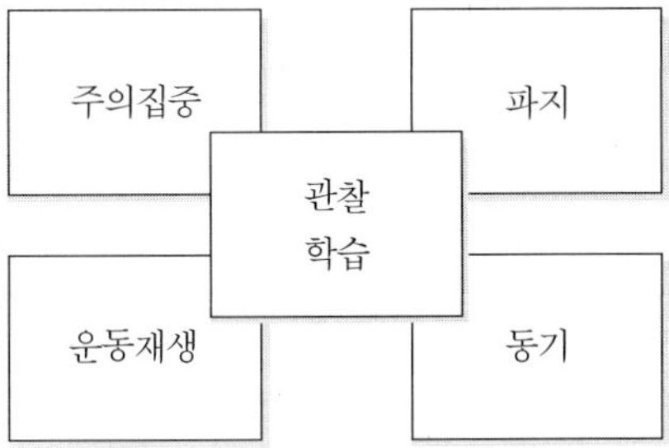

[그림 4-6] 관찰학습의 4요소

② 대리학습 및 조건화

사람들은 자신의 경험뿐 아니라 타인의 성공과 실패를 통해서도 배우게 된다. 즉, 일상생활의 장면에서 타인의 행동이 보상이나 처벌을 받거나 무시되는 경우를 볼 기회가 많이 있는데, 이렇게 관찰된 행위도 직접 자신이 경험한 것과 똑같이 행동에 영향을 미치게 된다. 일반적으로 타인의 성공적인 행동에 대한 관찰은 자신의 유사한 행동을 증가시키게 되고, 반대로 처벌된 행동의 관찰은 행동의 경향을 감소시키게 된다.

③ 자기효능

자기효능(self-efficacy)은 우리가 주어진 행동에 대해 성공적으로 수행할 수 있다는 신념이다. 자기효능에 대한 신념은 과제들에 대해 얼마나 많이 준비할 것인지, 또는 어떤 과제들을 선택할 것인지를 결정하게 된다. 이는 우리의 사고양식과 정서에도 많은 영향을 미치게 된다(7장 참조).

(2) 사회학습이론에 대한 평가 및 교육적 함의

Bandura의 사회학습이론은 인지과정의 강조와 심리치료 및 교육실제의 적용을 통해 학습이론에 대한 새로운 접근을 시도하고 있다. Bandura는 인간행동을 결정하는 데 있어서 인지과정의 중요성과 학습에서의 대리경험의 역할을 강조하고 있다. 그는 대부분의 행동의 변화가 직접적인 강화 없이도 일어나며, 전형적인 모델의 행동 결과를 관찰함으로써 학습이 일어난다고 주장한다.

사회학습이론의 입장에서 볼 때 간접학습은 정보를 상징화하여 저장시킬 수 있으며, 이후에 그 정보를 적용할 수 있게 해 준다. 따라서 인간행동의 대부분은 자기조정이 가능하다고 믿고 있다.

그리고 Bandura의 이론은 교육에 대해 많은 의미를 갖고 있다. 학습은 직접적인 경험뿐 아니라 관찰을 통해서 이루어질 수 있다고 보기 때문에 학습에 있어서 모델의 역할은 그 어느 요인보다도 중요한 의미로 간주된다. 따라서 실제 교육장면에서 교사는 중요한 모델변인으로 작용할 수 있으므로 모범적인 모델이 되어 학생이 그것을 내면화함으로써 자기평가 기준으로 이용하게 해 주어야 한다. 그리고 교사는 학생들이 적정수준의 목적을 스스로 설정할 수 있도록 도와주는 것이 효과적이다.

3) 정보처리이론

정보처리접근(information processing approach)은 인지체계를 통해 정보의 흐름을 연구하는 것이 가장 큰 특징이다. 행동주의가 자극과 반응 간의 단순한 반복적인 체계만을 설명한다면, 정보처리접근은 유기체가 어떤 과정을 통해 사고하는지에 관심을 갖고 있다. 이러한 시도는 인간학습은 연구하는 데 있어 새로운 접근과 여러 가지 시사점을 제공해 주었다. 여기서 인간 사고의 과정은 정보처리체계에 투입되는 것을 시작으로 하여 투입된 정보에 대한 정신적 조작을 거쳐 산출까지 이르게 된다. 이러한 과정을 정보처리라 하는데, 정신과정은 정보를 등록하여 그 정보를 가지고 조작을 수행하고 그것을 저장하는 컴퓨터의 작업과 유사하다. 정보처리과정은 다음과 같다.

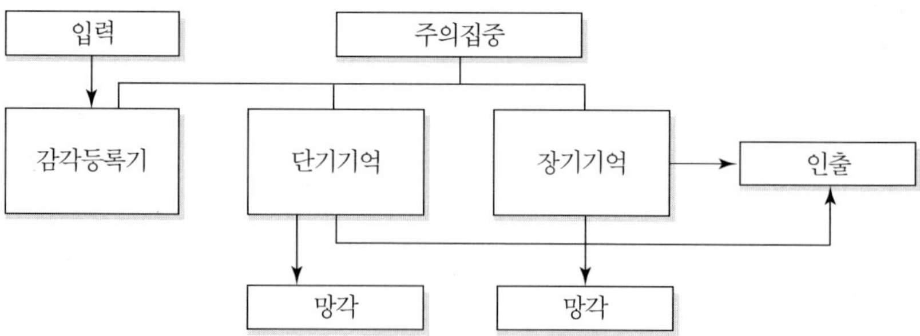

[그림 4-7] 기억의 정보처리모형(임규혁, 1997)

정보는 어떤 물리적 에너지(빛, 소리, 압력) 형태로 감각등록기(sensory motor)에 전달된다. 그리고 감각정보가 표상되는 과정에서 그중 일부는 선택적으로 지각되어 단기기억(short-term memory)으로 전달되고 나머지 것은 유실된다. 단기기억의 용량은 제한적이고 지속시간도 짧다. 단기기억에서 반복 연습된 정보들은 다시 장기기억(long-term memory)에 저장되는데, 장기기억은 단기기억과 달리 그 용량도 무한하고 오랫동안 저장할 수 있다. 그리고 장기기억에 저장된 정보는 반응산출에 이용된다. 일련의 정보처리과정에서 단기기억 단계를 작동기억이라고도 하는데, 이는 정보의 지속시간에 대한 강조보다는 기억저장고의 기능적 측면을 강조한다. 이러한 기억과는 반대로 각 단계에서는 망각이 일어날 수 있다.

망각(forgetting)이란 시간이 지나 학습된 내용을 재생 · 재인할 수 없는 상태를 말한다. 학습한 내용을 보존하는 것은 파지라고 하는데, 인간은 학습한 내용을 모두 파지할 수는 없다. 따라서 시간이 경과함에 따라 학습한 많은 것들이 망각되어 버린다. 그렇다면 이런 망각에 영향을 미치는 요인에는 어떠한 것이 있을까? 이에 대해서는 완벽한 이론이 정립되지는 않았지만 크게 네 가지 원인으로 설명되고 있다.

첫째, 흔적쇠퇴설로 기억은 학습한 것이 기억흔적으로 남은 것이며, 망각은 이와

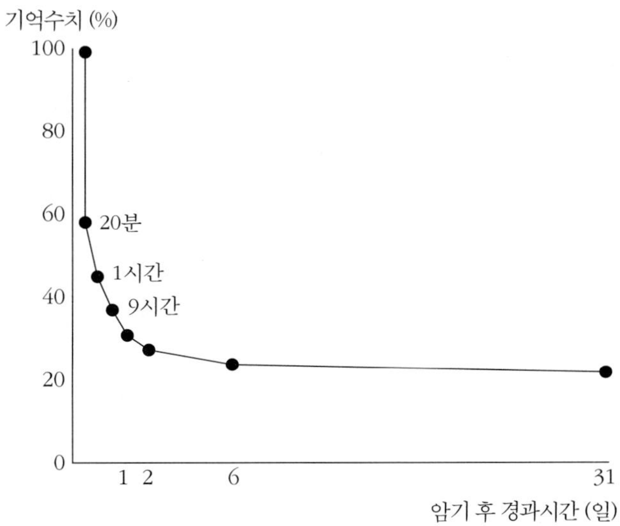

[그림 4-8] Ebbinghaus의 망각곡선

반대로 기억흔적이 쇠퇴하는 현상이라는 것이다. 하지만 이는 시간이 경과하는 동안 어떻게 망각하는지에 대한 설명을 하지 못하는 약점을 가지고 있다.

둘째, 간섭설로 역행간섭과 순행간섭으로 구분해 볼 수 있다. 역행간섭은 새로운 정보가 이전의 정보를 떠올리는 데 간섭한다는 것이다. 예를 들어, 오늘 영어단어 20개를 새로 외웠는데 어제 외웠던 영어단어들을 기억하려 하니까 상기하기에 어려움을 느끼거나 실패한 것이 해당된다. 반대로 순행간섭은 이전에 학습하였던 정보가 새로운 정보를 떠올리는 데 어려움을 주는 것이다. 예를 들어, 친구의 바뀐 휴대폰 번호를 기억하려고 하는데 자꾸만 이전의 번호가 떠오르는 현상이 해당된다.

셋째, 억압설로 대개 치료에 의해 외상적 경험과 연합된 어떤 정서가 제거되었을 때만 상기될 수 있다는 것이다. 인간은 자기에게 매우 위협적이었거나 불쾌했던 경험이나 느낌을 억압하여 무의식의 심층에 잠겨 놓게 된다. 그 결과 망각이 일어나는데 이러한 망각을 동기화된 망각이라고 한다.

넷째, 인출실패설로 망각이 필요한 정보의 인출실패로 생기는 현상이라고 설명한다. 정보는 기억저장소에 저장되어 있으나 필요한 정보를 찾아 인출해 내는 단서를 발견하지 못했기 때문에 망각이 일어난다는 것이다. 따라서 적절한 인출단서를 찾으면 필요한 정보를 성공적으로 끌어낼 수 있다고 보는 이론이다.

(1) 정보처리이론에 대한 평가 및 교육적 함의

정보처리이론에서는 교육실제의 적용을 위해 교육과 명백한 관련이 있는 인지과정과 추론, 언어의 이해와 사용, 교재 이해에 대한 연구, 독서, 교수기법, 문제해결 전략 등을 연구한다. 효과적인 학습을 위해서 교사는 학습내용의 중요도나 학습자의 발달수준에 알맞은 자극자료를 외적 자극단서나 선행조직자를 활용함으로써 특정 내용에 집중시킬 수 있도록 학습자에게 주의집중시킨다.

이러한 선택적 주의집중은 학습에서 매우 중요한 기능으로 새로운 정보를 체계적으로 조직하여 제시될 때 훨씬 더 효과적으로 받아들일 수 있다.

정보처리이론의 가장 큰 장점은 사고의 복잡성을 표현하는 접근능력, 즉 지각, 주의, 기억 등을 어떻게 상호 관련시킬 수 있는가에 대한 기술에서 통제과정이 지시하고 감독하는 사고조직을 긍정적으로 가정할 수 있는 단계에 이르기까지 다양한 인지과정을 설명한다는 것이다. 반면, 정보처리이론의 제한점은 컴퓨터 모형의 단점으로서 사고의 모형이 실제에 있어서 항상 같게 이루어지는 것이 아니고, 수동적이고 무목적적인 컴퓨터 모형이 복잡다양한 인간의 사고를 모두 다 대변해 줄 수 없다는 것이다.

5. 최근의 학습이론

행동주의 학습이론이 인간의 관찰된 행동으로 학습원리를 설명하고자 하였다면, 인지주의 학습이론은 인간의 사고과정에 초점을 맞추고 있다. 최근의 학습이론들은 인지활동에 대한 맥락적 요소들의 역할이 강조됨에 따라 구성주의 원리에 근거한 사회적 맥락과 학습의 상호작용에 큰 관심을 두고 있다. 또한 과학이 최첨단을 걷고 있는 이 시점에 공학적인 측면을 접목시킨 학습이론도 많은 관심을 불러일으키고 있다. 이러한 대표적인 이론으로는 상황학습이론과 정황교수이론이 있다.

1) 상황학습이론

상황학습이론(situated learning theory)을 발달시킨 Lave(1989, 1991)는 일반적으로 일어나는 학습은 하나의 활동, 생활의 맥락 및 문화의 기능이라고 주장한다. 즉, 참여적이라는 것이다. 이는 추상적이거나 실생활과 동떨어진 지식을 다루는 대부분의 전통적인 교실의 학습활동과는 대조를 이룬다. 상황학습에서는 사회적인 교류가 학습의 중요한 요소를 이룬다. 학습자들은 특정한 신념과 행동을 습득할 수 있게 하는 '실천사회(community of practice)' 에 참여하게 된다. 겉으로 맴돌던 초심자나 낯선 학습자는 이러한 사회에 옮겨옴으로써 새로운 문화에 점점 활동적으로 참여하게 되고 결국 전문가가 된다. 이러한 상황학습은 과거의 학습방법과는 달리 보통 계획적이기보다는 무의도적으로 일어난다. 이러한 것을 Lave와 Wenger(1991)는 '정당한 주변적 참여' 의 과정이라고 하였다.

상황학습이론의 첫 번째 원리는 지식은 실제적인 생활 맥락에서 제시되어야 한다는 것이다. 즉, 지식의 배경과 그 응용은 실생활과 밀접한 관련이 있어야 한다. 두 번째 원리는 학습은 사회적인 교류와 협동을 필요로 한다는 것이다. Brown, Collins 그리고 Duguid(1989)는 인지적 도제정신의 아이디어를 강조하여 상황학습이론을 더 발전시켰다. 즉, 인지적 도제는 학습자들이 실제적인 영역의 활동에서 인지적 도구를 습득 · 개발 · 활용할 수 있도록 함으로써 학습이 일어나게 하는 것을 지지한다. 학교 내외에서 협동적인 사회적 교류와 지식의 사회적 구성을 통하여 학습이 진행된다. Brown과 그의 동료들은 또한 개념이나 표상에 대한 능동적인 인식을 강조하는 새로운 형이상학이 학습에 필요함을 강조했다. Suchman(1988)은 상황학습의 틀을 인공지능(artificial intelligence)의 맥락에서 연구하기도 하였다.

이외에도 최근에 Vygotsky 이론에 근거한 활동이론(activity theory)이 체계적인 지식체계를 갖추면서 등장하고 있고, 또 다른 이론들이 제시됨에 따라 구성주의에 입각한 학습이론이 그 성장의 가속화를 불러일으키고 있다.

2) 정황교수이론

정황교수이론(학자에 따라서는 '상황교수이론' 또는 '정착교수이론'으로 사용되기도 함)은 John Bransford가 주축이 된 반데빌트 대학교의 인지공학 연구팀(Cognition & Technology Group at Vanderbilt: CTGV, 1990, 1993)에 의해 개발된 현대 기술문명의 이점을 살린 하나의 수업의 틀이라고 할 수 있다. 정황교수는 호환성 비디오디스크의 발달과 더불어 성장했는데, 교사와 학생들로 하여금 복합적이고 실제적인 문제들을 설정하고 해결하도록 북돋는 것이라 할 수 있다.

정황교수이론의 원리는 두 가지로 압축된다. 첫째, 교수-학습활동은 이야기, 사례, 학생들의 관심사와 관련된 주제 또는 문제 등과 같은 정황을 중심으로 설계된다. 둘째, 교육과정 자료는 학습자가 그들의 문제를 탐구할 수 있어야 한다(예: 호환성 비디오디스크 프로그램 활용). 비디오 자료들이 이어지는 모든 교수-학습을 위한 하나의 거대한 정황(macro-contexts)으로 주어진다. 이 비디오 자료들은 일반적인 비디오와 달리 학생들로 하여금 새로운 지식을 구성할 수 있도록 고안된다. 따라서 단순한 어떤 강의 형식이 아니라 하나의 이야기로 주어진다. 또한 그 이야기를 학생들이 비디오를 통해 탐험할 수 있도록 하는 것이다. 최근에 발달된 호환적인 비디오디스크 기술은 이를 가능하게 만들고 있다.

정황교수는 상황학습과 밀접한 관련이 있고, 공학에 기초한 학습방법이라는 점에서 인지적 유연성 이론(cognitive flexibility theory)과 유사하다고 할 수 있다. 이는 주로 초등학교의 읽기, 쓰기, 수학의 수업에 많이 활용되고 있는데, 대표적인 예는 CTGV가 개발한 'Jasper Woodbury Problem Solving Series' 라고 불리는 호환적 비디오디스크 프로그램이다. 이 프로그램에서 학생들은 모험(탐험)을 하면서 문제를 하나하나 풀게 되는데, 그때마다 수학적인 개념들을 하나하나 익혀 가는 것이다. 정황교수이론은 어떤 면에서는 문제해결학습의 한 형태라고 할 수 있다.

정황교수이론을 근거로 한 학습의 예를 살펴보면 다음과 같다.

Bank Street College of Education에서 개발한 〈미미의 항해(The Voyage of the Mimi〉는 프랑스 참치잡이 배를 개조한 미미라는 약 22미터 크기의 범선을 타고 대양을 항해하는 프로그램이다. 학생들은 여기서 선원으로 참여한다. 고래에 관한 연구를 하는 것이 주목적이지만, 학생들에게 과학과 수학의 기능을 향상시켜 주기 위함이다. 첫 번째 항해를 성공적으로 마치기 위해서 학생들은 항해의 원칙과 지도 읽는 법 등과 같은 항해기술을 이해하고 활용해야 한다. 두 과학자와 십대로 구성된 연구보조원들이 고래 연구를 위하여 승선하여 떠나는 〈미미의 항해〉의 첫 번째 시리즈는 각 장면마다 약 15분 정도 걸리는 26개의 항해 장면으로 구성되어 있다. 이 프로그램은 7개의 비디오디스크 분량이며, 항해의 다양한 국면들을 소개하는 내용(clip)으로 되어 있을 뿐만 아니라 박물관, 수족관 등의 학자들이 해양생물을 연구하는 다른 장소들이 소개되어 있다. 미미의 두 번째 항해는 멕시코만을 항해하는 것이다. 고고학자들에 의해 범선이 전세로 빌려져 마야 문명을 계속 연구할 목적으로 멕시코의 유카탄 반도를 탐험하는 것이다. 여기에는 중학년(4~8학년) 수학과 과학 개념을 향상시키기 위하여 다양한 이야기와 기록물들로 구성된 탐험거리들이 15분짜리 24개의 비디오디스크 속에 들어 있다.

〈피라미드의 공포(Young Sherlock Holmes)〉라는 영화를 활용한 비디오디스크 프로그램은 상황학습의 또 다른 예라 할 수 있다. 여기서 학생들은 빅토리아 시대의 생활을 이해하기 위해서 영화에 나오는 내용들의 인과관계, 인물들의 동기, 배경의 실제성 등을 점검하도록 되어 있다. 이 영화는 역사적인 이야기, 특히 역사적인 시대를 이해하기 위한 하나의 상황 배경으로 주어진다.

이와 같이 최근의 학습이론은 사회적 맥락과의 상호작용 측면으로 그 시각을 확대하였고 공학을 접목시키면서 학습방법의 효율성을 꾀하였다. 과거의 학습은 학교교육을 중심으로 배운 지식과 기술을 일상적인 상황에 적용하는 데 많은 문제가 있었다. 이러한 문제는 공교육의 비맥락화된 학습 경험, 다시 말해 사실의 학습이 그 사실에 의미를 부여하는 맥락에서 분리된 학습 경험에서 비롯된다고 볼 수 있다. 하지만 상황학습이론은 사고와 그 사고가 일어나는 맥락의 필연성을 인지하고 학습에 있어서 실제 상황의 내재적 중요성을 탐구하고자 하는 것이다. 지식은 개인과 환경 간의 관계 속에서 역동적으로 나타나기 때문이다. 따라서 상황학습이론은 비맥락화된 상황보다 실제 상황에서의 경험과 학습 결과에 더 중점을 두고 있고, 정황교수이론 역시 이러한 원리에서 발전된 것이라 할 수 있을 것이다.

5장 지 능

제5장 지 능

학습목표

1. 지능의 요인과 구조를 이해한다.
2. 지능이론의 다양한 연구접근법을 이해한다.
3. 전통적 지능이론과 대안적 지능이론의 특징을 이해한다.
4. 지능과 창의성의 관계를 이해한다.

학습내용

1. 심리측정적 접근으로 설명되는 지능이론의 특징은 무엇인가?
2. 지능의 일반요인설과 다요인설의 논쟁점은 무엇이며, 지능의 위계적 구조의 이론적 함의는 무엇인가?
3. 인지적 접근의 지능이론으로서 인지상관 연구와 인지요소 연구의 특징은 무엇인가?
4. 새로운 지능 연구로서 Sternberg와 Gardner의 지능이론의 특징과 이론적 함의는 무엇인가?
5. 창의성을 측정하는 개념은 무엇인가?
6. 창의성과 지능의 관계에 대한 다양한 입장은 무엇인가?
7. 창의성을 훈련시키는 다양한 방법은 무엇인가?

주요개념

일반요인	기본정신능력	결정지능	유동지능	인지상관
인지요소	삼위일체지능	학업지능	실제적 지능	다지능
주관적 요인분석	편차 IQ	확산적 사고	브레인스토밍	

학습개요

심리측정적 접근의 전통적 지능이론은 지능의 요인과 구조를 통해 지능의 본질을 설명하고자 했다. Spearman의 일반요인이론, Thurstone의 기본정신능력이론, Guilford의 지능의 구조모형이론이 대표적인 지능의 요인이론이다. Cattell은 결정지능과 유동지능의 개념을 통해 지능의 위계적 구조로 요인이론들을 통합하고자 하였다. 인지심리학의 패러다임이 출현함에 따라 정신능력의 개인차를 반영하는 과정모형에 대한 연구가 진행되었다. 대표적인 인지적 접근의 지능연구로는 인지상관 접근과 인지요소 접근이 있다. 또한 학업능력을 강조하는 전통적인 지능이론에서 탈피하여 Sternberg의 삼위일체 지능이론과 Gardner의 다지능이론은 실제적 능력과 창의적 능력으로 지능의 범위를 확장시켰다.

인간의 지적 능력을 설명하는 또 하나의 중요한 구인인 창의성은 Guilford의 확산적 사고 이후 다양한 관점에서 연구되었다. 심리측정적 접근으로 창의성을 유창성, 융통성, 독창성의 요인으로 측정하는 방법이 널리 사용되고 있으며, 창의적 인물의 정의적 성격 특성을 밝히는 데도 관심을 가져왔다. 또한 창의성과 지능의 관계를 설명하는 다양한 입장의 연구가 이루어지고 있으며, 교육장면에서 학생의 창의성을 계발시키기 위한 다양한 훈련방법들이 개발 · 검증되고 있다.

이 장에서는 지능이론을 전통적 지능이론, 인지적 지능이론, 현대 지능이론으로 구분하여 자세히 살펴보고, 지능의 측정과 관련된 지능검사와 지능지수의 개념에 대해 다룰 것이다. 또한 창의성의 개념과 지능과 창의성의 관계를 살펴본 후, 창의성 검사와 창의성 훈련 프로그램에 대해서 살펴볼 것이다.

1. 지 능

지능(intelligence)은 인간의 지적 능력을 나타내는 대표적인 구인이며 학교교육장면에서 학업성취를 가장 잘 예측하고 설명하는 개인차 변인으로 여겨진다. 이러한 지능의 본질과 내용은 인간의 지적 능력에 대한 관심과 더불어 지능을 측정하기 위한 지능검사의 개발과 함께 다양한 접근방법으로 연구되고 있다.

〈Galton〉

지능연구는 인간 능력의 일반법칙을 찾으려는 시도와 정신능력의 개인차를 밝히려는 흐름으로 시작되었다. 1879년 독일 라이프치히 대학에 심리실험실을 세운 Wundt는 인간의 지능을 감각과 주의력 같은 요소로 구성되는 것으로 보고 인간 능력의 일반법칙을 찾으려고 했다. 반면, Galton은 정신능력의 개인차에 관심을 갖고 가계 연구를 통해 지능의 유전적 뿌리를 설명하고자 했으며, 정신적 수행능력에서의 차이에 관심을 가져 감각 변별력과 반응시간의 특성을 측정하고자 여러 검사를 고안했다.

Wundt의 실험심리학적 사고의 영향을 받았던 Binet는 정신능력은 감각기능이나 운동기능에 있는 것이 아니라 복잡한 정신작용에 있으며 이 정신능력에는 개인차가 존재한다는 사실을 발견했다. 이러한 Binet의 연구는 복잡한 정신능력의 개념과 측정이라는 방향으로 지능에 대한 연구의 전환을 가져오게 되었다.

Binet 이후 많은 새로운 지능검사들은 주로 지능의 요인을 밝히는 데 관심을 가져왔다. 지능의 요인이론은 요인분석이라는 통계기법에 의해 일련의 정신능력을 이해하고자 한다. 반면, 지능의 인지이론은 인지과제 수행에 기여하는 정신과정과 관련하여 인간의 지능을 이해하려고 시도한다.

심리측정적 접근을 통해 지능의 요인과 구조를 밝힌 전통적 지능이론, 인간의 지적 능력과 관련된 인지과정을 규명하려는 정보처리 지능이론뿐 아니라 최근 지능 연구의 동향을 반영한 대안적 지능이론들을 살펴보도록 하자.

1) 지능의 정의

수많은 학자가 지능이란 무엇인가에 대해 답을 하려고 노력했으며 이에 무수히 많은 정의들이 존재한다. 100여 년의 지능 연구의 역사를 통해 지능의 정의가 어떻게 이루어져 왔으며 어떻게 변화되어 왔는지를 알 수 있다.

Sternberg와 Berg(1986)는 1921년 미국교육심리학회에서 '지능이란 무엇인가'라는 주제로 열린 심포지엄에서 발표된 내용과 1986년 Intelligence 학회지에서 동시대 지능 이론가들이 동일한 주제로 발표한 내용을 질적 분석하여 비교하였다. 지능의 정의, 측정, 향후 지능 연구의 과제에 관한 내용을 분석한 결과, 현대의 지능 개념은 과거의 것과 상당부분 중첩되면서도 변화된 지능 개념을 나타내는 특징과 새로운 동향을 밝혀 내었다. 우선 지능을 환경에 대한 적응능력으로 정의하고 지각, 감각, 주의집중 등의 기초적인 정신과정과 추상적인 추리, 표상, 문제해결, 의사결정 등의 고수준의 정신과정을 통해 정의한 것은 유사점이다. 그러나 1986년 심리학자들에 의해 정의된 지능의 개념에서는 메타인지와 지식의 역할, 문화 내에서 가치 있게 여기는 역량, 실생활 능력을 통해 지능을 정의하고 있으며 생리학적 연구의 필요성이 강조된다. 또한 1921년 교육심리학자들이 정의한 지능의 개념은 심리측정적 접근의 경향이 우세한 반면, 1986년의 연구 동향은 정보처리적, 생물학적, 상황주의적 접근 경향으로 지능을 정의하고자 하였다. 지능이 일반적인 하나의 능력인지 다수의 능력으로 이루어져 있는지에 대한 논쟁은 여전히 지속되고 있으며, 지능의 개념을 인지 이외의 사회성이나 동기, 성격, 정서, 창의성, 도덕성, 실생활 능력 등을 포함하여 정의하는 지능의 범위에 대한 논쟁도 미해결 과제로 지속되고 있다.

따라서 전통적인 지능이론과 새로운 지능이론은 지능의 본질에 대한 정의와 연구방법의 변화에 따라 구분된다.

2) 전통적인 지능이론

지능 연구에서 가장 오래되고 영향력이 있으며, 동시에 가장 많은 비판을 받아 온 것은 심리측정적 접근이다. 심리측정적 접근은 검사들 간의 상관을 기초로 요인분석을 실시하여 추출된 요인을 찾고 그 요인의 개인차와 관련해 지능을 이해하려는 접근이다. 따라서 추출된 요인의 수와 구조에 따라 상이한 지능이론이 존재한다. 이 이론은 심리검사에 의한 요인의 개인차로 지능을 이해하기 때문에 개인차 이론이라고도 한다.

(1) Spearman의 일반지능이론

Spearman은 지적 특성을 측정하는 검사들 사이에 정적인 상관을 발견하고 공통적으로 존재하는 하나의 유일한 능력인 일반요인이 존재함을 밝혔다. 즉, 한 검사의 변량은 모든 지적 검사에 의해 공통적으로 측정되는 일반요인(general factor, g요인)과 각 검사에서 특수하게 측정되는 특수요인(specific factor, s요인)으로 이루어진다. 따라서 지능의 2요인설이라 하기도 한다. 그러나 모든 지적 과제 수행에 관여하는 하나의 일반요인을 강조한다.

Spearman(1923)은 일반요인의 본질에 대하여 다음과 같이 설명한다. 첫째, 일반요인은 심리적 실재로서 정신에너지다. 따라서 일반요인의 개인차는 각 개인이 지적 과제 수행에 사용할 수 있는 정신에너지의 개인차다. 둘째, 개인의 일반요인은 유전에 의해 결정된다. 셋째, 일반요인의 개인차는 경험의 포착, 관계의 유출, 상관인의 유출과 같은 세 가지 질적인 인지원리를 사용하는 유추검사(A:B=C:D)에 의해 가장 잘 이해될 수 있다.

(2) Thurstone의 기본정신능력이론(Primary Mental Ability: PMA)

Thurstone은 지능이론을 여러 개의 집단요인을 탐색하는 다요인으로 전환시키는 데 결정적인 역할을 하였다. 지능의 다요인이론은 Spearman의 일반요인 g의 개념 자체를 부정하고 모든 지적 능력 검사에 공통적으로 존재하는 7개의 요인이 있으며, 이 요인들의 상대적인 중요성은 동일하다고 가정한다. Thurstone(1938)은 50개 이상의 검사를 다요인 분석방법을 통해 분석한 결과 언어 이해, 단어유창성, 수, 공간시각, 기억, 추리, 지각 속도의 7개 요인을 확인하여 기본정신능력이라 칭하였다. 이는 특수적성검사의 출현 계기를 마련했다.

지능의 다요인이론은 처음부터 Spearman의 일반요인 g의 개념 자체를 부정하고 모든 정신능력 검사에 공통적으로 존재하는 여러 개의 집단요인들이 존재할 뿐이라고 본다.

(3) Guilford의 지능의 구조이론(Structure of Intellect: SOI)

Guilford(1959)는 다요인이론의 관점에서 Thurstone의 기본정신능력이론을 확장·발전시켰다. 인간의 지능을 이해하기 위해서는 인지조작, 내용영역, 결과의 세 차원이 요구되는데, 이러한 세 차원을 축으로 하는 입방형의 모형을 통해 180개의 요인을 설명한다. 이 조작, 내용, 결과의 하위범주들은 상호 독립적인 것으로 180개의 상이한 지적 능력을 만들어 낸다. 인간 정신의 내용, 조작, 결과를 조합하면 특정한 요인이 발생하고 개념화된 지능의 요인들은 3차원의 공간에 배치될 수 있다.

Guilford의 이론은 지적 표상 및 인지활동 과정과 관련해 지능을 이해하는 데 초석을 마련했으며 창의성(확산적 사고), 사회지능 개념 등 지능의 범위를 확장시킨 점에서 중요한 의의를 지닌다. 그러나 180개의 요인의 독립성을 경험적으로 확인하기 어려운 점과 모형의 복잡성이 한계로 지적된다.

Guilford의 지능구조모형

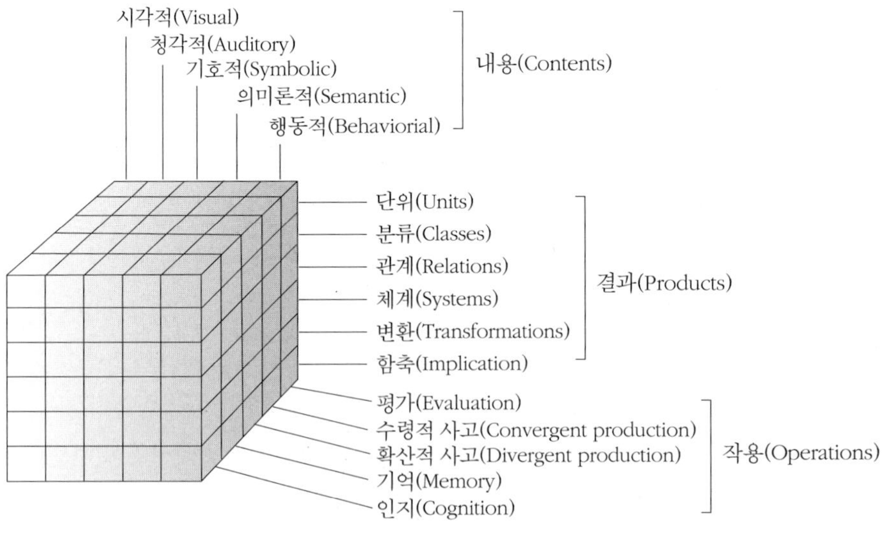

[그림 5-1] Guilford의 SOI 모형

(4) 지능의 위계이론

Cattell(1963)은 지능검사를 분석한 결과, 지능에 관한 두 개의 일반요인인 유동지능(fluid intelligence: gf)과 결정지능(crystallized intelligence: gc)을 추출하였다. 유동지능은 유전적, 신경생리적 영향에 의해 발달되는 지능으로, 정보의 내용보다는 단순한 관계 사이에 존재하는 복잡한 관계를 파악하는 능력이다. 유전에 의해 영향을 받기 때문에 유동능력의 발달은 신체 성장곡선과 유사하며, 십대 후반 또는 이십대 초반에 발달의 절정을 보이고 그 후 감퇴하는 경향을 보인다. 유동능력은 행렬검사나 역량검사에 의해 측정된다. 반면에 결정지능은 환경 및 문화의 영향에 의해 발달되는 지능으로, 정보의 내용을 요구하며 이미 획득한 지식이나 기능에 의존하는 능력이다. 따라서 가정환경, 교육 정도 등 환경 및 문화의 영향을 받으며 유아기에서 성인기에 이르기까지 서서히 증가하는 발달 경향을 보인다. 결정능력은 언어, 어휘력, 수리력 검사와 속도검사를 통한 측정에 잘 반영된다.

Cattell은 결정지능은 유동지능의 투자에 따른 결과라고 인과적으로 해석하였으며, 지능을 정확히 측정하려면 결정지능에 부하량을 나타내는 전통적인 지능검사보다 유동지능에 부하량을 나타내는 탈문화검사를 실시해야 한다고 언급했다.

Horn(1985)은 Cattell과 마찬가지로 Gf-Gc의 중요성을 유지하면서 Cattell의 이론을 수정하였다. 유동지능은 생물학적인 능력요인이 아니며 유동지능과 결정지능은 부분적으로 독립적인 유전의 영향에 따라 달라질 수 있지만 동일하게 유전적이다. 즉, 유동지능은 결정지능만큼 학습되며 결정지능 또한 유동지능만큼 유전적으로 계승된다고 보았다. 또한 결정지능은 문화화 학습(acculturation learning)의 개인차를 반영하고, 유동지능은 우연적 학습(casual learning)의 개인차를 반영한다고 하였다.

Vernon은 하향적(top-down) 접근을 사용하는 위계이론을 대표한다. 요인분석을 실시할 때 검사들의 상관행렬에서 먼저 g요인을 추출하고 다음으로 집단요인을 추출하고 연속적으로 특수한 요인들을 추출하는 방법이다. Vernon의 모형은 이 방법을 사용하여 구해진 것이다. 모형의 상단에는 g요인이 있고, 그 아래에 두 개의 다집단요인인 언어-수-교육(v:ed) 요인과 실제-기계-공간(k:m) 요인이 놓여 있으며, 검사 수가 충분하다면 대집단 요인은 다시 소집단 요인들로 더 세분화될 수 있다(하대현, 1996).

Gustafson(1988)은 Horn과 Cattell(1966)의 모형을 확인적 요인분석한 결과 대집단 요인 Gf와 g 간에 거의 완전에 가까운 상관(r=.98)을 발견하고 Gf를 위계구조의 정점에 두는 것이 합리적이라 생각했다. 또한 그는 일반요인을 추출한 후에 Vernon의 언어-수-교육 요인과 실제-기계-공간 요인을 추출했다. 결국 Gustafson의 확인적 요인분석 결과는 Vernon의 이론과 Cattell-Horn의 이론을 결합한 위계모형의 검증이지만, 지능의 총체적 구조에서 g가 하나의 이론 구인으로 설정되고 Gf가 g와 동일한 것으로 가정된다는 점에서 Vernon의 모형과 더 크게 관련되며 Cattell-Horn의 이론모형을 반박하는 것이다(Brody, 1992).

따라서 최근의 심리측정적 지능이론들은 정점에 g를 두고 그 아래에 집단요인을, 그 아래에 다시 특수요인을 두는 세 수준의 위계이론으로 지향되고 있다. 과거 수많은 요인분석 연구에서 사용된 468개 이상의 상관행렬을 재분석해서 세 가지 수준을 갖는 위계모형을 설정하고 그 모형을 삼층모형(Three-Stratum Model)이라 제안한 Carroll(1993)의 연구가 대표적이다.

3) 인지적 지능 연구

전통적인 지능이론이 심리측정적 접근으로 정신능력에 관한 개인차를 밝히려고 했다면, 인지적 이론은 정보처리 모형을 통해 인지과정을 밝히고 정신능력에 관한 일반법칙을 설명하려고 한다. 즉, 인지과정을 통해 지능의 본질을 탐색하고 규명한다.

인지과정을 규명하는 두 가지 접근 중 하나가 인지상관 접근(cognitive-correlates approach)이다. 인지상관 접근은 주어진 과제를 해결하는 데 사용되는 인지과정의 속도, 효율성 등이 심리측정검사 과제의 수행결과와 어떤 관계를 갖는지 탐색하는 것이다. 즉, 전통적인 지능검사에서 측정한 능력점수와 정보처리 모형에 의해 추정한 인지과정의 모수치 사이의 관계를 탐색하는 접근이다.

대표적인 인지상관접근의 예는 Hunt(1975)의 연구다. Hunt의 연구에서 실험 참가자들은 두 개의 실험과제를 받는다. 첫 번째 실험에서 참가자들은 가능한 빨리 주어진 글자쌍들의 글자형이 같은지 다른지를 결정하게 된다. 두 번째 실험에서는 주어진 글자쌍들의 글자명이 같은지 다른지를 결정하게 된다. 첫 번째 글자형 과제와 두 번째 글자명 과제에 소요된 평균시간을 계산하여, 글자명 과제에 소요된 평균시간에서 글자형 과제에 소요된 평균시간을 뺀다(글자명 과제 평균시간−글자형 과제 평균시간: NIPI차). 이 계산에서 얻어진 값이 '어휘−접근 속도 추정치' 며 지능검사에서 언어능력 검사와의 상관은 −.3 정도로 일관되게 나타난다. 이는 언어능력이 높은 피험자들이 언어능력이 낮은 피험자들보다 글자명에 더 빨리 접근하는 것을 보여 준다. 따라서 언어능력은 장기기억에서 나오는 어휘정보를 보유하는 능력에서의 개인차와 밀접한 관련이 있다고 볼 수 있다.

지능 연구에서 인지과정을 분석하는 또 다른 접근은 인지요소 접근(cognitive-components approach)이다. 인지요소 접근은 심리측정학에서 중요하게 취급되는 능력들의 인지과정을 분석해 지능을 이해하려는 점에서는 인지상관 접근과 동일하다. 그렇지만 인지과정 분석을 위해 추리와 같은 복잡한 실험과제를 사용해 그 과제 수행의 정보처리 모형을 형성하고 검증하여 인지요소 과정을 분석하려는 점에서는 다르다. 즉, 인지요소 접근은 주어진 인지과제를 해결하는 데 필요한 능력요소를 분석하여 정보처리 인지과정을 직접 확인하는 방법이다.

Sternberg(1977)는 요소분석이라는 방법론을 창안하고 유추의 요소이론을 제안하였다. 유추의 요소이론에서 하나의 유추문항을 푸는 데 사용되는 7개의 주요 인지과정을 밝혔다. A:B=C:D 형식의 유추문항(예: 위 : 아래 = 왼쪽 : (a) 위, (b) 오른쪽)을 풀 때 사용하는 요소과정을 분리하였다. 우선 유추 문항의 각 항목을 읽고 이해하고(부호화), A와 B 항목 간의 관계를 결정하며(추론), A와 C 항목 간의 관계를 추론하고(도상화), A와 B 항목 간의 관계를 C항목에 적용해서 하나의 이상적인 답을 만들며(적용), 그 답을 제공된 선택지와 비교한다(비교). 만일 제공된 선택지 중 피험자의 선택기준에 맞지 않아 받아들일 수 없을 때는 선행단계의 전체 또는 일부 과정을 반복하고(정당화), 하나의 선택지를 결정해 반응한다(반응). 이 요소과정들은 순차적으로 실행된다고 가정되었지만 어떤 인지작용은 순차적이라기보다 병렬적으로 수행될 수도 있다. 또한 인지요소 모형의 적합도로 구한 모형의 내적 타당도는 높았지만 개인별 요소과정 점수와 참고 능력검사 점수 간의 상관으로 구한 모형의 외적 타당도는 낮은 한계점이 있다.

최근 인지적 접근의 지능 연구에서 중요한 연구 동향은 심리측정적 접근의 g와 인지과정 간의 관계에 대한 것이다. 수많은 인지과정 연구들에서 나타나는 중요한 결과는 과제 복잡성이 수행의 개인차에 대한 g에 강한 영향력을 행사한다는 것이다. 즉, 인지과제가 복잡할수록 과제 수행에 대한 개인차는 일반지능과 더 크게 관련된다는 것이다(하대현, 1996). Kyllonen과 Christal(1990)은 작동기억 용량과 일반지능은 크게 상관된다는 가설을 지지하는 이론적이고 경험적인 증거를 제공하고 있다.

4) 현대 지능이론

1980년대 중반에 출현하여 '탈 IQ'를 시도하는 현대의 대표적인 두 지능이론은 Sternberg의 삼위일체 지능이론과 Gardner의 다지능이론이다. 이 두 이론은 모두 과거의 전통적인 지능이론이 IQ를 중심으로 협소하게 다루어진 것에서 벗어나 지능의 범위를 확장시켰으며, 지능의 다양한 근원과 전통을 종합하여 지능의 본질 및 내용을 정의하려고 한다.

(1) Sternberg의 삼위일체 지능이론(triarchic theory of intelligence)

Robert J. Sternberg(1985, 1990)는 전통적인 지능의 개념에 실제적 지능의 개념을 포괄하는 지능의 삼위일체이론으로 새로운 접근을 제시하였다. 종래의 대부분의 지능이론은 지능의 근원을 오직 개인, 행동, 상황 중의 일부로부터 구하려고 했기 때문에 불완전한 이론이며, 지능이론이 완전한 이론이 되려면 이 세 가지를 모두 고려해야 한다고 주장한다. 따라서 삼위일체이론은 지능을 세 가지 근원(요소, 경험, 상황)에 따라 요소하위이론, 경험하위이론, 상황하위이론으로 구성한 종합적인 지능이론이다.

〈Sternberg〉

요소하위이론은 지적 수행에 기저하는 정신 과정과 전략을 명시하는 이론으로 메타요소, 수행요소, 지식-습득 요소로 이루어진다. 메타요소는 과제 수행에서 정보처리를 통제하고 감시하며 평가하는 고차원적인 집행과정이다. 수행요소는 메타요소가 세운 계획을 실행하는 과정이다. 그리고 지식-습득 요소는 새로운 정보를 습득할 수 있도록 자극을 선별적으로 부호화하고 새로운 정보를 결합하며 새로운 정보와 기존의 정보를 비교하는 과정이다.

경험하위이론은 지능과 지적 과제에 대한 경험의 양 간의 관계를 명시하는 이론이다. 모든 지적 과제는 새로운 종류의 과제 및 장면을 취급하는 능력과 정보처리를 자동화하는 능력을 요구하는 정도의 함수로서 지능을 측정한다. 따라서 비교적 새로운 과제를 다루는 능력인 신기성 능력과 특정한 과제에서 지적 수행을 자동화하는 능력에서 지능이 잘 나타난다.

상황하위이론은 특정한 사회문화적 상황에서 지적인 것으로 여겨지는 행동들의 내용을 명시하는 이론이다. 이는 개인의 생활과 관련된 현실세계 환경에 대한 유목적적인 적응, 선택, 조성에 지향된 정신활동과 관련된다. Sternberg는 지능 전문가와 일반인들의 지능 개념을 분석하여 암시적 지능이론의 내용으로 문제해결력 또는 유동능력, 언어능력 또는 결정능력, 사회적 및 실제적 능력을 밝혀 냈다. 이 중 처음의 두 능력은 기존의 지능이론이나 IQ검사에서 다루어진 능력이지만, 사회적 및 실제적 능력은 거의 다루어지지 않은 것이다.

삼위일체 지능이론은 학업지능과 실제적 지능을 구분하고 있으며, 창의성과 실제적 능력을 포함하여 지능의 개념을 확장하였다. 개인이 실세계에서 성공하려면 분석지능, 창의지능, 실제적 지능이 조화를 이루어야 한다. 종래의 지능 연구는 분석지능 또는 학업지능만을 고려했기 때문에 불완전한 것이며, 창의성과 실제적 지능을 추가해 종합적으로 지능을 이해하여야 한다.

〈Gardner〉

(2) Gardner의 다지능이론(Multiple Intelligence: MI)

Gardner(1983, 1999)는 인간의 지능을 다양한 상징체계를 수반하고 다양한 문화 상황에서 가치롭게 여기는 기능들을 통합하는 다양한 종류의 인지능력으로 광범위하게 개념화한다. 그는 인간의 지능을 단일한 구인이 아닌 복수의 구인으로 보면서 9개의 지능이 비교적 상호 독립적인 능력으로 구성된다는 다지능이론을 제안하였다.

MI이론 안에 포함되는 9개의 지능은 언어지능(linguistic intelligence), 논리-수학적 지능(logical-mathematical intelligence), 공간지능(spatial intelligence), 음악지능(musical intelligence), 신체-운동지능(bodily-kinesthetic intelligence), 대인관계지능(interpersonal intelligence), 내성지능(intrapersonal intelligence), 자연지능(naturalist intelligence) 그리고 실존지능(existential intelligence)이다.

Gardner는 MI이론 속에 포함시켜야 할 독립적인 지능을 식별하기 위해 심리측정학자들이 사용하는 요인분석 방법을 사용하기보다, 각 지능이 인간의 인지 연구와 관련된 다양한 분야의 문헌에서 나타나는 정도와 독립적인 능력을 식별하는 여러 개의 준거(표증)들을 설정하여 그 준거들을 충족시키는 정도에 따라 지능의 목록에 포함시켰다. 이러한 Gardner의 방법을 주관적 요인분석(subjective factor analysis)이라 한다. 그가 사용한 준거들은 뇌손상에 의한 능력의 분리, 바보-천재(idiot-savants)나 자폐아같이 여러 다른 분야에서 정신능력이 지체되어 있으나 한 분야에서는 비범한 능력을 지닌 사람들의 존재, 능력의 독자적인 발달사, 진화사, 지능에 핵심이 되는 활동의 존재, 인지-실험적 증거, 심리측정학적 증거, 상징체계의 부호화 등이다.

Gardner의 MI이론은 종래의 학업적성 중심의 지능내용을 음악, 신체-운동, 내성 지능 등을 포함하여 크게 확장시킨 것으로 높이 평가되고 있지만, 한편으로는 지능 개념의 과포함성과 9개의 지능이 동등하게 중요한가에 대한 문제에서 비판받고 있다.

또한 Gardner는 기존의 지능검사를 비판하면서 지능을 사정하는 방법에 대한 시사점을 제공하고 있다. 표준화 검사는 협소한 지적 능력의 표집이며 사회문화적 상황에서 표현하는 지적 능력과 관련 없는 과제들, 즉 탈상황적 능력이 보상되는 측정방법이라 비판했다. 정확한 지능의 사정방법은 반드시 지적 매개 수단을 사용해 개인의 문제해결력과 결과(product)를 창출하는 능력을 포함해야 하고, 학생이 어떤 선택을 할 때 어느 지능이 선호되는지를 결정해야 한다. 따라서 단일한 지능지수나 등급 대신 지적 성향의 개별적인 프로파일로 보고된다.

Gardner의 MI이론은 지능의 복수성에 대한 교육적 대처를 통해 교실수업 방법의 개선을 시사했다. 한 종류의 지능은 수업의 내용과 그 내용을 전달하는 수단으로서의 역할을 동시에 수행할 수 있다. 예를 들어, 수학원리(내용)를 수학적인 방법(수단)으로 가르칠 때, 학생의 논리-수학적 지능이 높지 않다면 대안적 수단(그 학생이 강점을 보이는 지능)을 통해 가르칠 수 있다. 따라서 하나의 개념이나 교과를 다양한 방식으로 가르칠 수 있게 한다.

5) 지능의 측정

앞서 살펴본 지능이론들은 항상 지능의 측정과 검사와 함께 발전한다. 인간의 심리적 특성인 지능이라는 구인은 지능검사, 즉 검사도구를 통해 조작적으로 정의되어 연구되고 있는 것이다.

지능검사는 분류의 기준이나 목적에 따라 다양하게 구분된다. 황정규(1984)는 현재 사용되고 있는 지능검사의 종류를 〈표 5-1〉와 같이 네 가지로 분류하고 있다.

〈표 5-1〉 지능검사의 분류

분류기준	종 류	내 용	비 고
측정 내용	일반지능검사	일반지능을 종합적, 혼합적, 합승식으로 측정	
	특수지능검사	특수한 정신능력을 독립적으로 측정	추리력, 기억력, 주의력 검사 등
언어의 이해 정도	언어검사	문항이 주로 언어에 의존	α검사
	비언어검사	언어자극을 최대한 극소화한 문항으로 구성	취학 전 아동, 노인, 문맹자를 위한 검사: β검사
지필도구 사용 여부	동작검사	구체적 재료로 실제 작업을 하게 하여 지능 수준을 판단	간단한 기구, 종이, 나무토막 등 사용
	지필검사	종이에 모든 문항을 제시. 읽고 생각해서 쓰는 것만을 요구	대부분 집단검사에 쓰임. 타당성, 정확성
검사대상	개인지능검사	한 번에 한 사람에게 실시	고도의 훈련 및 기술 요구
	집단지능검사	한 번에 여러 사람에게 동시에 실시	실시 용이, 경제성 있으나 신뢰성 부족

지능지수 일반적으로 사용되는 지능검사는 1905년 프랑스 교육부장관의 요청으로 Binet가 처음 제작하였다. 이는 일반학교에서 교육받기에 적합하지 않은 학생들을 선발하기 위한 목적으로 만들어진 표준화 지능검사다. Binet는 정신연령이란 개념을 제시하며 각 연령집단에 따라 점수를 표준화하였다. 예를 들어, 6세인 어떤 아동이 일반적인 8세 아동의 점수를 얻었다면 그 아동의 정신연령은 8세에 해당한다.

1916년 미국의 Terman은 정신연령의 개념을 지능지수라는 개념으로 발전시켰다. 지능지수는 정신연령과 생활연령 간의 비율을 지수화한 것으로 이것이 바로 비율 IQ의 개념이다. 즉, 생활연령에 대한 정신연령의 비율에 100을 곱한 것이다. 예를 들어, 실제연령이 8세고 정신연령이 10세인 아동의 지능지수는 125가 된다. 비율 IQ를 통해 지능을 정의하는 방법은 정신연령이 15세 이후에는 거의 증가되지 않으나 실제연령은 계속 증가하기 때문에 15세 이후에는 지능지수가 점점 낮아지게 된다. 따라서 비율 IQ의 개념은 어린 아동의 경우에만 유용하다.

최근에는 편차 IQ의 개념이 비율 IQ를 대신하고 있다. 편차 IQ는 특정 연령집단에 대한 평균을 100으로 하고 표준편차를 15 또는 16으로 한 지능점수의 분포를 나타낸다. 예를 들어, 한 학생이 평균보다 1 표준편차 위의 점수를 받는다면 115 또는 116점이 된다. 편차 IQ의 분포 특성은 좌우대칭인 종모양의 정상분포로, 한 개인의 IQ가 어느 위치에 있는지에 대한 정보를 얻을 수 있으며 다른 표준점수들로 전환해서 비교 가능하게 한다.

2. 창의성

1) 창의성의 개념

창의성의 연구와 교육적 관심의 역사는 그리 길지 않다. 역사 이래로 창의성이 인간의 중요한 지적 특성으로 이해되어 오기는 했지만, 학문적 관심의 중심영역에 들어온 것은 1950년 미국심리학회에서 Guilford가 창의성의 과정(process), 산물(products), 사람(person)의 중요성과 경험적 연구의 필요성에 대해 연설한 것을 시작으로 창의성에 관한 다양한 연구들이 진행되어 왔다.

Guilford는 창의성이 무엇인가에 대해 새로운 독특한 아이디어 또는 문제를 새로운 시각으로 보는 확산적 사고(divergent thinking)로 설명한다. 확산적 사고는 문제해결을 위해 새로운 가능한 해결책을 생각해 내는 것으로 여러 가지 답이 가능하다. 반면, 여러 가지 가능성 중에서 지식과 논리적 판단, 추론을 사용하여 한 가지 답을 창출하는 수렴적 사고(convergent thinking)는 지능과 많은 관련성이 있다. 그러나 확산적 사고와 수렴적 사고는 분리되어 기능을 할 수 없으며 서로 보완적인 관계로 이해되어야 한다.

Guilford(1967)는 창의성을 유창성, 융통성, 독창성의 세 가지 구성요소로 설명한다. 유창성(fluency)이란 주어진 자극에 대하여 제한된 시간 동안 어느 정도의 반응을 보일 수 있는가의 능력이다. 융통성(flexibility)은 변화하는 상황에 적응할 수 있도록 현상을 변화시키는 능력이다. 즉, 질적으로 다른 방안을 산출하는 능력이다. 그리고 독창성(originality)은 기존 지식의 단순한 통합이 아닌 새롭고 흔히 볼 수 없는 반응을 도출하는 능력이다.

2) 창의적인 사람의 특징

창의적인 사람의 특징은 창의적인 인물의 자서전이나 과거 경험을 분석하는 방법이나 심리측정적 접근을 통해 성격요인을 밝혀 냄으로써 알 수 있다.

Sternberg(1988)는 창의적인 사람들의 인성 특징으로 모호한 것에 대한 인내, 장애물을 극복하려는 의지, 성장하고자 하는 의지, 내재동기, 적절한 모험심, 인정받고자 하는 욕구, 인정받고자 일을 하는 의지 등을 들었다. 또한 창의성은 다측면적 현상(multifaceted phenomenon)이기 때문에 이와 같은 인성 특성들이 적절한 환경 아래 지적 능력과 사고유형들과의 상호작용을 통해 상승작용을 일으킬 때 가장 효과적이라고 주장했다.

Csikzentmihalyi(1988)도 창의적인 인물의 성격 및 동기 특징을 규명하는 연구를 통해 지적 도전 및 모험심, 끈기, 호기심, 개방성, 열정적인 몰두, 높은 내재동기, 과제중심적 태도, 높은 자기조직화, 몰입, 모호함에 대한 인내, 광범위한 홍미, 독창성 및 창의성에 가치 두기, 비관습적인 태도, 아이디어 즐기기, 홍미 추구 등의 특징을 밝혀 냈다.

또한 Davis(1992)는 창의적 성격에 관한 측정도구를 개관하여 창의성에 대한 각성, 독창성, 독립성, 모험심, 개인적 에너지, 호기심, 유머, 복잡성과 신기성에 대한 선호, 예술적 센스, 개방성 등을 창의적인 인물의 특징으로 설명했다.

3) 창의적 활동과정

사고과정으로서 창의성을 정의하는 관점에서 창의성은 창의적인 활동을 시작하는 순간부터 그 활동이 끝나는 시점까지 이루어지는 정신과정(mental process)으로 개념화된다. 즉, 창의성은 인간 내부에 미리부터 존재해 있는 그 무엇이 아니라 인간이 상황 또는 사실을 문제로 지각하고 그 문제를 해결하기 위해 갖게 되는 인지과정이다. 사고과정으로 창의성을 개념화하는 입장에서 Wallas(1926)는 창의적 활동의 4단계를 제안한다.

우선 연구할 만한 가치가 있는 문제와 주제에 관한 다양한 가능성을 탐색하는 준비단계를 거쳐, 문제를 해결하기 위한 방법이나 절차에 대해 곰곰이 생각하는 부화단계에 도달한다. 이 단계에서 다루어지는 사고과정은 가끔 무의식적인 수준에서 일어나는 것으로 보기도 한다. 문제에 대한 가능한 해결책이나 풍부한 아이디어들이 부화단계에서 갑자기 의식수준으로 나타나는 단계가 영감단계다. 영감단계를 거친 후 해결책을 검증하거나 실행하는 검증단계에서는 수렴적인 사고가 중요한 역할을 하게 된다.

4) 창의성과 지능의 관계

창의성은 새롭고 유용한 어떤 것을 산출해 내는 과정으로 정의되고, 지능은 환경에 적절하게 적응 · 조성 · 선택하는 능력으로 정의된다. 그렇다면 창의성과 지능의 관계는 어떠한가? 일반적으로 지능과 창의성의 관계는 .3 정도의 낮은 상관을 나타낸다. 즉, 창의성 검사에서 높은 점수를 받은 사람이 지능검사에서도 높은 점수를 받을 가능성은 적고, 학업성취도 높을 가능성이 적다는 것이다. 이는 Guilford(1967)가 언어성 지능검사와 창의성 점수 간의 상관을 분석하여, IQ 120 이하의 경우에서 높은 상관을 보이나 IQ 120 이상인 경우에는 낮은 상관을 보여 직선적 관계가 존재하지 않는다고 밝힌 연구와도 유사하다.

창의성과 지능의 관계에 대한 연구를 종합해 보면, 크게 다섯 가지 접근으로 정리할 수 있다. 우선 지능의 하위요소로서의 창의성이다. Guilford의 지능의 구조모형(SOI)에서 지능의 다섯 가지 하위 조작차원 중 하나로 확산적 사고를 설명하고 있다. 확산적 사고가 지능의 한 하위차원이라면 창의성이 지능의 하위요소라 볼 수 있는 것이다. 둘째, 창의성의 하위요소로서의 지능이다. Sternberg와 Lubart(1995)의 창의성의 투자이론에서는 창의성의 여섯 가지 중요한 요소로 지능, 지식, 사고양식, 성격, 동기, 환경을 제안했다. 여기에서 지능은 창의적인 사고와 행동을 이끌어 내기 위한 한 요소일 뿐이다. 셋째, 부분 중첩의 창의성과 지능이다. Renzulli(1986)는 세 고리 모형을 제안하면서 평균 이상의 능력과 창의성, 과제집착력 사이의 교차점에 영재가 존재한다고 설명했다. 즉, 그의 모형에서는 지능과 창의성이 부분적으로 중첩된다. 넷째, 동일한 실체로서의 창의성과 지능이다. 이러한 접근은 주로 인지심리학적 관점에서 연구되고 있다. Weisberg(1993)와 Langley 등(1987)은 창의성의 기저에 있는 인지기제가 지능의 근간을 이루는 기제와 다르지 않다고 주장하면서 창의성과 지능은 동일한 것으로 간주한다. 마지막으로 독립된 실체로서의 창의성과 지능이다. Getzels 등(1962), Wallace와 Kogan(1965), Torrance(1963)는 창의성과 IQ 검사의 점수를 비교한 연구들에서 창의성과 지능의 독립성을 입증하였다.

5) 창의성 검사

심리측정적 연구방법을 통한 창의성 검사는 주로 여러 개의 답이 있을 수 있는 확산적 사고를 측정하거나, 한 가지 자극에 대해 얼마나 많은 연상을 할 수 있는지의 아이디어 유창성을 측정한다.

창의성 검사는 일반적으로 토랜스 창의성 검사(Torrance Tests of Creative Thinking)(1966)가 많이 사용된다. 이를 통해 피험자가 한 반응의 수를 평가하는 유창성,

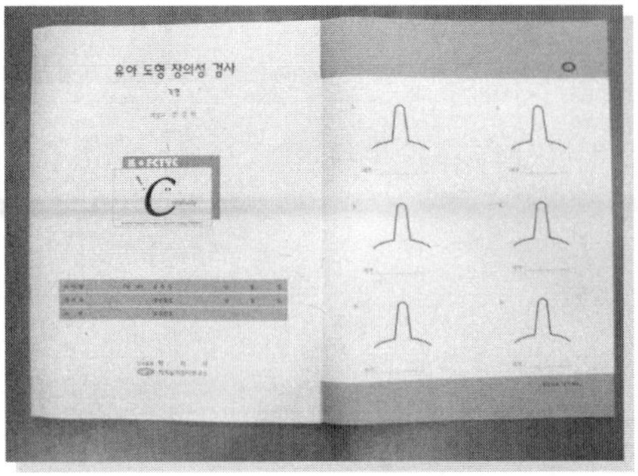

[그림 5-2] 한국형 유아 도형 창의성 검사

이들 반응의 다양성을 평가하는 융통성, 반응들의 신기성을 평가하는 융통성이 측정된다.

심리측정적 접근의 토렌스식 창의성 검사나 확산적 사고 검사는 반응의 개별성을 강조하기 때문에 지능검사에 비해 표준화 작업에 어려움이 있으며 검사의 타당도에 대해 많은 의문이 제기되고 있다. Torrance(1981)는 실제 생활에서의 창의적 수준과 창의성 검사점수 간의 관계에 대한 종단연구를 통해 아동기 창의성 검사점수와 성인기 창의적 수준 간의 유의미한 상관을 보고하고 있다. 그러나 짧은 시간 동안 제한된 공간에서 쓴 답으로 다양한 상황에서의 창의적 능력을 평가하고 예측하는 것은 어렵다는 비판을 받고 있다. 신뢰도의 경우, 여러 해 동안 여러 번 검사를 하여도 대부분 비슷한 결과를 보여 주어 높은 신뢰도를 보이고 있지만, 창의성 검사도구들이 정말로 창의성을 측정하고 있는지에 대한 타당도 측면에서는 아직 의문이 제기되고 있다.

6) 창의성 훈련

창의적 사고를 증진시키기 위해 여러 가지 창의적 사고기법들이 많이 개발되었다. 이들은 교실 상황에서도 적용될 수 있다.

Osborn(1963)은 브레인스토밍(brainstorming)을 제안하였다. 이는 각 개인의 창의적인 아이디어의 산출을 위해 자유로운 집단 토의방법을 사용하는 것이다. 브레인스토밍의 네 가지 원리는 판단의 지연, 양의 추구, 자유로운 사고, 결함과 조합을 통한 개선이다. 우선 산출되는 아이디어에 대해서는 끝날 때까지 평가를 하지 않으며, 아이디어의 질에 관계없이 가능한 많은 아이디어를 산출하도록 한다. 또한 과거의 지식, 경험, 전통 등에 구애됨이 없이 새로운 아이디어를 산출하고 제안된 아이디어에 새로운 아이디어를 결합시켜 개선방안을 모색하는 것이다.

de Bono는 창의적 사고력 기법으로 CoRT(Cognitive Research Trust) 프로그램과 여섯 가지 사고모(six hat) 방법을 제인했다. 이들 기법은 사고를 정리하여 한 번에 한 가지 방식의 사고만을 할 수 있도록 하는 것이다. CoRT 프로그램 중 하나인 PMI 기법은 학생들이 단순히 상황에 반응하는 것이 아니라, 먼저 문제의 긍정적인 면(plus)을 살펴보고 부정적인 측면(Minus)을 고려하며, 마지막으로 주목할 만한 가치가 있으나 긍정적이거나 부정적인 측면이라고 할 수 없는 것(interesting)을 생각하도록 하여 주의의 방향을 잡아 주는 방법이다. 여섯 가지 사고모(six hat) 방법도 여섯 가지 색깔의 모자를 바꾸어 쓰면서 자신의 모자 색깔이 표상하는 유형의 각각 다른 사고자의 역할을 해 보는 것이다. 이와 같은 방법을 통하면 대체로 한 가지 방식의 사고에 얽매이거나 자기방어 때문에 할 수 없는 사고가 가능하며, 반사적인 사고가 아니라 여섯 가지의 다른 측면에 주의를 기울일 수 있다.

SCAMPER은 일련의 사고과정을 나타내는 약어로 Bob Eberle에 의해 제안된 창의적 사고기법이다. 이것은 일곱 가지 사고과정을 통해 창의적인 방법을 생각할 수 있다. 다른 것으로 바꾸는 대치하기(substitute), 다른 것과 결합하는 결합하기(combine), 다른 것에서 적용하기(adapt), 새롭게 변화시키는 수정하기(modify), 다른 용도로 이용하는 다르게 활용하기(put to other use), 축소하거나 어떤 부분을 제거하는 제거하기(eliminate), 그리고 위치를 바꾸거나 속성을 바꾸는 재배열하기(rearrange)다.

6장 학습자의 특수성

1. 특수 학습자
2. 영재아
3. 학습장애아
4. 정신지체아
5. 행동장애아

제6장 학습자의 특수성

학습목표

1. 학습자의 특수성에 대한 개념을 이해한다.
2. 학습자(영재아, 학습장애아, 정신지체아, 행동장애아)의 유형과 특성을 이해한다.
3. 특수한 학습자들의 교육방향과 지도방법을 안다.

학습내용

1. 특수 학습자란 무엇인가?
2. 영재아의 개념, 특성, 판별, 교육방법은 무엇인가?
3. 학습장애아의 개념, 특성, 판별, 교육방법은 무엇인가?
4. 정신지체아의 개념, 특성, 판별, 교육방법은 무엇인가?
5. 행동장애아의 개념, 특성, 판별, 교육방법은 무엇인가?

주요개념

특수	영재아	학습장애아	정신지체아
행동장애아	주류화	속진	심화
통합교육	품행장애	행동수정 전략	정신교육 전략

학습개요

교육이 한 사회가 유지하고 있는 지시, 기술, 문화 가치, 제도 등을 학생에게 전수한다면, 학교는 더불어 사는 사회에서 삶을 준비하는 곳으로서 다양성을 배우고 개개인의 독특한 특성과 능력을 발견하고 또 키우는 곳이다. 학교교육이라는 형식적, 제도화된 교육을 형성하면서 기술의 우열, 지식의 수준, 가치의 내면화 정도에 따라 우수한 자와 열등한 자, 보다 바람직한 자와 바람직하지 않는 자를 구별하는 분화의 기능, 차등적 보상의 기능이 우세하게 되었다.

학교교육, 즉 학교학습을 받는 일은 한 개인의 일생의 성장과정을 통하여 반드시 치러야 할 필수불가결한 발달과업으로 등장하였다. 학교교육을 통하여 사회성을 배우고 개인의 특성과 능력을 발견할 수 있다. 특히, 모든 학생들에게 능력에 따라 교육 기회를 부여하는 것이 중요하다. 이것을 학교교육의 중요한 목적이라고 한다면 보통의 학생들과 다른 특성을 지니고 있는 특수 학습자들에 대해 충분히 이해하고 교육적으로 적절한 방법을 통해 그들의 능력을 발견하고 개발시키는 것이 교육자의 역할이라고 할 수 있다.

따라서 이 장에서는 상위 2~3%에 속하는 영재아와 하위 2~3%에 속하는 학습장애아, 정신지체아 그리고 행동장애아의 개념, 특성, 판별과 교육방안에 대해서 알아보고자 한다.

1. 특수 학습자

교육을 목적으로 하는 특수아는 자신의 잠재력을 개발하기 위해서 특수교육 및 그와 관련된 서비스를 필요로 하는 아동을 의미한다(Hallahan & Kauffman, 1988). 대부분의 특수 학습자는 지적 혹은 신체적 특성, 사회적 혹은 정서적 행동, 의사소통 능력, 복합장애 영역에 있어서 평균 또는 정상 아동에서 벗어난 정도가 심하며, 이로 인해 정신지체, 학습장애, 자폐 또는 뛰어난 재능이나 우수성 등을 지님으로써 대부분의 다른 아동들과는 다른 학업적, 행동적, 사회적 특성을 보이게 된다.

일반적으로 평균보다 현저하게 높은 상위 2~3%에 속하는 특수 학습자들을 영재아(gifted student)라고 하며, 반대로 하위 2~3%에 속한 학습자들은 특수아(special student)라고 한다. 특히, 하위 2~3%의 학습자들은 그 원인에 따라 학습장애, 정신지체장애, 행동장애, 신체장애, 의사소통장애 등으로 세분할 수 있으며(Woolfolk, 1990), 그 정도에 따라 경도장애와 중도장애로 분류된다. 중도장애인 경우에는 특수학급에 배치되어 특별한 프로그램에 따른 지도를 받아야 하지만, 경도장애인 경우에는 정상적인 학급에서 보통의 학생들과 함께 수업을 받는 것이 일반적이다.

특수 학습자의 특성을 분류하기 위해 많은 연구가 이루어져 왔지만 아직까지 표준화 과정을 거쳐 일반화할 수 있는 연구는 거의 찾아볼 수 없다. 그리고 여러 종류의 장애를 지닌 아동을 일률적이고 보편적으로 표현할 수 있는 유일한 서술방법이란 존재하지 않는다. 즉, 발달수준이 규준에서 벗어난 정도를 기준으로 그 차이를 분류하고(평균적 기준), 특수성의 근본적인 몇 가지 기질적 또는 기능적 원인에 초점을 맞추어 분류하며(병리적 기준), 교육활동 성취의 차이를 기초로 분류하기도 하며(교육적 기준), 사회적 통념에 따라 분류하는(가치적 기준) 등 다양하다(〈표 6-1〉 참조).

모든 학생들과 남다른 특성을 가지고 있는 특수 학습자는 교사와 학습자의 상호작용이 적절히 이루어질 수 있는 환경에 배치되어야 할 뿐 아니라 일반학급의 급우, 가정, 지역사회에서 최소한도로 분리된 최소제한환경에 배치되는 것이 바람직하다. 따라서 그들은 모든 또는 일부 시간을 일반학급에서 급우들과 가능한 많은 접촉을 하면서 동시에 그들의 요구에 따르는 특수한 도움을 받도록 하는 주류화가 지향되고 있다.

〈표 6-1〉 특수 학습자의 분류기준

기준의 유형	내 용
평균적 유형	발달수준이 정상 규준에서 벗어난 정도
병리적 유형	특수성의 기질적 · 기능적 원인에 초점
교육적 유형	교육활동과 성취의 차이에 기초
가치적 유형	사회적 통념과 가치로 결정

2. 영재아

1) 영재아의 개념

영재아에 대한 관심과 연구는 오랜 역사를 지니고 있지만 아직도 영재에 대한 명확한 정의는 내리지 못하고 있다. 영재성은 눈으로 확인 가능한 실체가 아니라 심리학적인 구인이고, 영재와 비영재를 구분하는 절대적 기준도 없으며, 학자에 따라 사용하는 용어도 다양한 만큼 그 개념 정의가 어려운 작업이기 때문이다(Hagen, 1980).

1900년대를 전후해서는 주로 천재에 관한 용어가 사용되고 1920년대 이후부터 지적 영재라는 용어가 사용되다가 1950년부터 영재라는 표현이 등장하였다. 1950년 Guilford의 미국심리학회 연설 이후 창의성이라는 심리학적 개념이 소개되어 창의성이 영재의 개념으로서 중요한 위치를 차지하게 되었다. 1970년대 이후에는 비지적인 요인 및 다양한 재능 등으로 영재의 의미가 복합적인 재능의 개념으로 변천되어 왔다.

천재소년 송유근

영재에 대한 초기 연구는 지능이라는 단일 요인에 근거하여 이루어졌다. Terman (1925)은 지능검사 결과 등이 연령집단에서

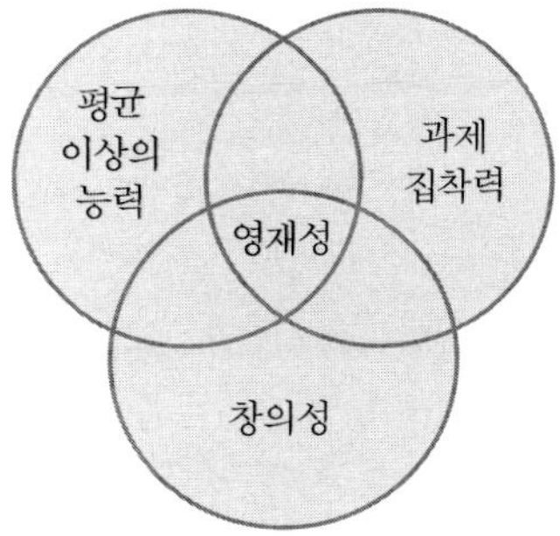

[그림 6-1] Renzulli의 세 고리 모형

상위 1% 이상인 자를 영재라고 정의하였고, 그 후 지능검사 결과를 기준으로 하여 상위 2~3%에 해당하는 사람이나 IQ 130 또는 140 이상인 사람을 영재라 하였다(김진희, 1995). 그러나 최근에 와서는 지능검사는 일부 제한된 능력밖에 측정하지 못하며 중시되는 모든 우수성을 측정하지 못한다는 한계성 때문에 이러한 정의에 대해서 부정적인 생각을 하고 있다. 오늘날에는 창의성, 학업능력, 지능 등으로 차원을 세분화하고 전문가에 의해 평가된 다양한 행동 특성들을 모두 고려하는 다차원적인 접근 방식을 활용하여 개념화하고 있다.

Renzulli(1978)는 영재성을 결정하는 요인으로 지적 요인과 비지적 요인을 모두 포함시켜 평균 이상의 능력, 과제 집착력, 창의성을 들고 있다. 즉, 영재성이란 이 세 요인이 상호작용하며 각 요인이 모두 같은 정도의 영향을 미친다고 하였으며, 각각의 요인이 모두 적어도 85% 이상일 뿐만 아니라 적어도 한 가지 요인은 98% 이상일 때 탁월한 영재성이 나타난다고 주장하였다. Renzulli의 정의의 특징은 이 세 요인 중 어느 한 요인만으로는 영재를 정의할 수 없으며, 세 요인은 각각 영재를 구성하는 데 동일한 비중으로 고려되어야 한다는 점이다.

이상에서 보는 것처럼 영재의 개념은 오랫동안 지능을 강조해 왔으며 창의성의 개념이 포함되어야 한다고 하였다. 그러나 이후의 학자들은 기존 영재의 개념에 점차 복합적인 재능의 개념을 포함하게 되었다.

2) 영재아의 특성

영재의 특성을 파악하는 것은 영재의 정의 및 판별에 중요한 의미를 가진다. 많은 전문가들의 노력으로 일반적으로 영재아들을 기술할 때 사용되는 특징들을 구분했지만 한마디로 영재아를 확인할 수 있는 특성을 종합해 내지는 못하였다.

영재아동의 발달에 관한 고전적인 연구로 Terman은 35년간(1925~1959) 종단적 연구를 시행하였다. 영재의 특성으로 드러난 대표적 결과들은 다음과 같다.

첫째, 영재아들은 학업성취도에서 영역별 차이를 보이며, 특히 사고력과 융통성을 요구하는 영역에서 우수한 성취도를 나타냈다. 둘째, 영재아들의 정신연령(MA)과 생활연령(CA)의 차이는 학교에서 가장 뒤떨어진 집단에 속한다. 영재아들의 생활연령(CA)의 평균과 정신연령(MA)의 평균은 학년이 높아질수록 그 차이가 커지게 된다. 이는 학교에서 다루는 학문적 영역이나 예술적 영역이 영재들이 알고 있는 것과 차이를 보이고, 이로 인해 미성취 영재아가 되거나 학교생활의 부적응을 일으키기 때문이다. 셋째, 과반수 이상의 아동들이 학교에 대해 바람직한 태도를 보인다. 넷째, 조숙한 언어 사용 및 신체의 발달, 나이에 어울리지 않는 특이한 단어를 사용하는 경우가 많다. 다섯째, 대다수 영재아들이 겪는 부적응은 일시적인 열등감에서 기인하며 대체로 쉽게 극복이 된다.

이와 같은 연구를 통해 Terman은 영재의 성취는 인공적 자극이나 문화를 강요하여 이루어지는 것이 아니라고 밝힘으로써 극성스러운 부모나 교육에 의한 인위적 영재에 대해 경고하고 있다.

Tuttle과 Becker(1983)가 말한 영재의 특성으로는 호기심이 많아서 관심과 의문이 생기는 것은 끝까지 추구하며, 환경에 대해 민감하게 반응하고 자신은 물론 타인에 대해서도 비판적이며, 수준 높은 언어적 유머 감각이 있음을 지적하고 있다. 또 개인적 및 세계적 수준에서 정의감을 가지며 여러 분야에서 지도력을 갖고 있는 특성이 있다.

Lovecky(1993)는 영재아동에게 비동시성(asynchronism)이 나타난다고 했다. 비동시성이란 지적, 신체적, 사회적, 정서적 발달 사이의 불일치를 말한다. 즉, 영재아동의 지적 성장, 정서적 성장, 신체적 성장이 동시에 이루어지지 않고 서로 다른 발달수준으로, 서로 다른 속도로 발달하게 되어 아동 안에서 내적 불일치를 일으키는 것을 의미한다.

우리나라에서 행해진 연구 가운데 행동과학연구소(1979)가 서울 시내 중 · 고등학교의 지적 우수아를 대상으로 그 특성을 연구한 결과를 소개하면 다음과 같다.

첫째, 영재들은 인지영역의 제 능력이 전반적으로 우수하다. 특히, 언어영역과 수리영역이 탁월하다.

둘째, 영재들은 정신적으로 건강하며 정상적이다. 자신과 가정 및 사회에 대하여 긍정적인 태도를 지니고 있다.

셋째, 영재들은 신체 및 정신의 발달 면에서 조숙한 경향이 있다. 일반적으로 자극이 풍부한 교육적 환경에서 성장한다.

넷째, 영재들은 어학 과목과 수학 또는 과학 과목을 좋아하며, 희망하는 교육수준이 매우 높고 독서의 폭이 넓으며 교사로부터 긍정적인 평가를 얻는다.

최근에는 정보처리 입장에서 영재의 특성을 정의하고 있다. 즉, 영재는 주위 환경으로부터 더 많은 정보를 받아들일 수 있는 정보투입 능력과 더 많은 정보를 기억할 수 있는 정보저장 능력, 사용 가능한 방법을 다 동원할 수 있는 정보처리 기법인 정보처리 능력을 갖고 있다고 말한다(한국교육개발원, 1994).

3) 영재아의 판별

영재를 판별하는 전략이나 방법은 영재교육의 출발점이다. 영재 교육자들은 영재아 판별절차가 중요하다는 점에서 모두 의견을 같이하고 있다. 또한 영재아는 중 · 고등학생이 되어 가면서 영재인지 아닌지를 아는 것보다도 어느 정도 영재인가 또는 어느 영역에서 재능이 있는가를 아는 것이 더 중요하다(송인섭 외, 2005).

예전에는 단순하게 지능지수(IQ)가 유일한 판단기준이 되었다. 그러나 영재의 특성과 재능은 다양하기에 그 판별과정에서도 이러한 특성들이 최대한 반영될 뿐만 아니라 잠재적 능력까지도 고려되어야 할 것이다. 최근의 영재판별 방법은 단일 접근보다는 다특성 다단계 방법을 통하여 판별의 타당성을 높이고자 하는 경향이 있다.

『교육학 용어사전』(서울대 교육연구소, 1994)에서는 영재의 판별에 대해 다음과 같이 제시하고 있다. 우선 판별의 기본원칙은 다음과 같다.

- 판별의 시기는 어릴수록 좋다.
- 지능이라는 단일한 기준보다는 다양한 도구와 절차를 활용한다.
- 일회적인 판별보다는 지속적인 판별이 요구된다.
- 취학 전이나 초등학교 저학년 아동들의 경우 판별의 정확도를 기하기 어렵기 때문에 많은 비율의 아동 선발이 필요하다.

영재아를 판별하는 방법은 크게 단일차원의 영재판별과 다단계 다차원의 영재판별로 구분할 수 있다. 예를 들어 Burns, Mathews 그리고 Mason(1990)에 따르면, 루이지애나 공립학교에서는 영재 프로그램에 참여할 자격을 취학전 아동은 지능지수가 +3 표준편차 이상(IQ 145 이상)이 되거나 지능지수가 +2.5 표준편차 이상과 독해와 수학에서 상위 1~2%에 해당되는 점수를 받아야 한다. 그리고 1~3학년 아동은 지능지수를 +2.5 표준편차 이상(IQ 138 이상)으로, 4~12학년 아동은 지능지수를 +2 표준편차 이상(IQ 130 이상)으로 제한하였다. 이러한 판별방법은 IQ 준거를 엄격히 적용한 것이다.

한편, IQ만을 단일 준거로 보는 방법보다는 여러 단계를 통하여 여러 방법의 절차와 통합을 거쳐 최종의 판별을 하는 다단계 다차원적 접근법도 있다. 또한 영재아에 대한 미연방 교육부 정의의 다섯 요소인 일반 지적 능력, 특수 학업 재능, 창의성, 리더십, 시각 또는 공연 예술 재능 등을 고려하기 위하여 다단계 절차 혹은 다양한 특성을 통합하여 판별하는 경우도 있다. Richard 재단이 1,172개 교육청을 대상으로 조사한 결과 영재판별 방법은 교사의 지명(91%)이 가장 일반적이었으며, 다음으로 성취검사(90%), 지능검사(89%), 성적(50%) 순이었고 자기 지명과 부모 지명은 6%에 불과하였다(Wilkie, 1985). 이와 같이 영재판별에는 그 나름대로 타당한 의미를 부여하는 다양한 접근방법들이 있다.

더 나아가 한 예로서 Davidson은 다음과 같은 세 단계를 사용함으로써 영재아가 판별과정에서 제외되지 않도록 설계하였다. 첫 번째 단계에서는 Renzulli의 '재능자원' 의 개념을 도입하여 약 15~20%의 학생을 선발한다. 두 번째 단계에서는 지능검사, 성취도 검사, 창의성 검사에서 상위 10% 이내의 점수를 받은 학생을 자동적으로 프로그램에 배치한다. 가장 중요한 세 번째 단계에서는 창의성, 비판적 사고, 문제해결 또는 동기에 관한 관찰에 근거한 부모와 교사의 지명과 같은 비형식적인 방식을 많이 사용할 것을 권고하였다.

최근 연구에서는 영재판별 방법의 기초가 되는 다섯 가지 원리를 논의함으로써 영재판별의 나아갈 방향을 모색하고자 했다(송인섭, 김누리, 2005).

첫째는 지지성이다. 판별은 모든 학생들에게 받아들여질 수 있도록 고안되어야 한다.

둘째는 대응 가능성이다. 영재판별 절차는 가장 유용한 연구 결과와 권고사항을 기초로 해야 한다.

셋째는 공평성이다. 판별절차에는 특정 집단의 아동들이 제외되어서는 안 된다.

넷째는 다원주의다. 영재성의 정의는 가장 광범위하고 대응할 수 있는 것이 채택되어야 한다.

다섯째는 포괄성이다. 영재뿐 아니라 영재일 가능성이 있는 경우도 판별되고 서비스를 받아야 한다.

또한 송인섭(2005)은 단일 접근보다는 다단계 다차원 방법을 통하여 판별의 타당성을 높이고자 하였으며 영재아의 판별단계를 세 단계로 구분하였다.

첫 번째 단계는 '중요 타인의 체크리스트에 의한 행동 특성에 대한 정보' 획득이다. 지적 능력의 다양한 측면과 창의성, 비판적 사고, 문제해결 또는 동기에 관한 관찰에 근거한 부모와 교사와 같은 중요 타인의 체크리스트에 의한 정보로 일차적으로 영재의 가능성을 본다.

두 번째 단계는 '사고력 과정과 창의력의 실제 수행학습에 대한 정보' 획득이다. 실제 수업활동에 대한 수행평가를 통하여 영재성을 검증하고 선발하고자 한다,

세 번째 단계는 '지적 능력과 집착력 같은 정의적 특성의 비율적 합산 결과' 로 구성을 통한 과학적이며 통합적인 영재판별 접근이다. 인간행동의 결과는 지적 · 정의적 특성의 결과로 나타난다.

현재 우리나라에는 국가적 차원에서 시행하는 영재판별 및 교육 프로그램이 매우 미흡하다. 한편, 영재교육 기관은 규모가 작고 미흡한 점이 없지 않으나 점차 그 수

가 늘어가고 다양한 교육 프로그램을 개발하고 있다. 그 가운데 한국영재교육연구소의 영재아를 판별하는 절차는 다음과 같다. 먼저 부모와 교사의 추천을 받아 아동의 연령에 따른 표준화된 검사를 실시하고 부모면담과 아동 행동 특성 설문지를 통한 아동의 인성과 창의적 특성을 파악한다. 그 결과를 바탕으로 적절한 프로그램에 배치하고 프로그램 적응도를 확인하는 후속 판별과 추후지도의 절차를 따르게 한다.

이상과 같이 영재아의 판별은 단일한 준거가 없기 때문에 단기간에 나타나는 특징만으로 판단해서는 안 되며, 단순히 학업성적이 우수하다고 해서 영재라고 판단해서도 안 된다.

4) 영재아의 교육

(1) 속진 교육과정

속진 교육과정이란 학습 내용과 수준이 정규 교육과정과 같으나 학습 속도가 매우 빠르게 나아갈 수 있도록 교육적 제도나 장치를 마련해 주는 것을 말한다. 이는 주로 수학 및 과학 분야에서 이루어지고 있다. 즉, 일반학급의 정규과정을 일반학생들보다 빠른 속도로 학습하는 것을 말한다.

속진으로 기대되는 효과를 제시하면, 첫째, 정규학급의 자극 없는 반복학습, 주입식 교육으로 조성된 학교, 교사, 교육에 대한 지루함과 행동 · 정서 · 학습장애를 예방할 수 있다. 둘째, 고등정신 기능과 동기유발, 능동적이고 적극적인 학습기능 발달을 촉진한다. 마지막으로 영재성이나 재능발달을 촉진시키기 위해서 특별한 조치를 마련하는 것은 교육의 책무성과 영재학생의 교육권을 구현하는 것이다.

속진이라 하면 흔히 월반을 떠올리지만 이외에도 상급학교 조기입학제도, 수업년한 단축 및 특정 교과만을 높은 수준으로 공부할 수 있도록 하는 과목별 속진이 있으며, 중 · 고등학교에서의 대학과정 조기이수제도, 학점 인정시험제도 등이 있다.

그러나 속진대상, 즉 속진을 꼭 필요로 하고 속진을 통해 교육 효과가 극대화될 수 있는 학생을 판별하기란 쉽지 않다.

(2) 심화 교육과정

심화 교육과정이란 정규 교육과정에 영재아를 위한 내용을 더 첨부하여 학습의 깊이를 강화하고 학습의 폭을 넓혀 주는 것을 의미한다. 심화 프로그램의 가장 큰 장점은 영재아들이 일반학급에서 또래의 친구들과 함께 공부할 수 있다는 것이며, 속진 프로그램보다 더 많은 영재아들을 대상으로 활용할 수 있다는 것이다.

심화 교육과정을 위한 모든 활동은 정규학습의 교육활동과는 목표부터 차이가 있다. 그럼에도 심화 교육과정의 개념은 잘못 이해되고 있는 교육용어 중의 하나다. 이러한 심화 교육활동의 기본원리를 다음과 같이 정립해 보았다.

- 내용의 추상성과 정교성: 심화학습은 전통적인 학습 경험에 비하여 수준이 보다 높고 정교하며 내용이 보다 깊고 추상적이어야 한다.
- 창의적 사고력의 강조: 심화학습은 깊고 단순히 내용을 재생해 내는 주입식 또는 암기 과정이 아니라 창의적 사고를 생산해 내는 과정이 되어야 한다.
- 기본적 개념과 원리 강조: 심화학습은 학문의 기본적 개념과 원리를 배우고 이를 다른 학습에 응용할 수 있는 능력을 키우는 활동이어야 한다.
- 학년보다 학력 수준에 입각한 지도: 학습지도 수준은 학년보다는 학업의 준비성과 현재의 학력 정도에 입각해야 한다.
- 학습자의 내용 선정: 학생의 흥미와 관심에 따라 학습자 자신이 학습내용을 결정하는 주체자가 되도록 해야 한다.
- 비판적 사고력 강조: 심화과정은 배우는 모든 지식과 정보에 대하여 맹목적이 아니라 '왜' 라는 반성적 질문과 이에 대한 논리적 답변이 이루어지는 활동이 되어야 한다.

심화 교육과정의 대표적 형태로는 개별 탐구학습(independent study), 학습센터(resource centers/learning centers), 현장견학(field trips), 여름학교(summer programs), 토요특강 프로그램(saturday programs), 전문가 초빙강연(special speaker for the classroom), 전문가와 개인지도학습(mentorships), 자유독서(free reading), 문제해결 능력 경쟁(future problem solving competition) 등을 들 수 있다.

3. 학습장애아

1) 학습장애아의 개념

학습장애(learning disabilities)에 대한 교육적 관심은 Kirk(1963)가 학습장애란 용어를 제안하고 이것을 수용함으로써 특수교육 영역에 학습장애 영역이 나타나면서 시작되었고, 현재는 특수교육 영역에서 가장 높은 출현율을 기록하고 있다.

학습장애아는 비교적 정상적인 기능을 가지고 있으면서도 학습문제가 있는 아동을 가리킨다. 그러나 집단의 이질성 때문에 간단히 정의하기는 쉽지 않다.

먼저 미국연방정부의 학습장애에 대한 정의는 다음과 같다.

특정 학습장애란 언어의 이해 또는 활용, 즉 구어와 문어 등과 관련된 기본 심리적 과정의 하나 이상의 영역에서 장애를 가지며, 이와 같은 장애가 듣기, 생각하기, 말하기, 읽기, 쓰기, 철자 쓰기 또는 수학적 계산에서 불완전한 능력으로 귀결되는 경우를 말한다.

그 후 이 정의는 미국학습장애협회(National Joint Committee for Learning Disabilities, 1978)의 정의에서 다음의 몇 가지가 변하게 된다. 아동으로 제한하던 문구와 기본 심리적 과정이란 용어가 삭제되었고, 철자 쓰기는 쓰기에 통합되었으며, 잘못 정의된 조건들, 즉 지각장애, 난독증, 최소뇌기능손상 등의 용어가 삭제되었다. 그리고 학습장애가 다른 장애영역과 동시에 일어날 수 있음을 진술하였다.

『교육학 용어사전』(서울대 교육연구소, 1994)에서는, "학습장애란 정신지체, 정서장애, 환경 및 문화적 결핍과 관계없이 듣기, 말하기, 쓰기, 읽기 및 산수 능력을 습득하거나 활용하는 데 있어 한 분야 이상에서 어려움을 보이는 장애"라고 정의하고 있다. 그리고 이러한 장애는 개인에 내재하는 지각장애, 지각-운동장애, 신경체계의 역기능 및 뇌손상과 같은 기본적인 정보처리과정의 장애로 인하여 나타난다. 일반적으로 학습장애는 개인 내에서의 차이, 즉 개인의 능력발달에서 분야별 불균형이 나타나는 특징이 있다. 학습장애는 학생이 교과를 학습하기 전에 갖추어야 하는 신체적 기능(주의집중, 기억력, 이지기능, 사고기능, 구어기능)을 포함하는 발달적 학습장

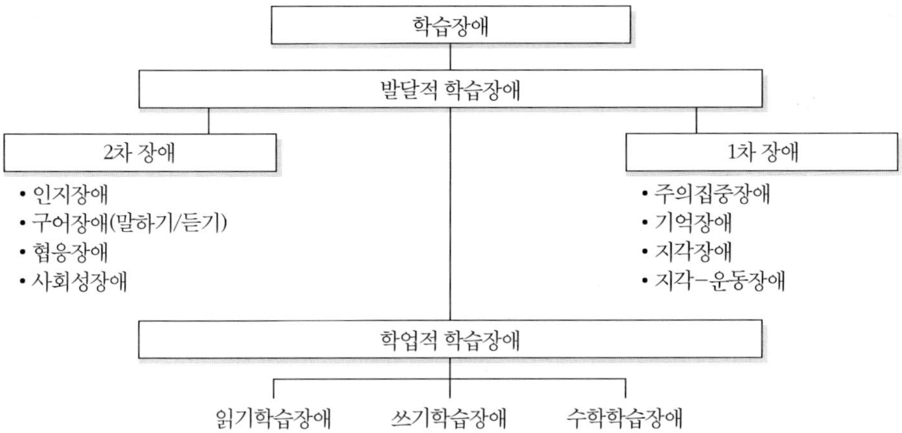

[그림 6-2] 학습장애의 분류(윤치연 외, 2004)

애와 학교에서 습득하는 학습기능(읽기, 쓰기, 셈하기, 작문)을 포함하는 학업적 학습장애로 나누기도 한다. 강위영과 정대영(2001)은 미국연방법의 분류방식, NJCLD의 분류방식 및 Kirk와 기타 연구자들의 분류방식을 근거로 재분류하였다.

우리나라 특수교육진흥법 제471호 제7항에 따른 시행령에서는 셈하기, 말하기, 읽기, 쓰기 등 특정 분야의 학습에 장애를 보이는 아동의 경우 학습장애아로 분류하고 있다.

2) 학습장애아의 특성

학습장애아는 겉으로는 정상적인 모습을 나타낸다. 이들은 정신지체나 신체적인 장애를 지니고 있지 않으며 특별히 가난하거나 결손가정의 학생도 아니다.

학습장애의 일반적 특성은 주로 읽기, 쓰기, 말하기, 기억하기, 셈하기 등의 특정 학습에 문제를 보이는 것이다. 외현적으로는 지극히 정상적인 학습장애아들은 일반적으로 다음과 같은 특징을 나타낸다(Egen & Kauchak, 1992).

- 과민한 행동과 마음을 졸이는 모습
- 조화와 균형의 결핍

- 집중력 결여
- 산만하고 비조직적임
- 수행력과 과제 완성력의 결여
- 과목 간 성취의 불균형

학습장애아의 심리적 · 행동적 특성들을 정리하면 다음과 같다.

① 자각/지각-운동 협응

지각(perception)이란 감각으로부터 의미를 이끌어 내는 심리적 활동을 말한다. 지각장애를 가진 아동들은 특정 대상을 볼 때 부분적으로 보거나 전경과 배경을 구분하는 데 어려움을 가지며, 특정 아동들은 특정 도형의 좌우 · 상하 등을 구분해서 지각하는 데 실패한다. 이와 같은 영역에서 결함이 있으면 '장' 'n' 등을 '정' 또는 'u' 등으로 지각하거나 글자를 전체로 지각하지 못하고 부분으로 지각하며, 경우에 따라서는 필요한 특정 부분을 읽어 내는 데 문제가 있다. 일반적으로 지각은 지각-운동 영역과 함께 다루어지는데, 이에 대한 검사의 예는 특정 두 점 사이를 연결하기 등이다. 지각장애 또는 지각-운동장애를 가진 학생들은 읽기학습, 수학학습, 철자쓰기 등에서 어려움을 겪을 수 있다.

② 주의집중 및 과잉행동

학습장애아로 진단받은 학생들 중에서 최근에는 주의집중 및 과잉행동장애(Attention Deficit and Hyperactivity Disorder: ADHD)를 보이는 학생이 점차 늘어나고 있다. 이들은 과다행동, 충동성, 산만함의 세 가지 기본적인 행동 특성을 가진다. 그리하여 이들은 한 가지 과제에 집중하지 못하고 특정 사람의 말을 주의 깊게 경청하지 못한다. 그리고 끊임없이 이야기하며, 그들의 마음속에 있는 은밀한 것을 불쑥 말하며, 학교 안팎에서 그들의 활동을 잘 조직하지 못하는 경우가 많다.

[그림 6-3] 주의집중 및 과잉행동장애 (ADHD)

③ 기억력

학습장애아를 비롯한 특수아동들은 단기기억에 문제가 있는 것으로 보고되고 있다. 장애를 갖지 않은 학생들은 단기기억에서의 수행능력이 학습장애에 비해 높은 것으로 나타나는데, 이와 같은 반응 결과의 차이는 능력결함보다는 기억전략의 활용 유무에 따른 것으로 제안되고 있다. 즉, 학습장애아가 기억에서 문제를 가지는 것은 학습장애아의 기억능력의 결함 때문이라기보다는 기억전략(군집화, 언어시연 등)의 결함 때문이라고 할 수 있다. 즉, 어떻게 기억하는지에 대한 방법 또는 전략의 문제로 간주하는 경향이 증가하고 있다(여광응, 정용석, 1997).

④ 상위인지

상위인지(metacognition)는 특정 과제 수행을 위해 생각의 단편들을 어떻게 조합 또는 조정하고 관리할 것인가에 대해 생각하는 것이다. 학습장애아들은 생각의 단편들을 잘 조직화하지 못한다. 그 결과 학교 안팎에서 그들의 삶을 계획하고 조직화해 가는 데 문제를 가지게 된다. 인지전략 훈련이 특정 부적절한 행동으로 귀결시키는 부적절한 생각, 즉 인지를 대안적 사고나 대안적 인지로 변형시킴으로써 적절한 행동을 산출시킬 수 있다고 보는데, 특히 상위인지 훈련에서는 특정 과제 수행에 필요한 생각의 단편들을 조합하고 조정 · 관리하는 능력의 결함으로 말미암아 제시된 교과 및 행동 문제에 어려움을 가진다고 본다(여광응, 정용석, 1995, 1997).

⑤ 사회 · 정서적 특성

학습장애아의 일부는 교과문제뿐 아니라 사회 · 정서적 문제도 가지는 것으로 제기되고 있다. 그들은 또래에게서 거부되는 경향이 있으며 빈약한 자아개념을 가진 것으로 나타났다. 또한 사회적 단서를 잘못 읽을 수도 있고 타인의 정서와 감정을 잘못 해석할 수도 있으며 그들의 행동이 타인에게 미치는 영향에 대해 무감각하다.

3) 학습장애아의 판별

판별은 학생들이 학습환경에서 과제를 수행하고 있을 때 그들의 수행을 측정하여 그들을 이해하고자 하는 과정이다. 중요한 것은 아동이 어떠한 장애를 가지고 있으며 그 장애로 생기는 교육적인 문제는 무엇인지, 이러한 교육문제를 최소화하고 그들의 능력을 최대한도로 개발시켜 줄 수 있는 교육 프로그램은 어떤 것이어야 하는지를 밝히는 것이다. 그러므로 판별을 하는 주목적은 교육적 배치와 방법에 관한 결정을 내리기 위해 장애학생에 관한 적절한 정보를 수집하려는 것에 있다.

학습장애란 기본적으로 학업성취상의 문제를 의미하기 때문에 학령 전의 학습장애를 판별하기는 매우 어렵다. 그러나 학령 전 아동의 학습장애를 조기에 판별하는 것은 매우 중요하다. 이런 것이 이루어진다면 아동이 학습에 실패할 가능성을 줄일 수 있고, 이러한 아동의 생활과 발달에 있어서도 현저한 차이를 보일 수 있으며, 국가차원에서도 교육비의 소모를 막을 수 있다. 그러므로 학령기에 학습장애를 보일 가능성이 있는 아동을 판별하여 그들에게 교육적인 치료와 지원 프로그램을 조기에 제공함으로써 학습장애 아동의 출현을 줄일 수 있다.

학습장애의 판별기준(DSM-IV; American Psychiatric Association, 1994)은 다음과 같다.

① **읽기장애**(Reading Disorder)

읽기의 정확도 또는 이해능력을 평가하기 위해 개별적으로 실시된 표준화 검사에서 읽기 성적이 개인의 생활연령, 측정된 지능 그리고 나이에 적합한 교육에 비해 기대되는 정도보다 현저하게 낮다. 이와 같은 낮은 읽기능력은 읽기기술이 요구되는 학업의 성취나 일상생활의 활동을 현저하게 방해한다. 만약 감각 결함이 있다면 읽기장애는 통상적으로 감각 결함에 동반되는 정도를 초과해서 심한 정도로 나타난다.

② **산술장애 혹은 산수장애**(Mathematics Disorder)

개별적으로 실시된 표준화 검사에서 산술능력이 개인의 생활연령, 측정된 지능 그리고 나이에 적합한 교육에 비해 기대되는 정도보다 현저하게 낮다. 이것은 계산이 요구되는 학업의 성취나 일상생활의 활동을 현저하게 방해한다. 만약 감각 결함이 있다면 산술능력장애는 통상적으로 감각 결함에 동반되는 정도를 초과해서 심한 정도로 나타난다.

③ 쓰기장애(Disorders of Written Expression)

개별적으로 실시된 표준화 검사(또는 쓰기기술 기능평가)에서 쓰기능력이 개인의 생활연령, 측정된 지능 그리고 나이에 적합한 교육에 비해 기대되는 정도보다 현저하게 낮다. 이것은 쓰기능력(예: 문법적으로 올바른 문장과 체계적인 문단을 쓰는 것)이 요구되는 학업의 성취나 일상생활의 활동을 현저하게 방해한다. 만약 감각 결함이 있다면 쓰기장애는 통상적으로 감각 결함에 동반되는 정도를 초과해서 심한 정도로 나타난다.

4) 학습장애아의 교육

최근 학습장애아를 위한 사회적 분위기와 요구를 적절히 반영하는 교육방법으로는 조기진단, 통합교육이 있다.

첫째, 조기진단 입장의 요지는 학교학습에서 장애를 나타내는 아동은 이미 장애가 심해진 후의 일이므로 시기적으로 늦고 그 교육 효과도 좋지 않다는 것이다. 따라서 3~4세 아동 중에서 앞으로 학습장애를 일으킬 가능성이 있는 아동을 미리 선발·교육하여 학습부진을 예방해야 한다는 것이다(Keogh, 1971).

둘째, 통합교육이란 종래의 특수학급에 대한 대안으로 나타난 것으로 장애아를 격리시키지 않고 정규학교 수업에 통합하자는 것이다. 일반학교 교사도 특수교육 전문가의 도움을 받으면서 훈련을 받으면 충분히 특수아들을 일반아동들과 함께 한 교실에서 가르칠 수 있다는 것이다. 학습장애 학생들을 정상 학급활동에 적응시키려면 교사들 간의 상호 협조가 필요하다. 구체적으로 학습장애 학생들을 시·공간적으로 따로 분리하여 특수교사들에게 교육을 받게 하는 것이 아니라, 일반학급에서 학교생활을 하도록 하고 특수교사들이 담당 학급교사와 상호 협조체제를 이루어 그 학급에 투입되는 방법이다.

Kifer(1973)도 학습부진아 진단검사인 'ITPA(Illinois Test of Psycholinguistic Abilities)'를 개발하면서 학습기능장애, 기초적인 심리과정장애 외에 문화적·교수적 요인으로 인한 학습습관의 문제도 포함시킴으로써 학습부진아의 개념을 확대시켰다. 이렇게 학습장애의 개념은 뇌장애나 심리학적 결함 여부에 상관없이 학업 수행에 곤란을 느끼는 모든 아동을 포함하는 개념으로 확장되었다.

한편, 통합교육에 대한 반론도 제기되고 있다. 학습장애 학생들을 일반학생들과 같이 교육시킴으로써 특수교육 예산이 일반학생들의 교육에 전용될 수 있다는 지적과 통합교육이 학습장애 학생들의 학습문제 극복과 학습능력 향상에 실질적인 도움을 주지 못한다는 견해 등은 여전히 논쟁의 대상이 되고 있다(임규혁, 1996).

학습장애를 지닌 학습자들을 대상으로 할 때, 교사들이 유념해야 할 것은 한 학습자에게 어떠한 교수 내용과 방법을 제공하는 것이 가장 효과적일 것인가를 결정하기 위해서는 그 학습자의 특성 및 요구를 잘 파악해야만 한다는 것이다. 교사가 학습장애 학생을 이해하고자 노력하고 교수 지침을 날마다 교수실제에 적용시키고자 노력할 때 비로소 학생들의 성취도 향상을 기대할 수 있을 것이다.

4. 정신지체아

1) 정신지체아의 정의

정신지체아에 대한 정의는 약간의 차이가 있으나 오늘날 가장 널리 받아들여지는 것은 '미국정신지체협회(American Association on Mental Retardation: AAMR)의 정의다. 정신지체협의회는 미국정신박약자연구협의회로 발족했으며, 후에 미국정신결함협의회(American Association on Mental Deficiency: AAMD)로 바뀌었다가 1987년 다시 미국정신지체협회로 바뀌었다. 1921년 정신지체를 정의하고 최초의 편람을 발간하였으며, 그 후 1992년 AAMR의 『정신지체 용어 및 분류편람』 9판에서 내린 새로운 정의가 연차대회에서 승인되었다. 이 정의에 따르면, '정신지체는 현재 기능에 실질적인 제한성이 있는 것을 지칭한다. 정신지체는 유의하게 평균 이하인 지적 기능과 그와 연관된 10가지 적응기술 영역들, 즉 의사소통, 자기관리, 가정생활, 사회성 기술, 지역사회 활동, 자기지시, 건강과 안전, 기능적 교과학습, 여가, 직업기술의 영역에서 존재하는 것으로 특징지어진다. 그리고 이 장애는 18세 이전에 나타난다.'

1992년 새 정의의 특징은 [그림 6-4]와 같이 개인의 능력, 개인이 속한 환경 그리

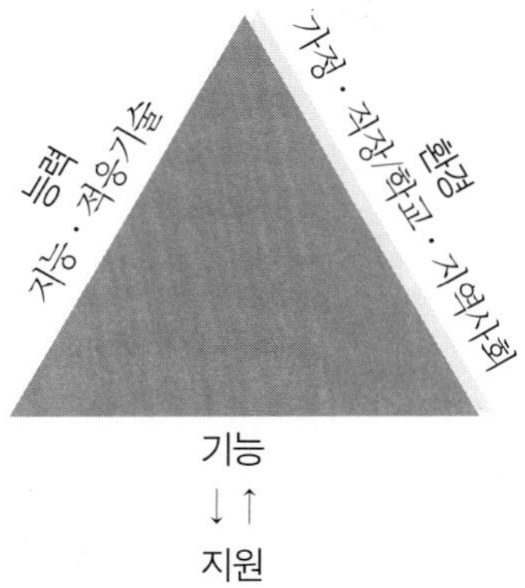

[그림 6-4] 정신지체의 3요소

고 지원의 정도 이 세 가지 요소의 상호작용을 강조한 점이다. 그리고 환경의 중요성과 그것이 지능에 미치는 영향의 중요성을 강조한 점에 있으며, 특히 포괄적인 적응행동을 10가지 적응기술 영역으로 구체화하고 지적 기능의 제한성과 적응행동의 제한성 간의 관계, 개인과 환경의 상호작용 그리고 지역사회에서의 기능성 형상에 필요한 지원의 강도를 강조한 점에 있다.

최근 제안된 2002년 정신지체의 정의에 따르면, 정신지체란 지적 기능과 개념적, 사회적, 실질적 적응기술에서 심각한 제한으로 특징지어지는 장애다. 그리고 이 장애는 18세 이전에 시작된다(AAMR, 2001). 이러한 정의를 바탕으로 정신지체 용어도 지적 장애(Intellectual Disabilities)로 바뀌고 있다. 이 새로운 정의를 적용하기 위하여 협회는 다음과 같은 다섯 가지 필수적인 가정을 제시하였다.

① 현재 기능상의 제한은 반드시 개인의 또래 연령집단과 개인이 속한 문화적 배경을 포함한 지역사회 환경의 맥락 안에서 고려되어야 한다.
② 타당화 평가는 문화적 · 언어적 다양성뿐 아니라 의사소통, 감각, 운동, 행동상의 차이점도 고려되어야 한다.
③ 개인이 지닌 제한점은 흔히 강점과 함께 나타난다.
④ 개인이 지닌 제한점을 묘사하는 목적은 필요한 지원의 프로파일을 개발하기 위함이다.

⑤ 적절한 개별적 지원을 지속적으로 제공하면 정신지체인의 삶의 기능이 향상될 것이다.

2) 정신지체아의 분류

정신지체아의 분류체계는 여러 가지가 있다. 전통적인 분류를 보면, 수용시설이나 클리닉에서는 백치(白痴, idiot), 치우(癡愚, imbecile), 우둔(愚鈍, moron)으로, 교육기관에서는 교육가능, 훈련가능, 보호수용으로 분류한다. 그리고 현재 가장 널리 사용되고 있는 분류방법은 미국정신지체협회(AAMR)의 분류체계다.

교육자들은 정신지체아의 교육적 요구를 기술하기 위해 교육가능 정신지체아(The Educable Mentally Retarded: EMR), 훈련가능 정신지체아(The Trainable Mentally Retarded: TMR), 중도 및 최중도 정신지체아(The Severely And The Profoundly Mentally Retarded)로 분류하고 있다. 여기서 교육가능 정신지체아는 기본적인 학문교과를 배울 수 있는 아동을 의미하고, 훈련가능 정신지체아는 자조와 직업적 기술을 강조하는 기능적 수준의 학문기술을 학습할 수 있는 아동을 의미한다. 그리고 중도 및 최중도 정신지체아는 통제된 환경에서 어느 정도의 사회적 적응을 할 수 있도록 훈련할 수 있는 아동을 의미한다. 그러나 이 분류방법은 더 이상 상용되지 않는다. 모든 인간은 교육을 받을 권리가 있고 교육과 훈련은 다르지 않다는 철학적 견지에서 이러한 분류가 선입견을 가져올 수 있다는 비판이 있었기 때문이다.

미국정신지체협회(AAMR)에서는 정신지체를 경도(經度, mild), 중등도(中等度, moderate), 중도(重度, severe), 최중도(最重度, profound)로 분류하고 있다. 이 분류

〈표 6-2〉 정신지체의 정도

정신지체의 정도	IQ점수의 범위	IQ편차 절취점	적응적 제한성의 범위
경도	IQ 50~55에서 70~75	−2 표준편차	두 가지 이상의 영역
중등도	IQ 35~40에서 50~55	−3 표준편차	두 가지 이상이 영역
중도	IQ 20~25에서 35~40	−4 표준편차	모든 영역
최중도	IQ 20~25 이하	−5 표준편차	모든 영역

*출처: Jacobson & Mulick(1996).

〈표 6-3〉 필요한 지원의 정도에 따른 분류

분 류	지원수준
간헐적 지원(intermittent)	필요할 때의 단기적인 지원. 항상 지원을 필요로 하지 않고 간헐적으로 지원이 필요하거나 인생의 전이기간에 단기간의 지원이 필요함(예: 실직, 의료적 위기). 간헐적 지원은 강도가 낮을 수 있음
제한적 지원(limited)	정해진 기간 동안의 일관적인 지원(예: 시간 제한적인 고용훈련, 학령기에서 성인기의 전이적 지원)
확장적 지원(extensive)	몇몇 환경(가정, 직장)에서 시간 제한 없는 정시적인(예: 메일) 지원(예: 장기간의 가정 생활지도)
전반적 지원(pervasive)	생애 전반에 걸쳐 모든 환경에서 일관되고 강도가 높은 지원

*출처: AAMR(1992).

는 지적 능력과 적응기능의 수준에 따른 분류다.

그리고 1992년 미국정신지체협회(AAMR)에서는 정신지체를 지닌 사람이 생활하는 데 있어서 얼마만큼의 지원을 필요로 하는가에 따라 간헐적 지원(intermittent), 제한적 지원(limited), 확장적 지원(extensive), 전반적 지원(pervasive)이라는 4수준으로 분류하였다.

3) 정신지체아의 특성

정신지체아는 다양한 상황에서 환경적 요구에 대처하는 데 어려움을 겪지만, 그 정도는 지체의 등급에 따라 커다란 차이가 있다.

정신지체아의 특성을 알아보기 전에 먼저 세 가지 중요한 사항을 이해할 필요가 있다.

첫째, 정신지체아들은 보통 학생들과 똑같은 생리적, 사회적, 정서적 요구를 가지고 있다.

둘째, 정신지체아들도 그들 간에 많은 개인차가 있다. 모든 정신지체아들이 똑같이 지적, 학업상, 신체적, 사회적, 정서적, 심리운동적 특성을 가진 것은 아니다. 정신지체아들을 올바르게 교육 · 배치하려면 그들의 행동 특성이나 요구들을 이해할 필요가 있으며, 하나의 교육적 틀을 제공할 수 있는 일반화된 행동 특성을 알려고 노력해야 한다.

셋째, 정신지체아 집단들 중에서 일어나는 교육요건의 변화에 이들 집단과 연관된 전통적인 특징들을 계속 추적하고 제고해야 할 필요가 있다. 정신지체아들은 일반적으로 〈표 6-4〉와 같은 특성이 있다.

〈표 6-4〉 정신지체아의 일반적 특성

분 류	일반적 특성
집중력	학습에서 집중력은 대단히 중요하다. 그러나 정신지체아들은 종종 집중하는 데 어려움을 지니고 있다.
기억력	정보를 기억하는 데 어려움을 가지고 있다. 깊은 사고를 필요로 하는 복잡한 문제에서 정신지체아는 간단한 문제보다 어려움을 가지며 이 점에서 기억력이 비장애아와 큰 차이를 보인다.
자기조절능력	정신지체아가 기억력에 문제를 가지는 이유 중 하나는 자기조절에 어려움이 있기 때문이다. 예를 들어, 기억해야 할 단어가 주어지면 대부분의 아동들은 큰 소리로 연습하거나 단어를 외우는 등 그들만의 방법을 사용하며 자신의 행동을 조절한다. 그러나 정신지체아들은 비장애아가 사용하는 연습 등 자기조절적 방법 사용에 부족함을 보인다.
언어발달	대부분의 정신지체아들은 언어구사에 문제를 가지고 잘못된 언어를 사용한다. 열악한 언어발달과 자기조절 문제는 연관성이 있으며 많은 자기조절 방법들이 언어에 근거하고 있으므로 열악한 언어기술을 가진 정신지체아들은 자기조절 기능을 사용하는 데 어려움을 가진다.
학업성취	정신지체아들은 자신들의 지능수준의 기대치보다 성취도가 떨어지는 경향을 보인다.
사회적 발달	정신지체아들의 특성 중 학업적인 면보다 더 관심을 가지게 되는 것은 사회성의 발달이다. 이들의 대부분은 타인과 사회적 관계를 어떻게 긍정적으로 형성해야 할지 알지 못하며, 이러한 문제는 이미 취학 전에 나타나기도 한다. 이들은 주의가 산만하고 집중력이 결여되어 있으며 친구들에게 가까이 가기를 싫어한다.
동기유발	집중력, 기억력, 자기조절, 언어발달, 학업성취, 사회적 발달 등의 많은 문제들은 정신지체아들의동기유발에 어려움을 준다.

특성을 네 가지로 구분해서 자세히 살펴보면,

① 개체 · 동기적 특성

인지적 · 언어적 특성의 중요성에 비해 개체 · 동기적 특성의 중요성은 간과되어 왔다(Baumeister & Brooks, 1981).

- 실패의 예상: 많은 경도의 정신지체아들은 초기 학창시절에 자주 실패감에 부딪히기 때문에 미리 실패를 예상한다. 학업을 성취하지 못한 거의 성공하기 어려운 사람들은 곧 그러한 상황을 피하고 싶어한다. 이것이 결국 동기유발에 부정적인 영향을 미친다.
- 의존성: 정신지체아들은 문제 상황을 해결하기 위해 다른 사람에게 의존하는 것으로 알려져 왔다. 때때로 이것은 그들 자신의 능력을 불신한 결과다.
- 통제의 외적 요소: 가끔 정신지체아들은 운이나 재수 등 그들의 통제에 미치지 않는 다른 외적 요인에 의해서 그들의 행동 결과가 긍정적이거나 부정적이 되는 것으로 생각한다. 아주 어린아이들이 외적인 통제요소에 의존하는 것은 발달적으로 적절하지만 대부분의 사람들은 성숙하면서 내적 통제요소로 바뀐다.
- 부정적 자아개념: 다소 논란이 있지만 대부분의 연구는 정신지체아들이 열등한 자아개념을 지닌다는 견해를 지지한다. 그들은 자신의 능력과 잠재성에 대해 강하고 긍정적인 느낌을 갖지 못한다. 이런 부정적인 개념은 생활에서의 부적응과 중요한 상관관계를 가진다.

② 학습 특성

학습은 '성숙이나 성장 나이에 따라 자연적으로 발달하는 것이 아닌, 행동에 변화를 가져오는 연습이나 경험과정' 으로 정의되어 왔다.

정신지체아들에게 적용되는 몇 가지 주요 발견사항은 다음과 같다.

- 주의집중 변인: 정신지체아들은 주의집중의 주요 구성요소인 주의집중 지속시간, 주의집중의 범위와 초점 그리고 선택적 주의에서 심한 어려움을 지닌다. 정신지체아나 학습장애아들이 교사에 대한 주의집중만 잘하게 되면 학습지도는 거의 성공할 수 있다.
- 중재전략: 정신지체아들은 주어진 투입정보를 나중에 재생하기 위해 조직 · 구성

하는 효과적인 기술이 부족하다. 정신지체아들은 '소극적인 학습자'가 되려는 경향 때문에 언어시연과 반복, 명칭 붙이기, 분류, 연합과 같은 전략을 만들어 내는 데 어려움이 있다(inactive learners; Strichart & Gottleb, 1983).

- 기억: 정신지체아들은 대개 장기적으로 정보를 보유하지만 단기기억 분야에 어려움이 있다. 비연속적인 과제를 포함한 (단기기억) 문제는 중재전략의 자발적인 사용의 결함과 관련되어 있다(Cohen, 1982).
- 전이와 일반화: 정신지체아들은 새로운 일이나 문제 또는 자극 상황에서 지식이나 기술을 적용하는 능력에 결함을 보인다.
- 추상화: 정신지체아들은 내성과 가정으로 예증하는 것 같은 상징적 사고가 제한되어 있다.
- 우발학습: 정신지체아들은 비능률적인 학습자라는 지적이 있는데, 그것은 우발정보에 더 주의를 기울이는 경향 때문이다. 일반적으로 나이가 들어감에 따라 관계없는 정보나 무관자극을 무시하고 이의 본질적인 면에 선택적으로 참여할 수 있게 되지만 정신지체아의 경우는 그렇지 못하다.

③ 정서적 특성

경도 정신지체아의 사회 · 정서적 발달은 그렇게 뒤지지 않으며, 대부분의 경도 정신지체아는 성인이 되어 사회적으로나 직업적으로 유능한 사회인이 될 수 있다.

교육과정에서 반드시 고려해야 할 정신지체아의 두 가지 특이한 행동 패턴이 있다. 첫째, 과거에 실패를 경험했던 것과 같은 장면에 처하면 욕구불만에 대한 내성, 즉 참는 힘이 부족하다. 둘째, 심한 부정적 자아개념을 갖고 있다. 그러므로 교사는 이들에게 지식이나 기능을 가르치려고 하기 전에 아동 개개인을 잘 이해해야 한다. 그렇지 않으면 아동의 좋은 태도마저도 오히려 부정적으로 바뀌어 버릴지 모른다.

또한 정신지체아에 있어서 지적 장애, 뇌염 후견증, 간질 등의 성격 이상성 또는 신경증적 불안, 공포, 흥분 등은 환경과 관련하여 일차적으로 행동이나 정서에 나타나게 된다. 이와 같은 이상성은 어릴 때부터 사회적인 장면에서 그들의 욕구충족을 불가능하게 하여 그 불만이 이차적인 행동 및 정서적 특성으로 나타나게 된다.

④ **신체 및 운동 능력**

교육가능 정신지체아의 운동 숙달 정도는 보통의 지능지수를 가진 일반 학습자에 비해 열등하며 체육 프로그램은 그들의 운동 숙달에 지적인 영향을 미친다(이소현, 박은혜, 1998). 교육가능 정신지체아 중에는 시각, 청각 및 신경학적인 문제를 가진 아동이 약간 더 많기 때문에 신체 및 운동 능력이 열등한 아동이 더 많다고 할 수 있다. 훈련가능 정신지체아 중 대다수는 중추신경계통에 장애나 손상이 있기 때문에 협응, 걸음걸이, 작은 운동기술 등의 문제를 가질 수 있다(Rie & Rie, 1980).

4) 정신지체아의 교육

정신지체아는 장애수준에 따라 적절한 교육이 이루어져야 하며, 정신지체아를 위한 교육의 궁극적 목적은 일반교육과 다를 바 없다(최중옥 외, 2002). Kirk와 Johnson (1951)은 오래전에 교육가능급 정신지체(EMR) 아동을 위한 교육목표를 제시했다.

① 동료들과 잘 어울릴 수 있도록 교육받아야 한다.
② 생계를 유지하기 위하여 일터에서 일하는 것을 배워야 한다.
③ 건전한 정신위생 프로그램을 통하여 가정에서나 학교에서 정서적으로 안정되고 독립적이 될 수 있도록 교육되어야 한다.
④ 좋은 건강교육 프로그램을 통하여 건강과 위생을 유지할 수 있는 습관을 길러야 한다.
⑤ 학습적인 한계가 초등학교 3학년 혹은 5학년으로 제한된다 하더라도 최소한의 필수과목, 도구과목들을 배워야 한다.
⑥ 여가활동이나 오락을 즐길 수 있게 교육적 프로그램을 통하여 모든 여가활동을 그들 자신이 이용할 수 있도록 학습해야 한다.
⑦ 가족 구성원을 강조하는 프로그램을 통하여 적절한 가정과 가족의 구성원이 되도록 학습해야 한다.
⑧ 지역사회 참여를 강조하는 학교 프로그램을 통하여 지역사회의 적절한 구성원이 되도록 학습해야 한다.

이 교육목표는 오늘날까지도 정신지체아를 위한 교육에 영향을 주고 있다.

정신지체아의 교육방법은 통합교육 원리에 따라 정상적인 학급에 배치함으로써 사회성이나 학업성취에 도움을 줄 수 있다. 그리고 교사주도적인 방법, 학생주도적인 방법, 또래주도적인 방법으로 나누어 볼 수 있다(이소현, 박은혜, 1998).

첫째, 교사주도적인 방법으로는 과제분석(task analysis)과 모델링(modeling)을 들 수 있다. 과제분석은 주어진 과제를 하기 위해 우선 갖추어야 할 선행기술들은 어떤 것들인지 분석하고, 해당 과제를 구성하고 있는 각 하위단계들을 분석하는 것이다. 과제분석을 하기 위해서 교사는 누군가가 그 과제를 하는 것을 관찰한 후 각 단계를 기록하도록 하고, 교사가 직접 기록한 단계들을 이용하여 과제를 수행해 보면서 각 단계에 대한 분석이 정확하고 빠진 것이 없는지 확인한다. 학생들에게 각 단계를 가르치기 전에 부족한 선행기술들을 먼저 가르친다. 과제분석은 학업기술과 일상생활기술 모두에 적용될 수 있다. 모델링은 교사가 직접 과제를 수행하는 것을 보여 주는 것으로서 교사가 여러 번 시범을 보인 후 학생이 따라한다. 시범을 보인 기술을 학생이 모방하고 숙달하도록 하기 위해서는 연습을 많이 하게 하고 강화와 피드백을 많이 해 주어야 한다.

둘째, 학생주도적 방법은 학생의 독립성을 증진시키기 위한 것으로서 자기점검법, 자기교수법, 자기강화법과 같은 자기조절 기술에 대한 관심이 증가하고 있다. 자기점검법은 자신의 행동을 기록하게 함으로써 자기 행동에 대한 인식을 높여서 스스로 통제하도록 하는 방법이다. 자기강화법은 미리 약속된 기준에 따라 스스로에게 행동의 결과를 제공하는 것이다. 그리고 자기교수법은 스스로 과제수행 단계를 말하면서 과제를 하도록 하는 것으로서 아직 완전히 숙달되지 않은 과제를 가르칠 때 효과적이다.

셋째, 또래주도적 방법은 학급의 인원 수가 많고 이질적인 학생들로 학급이 구성되어 있을 때 정신지체아들이 필요로 하는 추가 연습과 개인적인 도움을 제공하기 위해 또래 친구를 활용하는 방법이다. 이와 같은 또래 교수법을 효과적으로 운영하기 위해서는 교사의 면밀한 사전계획이 중요하며, 또래 교사를 하는 학생이 정기적으로 교사와 만나 지시와 지원을 받을 수 있도록 하는 것이 중요하다.

5. 행동장애아

1) 행동장애아의 개념

행동적 · 정서적 문제에 대해 여러 가지 용어가 사용되고 있지만, 미국행동장애아동위원회(Council for Children with Behavioral Disorder: CCBD)는 행동장애라는 용어가 정서장애라는 용어보다 명확한 규준을 제시할 수 있기 때문에 아동의 교육계획을 수립 · 집행하는 데 보다 유리하다고 하였다. 또 특정 원인론과 무관하고 종합적인 사정을 가능하게 하며 이 분야에 종사하는 대다수의 전문가들이 선호하기 때문에 행동장애라는 용어가 보다 적합하다고 하였다.

행동장애는 지나치고 만성적이고 충동적이고 공격적이며 우울하고 미성숙한 여러 증상들을 가지고 있는 것으로 정의될 수 있다. 이는 제삼자가 그 기대에 부적절하며 멈추어 주었으면 하고 기대하는 행동이다(Graubard, 1973).

Wood(1982)는 다음의 네 가지 요소를 포함해야만 문제행동을 정의할 수 있다고 본다.

- 혼란자의 요소: 무엇이 혹은 누가 문제의 초점을 제공한다고 생각하는가?
- 문제행동 요소: 어떻게 문제행동을 설명할 수 있는가?
- 상황요소: 어떤 상황에서 문제행동을 일으키는가?
- 혼란의 요소: 누가 문제행동을 알아채는가?

Kirk와 Gallagher(1990)는 보다 최근에 학교장면과 관련지어 행동장애아를 사회적 갈등, 개인적 불만, 학교성적 부진 등을 지속적으로 나타내는 학습자라고 하였다. 즉, 그들은 행동장애를 조작적 정의의 입장에서 아동 자신의 발달과 타인의 생활 또는 그 두 측면 모두를 뚜렷이 방해하는 일탈된 행동을 하는 아동으로 정의하였다.

Quay(1979)는 행동장애 아동을 품행장애, 불안-위축 행동, 사회화된 공격행동, 미성숙한 행동으로 분류하였다.

① 품행장애: 파괴적, 비협조적, 무례함, 잦은 싸움, 짜증, 거만, 불복종, 기물파괴, 이기적, 남에 대한 비난, 쉽게 화냄, 약자를 괴롭히고 협박함, 과잉행동, 주의끌기, 정직하지 못함, 무책임, 나쁜 언어 사용, 논쟁적이며 따지기를 좋아하는 특성들이 있다.

② 불안-위축 행동: 불안, 두려움, 긴장, 공포, 고립, 소박함, 은밀함, 우울, 신경과민, 쉽게 상처받고 당황함, 수줍음, 열등의식, 자신에 대한 무가치함, 자신감 결여, 자주 비명을 지르는 특성들이 있다.

③ 사회화된 공격행동: 나쁜 집단에 대한 충성, 함께 물건 훔치기, 지하조직 단원으로 활동, 밤늦도록 집 밖에서 보냄, 가불, 무단결석 등의 특성들이 있다.

④ 미성숙한 행동: 주의집중이 짧고 한 가지 일에 몰두하거나 공간을 주시하며 백일몽에 빠지는 것 등이 있다. 수동적이고 주의력이 결핍되어 있으며 남의 유혹에 쉽게 이끌린다. 잘 졸고 사물에 무관심하며 부주의하다. 일을 완수하지 못하고 용모가 단정하지 못한 것이 특징이다.

2) 행동장애아의 특성

행동장애아는 과잉행동, 비협조, 적개심, 잔인성, 악의성 등의 특성을 나타낸다. 또한 학습에 지장이 많고 학교규칙을 어기며 행동 결과에 대해 아무런 반응을 보이지 않는 특성이 있다(Eggen & Kauchak, 1992). 따라서 행동장애아들의 이와 같은 특성은 크게 과잉과 결여라는 두 가지로 요약될 수 있는데(Whelan & Gallagher, 1972), 이는 교사의 주의 깊은 관찰이 없으면 판별하기가 쉽지 않다.

행동장애아들이 보이는 특성 중 보편적으로 가장 많이 언급되는 행동은 과다행동, 산만함, 충동성의 세 가지다.

과잉행동은 활동의 양이 지나치게 과도하게 나타날 때 사용되는 용어로 쉼없이 움직이거나 연령 및 주어진 과제에 비해서 움직임의 양이 부적절한 경우를 말한다. 산만함은 과제에 대한 주의집중과 관련된 용어로 학교활동으로부터 쉽게 방해를 받거나 특정 과제에 주의를 기울일 수 없는 경우를 말한다. 그리고 충동성은 주의 깊은 생각이나 목적 없이 발생하는 행동으로 특정지어진다.

아이는 나이가 들수록 수용될 수 없는 행동을 더 심하게 한다. 연령에 따른 행동장애의 특성을 보면 다음과 같다.

- 학령기 이전 수준: 사회경제적인 어려움, 삶의 기술 부족, 역기능적 관계가 있는 가족 상황에서 대부분 일어난다. 아이는 신경질적이 되며 반항적, 공격적, 비순종적인 행동을 한다.
- 아동 중기와 후기: 아이들의 행동문제는 동료들의 거부와 학업부진을 이끈다. 때때로 적대적 경향이 있고, 다른 이들을 불공평하게 비난하며, 부당하게 자신의 행동을 정당화한다.
- 청소년기: 청소년기의 반사회적인 행동은 학교에서 대처하기 어려울 정도가 되며, 때때로 부모의 통제 밖으로 벗어나기 쉽다. 비행동료들의 영향과 이미 언급된 다른 요인들은 아이가 더욱 복잡하고 심각한 문제로 발전 · 심화되는 것을 멈추기 어렵게 만든다.

3) 행동장애아의 교육

행동장애아의 교육에 있어서 통제(control)하고, 제한(confinement)이나 벌(punish-ment)을 주고, 제외(exclusion)시키는 것에 초점을 맞춰 왔던 기존의 관례들은 행동장애 아동에게 바람직한 행동 변화를 이끌기에는 분명히 제한점이 있다. 이와 달리 아동의 행동관리에 긍정적이고 보다 적극적인 방법으로 접근하게 되면 행동장애 아동의 행동 변화를 바람직한 변화로 이끄는 데 훨씬 지속적인 효과를 나타낼 수 있다는 것이 연구로 증명되고 있다(정보인, 1997).

또한 과거와 달리 최근에는 자폐성을 지닌 중증 행동장애 아동들을 위한 긍정적 교육전략도 상당한 수준으로 연구 · 개발되고 있다(홍강의, 정보인, 이상복, 1999).

현재 사용되고 있는 교육 및 심리적 전략을 살펴보면 다음과 같다(송인섭, 2004).

첫째, 정신역동적 전략(psychodynamic strategy)이다. 정신역동적 전략이란 부적응행동을 내적 갈등의 증후로 보고, 부적응행동을 하는 사람이 자기 자신을 알고 갈등의 근본원인을 받아들이도록 돕는 방법이다. 이 접근방법에서 강조하는 바는 증상을 제거하는 것이 아니라 그 원인을 제거하는 데 있다. 여기에서 사용하는 전략은 정신분석을 비롯하여 심리극, 놀이치료 등이 있다.

둘째, 행동수정 전략(behavior strategy)이다. 행동수정 전략은 조건형성 원리에 입각하여 행동장애아를 교육하는 것이다. 이 전략을 제안하는 사람들은 행동을 변화시키기 위해서 문제행동을 구체화하고 아동의 직접적인 환경과 아동의 행동 결과를 조정한다.

셋째, 정신교육적 전략(psychoeducational strategy)이다. 행동장애아의 문제를 기본이 되는 정신의학적 장애와 관찰 가능한 문제행동 및 성적 불량을 포함하고 있는 것으로 가정하고 치료와 학문적 성취를 목표로 삼는다. 또한 무의식적 동기화와 기본이 되는 병리를 고려하며, 아동 개인의 요구를 해결하는 데 역점을 두고 있다.

넷째, 생태학적 전략(ecological strategy)이다. 이 전략은 생물생태학과 생태심리학에서 그 개념을 차용해 왔는데, 문제행동을 아동과 환경요소들(가족, 교사, 친구 등) 간의 부적절한 상호작용의 결과로 본다. 이에 아동을 포함한 환경요소들을 변화시킴으로써 아동과 환경 간에 좀 더 건설적인 관계가 이루어지게 하려고 한다.

행동장애아의 교육 효과는 학습자가 배치되는 학습환경보다 교사의 자질에 더 많이 의존한다. 그러므로 행동장애아 교육에서 무엇보다 중요한 것은 교사의 자질이라고 할 수 있다. 따라서 행동치료사, 특수치료사 또는 일반학급 교사가 치료실 혹은 교실과 같은 실내에서 아동의 행동문제에 더욱 효과적으로 대처할 수 있을 것이라는 긍정적인 측면들이 강화되고 있다.

체계적인 행동조절을 위해서 교사는 먼저 목표행동을 확인하고 목표행동과 관련된 아동의 현행수준에 관한 자료를 수집한 후 교수의 효과를 평가하기 위한 추가자료를 수집하여 교수의 지속적인 시행을 결정하게 된다. 이때 세 가지 유형의 목표행동이 선정될 수 있다. 첫째, 적절한 행동의 증가, 둘째, 부적절한 행동의 감소, 셋째, 새로운 행동의 학습이다.

아동의 행동을 바람직하게 이끌려는 행동치료사나 현장 교사는 응용행동 분석을 올바르게 시행하기 위해서 아동의 학습동기를 최대한 유발하여 아동 스스로 바람직한 결과를 성취하고자 노력할 수 있도록 아동이 선호하는 사물과 칭찬을 적절히 사용해야 한다. 또한 아동에게 주는 보상의 종류를 다양하게 하고 일관성을 유지하며 처벌이나 감정을 손상시키는 벌은 절대 금한다. 마지막으로 문제행동 자체에 중점을 두기보다는 그 문제를 통해 나타내고자 하는 의사표현을 이해하려고 노력하고 보다 긍정적인 의사표현 방법을 사용하도록 도와야 한다.

7장 동기

1. 동기의 개념
2. 동기에 관한 이론적 관점
3. 학습동기이론

제7장 동 기

학습목표

1. 동기가 인간행동에 주는 영향을 이해한다.
2. 동기이론을 설명하는 관점(행동주의, 인지주의, 인본주의)을 이해한다.
3. 학습과 관련된 동기를 이해한다.
4. 학습동기를 유발시키는 방법을 이해한다.

학습내용

1. 동기의 개념과 기능은 무엇이며 어떻게 작용하는가?
2. 귀인이론이 학습에 어떻게 영향을 주는가?
3. 성취동기와 학업성취의 관계는 어떠한가?
4. 학습동기를 증진시킬 수 있는 방법은 무엇인가?

주요개념

동기유발	내재 동기	외재 동기	추동감소이론	기대가치이론
귀인이론	자기효능감	자아개념	욕구위계이론	자기결정이론
성취동기	수행목표	숙달목표	학습된 무기력	자기충족적 예언

학습개요

학습 상황에서 동기란 성공과 실패를 좌우하는 주요한 변인 중의 하나다. 동기란 사람이 어떤 목표를 추구하도록 행동을 이끌어 가는 내적 상태로 정의된다. 동기는 학습을 일으키게 하는 기능, 학습을 일정한 방향으로 나아가게 하는 기능, 학습을 계속 유지시키는 기능을 가지고 있다. 학생들의 동기에 관련된 문제를 설명하는 것은 쉽지 않으며, 많은 요인들이 학생들의 동기에 직·간접적으로 영향을 미친다. 따라서 유능한 교사라면 학생들의 동기를 정확히 이해하고 대처함으로써 효과적인 수업을 기대할 수 있을 것이다.

학습자들의 지능이나 가정환경, 교수방법과 같은 주어진 조건이 같더라도 그들이 가진 동기의 종류와 수준에 따라서 학습의 결과는 달라질 수 있다.

이 장에서는 동기란 무엇이며, 동기의 기능과 학습의 관계를 여러 각도에서 살펴보고자 한다. 동기이론의 변천과정을 본능설, 행동주의, 인지주의, 인본주의 접근으로 살펴본다. 특히, 인지주의적 관점에서 동기를 설명하고 있는 기대×가치 이론과 귀인이론, 자기효능감의 이론을 개관하고 이 동기들이 학습과는 어떠한 관계에 있는지를 제시한다. 또한 인본주의적 관점에서 동기를 설명하는 자아개념과 욕구위계설 이론을 살펴보고 학습과의 관련성을 제시하고자 한다.

마지막으로 학업성취에 가장 큰 영향을 미치는 성취동기에 대해 설명하고, 학습 상황에서 학습자의 동기를 높일 수 있는 방안을 제시한다.

1. 동기의 개념

학교생활의 성공과 실패를 좌우할 수 있는 중요한 변인 중의 하나가 학생의 동기이다. 학생들의 지능, 가정환경, 교수방법 등 주어진 조건이 같다고 해서 똑같은 결과를 얻지는 못한다. 학습조건이 같은데도 학습 결과에서 차이를 보이는 이유는 무엇일까? 이에 대한 하나의 설명으로 동기의 차이를 들 수 있다.

그렇다면 동기란 무엇인가? 동기(motive)란 '움직이다' 라는 뜻을 가진 라틴어 'movere' 에서 유래된 용어로 '사람들로 하여금 어떤 목표를 추구하도록 행동을 이끌어 가는 내적 상태' 라고 정의된다.

동기를 나타내는 용어로는 '욕구(need)' '추동(drive)' '동기(motive)' 등이 있는데, 이 중에서 욕구나 추동은 주로 생물학적인 측면을 포함하고 동기는 주로 인지적인 측면을 포함한다. 또한 '동기화' 혹은 '동기유발(motivation)' 은 행동을 시작시키고 유지되게 하는 목적지향적인 과정을 의미한다.

동기의 개념 정의를 통해서 동기의 기능을 발생적 기능, 방향적 기능, 강화의 기능으로 요약할 수 있다. 첫째, 발생적 기능은 행동의 출발적 기능 또는 시발적 기능이다. 즉, 동기가 유발된다는 것은 목표를 향해 움직인다는 것이다. 둘째, 방향적 기능은 행동에 있어서 목표를 정해 주는 기능을 한다. 동기화된 행동은 특정한 방향감 없이 강하게 유발되기만 하는 행동이 아니라, 특정 목표에 도달하려는 행동 또는 특정 자극에만 선별적으로 반응하는 행동이다. 셋째, 강화의 기능은 행동의 원동력이 되어 행동을 강화시키는 것으로서 칭찬이나 벌과 같은 외부 상황이 행동을 수행하도록 유지하는 것이다.

동기의 유형은 외재 동기(extrinsic motivation)와 내재 동기(intrinsic motivation)로 분류하여 설명할 수 있다. 외재 동기란 외부의 보상이나 압력, 즉 외부의 강화자로서의 동기다. 타인으로부터 받는 보상, 사회적 압력, 칭찬이나 벌 등 환경적 요인이 외재 동기로 작용한다. 즉, 보상을 받기 위해, 선생님의 관심을 사기 위해, 벌을 피하기 위해 활동한다면 그 사람은 외재 동기를 경험하는 것이다. 이런 학생은 과제 자체에 관심이 있기보다는 결과로 얻는 것에 더 관심을 갖는다.

한편, 내재 동기란 외부의 보상과는 무관하게 어떤 과제나 일에 대한 흥미, 호기심, 성취감에서 유발되는, 즉 스스로의 욕구에 대한 반응을 의미한다. 내재 동기를 가진 사람은 활동의 결과보다는 활동 자체에 재미와 흥미를 느끼며, 그 활동을 마쳤을 때 자동적으로 성공감, 자부심, 자신감 등이 더해진다.

외재 동기와 내재 동기의 관계를 보면, 내적 흥미가 있는 상태에서 외적 보상이 주어지면 동기유발에 대한 긍정적인 효과가 증가된다는 상호 보완적 견해(Cameron & Pierce, 1994)와 내적 흥미가 있는데 외적 보상이 제시되면 내적 흥미가 절감된다는 대립적 견해(Ryan & Deci, 1996)가 공존해 왔다.

외재 동기와 내재 동기의 차이 때문에 학습장면에서도 내재 동기를 강조하고, 학생들의 내재 동기를 키워 주는 것이 중요하다고 강조되어 왔다. 학생들이 어떻게 동기화되었는지를 이해하는 일은 중요하지만 어려운 일이기도 하다. Brophy(1988)는 교사는 학생이 갖고 있는 최소한의 내재 동기에 대해서 최대의 자신감이나 성취감을 갖도록 사회적 지지를 해 줌으로써 내재 동기를 육성시켜 주어야 한다고 하였다.

2. 동기에 관한 이론적 관점

인간의 행동을 설명하기 위한 동기이론에 대해서 본능론, 행동주의 이론, 인지주의 이론, 인본주의 이론의 측면에 대해 알아보자.

1) 본능론

동기이론의 역사적 배경은 Darwin의 본능론에서 시작되었다고 볼 수 있다. 그는 동물이나 인간의 행동들은 본능에 따라 결정된다고 주장하였다. 즉, 본능론(instinct theory)이란 인간도 동물과 마찬가지로 생리적인 압력에 따라 동기화되기 때문에 인간행동의 동기는 통제할 수 없는 것이라고 보았다. 본능론의 가장 강력한 주창자는 McDougall이었다. 그는 인간의 모든 사고와 행동은 유전받은 본능의 결과라고 주장하였으며, 이것은 행동을 강요하는 원천이지만 학습과 경험에 따라 수정될 수 있다고 하였다.

정신분석학자인 Freud 역시 행동은 생득적인 힘에서 나온다고 하였다. 그는 성행동에서 표현되는 생(生)의 본능과 공격행위에 바탕이 되는 사(死)의 본능이 행동을 결정한다고 믿었다. 이러한 본능은 무의식적이지만 강력한 동기적인 힘이 있다고 하였다. 그러나 복잡한 인간의 행동을 설명하기에는 너무 많은 본능이 필요했으며, 어떤 특정한 행위를 간단히 본능으로만 설명하는 것은 충분한 설명이 되지 못한다는 비판이 제기되었다. 이후에 인간행위의 설명방식으로 주목받았던 행동주의가 보다 세련되고 과학적인 개념인 추동이론으로 등장하게 되었다.

2) 행동주의적 접근

심리학에서 동기를 본격적으로 과학적인 개념으로 등장시킨 행동주의자들은 인간의 관찰 가능하고 객관적인 외현적 행동에만 관심을 두었기 때문에 외재 동기만을 관심의 대상으로 삼았다. 행동주의에서 인간의 동기란 특별한 사고과정을 거치지 않고 인간행동의 힘과 방향이 결정된다는 관점이다. 이 이론에서 인간의 행동은 유기체가 경험하는 환경자극, 다시 말해 보상과 벌에 따라 학습된다. 행동주의에서 설명하는 동기를 학교장면에서 보면 점수, 칭찬, 꾸중, 상장 수여, 휴식시간의 연장을 들 수 있다.

전통적인 행동주의자들은 관찰이 불가능한 내면적 과정이나 상태 등은 과학적인 연구대상에 부적합한 것으로 간주한다. 동기 역시 내적이며 관찰할 수 없는 영역이었기 때문에 전통적인 행동주의자들은 구체적으로 연구하지 않았으며, 동기를 단지 높은 빈도의 반응을 일으킬 수 있는 강화물로 보았다. 그런데 인간의 모든 행동을 자극-반응의 연합만으로 설명하기에는 한계가 있기 때문에 이에 대한 보완적 연구로 신행동주의(neo-behaviorism)가 제기되었다.

신행동주의의 대표적인 학자인 C. Hull(1951)은 사람들의 모든 행동이 욕구나 추동으로 인한 긴장을 감소시키는 방향으로 진행된다는 추동감소이론(drive reduction theory)을 제안했다. 인간의 행동 빈도를 증가시키는 내적인 욕구상태에 추동이라는 개념을 도입하였는데, 일차적 추동과 이차적 추동으로 구분하여 설명한다. 일차적 추동(primary drive)은 배고픔이나 목마름과 같은 생물학적 욕구로 자극되는 것이며, 이차적 추동(secondary drive)은 사랑, 인정받기, 창조하기 등의 욕구와 같이 일차적 추동과의 연합과정에서 발생하는 추동이다. 이차적 추동은 일차적 추동이 만족되었을 때의 인간행동을 설명하는 것으로 일차적 추동과 결합하여 형성된다. 이렇게 형성된 이차적 추동은 추동을 감소시키는 방향으로 행동을 유발한다. 이때 자극에 대한 반응은 감소된 추동으로 인해 자극과 반응에 대한 강화가 습관적으로 발생하게 되는데, 이처럼 자극과 반응 간의 짝지어지는 정도를 습관강도(habit strength)라 한다. 신행동주의에서 설명하는 동기란 내면적 추동과 습관강도의 함수관계로 나타내는 반응경향성으로, 외적 보상을 동기로 개념화한 전통적인 행동주의와 차별화된다.

반응경향성(tendency of response: motivation)
= 추동(drive) × 습관강도(habit strength)

이와 같이 신행동주의는 인간의 행동을 자극에 대한 수동적인 반응으로 이해하는 전통적인 행동주의 이론을 보완하였다. 인간의 행동을 유발하는 변수로 인간의 추동과 그에 대한 감소라는 개념을 도입한 신행동주의의 추동감소이론은 다양한 인간행동의 원인을 이해하는 동기 연구에 중요한 접근방식으로 이해되어 왔다.

동기에 대한 행동주의적 접근은 교육현장에서 중요한 시사점을 제공한다. 첫째, 강화(예: 스티커, 성적, 칭찬)에 의한 동기유발은 보상받기를 기대하면서 공부하기를 좋아하는 어린 초등학생들에게 효과적이다. 초등학생들은 보상을 기대하면서 공부하는 경향이 있기 때문에 교사들은 이러한 사실을 염두에 두고 지도해야 하겠지만, 상급학교로 갈수록 이러한 효과가 동일하게 나타나지는 않는다는 것을 알아야 한다. 둘째, 강화에 의한 동기유발은 보다 신속한 행동 변화를 유도하고자 하는 경우에 효과적이다.

이러한 효과성이 있지만 행동주의적 동기이론에 대한 비판점도 있다. 첫째, 강화에 따른 동기유발은 내재 동기와 흥미를 저하시키는 경향이 있다. 외적 보상만을 원하는 학생들은 공부하는 자체보다는 보상을 얻는 것에만 관심을 두게 될 것이다. 둘째, 많은 사람들 앞에서 받는 꾸중이나 낮은 성적에 대한 벌은 긍정적인 행동을 하도록 동기화할 수도 있지만 학습을 방해하는 불안과 소외의 원인이 될 수도 있다.

최선을 다했는데도 수행수준이 낮은 학생에게는 가능한 벌을 주어서는 안 된다.

3) 인지주의적 접근

외부 환경자극에 따라 인간의 행동이 조성된다고 보는 행동주의에 대한 반발로, 인지주의 이론은 인간을 능동적이고 적극적으로 사고하는 이성적인 존재로 간주한다. 동기에 대한 인지주의 관점은 인간이 세계에 대해 이해하려는 욕구를 지니고 있다는 것에서 시작한다. 인지이론가들은 학교에서 일어나는 사건들에 대한 학생들의 해석에 초점을 맞춘다. 학생이 무엇을 생각하며 어떻게 생각하느냐에 초점을 맞추는, 즉 학교에서 일어나는 상황은 학생들이 해석하는 것에 따라서 동기가 유발되기도 하고 그렇지 못하기도 한다는 것이다.

따라서 인지주의적 접근에서는 외재 동기보다는 신념, 기대, 귀인에 기초한 내재 동기의 중요성을 강조한다. 구체적으로 말하자면, 학생이 자신의 과제 수행수준에 대해 가지고 있는 '기대수준', 자기 스스로가 과제를 수행할 수 있는 능력을 가지고 있다고 믿는 '자기효능감', 자신의 성공과 실패의 원인을 설명하는 '귀인신념'에 따라서 동기유발이 이루어진다고 보고 있다.

이제 인지주의 동기이론을 대표하는 이론에 대해 살펴보기로 하자.

(1) 기대×가치 이론

Atkinson은 기대×가치 이론에서 동기의 강도는 행동의 결과가 얻어지리라고 보는 기대와 이에 대한 개인이 가지고 있는 정서(자부심과 수치심)에 따라 달라진다고 보고 있다. Atkinson(1964)의 일차적 목표는 사람들이 성취과제에 접근할 것인지 회피할 것인지를 예측하는 데 있었다. 우선 과제에 접근하려는 경향을 성공 동기(motive for success: MS)라 하는데, 이는 성공을 위해서 노력하는 비교적 안정된 성질을 나타낸다. 기대×가치이론에서는 성취 상황에서 자부심을 경험할 능력을 의미한다. 또한 성취과제로부터 벗어나는 경향을 실패회피 동기(motive to avoid failure: MAF)라 하는데, 이는 사람들이 성취과제로부터 벗어나게 하는 무의식적이고 안정적인 요인이다.

Atkinson의 이론에 따르면, 이 두 가지 안정적 동기(성공 동기, 실패회피 동기)에서 나타나는 개인차는 부모의 양육행동을 통해 이해될 수 있다. 성취하려는 노력에 대해 부모로부터 격려받고 능력을 확인할 수 있는 기회를 받았던 아동들은 성공 동기가 비교적 높은 반면, 성취하려는 노력에 대해 벌을 받았던 아동들은 실패를 회피하려는 강한 동기를 갖게 된다. 따라서 성취 상황에서 일어나는 정서적 연합(성취의 자부심과 실패의 수치심)은 아동 초기에 형성되지만, 이것은 그 이후의 성취 맥락에서 나타나게 된다.

Atkinson은 성공 동기와 실패회피 동기를 무의식적인 것이라고 하면서도, 한편으로는 성취 상황에서의 행동은 특별한 상황에 관한 의식적인 신념에 영향을 받는다고 주장하였다.

성취과제를 지향하도록 하는 데는 두 가지 변인, 즉 성공 가능성 지각(perceived pro-bability of success: PS)과 성공 유인가(incentive value of success: IS)가 있다. 기대×가치 이론에 따르면, 특정한 과제를 수행할 때 성공할 수 있을 것이라고 기대하는 사람은 그렇지 않은 사람보다 그 과제를 기꺼이 수행하려고 한다. 또 성공 가능성이 높은 과제에서 성공할 때보다는 어려운 과제(성공 가능성이 낮을 경우)를 성공적으로 수행할 때 더 큰 자부심을 경험할 수 있다. 따라서 어려운 과목의 '수'가 쉬운 과목의 '수'보다 유인가가 높다.

또한 성취 노력을 억제하는 데는 두 가지 변인, 즉 실패 가능성 지각(perception of the probability of failure: PF)과 실패 유인가(incentive value of failure: IF)가 있다. 성공가능성이 높은 아주 쉬운 과제에서 실패했을 경우에는 수치심을 크게 느끼지만, 아주 어려운 과제를 실패했을 경우에는 수치심을 적게 느낀다. 어려운 물리학에서 '미'를 받는 것은 쉬운 과목에서 '미'를 받는 것보다 덜 창피할 것이다.

과제에 접근하고 과제를 회피하려는 두 가지 동기경향성은 상반된 힘으로 나타난다. 성취활동에 접근하거나 회피하려는 결과지향성(the resultant tendency to approach or avoid an achievement activity: TA)은 과제에 접근하려는 경향의 강도(TS)에서 과제를 회피하려는 경향의 강도(TAF)를 뺀 것이다. Atkinson은 이런 요소들을 다음과 같은 공식으로 표현하였다.

$$TA = TS - TAF$$

$$TA = (MS \times PS \times IS) - (MAF \times PF \times IF)$$

기대×가치 이론이 주는 교육적 시사점은 교사들이 학생에게 내주는 과제는 너무 쉽지도 너무 어렵지도 않아야 한다는 것이고, 성공에 대한 경험을 모든 학생들이 쉽게 이룰 수는 없지만 성공할 수 있는 범위 내에 있어야 한다는 것이다.

(2) 귀인이론

우리는 어떤 일에서 성공했을 때나 실패했을 때 그 원인을 찾게 된다. 성공이나 실패의 원인을 자신의 능력이나 노력 등의 내적 원인으로 생각하는 경우와 행운 등의 외적 원인으로 생각하는 경우가 있다.

이와 같이 성공이나 실패에 대하여 자기 행동의 원인을 설명하는 경향성에 대한 이론이 귀인이론(attribution theory)이다. 귀인이론의 대표적 학자인 Weiner(1992)에 따르면, 인간은 본래 특정한 사태가 발생한 이유(특히, 결과가 중요하거나 예기치 못했을 경우)를 알려고 한다는 것이다. 따라서 좋은 성적을 기대했지만 좋지 못한 결과를 얻은 학생은 왜 자신의 국어시험 점수가 나쁜지 그 원인을 찾으려고 할 것이다. 이처럼 귀인은 '왜'라는 질문을 던지고 그 원인을 추리하는 과정이다.

Weiner는 성취 관련 상황에서 성공과 실패에 대한 원인으로 가장 많이 귀인하는 요소가 능력(ability), 노력(effort), 운(luck), 과제의 난이도(task difficulty)의 네 가지라고 하였다. 그러나 학업성취 결과에 대한 지각 원인도 시각의 변화나 지각자의 상태에 따라 다양해질 수 있으므로 이 네 가지 요소에 기분, 피로, 질병, 편견도 추가해야 한다고 주장하기도 한다. 또 지각된 성공과 실패의 원인들을 통제소재, 안정성, 통제 가능성이라는 세 차원으로 분류하였다.

원인의 통제소재(locus of control) 차원이란 원인의 출처를 묻는 것으로, 성공과 실패의 원인을 학생 자신(내부)에서 찾느냐 환경(외부)에서 찾느냐와 관련되는 것이다. 능력과 노력은 개인 내부에서 일어나는 것이지만 운이나 과제 난이도는 외부에서 일어나는 것이다.

안정성(stability) 차원이란 시간이 경과하거나 상황이 바뀌어도 항상성을 가지는

〈표 7-1〉 귀인차원에 따른 귀인 분류

귀인 차원	능 력	노 력	운	과제의 난이도
통제소재	내부	내부	외부	외부
안정성	안정적	불안정	불안정	안정적
통제 가능성	통제 불가능	통제 가능	통제 불가능	통제 불가능

요인이냐, 상황에 따라 수시로 변할 수 있는 불안정한 요인이냐를 근거로 해서 원인을 구별한다. 능력은 비교적 안정적 요인으로 간주되지만 노력과 운은 언제든지 변할 수 있는 불안정한 요인이다.

통제 가능성(controllability) 차원이란 학습자의 의지로 통제될 수 있느냐 없느냐의 문제로 통제 가능 또는 통제 불가능 차원으로 분류된다. 노력은 학습자의 의지에 달려 있으므로 통제 가능하지만 능력, 운, 과제 난이도는 의지와 무관한 것이므로 통제 불가능으로 분류된다.

귀인이론이 주는 교육적 시사점은 학습자가 학업 결과에 대한 원인을 어떻게 지각하느냐에 따라서 후속적인 성취지향적 행동의 여부와 학습동기의 증감이 결정된다는 것이다. 자신의 학업 결과의 성공을 노력으로 귀인시키고, 실패의 원인을 노력의 부족으로 돌리는 학생은 실패해도 포기하지 않고 계속 노력하게 될 것이다. 반면에 성공의 결과를 운으로 귀인시키고, 실패에 대해서는 능력 부족으로 귀인하는 학습자들은 학습된 무기력(learned helplessness)에 빠지게 될 것이다.

(3) 자기효능감

Bandura(1977)는 행동을 매개하는 인지적 자기평가의 기제로서 자기효능감(self-efficacy)의 개념을 제시하였다. 자기효능감(Bandura, 1977)이란 개인이 어떤 결과를 산출하기 위해 요구되는 행동을 성공적으로 수행할 수 있다는 신념으로, 특정한 과제의 수행이나 학업성취 상황에서 수행을 촉진시키는 중요한 개인적 특성이다.

Bandura는 학업 상황에서 자기효능감을 판단하는 데는 정보의 네 가지 주요한 근원, 즉 실제 경험, 대리 경험, 언어적 설득, 생리적 각성이 있다고 하였다. 첫 번

〈Bandura〉

째 요인은 실제 경험(actual experience)으로, 과거의 성공과 실패는 중요한 자기효능감 판단의 근원이 된다. 성공은 자기효능감에 대한 평가를 높이고 실패는 그것을 낮추게 된다. 두 번째 요인인 대리 경험(vicarious experience)은 효능감에 대한 자기지각에 영향을 미친다. 예를 들어, 학습자들은 친구들이 과제를 완수하는 것을 본 후 자신도 그 과제를 수행할 수 있다고 생각하게 된다. 세 번째 요인은 언어적 설득(verbal persuasion)으로 정도는 약하지만 자기효능감 판단에 영향을 준다. 교사나 부모의 격려가 새로운 과제에 대한 아동의 자신감을 높여 줄 수 있다. 마지막 요인은 생리적 각성(physiological arousal)으로, 예컨대 과거에 높은 시험불안이 학습자의 수행에 부정적인 영향을 주었다면 그 학습자는 수행능력에 대한 확신을 잃게 될 것이다.

Schunk(1990)는 학습자의 자기효능감은 스스로에게 긍정적인 감정을 경험하도록 하여 보다 상위의 과제에 도전하려는 열정을 갖게 한다고 하였다. 그 도전하려는 경향은 학습자의 동기와 직결되며, 학습자의 학업성취에도 영향을 주게 된다. 자기효능감은 학습을 수행하는 동안에 진행되는 학습자들의 사고와 행동에 영향을 준다. 자기효능감을 지니고 있는 학습자는 과제에 집중하는 반면, 그렇지 않은 학습자들은 스스로 무력감을 느끼게 되어 과제를 회피하는 경향이 있다.

4) 인본주의적 접근

동기에 대한 인본주의적 접근은 단순한 외적 보상이나 자신의 능력과 과제 수행에 관한 내면적 신념 이상으로부터 동기가 유발된다고 본다. 인본주의자들에 따르면 인간행동을 환경이나 본능에 대한 반응으로 제한하고 인간의 전체적인 부분을 검토하지 않은 접근은 옳은 접근이 아니다. 따라서 인본주의 동기이론은 개인의 지각과 내면적 욕구, 성취하고자 하는 욕구를 지닌 전체적 인간에 대해 관심을 갖는다. 인본주의에서는 단순한 외적 보상이 아니라 감정, 사고, 환경의 모든 측면들이 동기유발의 원천이 된다고 보고 있다.

인본주의는 전체로서의 인간 혹은 자아를 가장 중요하게 여기기 때문에 동기이론의 중심 개념 역시 자아개념이 된다(임규혁, 1996). 인본주의적 접근의 대표적인 이론으로는 자아개념과 욕구위계설, 자기결정이론을 꼽을 수 있다.

(1) 자아개념

Rogers(1951)에 따르면 자아개념(self-concept)은 인성의 기본으로, 인간은 긍정적인 자기 영상을 발달시킴으로써 동기화된다. 송인섭(1989c)은 자아개념이란 "개인으로서 자신은 누구인가?"라는 질문을 전제로 하는 총체적 자아 영상이라 정의하고 있으며, 자아개념이 다면적이고 위계적이라는 이론적 모형을 제시하고 있다. 일반 자아개념은 이차원적인 요인인 학문 자아개념, 사회 자아개념, 정의 자아개념을 나타내는 위계의 정점에 있다는 모형을 제시하고 있다. 송인섭이 말하는 자아개념의 위계모형은 [그림 7-1]과 같다.

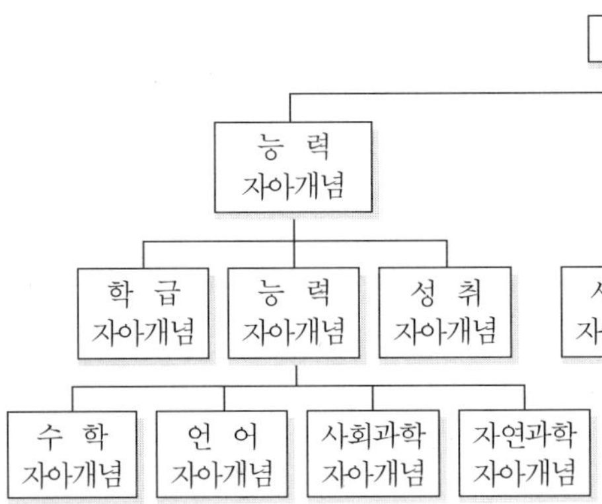

[그림 7-1] 자아개념의 위계적 구조

자아개념의 특성을 살펴보면 다음과 같다. 첫째, 자아개념은 다면적이고 위계적이다. 자아개념이 일반적 자아 이상의 많은 요인으로 구성되어 있으며, 일반적 자아로 제한된 개념화는 자아과정의 영향력을 낮게 평가하는 결과를 초래한다는 것이다.

둘째, 자아개념은 비교적 안정적인 특성을 가진다. 자아개념은 주어진 환경과 상호작용을 함으로써 장기간 쉽게 변하지 않는다. 위계 서열상 위로 올라갈수록 자아개념은 안정적인 반면, 밑으로 내려갈수록 그만큼 영속성이 덜하다.

셋째, 자아개념은 발달적 측면에서 분화적인 속성이 있다. 따라서 어린 아동의 자아개념은 총체적이고 미분화되어 있으나, 점차 성장해 가면서 그가 접한 환경과 그 자신에 대한 지각이 증가하게 되면 자아개념은 분화하여 다면성과 구조화가 이루어진다.

넷째, 자아개념은 기술적이고 평가적인 성격을 지닌다. 인간은 주어진 상황에서 자신에게 내려지는 어떠한 기대에 따라 자신의 행동과 신체적 특성을 평가하게 된다. 이 평가는 특정한 이상적 표준에 비추어 내려지기도 하고 자기 또래나 중요 타인의 지각된 평가에 의존하는 경우도 있다.

다섯째, 자아개념의 하위 다면적 특성 간에는 독립적인 의미가 있다. 한 영역의 자아개념은 이론적으로 연관이 있는 구인들을 서로 구별할 수 있는 속성을 가진다.

학업에 대한 낮은 자아개념과 낮은 학업성취 간의 상관과 높은 학업성취에 긍정적인 자아개념의 상관이 높다는 연구 결과가 있다. 능력 자아개념은 지능지수보다 학업성취에 더 좋은 예언변인이라는 증거(Stenner & Katzenmeyer, 1976)도 있으며, Weidman(1972) 등은 교육적 성취가 가족 수입이나 월급보다 자아개념에 대한 만족감에 더 많은 영향을 미쳤다는 연구 결과를 보고하기도 하였다.

또한 교사의 긍정적인 자아개념은 자신 있고 훌륭한 학습지도자의 태도를 갖게 해주며 학생들의 능력을 믿고 그들의 성취도를 촉진하게 한다. 나아가 이러한 지지적인 분위기는 학생들의 긍정적인 자아관을 고취시켜 학생들에게 더 높은 자아존중감과 성취를 유도하게 한다.

(2) Maslow의 욕구위계

인간의 욕구에 관한 가장 종합적인 이론인 욕구위계설(hierarchy of needs)을 제시한 Maslow(1954)는 인간의 욕구를 생리적인 것에서 자아실현에 이르기까지 위계화하여 행동의 원동력을 이해하는 데 도움이 되는 동기이론을 제안하였다.

[그림 7-2]에서 볼 수 있듯이 Maslow는 모든 인간은 하위의 욕구들을 충족시킬 수 있을 때 상위의 욕구를 단계적으로 추구하게 되고, 궁극적으로 자아실현(self-

[그림 7-2] Maslow의 욕구위계

actualization)의 욕구를 충족시키려 하지만 이를 성취하기는 매우 어렵다고 보았다.

교육에 대한 욕구위계설의 중요성은 다음과 같다. 배가 고프거나 신체적으로 위험에 빠진 학생들은 학습에 전념할 수 없을 것이다. 또한 자신이 사랑받지 못하고 있다거나 능력이 없다고 생각하는 학생들은 자신을 위한 지식과 탐구 등 새로운 생각에 대한 창조성과 개방성 같은 더 높은 수준의 성장목표를 성취하고자 하는 강한 동기를 가지려고 하지 않을 것이다. 그렇기 때문에 학생들을 편안하게 해 주고 그들이 수용되고 있음을 느끼게 해 주고 개인으로서 존중해 주는 교사는 학생들의 학습열을 도와주게 된다.

모든 사람이 반드시 위계에 따라 행동하는 것은 아니라는 점에서 욕구위계이론은 비판을 받기도 하였다. 예를 들면, 생리적 욕구가 결핍된 어려운 생활에 있는 학생이 배우려는 지적 욕구를 추구하는 경우나, 사랑하는 사람을 위해 자신의 목숨을 포기하는 경우가 있는 것이다.

그러나 Maslow의 욕구위계이론을 포함하여 인본주의적 접근은 교육현장에 중요한 시사점을 제시한다. 흔히 우리는 교육현장에서 자아실현이라는 상위의 목표를 학생들에게 은연중에 강요하지만, 자아실현이라는 것은 성인이 되어서도 달성하기 어려운 과제이기도 하다. 따라서 교사는 학생들에게 자아실현을 장래의 목표로 제시하게 하고, 그보다는 학생들의 생리적 욕구나 안전의 욕구가 충족되었는지, 친구와의 관계가 어떠한지에 항상 관심을 가질 필요가 있다.

(3) 자기결정동기이론

인간은 자기결정(self-determination)이라는 무엇을 어떻게 할 것인가에 대한 선택, 통제의 욕구를 가지고 있다고 한다. 즉, 인간은 어떤 외적인 이유 때문에 과제를 수행하는 것이 아니라 자신의 의지(volition)에 따라 그러한 활동에 참여한다고 믿기를 원하는 성향이 있다고 말한다(deCharms, 1976; Deci & Ryan, 1985).

자기결정 동기는 외재 동기와 내재 동기의 상호 대립적인 관계라는 논쟁에 대한 대안으로 학습자의 자율성이라는 자기도식(self-schema) 개념을 구심점으로 하여 자기결정동기이론을 발전시켰다. Deci, Ryan, Connell 등은 자기결정 동기를 외재 동기와 내재 동기들의 관계가 단순히 대립적이고 경계가 분명히 구분되는 것이 아니라, 외재적 통제에서 자기결정에 이르는 하나의 연속체로 개념화하였다.

연속체의 한쪽 끝에 있는 행동은 외적으로 통제된 행동(예: 벌을 피하기 위한 행동)이고 다른 한쪽 끝에 있는 행동은 내재적으로 동기화된 행동(예: 기쁨을 주는 행동)이다. 그리고 연속체의 중간에 있는 행동은 본래의 외적 유관성에 따라 조정되지만, 결국에는 자기결정 행동이 될 가치 있고 시도해 볼 만한 행동으로 그 행동은 자아에 의해 채택된다. 결국 외재 동기는 개인이 지각하는 상대적인 자율성 정도에 따라 달라지기 때문에 자기조절의 정도에 따라 다양한 외재 동기들이 존재한다고 보는 것이다.

Ryan과 Deci(2000)에 따르면, 〈표 7-2〉에 제시된 것과 같이 자기결정성의 정도가 달라짐에 따라 각기 다른 유형의 외재 동기가 하나의 연속선상에 놓이게 된다. 아무런 동기도 없는 무동기(amotivation)로 시작하여 보상이나 벌, 회피와 같은 목적을 달성하기 위한 수단으로 발생하는 것이다. 자기결정성의 부재상태에서 수행되는 외재 동기와 완전히 자신의 결정에 따라 행동하는 자율적 행위들의 원형인 내재 동기 사이에 개인이 지각하는 상대적인 자율성 정도에 따라 외재 동기가 여러 가지 유형으로 나뉠 수 있음을 주장하고 있다.

학생의 자기결정과 자율성을 돕는 학급환경은 학생의 흥미, 유능감, 창의력, 도전

〈표 7-2〉 자기결정성에 따른 동기 유형

동 기	무동기	외재 동기			내재 동기
조절의 양식	무조절	외적 조절	부과된(introjected) 조절	통합된(integrated) 조절	내적 조절
인과소재	없음	외적	약간 외적	내적	내적
관련 조절과정	무의도, 무가치, 무능력, 통제의 결여	순응, 외적 보상과 처벌	자기통제, 자아의 개입, 내적 보상과 처벌	일치, 자각, 자아와 통합	흥미, 즐거움, 내재된 만족

*출처: Ryan, R., & Deci, E. (2000). Intrinsic motivation and extrinsic motivation: Classic definition and new direction. *Contemporary Educational Psychology, 25*, 54-67.

선호와 연관되며, 학생들이 선택을 할 수 있을 때 그 과제가 재미는 없을지라도 중요하다고 느끼게 된다. 그래서 자율적인 학급환경에서 학생들은 자신의 교육목표를 내면화하고 그것을 자신의 것으로 받아들이는 경향이 있다(김아영 외, 2003).

3. 학습동기이론

인간의 행동을 이해하기 위해서 동기를 이해하는 것은 중요하다. 앞에서는 관점에 따른 일반적인 동기이론에 대해 알아보았지만, 앞으로는 학교학습 수행에 관련되어 있는 학습동기에 대해 알아보기로 한다. 일반적으로 동기가 특정 행동을 하게 된 계기나 이유를 의미한다면, 학습동기는 '학습행동의 이유'라 말할 수 있다.

1) 성취동기

동기를 연구하는 가장 중요한 목적이 학습자들의 학업성취를 증진시키는 것에 있다고 한다면 학교학습과 가장 밀접한 관련이 있는 동기는 바로 성취동기다. 성취동기(achievement motivation)란 도전적인 과제를 성취함으로써 만족을 얻으려고 하는 욕구라고 정의할 수 있다. 이를 학교 상황에 적용시키면 '학업성취에 대한 의욕' 이라 할 수 있다.

성취동기란 Murray가 20가지 인간의 기본적인 욕구를 제시할 때 포함시킨 욕구의 하나로 처음 제시되었고, 이후 McClelland(1953)가 성취동기라는 용어를 처음으로 사용하면서 집중적으로 연구한 후 McClelland와 Atkinson에 이르러 보다 체계적으로 발전되었다. Murray는 성취동기에서 정의적인 측면을 강조하였으나 McClelland와 Atkinson은 인지적인 측면을 강조했다. McClelland는 아동에게 성취에 대한 보다 높은 욕구를 형성시킬 수 있다고 믿고 있으며, Atkinson도 성취하고자 하는 욕구를 실패회피 동기와 함께 설명함으로써 성취동기를 이해하는 데 중요한 시각을 제시하였다(임규혁, 1996).

인간은 성취하고자 하는 욕구를 가지는 동시에 실패를 회피하고자 하는 욕구도 가지고 있다. 즉, 실패의 두려움이 성취동기보다 강렬하게 작용하는 경우도 있다. 따라서 성취욕구가 실패회피욕구보다 클 때는 과제에서 실패할 위험이 있는데도 성취하려는 노력을 기울일 것이다. 반면, 실패회피욕구가 성취욕구보다 크다면 실패의 위험을 피하려는 행동을 할 것이다. Atkinson에 따르면 모든 성취 관련 행동은 성공 가능성(자부심의 정서)이나 실패 가능성(수치심 정서)과 연결되며, 이때 정서의 강도가 한 개인으로 하여금 성취지향 행동에 접근할 것인가 회피할 것인가를 결정한다.

성취동기가 높은 학습자들은 적절한 목표를 설정하고, 학습과제를 수행하는 데 따르는 어려움을 극복하고, 실패를 경험하더라도 자신의 노력을 배가하는 반면, 성취동기가 낮은 학습자들은 자신의 능력에 비해 지나치게 높거나 낮은 목표를 설정하게 되고 과제 수행에서도 노력을 보이지 않는다. 일반적으로 성취동기가 높은 학습자들은 도전적인 과제, 높은 기준, 재도전할 수 있는 기회 등으로 동기화되는 경향이 많다. 따라서 교사는 학생들에게 적절한 난이도의 과제를 제시함으로써 성취동기를 향상시키거나 유지시켜야 한다.

성취동기를 설명하는 데 있어 목표(goal)의 개념이 도입되었다. 학습자가 세운 목표의 유형은 그들이 도달해야 하는 동기의 수준에 영향을 준다. 구체적이고 적당히 어렵고 가까운 장래에 도달할 수 있는 목표는 동기와 지속성을 고양시키는 경향이 있다(Pintrich & Schunk, 2002; Stipek, 1996).

Dweck(1986)은 학업성취 상황에서 수행목표(performance goal)와 숙달목표(learning goal)를 제시하고 목표에 따라 학습자의 행동이 달라진다고 주장하였다. 수행목표란 학습자 자신의 능력에 대해 타인으로부터 긍정적인 평가를 받고자 하는 목표다. 숙달목표는 학습이 재미있고 즐거워 자신의 능력을 증가시키려는 것 자체에 목표를 두는 것이다. 수행목표를 가진 학습자들은 어려운 과제를 피하는 경향이 있고, 어려운 과제에 직면했을 때 무기력감에 빠지기 쉽다. 반면, 숙달목표를 가진 학습자들은 도전적인 학습과제를 추구하고 타인의 수행에 신경을 쓰지 않으며, 자신이 얼마나 배울 수 있는가에 관심을 갖고 실패에 대한 두려움이 없는 경향을 보인다.

2) 학습과 관련된 동기들

학습 수행과 관련해 학습자들은 성취동기 이외에도 다양한 요인의 영향을 받는다. 귀인이론, 학습된 무기력, 자기효능감, 자기가치이론, 교사기대 등은 학생의 학습동기와 매우 밀접한 관계가 있다.

앞에서 귀인이론을 살펴보았듯이, 학습 상황에서 귀인이론은 학습자의 실패와 성공에 대해 이해하려는 시도며, 능력과 노력, 운, 과제 난이도라는 네 가지 요소로 학업의 성공과 실패의 원인을 보는 이론이다. 학습자 자신의 성공과 실패의 원인을 어디에 귀인하는가에 따라 후속행동에 영향을 미치기 때문에 귀인이론은 중요한 의미를 갖는다.

통제소재 차원에서 볼 때 성공을 내부(능력, 노력)로 귀인하는 사람은 자신감 · 자부심을 가지게 되어 동기가 향상되는 반면, 실패를 내부로 귀인한다면 자책감을 갖게 될 것이다. 안정성 차원에서 볼 때, 성공을 시험의 난이도와 같은 안정적인 것으로 귀인한다면 비슷한 다음의 과제에서도 성공을 기대하게 될 것이다. 통제 가능성의 차원에서 볼 때, 시험점수가 통제할 수 있는 노력과 같은 요인에서 온 것이라고 생각하면 그 결과를 자랑스럽게 여기고 앞으로도 또 그렇게 통제할 수 있기 때문에 다음 성적도 같은 결과를 기대하게 될 것이다. 따라서 교사는 가능하면 학습자들이 자신의 성공과 실패의 원인을 내부 귀인, 통제가능 차원, 불안정 차원에 속하는 '노력' 에서 찾도록 유도할 수 있어야 한다.

실패를 통제할 수 없는 원인으로 귀인시키는 것은 학습된 무기력(learned helplessness)이라는 부적합한 행동을 유도할 수 있다. 이것은 자신이 무엇을 하든 "난 할 수 없어." "내가 하는 것은 중요하지 않아."와 같이 비효과적이거나 실패할 운명이라고 생각하는 것이다. 학습 상황에서의 학습된 무기력은 "나는 바보니까 실패해."와 같이 실패에 내적이고 안정된 설명과 관련된다. 반복적으로 실패를 경험한 학생들은 자신을 부정적 피드백으로부터 보호하기 위해 '방어 비관론(defensive pessimism)'을 발달(Martin, Marsh, & Debus, 2001)시키기도 한다.

학습된 무기력은 성취수준이 낮은 학생들에게 일반적으로 나타나지만 학교에서 수행을 잘하고 있는 학생들에게도 나타날 수 있다. 영재아로 확인된 학생들도 부적합한 귀인과 무기력으로부터 자유롭지 않아 오히려 영재아들이 학습된 무기력에 쉽게 빠질 수 있다. 그것은 아동들의 특별한 학업적 재능에 자부심을 갖고 있는 부모들이 아동들이 충족하기에 벅찰 정도로 높은 기대를 표현하기 때문이다(Stipek, 2002).

학습된 무기력은 학생들의 양육과정에서 일어날 수 있지만 교사들의 일관성 없고 예측할 수 없는 보상과 벌의 사용에서도 올 수 있다. 이것은 학생들에게 성공할 수 없다고 믿게 만드는 형태다. 학습된 무기력에 빠진 학생들에게 교사들은 작은 단계로 나누어서 성공의 기회를 주고, 즉각적인 피드백과 일관된 기대와 실행연습을 통해서 학습된 무기력을 완화할 수 있다(Slavin, 2003).

또 자기효능감 이론도 학습에 영향을 주는 동기로, 특정한 과제의 수행이나 학업성취 상황에서 수행을 촉진시키는 중요한 개인적 특성이다. 교사는 자기효능감이 고정적인 특성이 아니라는 사실을 알아야 한다. 자기효능감이란 특정 과제에서 성공할 수 있을지에 대한 개인의 능력을 스스로 평가하는 것을 의미한다. 그렇기 때문에 높은 자기효능감 조성을 위해서는 학습자들에게 자신감을 길러 주어야 하며, 그러기 위해서는 교사나 부모가 학습자들에게 진지하고 긍정적인 기대감을 표시해야 한다. 자기효능감이 높은 학습자들은 낮은 학습자들보다 학업성취에서 우수할 뿐만 아니라 학습에 대한 내재 동기가 높으며, 어려운 과제에 대해서도 인내심을 발휘하고 문제해결에 필요한 인지전략을 사용한다.

높은 자기효능감이 성취 결과에 영향을 미친다는 주장은 Collins(1982)의 연구에서도 검증되었다. 그는 학생들의 수학능력을 상 · 중 · 하로 구분하여 각 능력집단 내에서 높은 자기효능감을 지닌 학생들은 낮은 자기효능감을 지닌 학생보다 문제를 더 정확히 해결하였고 틀린 문제와 같은 유형의 문제를 더 많이 선택해서 해결하고자 하였다는 결과를 얻었다. 즉, 세 집단 모두에서 자기효능감은 실제 학업수준은 물론 성취행동과 수행을 예언하였다. 이러한 연구 결과는 교사들에게 학생들이 달성 가능한 목표를 설정하고 그 목표에 도달하는 방법을 계획하도록 지도함으로써 자기효능감을 향상시킬 수 있어야 함을 강조하고 있다.

이러한 자기효능감과 유사한 개념으로는 Covington(1984)이 제안한 자기가치(self-worth)가 있다. 자기가치란 자신의 가치에 대한 평가로 정의된다. 자기가치이론에서는 인간이 스스로 유능하다는 느낌을 가지려는 욕구가 있다고 가정하고 있다. 따라서 학습자들은 유능감을 성취하기 위해 오랜 시간을 학습에 몰두하게 되는 것이다.

자기가치이론은 학습자가 자신의 능력을 평가하는 것으로, 성취할 목표의 수준을 결정하는 데 영향을 준다. 예를 들어, 자신의 능력을 과소평가하는 학습자는 자신의 능력수준에 비추어 매우 낮은 목표를 설정하게 되고, 반대로 자신의 능력을 과대평가하는 학습자는 지나치게 높은 목표를 설정하게 된다(Pintrich & Schunk, 2002).

자신의 능력지각과 자기가치의 연결이 학습자들에게 문제가 될 수 있다. Covington이 지적했듯이 경쟁적 교육환경은 일부 학생들의 성공을 방해한다. 모든 학생들이 좋은 수행을 할 수 없기 때문에 일부 학습자들의 자기가치는 불가피하게 위협을 받는다. 또 오늘날 우리 사회에서는 인간의 가치를 학업성취도와 동일시하는 경향성이 강하다. 즉, 한 학생의 가치는 곧 그 학생의 성적과 직결되기 때문에 학생들은 인간으로서 각 개인의 가치를 시험성적과 혼동하는 경우도 있다.

앞에서는 학습의 동기를 학습자의 입장에서 설명하는 이론을 살펴보았지만, 지금부터는 수업 상황에서 학습자가 아닌 또 다른 주체인 교사와 관련하여 알아보기로 하자. 학생들의 학습에 대한 교사의 기대는 학습자들의 실제 학습에 많은 영향을 미친다. 교사의 기대는 Rosenthal과 Jacobson(1968)의 「교실 속에서의 피그말리온(Pygmalion in the Classroom)」이라는 연구보고서에서 제안한 '자기충족적 예언(self-fulfilling prophecy)' 이라는 용어로 설명된다. 자기충족적 예언이란 예언이 원인이 되어 실제로 그 예언이 실현된다는 것, 즉 교사가 학생들에 대해 어떤 기대를 하느냐에 따라 학생들이 그 기대에 부합된다는 것이다. 교사가 학생의 학업 수행에 대해 긍정적인 기대를 가지면 그 학생은 학습 활동에 적극성을 보여 높은 학업성취를 가져오게 될 것이다. 반대로 교사가 학생의 학업 수행에 대해 부정적인 기대를 가지면 학생들은 위축되거나 동기가 저하되어 수행수준도 낮아지게 되고 결국은 악순환으로 빠질 것이다. 이런 사실과 관련해서 Brophy(1983)는 우수한 학생을 배출하는 교사와 그렇지 않은 교사를 구분하는 가장 중요한 변인이 학생들이 학습할 수 있다고 믿는 교사의 기대라고 주장하였다.

[그림 7-3] 학업 수행 중인 학생들

학습자들은 교사의 긍정적인 기대를 언어 표현이나 상호작용 태도에서 알 수 있다. 교사들은 자신들의 행동에 주의를 기울여야 하며, 학생들에게 동기부여를 하기 위해 학생들의 개인차를 고려하여 능력을 최대한 발휘하게 도와주어야 할 것이다.

3) 학습동기 향상을 위한 방안

앞에서 논의한 바와 같이 학습동기에는 여러 가지 동기이론이 있다. 학업 수행을 이끌기 위한 학습자들의 동기를 어떻게 높여 줄 것이냐는 문제는 교사와 학부모들에게 매우 중요한 과제기도 하다. 학습자의 동기를 유발하고 최적의 동기수준을 유지하며, 동기수준을 증진시킬 수 있는 방안은 무엇인가?

Brophy(1988)는 학습자들의 학습동기를 자극하여 주어진 과제에 몰두할 수 있도록 도움을 주는 방안을 제시하였다.

첫째, 자유로운 교실 분위기, 학습자의 실수에 대한 교사의 허용과 지지, 가치 있는 학습과제의 조건을 갖추어야 한다.

둘째, 학습자들에게 자신감을 갖게 하고 긍정적인 기대를 형성해 주어야 한다. 이를 위해 제시된 구체적인 방안은 다음과 같다.

- 학습수준과 학습속도를 학습자들의 수준에 맞춰라.
- 명확하고 구체적이며 가까운 시일 내에 달성할 수 있는 목표를 설정하라.

- 동료 학습자들과 비교하지 말고 자기 비교를 하도록 하라.
- 학습자들이 노력하면 학습 결과에 긍정적인 효과를 얻을 수 있다는 믿음을 갖게 하라.
- 교사는 학습자들에게 훌륭한 문제해결의 모범이 되어야 하며, 교사의 의도적인 노력으로도 학생들의 학습동기 수준이 향상될 수 있음을 인식해야 한다.

셋째, 학습자들이 학습하고 있는 내용이나 활동의 가치에 대해 충분히 인식할 수 있도록 해야 한다. 따라서 학습과제가 지니고 있는 그 자체의 가치는 물론, 학습한 내용이 다른 학습활동에 도움이 될 수 있음을 이해시키는 것이 좋은 방법이다.

넷째, 학습자들이 어려움에 직면하여 학습활동에 진전이 없을 경우, 계속해서 주어진 학습과제에 몰두할 수 있도록 다양한 방안들을 마련해 두어야 한다.

교육현장에서 학습자들이 갖는 가장 이상적인 동기 상태는 내적으로 유발된 내재동기라는 신념이 팽배하다. 학습자들의 학습동기에서 가장 중요한 것은 장기적인 효과다. 일시적인 과제에 대한 동기화는 다양한 외적 보상이나 벌 등으로 통제되기 쉽지만 이러한 결과로 내재 동기가 절감될 수 있다는 우려도 있다. 교실에서의 동기는 장기적으로 학업 자체에 흥미와 의미를 두고 스스로 진행할 수 있는 환경을 조성해 주는 것이어야 한다. Slavin(2003)은 교사가 학습자들의 내재 동기를 향상시키는 방안을 다음과 같이 제시하고 있다.

첫째, 학습자들의 흥미를 유발해야 한다. 내용에 대한 중요성과 흥미수준을 확인하고 지식이 어떻게 획득되는가를 보여 주거나 배울 내용에 대해 학습자의 호기심을 불러일으킬 만한 언어를 사용하는 것이다. 수업자료들을 학생들의 문화에 연관시켜 예를 들면서 수업을 소개하는 것이 효과적일 수 있다. 예를 들어, 천문학을 소개할 때 교사는 다음과 같이 말할 수 있다. "몇천 년 전에 중앙아메리카의 마야인들은 미래의 몇 세기 동안 달과 별들의 움직임을 정확히 예측할 수 있는 달력을 가지고 있었습니다. 그들은 이것을 어떻게 만들었을까요? 오늘 수업시간에 우리는 행성, 달, 별들이 예측할 수 있는 경로를 따라 어떻게 움직이는지 배울 것입니다."

둘째, 학습자들의 호기심을 유지시켜야 한다. 학습자들의 현재 능력으로는 해결할 수 없는 과제를 제시해서 도전하게 하면 호기심을 일으키게 되고 결국 내재 동기가 유발된다. 예를 들어, 과학교사는 학생들을 놀라게 하거나 당황하게 하는 시범을 자주 보여서 학생들이 이유를 궁금해 하게끔 유도한다.

셋째, 다양하고 흥미로운 제시방법을 사용해야 한다. 추상적인 것보다는 구체적인 예를 통해 학습자들을 흥미롭게 하거나, 게임이나 모의 상황 또는 역할극을 이용하여 주제에 대한 흥미를 증가시킬 수 있는 방법을 사용하는 것이다.

넷째, 학습자들의 목표설정을 도와주어야 한다. 학습자는 타인이 세운 목표보다 자신이 설정한 목표를 위해 더 열심히 일하기 때문에 교사는 학습자의 수준에 맞는 목표를 설정하는 것을 도와주는 것이다.

8장 수업이론

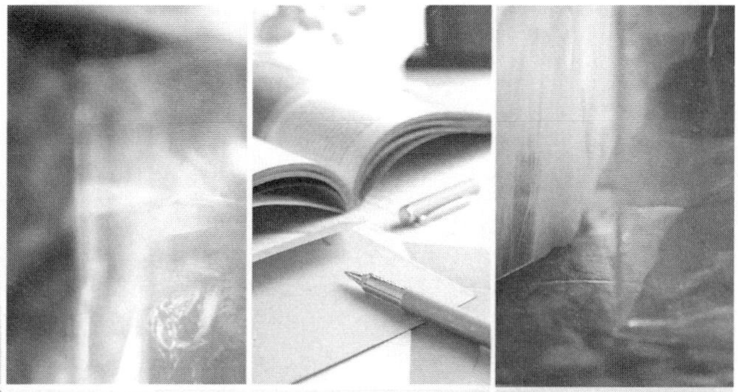

1. 수업의 접근
2. 수업이론과 수업모형

제8장 수업이론

학습목표

1. 수업과 교수의 개념적 차이를 이해한다.
2. 수업설계에 필요한 요소들을 이해한다.
3. 수업이론의 특성을 이해한다.

학습내용

1. 수업과 교수의 개념적 차이는 무엇인가?
2. 수업설계에는 어떠한 것들이 포함되는가?
3. 교육심리학에서 수업이 갖는 의미는 무엇인가?
4. 수업이론과 수업모형의 특징은 무엇인가?

주요개념

수업	교수	출발점 행동	정교화	수업설계
피드백	평형화	학습자	의미적 부호화	선행조직자
학습성향	지식구조	인지적 재구성	동기유발	수행수준 근접발달대

학습개요

교사의 열정은 교사가 수업시간에 보여 주는 활력, 힘, 관심, 정열, 흥미 등을 의미한다. 이는 다양한 방법으로 학생들에게 전달되어 학생의 정서에 영향을 미친다. 또한 교사의 열정은 학생의 학업성취와 깊은 관련이 있으며 학습과정에서 학생의 적극적인 참여를 유도하므로, 교사의 열정에 관련된 행동들을 수업 상황에서 어떻게 가르칠 것인가에 대한 핵심행동과 촉진행동을 적절하게 통합해서 활용하도록 해야 한다. 교사는 학습을 하기로 결정한 학생들이 학업을 성취할 수 있도록 도와주기 위해 사용할 접근을 결정해야 하고, 수업에 대한 접근들은 각기 다른 학습이론과 동기이론에 기초하고 있음을 알아야 한다.

수업은 학습이 잘 진행되도록 학습자의 내 · 외적 조건을 체계적으로 조직하는 과정을 의미한다. 수업이 효과적으로 이루어지기 위해서는 수업에 관련된 여러 가지 조건과 요인들이 잘 갖추어져야 한다.

그러나 학습과정의 복잡성과 학습자의 다양성을 고려할 때 어떤 한 이론이 모든 수업과 모든 학생들에게 유용할 수는 없다.

따라서 이 장에서는 수업과 교수의 개념적 차이를 알아보고 수업설계에 필요한 요소를 살펴보며, 이와 같은 수업과정의 이해를 돕기 위해 다양한 수업이론들을 소개할 것이다.

1. 수업의 접근

1) 수업과 교수

수업은 몇 가지 용어들이 서로 혼용되어 쓰이고 있다. 수업과 함께 가장 널리 쓰이는 용어는 교수다. 영어로는 'instruction' 과 'teaching' 이다. 그러나 학자에 따라서 'instruction' 을 수업으로, 'teaching' 을 교수로 번역하기도 하고 그 반대로 번역하기도 한다. 즉, 수업과 교수가 비슷한 의미거나 강조하는 바가 조금 다른 의미로 사용되고 있다. 그러나 수업과 교수에는 엄격한 차이가 있다.

Gagné(1964)는 "교사가 교사의 자격으로 하는 모든 행동은 교수며 학습지도, 생활지도, 학급경영 등 모든 활동이 포함된다."라고 설명하고 있다. 이에 따른다면 교수는 하나의 통일된 단일현상이 아닌 매우 포괄적인 개념이 된다.

수업은 학습자의 학습목표 달성에 교수처럼 반드시 교사를 전제로 하지 않고 프로그램 학습자료, 시청각 매체, 컴퓨터 프로그램 등으로도 학습목표를 달성할 수 있다. 수업은 교사와 학생 간의 인격적 상호작용과 더불어 자료와 학생 간의 상호작용에서도 이루어질 수 있다.

교수와 수업의 차이를 이해하게 되면 수업은 그 내용상 범위가 교수보다 훨씬 한정적이며 생활지도나 학급경영은 수업의 개념에 포함되지 않게 되므로 여기서는 수업의 의미를 교수의 의미보다 제한적으로 해석하여 개념화하고자 한다.

Gagné(1977)는 "수업이란 학습자 외부에서 학습의 내적 과정을 지원하기 위해 고안된 일련의 사상" 이라고 설명하였다. 즉, 수업은 학습의 내적 과정이 촉진될 수 있도록 교사가 수업목표에 대하여 주의를 집중시키고 학습과제를 의미 있게 부호화하여 학습자의 기존 인지구조와 잘 관련지어 저장하도록 도와주고, 필요할 때 이를 쉽게 인출하여 효과적으로 수행함으로써 긍정적 송환 효과를 갖도록 도와주는 활동이다.

수업은 교수의 영역 중에서 교사의 적용과 실행에 중점을 두는 것으로, 교사가 교실에서 수업시간에 가르치는 것이다. 이 수업은 포괄적인 교수활동의 일부분이다. 따라서 수업은 교수활동 가운데 학습과 가장 근접해 있는 것으로 설명될 수 있다.

Wasserman(1999)이 "수업이란 명확한 정답이 있는 문제가 아니다."라고 진술한 것은 교사가 융통성을 가져야 한다는 것을 강조하는 것이다. 융통성이란 모든 학생의 다양한 욕구와 흥미를 고려하여 효과적인 수업계획을 수립하기 위해 모든 기법과 정보 중에서 마음대로 선택할 수 있는 것으로, 다양한 방식으로 정서와 관심을 전달하는 것을 수반하며 즉흥적인 능력을 포함하는 것이다.

따라서 수업은 학생들의 학업성취 향상을 위해서 보다 많은 학습의 기회를 제공하고 다양한 검사를 통해서 학생들에게 중요한 자료에 주의를 환기시킨다. 그리고 질문과 숙제를 통해서 학생들이 과제에 몰두하게 하고 논평과 언어적 설명 및 칭찬으로 교정적인 피드백과 강화를 제공하게 된다.

2) 수업설계

유능한 교사는 매일의 수업 경험을 검토하고 그 경험들을 다음 수업설계에 반영한다. 경험을 기초로 수업설계를 하는 것이 수업을 더 융통성 있고 유연하게 만들어 준다. 이러한 이유로 수업설계 과정에 필요한 네 가지 기본요소는 다음과 같다.

① 교육목표와 수업목표에 대한 이해
② 학생에 대한 이해
③ 학습내용에 대한 이해
④ 교수방법에 대한 이해

Shulman(1992)은 교육목표와 수업목표, 학생, 학습내용, 교수방법에 관한 이해를 넓히기 위한 네 가지 구체적인 방법을 제시했다.

① 학급 관찰, 교육실습, 수업 경험과 같은 실제적 경험을 하기
② 유능한 교사와 그렇지 못한 교사의 행동에 대한 사례 읽기
③ 수업에 관한 개념이나 패러다임 변화에 대한 기사 읽기
④ 교과내용과 교수방법에 대한 연구논문 읽기

이러한 방법은 수업설계를 위해 필수적인 교육목표와 수업목표, 학생, 학습내용, 교수방법에 대한 이해의 폭을 확장시키는 데 매우 효과적인 방법들이다.

책에서 배운 지식은 수업현장 경험을 통해 더욱 신장되고 변화된다. 이러한 변화는 묵시적 지식에 의해 일어난다. 묵시적 지식이란 시간이 지나면서 직접적인 경험을 통해 생기는 능력을 의미하는 것으로, 이를 통해 더욱 효과적인 수업설계를 할 수 있도록 한다.

따라서 수업설계 과정에 필요한 요소는 묵시적 지식을 첨가하여 다섯 가지로 설명될 수 있다. 즉, 교육목표와 수업목표의 이해, 학생 이해, 학습내용 이해와 조직, 교수방법의 이해 그리고 묵시적 지식의 체제다.

2. 수업이론과 수업모형

1) Reigeluth의 정교화 이론

정교화 이론을 적절하게 설명하기 위하여 Reigeluth는 줌렌즈의 비유를 하고 있다. 즉, 사람들이 어떤 사물을 구체적으로 파악하여 이해하기 위해서는 먼저 전체적인 상황을 파악해야 한다는 것이다. 따라서 교수과정 역시 학습해야 할 내용에 대한 개요를 소개하고, 그것을 바탕으로 점차 구체화된 형태의 정교화된 교수가 진행되어야 한다는 것이다. 따라서 이 이론에서는 학습자에게 교수내용의 가장 기본적이고 간단하면서도 일반적인 전체 개요를 먼저 소개해 주어야 한다고 본다. 그런 다음 그 전체적인 개요에 점차 구체성을 부가하는 방식으로 교수과정을 조직하는 것이다.

(1) 정교화 이론

① 줌렌즈의 비유

정교화 이론을 이용해 과제를 학습하는 과정은 사진기의 줌렌즈로 사물을 관찰하는 것에 비유된다. 먼저 망각렌즈를 통해 사물의 전체적인 모습을 관찰함으로써 각

부분들이 서로 어떠한 관계를 형성하고 있는지 파악한다. 그 다음 각 부분별로 확대해 들어가 세부사항들을 관찰한다. 이렇게 줌인(zoom-in) 해서 세부사항들을 관찰한 다음, 다시 줌아웃(zoom-out) 함으로써 전체와 부분의 관계를 다시 반복적으로 검토한다.

② 세 가지 조직모형

정교화 이론은 개념적 조직모형, 절차적 조직모형, 이론적 조직모형으로 구성되어 있다. 이들 조직모형들은 어떤 지식을 다루고 있는가에 따른 분류이다. 즉, 정교화 이론에서는 지식의 형태(학습내용)를 개념, 절차, 원리로 구분하고 있는데, 각 지식의 형태마다 적절한 조직모형이 개념적 조직모형, 절차적 조직모형, 이론적 조직모형이라는 것이다. 따라서 교수자는 교수과정에서 다루어질 내용들에 대하여 적절한 조직모형을 선택하고 각 조직모형의 정수를 구분한 다음, 이를 바탕으로 교수를 진행시켜야 할 것이다.

③ 일곱 가지 기본전략

㉠ 정교화된 계열화

이 원리는 교수가 정수부터 시작하여 계열화하여야 한다는 것이다. 즉, 교수내용을 단순하고 간단한 것에서 복잡하고 세부적인 것으로 조직하는 원리다.

㉡ 선수학습 요소의 계열화

이는 학습의 구조에 기초를 둔 전략으로 새로운 정보를 배우기 전에 어떤 지식이나 정보를 먼저 배워야 할지를 밝혀 주는 것이다. 즉, 새로운 지식을 도입하기 전에 그 지식을 습득하는 데 필요한 모든 선수능력이 갖추어지도록 교수과정을 계열화하는 것이다.

㉢ 요약자의 사용

학습한 내용을 체계적으로 정리해서 복습하는 것이다. 학습단원 요약자는 각 단위수업 끝부분에 제시되는 학습한 아이디어에 대한 정리를 말하며, 교과 전체 요약자는 일련의 단원에서 학습한 모든 아이디어에 대한 정리를 말한다.

ⓡ 종합자의 사용

개개의 아이디어들을 서로 연결시키고 통합시키기 위하여 사용되는 전략요소다. 수업단원 종합자는 한 단위수업에서 배운 아이디어 간의 관계를 보여 주는 것이고, 교과 전체 종합자는 일련의 단위수업들에서 지금까지 학습한 모든 아이디어 간의 관계를 나타내 준다.

ⓜ 비유의 활용

비유는 새로운 정보를 학습자에게 친숙한 아이디어로 연결시켜 이해할 수 있도록 도와주는 교수의 전략요소다. 비유는 학습자의 경험 속에 존재하는 어떤 구체적인 것과 수업을 통하여 가르치고자 하는 보다 추상적이고 복잡한 아이디어들을 연결시킬 수 있도록 도와준다.

ⓑ 인지전략의 활성자

인지전략을 활성화하는 방안에는 학습자가 전략의 사용을 의식하지 못하는 사이에 특정한 방향으로 학습내용과 상호작용하도록 만드는 것과 직접적 지시에 따른 활성화 방안이 있다. 이는 새 지식에 대한 학습자의 습득과 파지를 돕고 의식적인 전략 활용을 통해 학습능력의 향상을 가져온다.

ⓢ 학습자 통제

이는 학습자가 자신이 학습할 내용과 다양한 학습전략들을 선택하고 계열화하여 어떻게 공부할 것인가를 스스로 결정할 수 있도록 함을 의미한다. 정교화 이론에서는 학습자가 학습의 내용과 교수전략, 인지전략 등을 선택하고 계열화하도록 학습자 통제의 가능성을 부여하고 있다.

④ 정교화 과정

학습할 내용에 관한 가장 단순하면서 기본적인 아이디어인 정수를 가지고, 여기에 상세함이나 복잡성을 추가한다. 그런 다음 이를 다시 검토해 전에 나타난 아이디어와 최근 아이디어의 관계를 파악한다. 마지막으로 요약과 종합으로 이어지는 정교화 패턴을 학습내용에서 만족할 만한 수준의 복잡성을 성취할 때까지 계속 진행한다.

(2) 이론의 적용

① 개념적 정교화

교과가 개념적인 특성을 띠는 경우에 활용되는데, 먼저 개념들을 상위개념, 동위개념, 하위개념 등으로 분류하고 이에 따라 일련의 개념 조직도를 고안한다. 개념 조직도 중에서 가장 중요하고 포괄적인 내용을 먼저 선정한 다음 좀 더 구체적인 개념의 순서로 계열화한다.

② 절차적 정교화

가르쳐야 할 내용이 주로 절차일 경우 절차적 정교화를 사용한다. 절차를 따른다는 것은 결국 과업을 완수하는 것이다. 그러므로 이를 위해서는, 첫째, 가능한 가장 단순한 형태의 과업을 찾아내고, 둘째, 과업을 복잡하게 하는 요소들을 하나씩 중요한 순서대로 첨가해 나가며, 셋째, 개념과 절차 그리고 선수지식 등 다른 내용들을 적절하게 삽입한다.

③ 이론적 정교화

학습목표가 주로 이론으로 구성됐을 경우에는 이론적 정교화를 사용한다. 가르칠 원리에 대해 충분히 이해한 후 먼저 한 시간 단위로 무슨 원리를 가르치는 것이 가장 적절한지 생각해 볼 것을 조언하고 있다. 첫째, 가르쳐야 할 모든 원리들을 가장 기초적인 것부터 점차 상세하고 복잡한 순서대로 나열한다. 둘째, 다른 내용들을 이에 삽입해 나간다.

④ 정교화 이론에 따른 교수설계의 6단계

- 교수목표에 근거하여 개념적 조직화, 절차적 조직화, 이론적 조직화를 선정해야 한다.
- 학습자가 학습할 필요가 있는 내용을 토대로 개념적 조직구조, 절차적 조직구조, 이론적 조직구조를 설계한다.
- 설계된 교수구조를 체계적으로 분석하여 교수내용의 어떤 요소가 개요정리가 되고 어떤 부분이 정교화의 어느 수준에 속하는가를 파악하여 교수전개의 골격을 이끌어 낸다.

• 교수전개의 골격에 보조적인 교수내용을 정교화 수준에 맞추어 첨가한다.
• 각 수준을 구성하게 될 각 학습단원의 범위와 깊이를 정한다.
• 각 수준에 속해 있는 각 학습단원의 내적 구조를 계획한다.

6단계의 거시적 교수설계 과정을 마치면 단일 아이디어나 사실에 관한 수업을 조직하는 미시적 교수설계가 이루어진다.

2) Snow의 적성-처치 상호작용이론

(1) 적성-처치 상호작용이론

① 기본 입장

학생들은 각기 다른 능력을 가지고 있으므로 그에 따라 교수방법을 다르게 투입함으로써 학생의 학업성취를 극대화할 수 있으며, 학생 개개인의 능력에 맞는 수업방식을 적용하면 적성과 처치의 두 변인 간의 상호작용으로 인하여 최대의 교육 효과를 거둘 수 있다는 입장이다. 즉, 학생 각자에 맞게 수업절차를 다양하게 변화시킴으로써 개인차에 따른 문제를 줄이면서도 공통의 목표에 도달할 수 있다고 보는 것이다.

② 기본 개념

• 적성이란 주어진 구체적인 조건에서 학습자가 가지고 있는 능력을 최대한으로 발달시킬 수 있게 하는 잠재되어 있는 능력이나 성질 혹은 장래의 발달에 영향을 줄 수 있는 개인의 초기상태를 말한다. 관련된 상황하에서 사후학습에 대한 예비적 학습경향성 혹은 잠재적 학습 특성이라 할 수 있다. 이는 인간-상황 상호작용이라는 기본적인 가정을 내포하고 있다.
• 처치란 학생들 각자에게 어떠한 조치를 취하는 것으로 교수방법이 대표적이다. 실험조건의 내용이나 절차상의 차이를 말하며 학생들에게 교수 프로그램이나 교수방법으로 투입한다. 학습과정을 구성하고 전개시키는 방법이나 제시하는 방법 등을 말한다.
• 상호작용이란 적성의 차이가 교수방법의 차이에 따라 다른 성취를 예견할 수

있을 때 적성과 처치 사이에서 나타나는 것을 의미한다. 즉, 교수방법들은 학습자의 개인적인 차이에 근거하여 학습을 촉진하기도 하고 방해하기도 한다.

③ 적성이론

적성이란 인간의 내적 환경과 그것이 조작하는 외부 환경 간의 상호작용의 결과를 의미한다. 적성이론이란 달성하고자 하는 목적, 즉 예견된 목적과 관련지어 인간의 내적 환경과 외부 환경이 서로에게 잘 적응할 수 있도록 관련 현상들을 설명하려는 이론이다. 적성이란 용어는 항상 어떤 특별한 외부 환경, 즉 교수방법 상황하에서의 예언을 의미한다. 그러므로 학습자가 활동하게 되는 그러한 상황을 기술하는 것은 반드시 적성을 정의하는 과정 속에 포함되어야 하며 그 일부가 되어야 한다. 적성을 고려할 때 반드시 적성-처치 상호작용의 제한적인 형태로 하는 것이 타당할 것이다.

④ 적성-처치 상호작용 모형(ATI)

적성-처치 상호작용 모형은 Cronbach와 Snow가 학습능력에 따라 처치를 달리하면 그에 따라 다르게 반응한다는 점에 착안하여 고안한 것이다. 여기서 학습자가 보여 주는 학습의 결과는 학습자의 적성 또는 특성과 교사가 행하는 처치 또는 수업방법의 상호결과라고 설명하는 입장이다. 즉, 학습자의 적성에 부합하는 수업방법을 이용하면 학습이 촉진되지만 그렇지 않은 수업방법을 동원하면 학습이 제대로 이루어지지 않는다는 것이다.

(2) 이론의 적용

① 높은 일반능력을 가진 학습자를 위한 교수조건

- 정보처리 부담이 큰 교수조건
- 정교하고 특별한 설명이 있는 교수조건
- 새로운 내용이 포함되어 있는 교수조건
- 발견적 혹은 탐구적 교수조건
- 학습자의 자기주도적인 학습을 유도하는 교수조건

- 상대적으로 구조화되어 있지 않고 허용적인 교수조건
- 그림이나 매체보다는 언어에 의존하는 교수조건
- 학습 속도가 빠른 교수조건
- 선행조직자를 제공한 교수조건

② 낮은 일반능력을 가진 학습자를 위한 교수조건

- 정보처리 부담이 강력하지 않은 교수조건
- 수행해야 할 과제가 단순하거나 작게 나누어져 있는 교수조건
- 정보를 반복적으로 제공하는 교수조건
- 언어보다는 그림이나 기타 매체를 많이 사용하는 교수조건
- 단순화된 시범, 모형, 시뮬레이션 등을 사용하는 교수조건

3) Bruner의 발견-교수학습이론

Bruner는 네 가지 요소, 즉 학습 성향, 지식구조, 학습계열 그리고 강화와 상벌에 따라 수업의 방법, 과정, 방향을 설명할 수 있다고 보았다. 이 요소들을 가지고 이상적으로 조작한 방법이 바로 발견학습이다. 발견학습은 학문의 결과보다 사고과정을 중요시하여 학습자에게 교과를 최종적인 형태로 제공하는 것이 아니라 그 최종 형태를 학습자 스스로 조직하도록 요구한다. 이때 교사는 수업자의 인지구조를 파악하고 개념에 맞는 자료를 제시해 주며, 학생들의 질문에 대한 답을 할 때는 개념 정의보다는 탐구과정을 일깨워 주는 안내자 역할을 해야 한다.

(1) 발견학습이론

① 발견학습의 4요소

- 학습 성향: 학습하고자 하는 경향으로 학습이나 문제의 해결은 학습자의 개인적 요인, 즉 학습이나 주어진 문제를 해결하기 위한 대안을 탐색하려는 의욕에 달려 있다. 학습의욕을 일으키기 위해서는 적절한 수준의 불확실성이 필요하다.
- 지식구조: 학습해야 할 수많은 정보를 몇 개의 기본 개념이나 아이디어로 정형

화한 것으로 지식의 영역에서 가장 기본적인 개념이나 법칙, 원리 및 아이디어라 할 수 있다. 지식의 최적구조는 지식의 종류나 수준에 관계없이 그 분야의 표현방식, 경제성, 유효력 등에 따라 결정된다.

- 학습계열: 학습자들이 학습과제를 완전하게 취할 수 있도록 조직하여 제시하는 순서상의 원리로 일종의 학습난이도와 관련이 있다. 작동적, 영상적, 상징적 순서를 따르는 것이 일반적이며 학습의 최적계열은 학습자의 경험수준과 발달단계에 따라 다르다.
- 강화와 상벌: 강화의 역할은 학습자에게 교정적 정보를 주는 것이며 외적 보상보다 내적 보상을 중요하게 여긴다. 즉, 학습에 대한 즐거움에 연결되는 발견의 기쁨, 성취의 만족 등은 내적 보상으로 다른 보상보다 강하다고 본다.

② 발견학습의 과정

- 1단계: 과제를 파악하는 단계
- 2단계: 과제해결의 가설을 세우고 예측을 하는 단계
- 3단계: 가설 검증을 위해 분석적 사고로 원리를 발견하고 가설을 검증하는 단계
- 4단계: 결론을 맺고 적용해 보고 활용해 보는 단계

③ 발견학습의 절차

- 학습목표의 설정: 학습목표가 설정되면 교사는 목표달성을 위해 학습자들에게 적절한 예를 제시하고 학습자들은 스스로 이 문제를 탐구하여 해결한다.
- 흥미요소 선정: 학습자들이 흥미를 가지고 논쟁을 벌이며 탐구할 수 있도록 이끄는 요소가 무엇인지를 사전에 계획해야 한다.
- 질문하기: 질문은 학습자들에게 갈등과 호기심을 증진시켜 문제를 해결하도록 이끌며 어떤 탐구활동을 수행해야 하는지 그 방향을 설정해 준다.

④ 발견학습의 조건

Bruner는 발견학습이 잘 되기 위한 조건으로 학습태세, 요구상태, 관련 정보의 학습, 연습의 다양성의 네 가지를 제시하였다.

- 학습태세: 학습자가 학습 상황에 임해서 보이는 내적 성향성이다. 발견학습을 촉진하기 위해서는 발견하도록 하는 제시를 자주 하여 학생 스스로 발견할 수 있는 기회를 충분히 제공해야 한다.
- 요구상태: 학습자의 동기수준을 가리킨다. 너무 높거나 낮은 동기수준보다 보통의 동기수준이 분류체계의 발견에 도움을 준다.
- 관련 정보의 학습: 학습자가 관련된 구체적 정보를 알고 있는 정도를 말한다. 발견은 우연한 것이 아니고 많은 구체적 정보(개념, 법칙, 원리)의 학습이 발견능력을 촉진한다.
- 연습의 다양성: 정보에 접촉하는 사태가 다양하면 그 정보를 조직할 수 있는 분류체계의 개발이 용이해진다는 것이다.

(2) 이론의 적용

① 비계설정

비계설정(scaffolding)은 개별화 지도의 주요 요소를 파악하려 했던 Wood, Bruner, Ross 등이 은유적으로 표현한 개념이다. 건물을 지을 때 비계를 설치하는 것과 마찬가지로 성인과 아동의 상호작용에서 성인은 아동으로 하여금 새로운 능력을 발달시키고 구축해 가도록 지원해 주는 비계체계가 되는 것이다.

비계설정의 구성요소는 Berk 등이 제안한 '공동의 문제해결' '상호주관성' '따뜻함과 반응'과 함께, 기호의 매개를 강조했던 Vygotsky 이론에 기반을 두어 '언어의 매개'를 중요한 구성요소로 설명할 수 있다.

비계설정에 대한 여러 연구들은 성인과 아동이 문제해결을 위해 공동활동을 하는 동안 성인이 과제의 특성과 아동의 발달수준에 맞춰 언어적 지시를 바꾼다는 것을 보여 준다(한순미, 2001).

비계설정은 아동이 '자신의 근접발달대에서 과제를 해결하게 하는 것'과 '자기조절을 증진시키는 것'을 목표로 볼 수 있다.

학습은 학습자가 가진 기존의 지식을 중심으로 학습자 자신의 발견을 통해 새롭게 의미를 구성하고 지식을 구조화해 나가는 과정이다. 학습과정에서 비계설정은 학습자가 새로운 발견과 의미구성에 필요한 여러 가지 사실들의 발견이나 기술 및 전략 습득을 위해 교사나 부모의 비지시적 안내를 받으면 훨씬 효과적으로 학습이 일어난다는 것이다. 이러한 안내는 명시적인 가르침을 통해 이루어지는 것이 아니다. 이는 교사와 아동 간에 서로 생각을 주고받는 언어 교환과 자연스러운 사회적 상호작용을 통하여 필요한 전략과 기술들을 학습자 스스로 발견하고 터득하여 익혀 나가는 것이다.

② 언어습득 지원체계(LASS)

유아의 언어발달은 구체적인 사회적 맥락 속에서 사회적 상호작용을 통하여 이루어진다. 아동은 정보를 선정하고 새로운 가설을 만들어 내고 이미 존재하는 정신적 구인들을 새로운 경험들과 통합하여 결정을 내리는 과정을 통해서 배운다. 따라서 유아의 학습을 최적화하기 위한 교수는 어떤 학습이든지 유아 스스로 어떤 개념과 원리와 법칙들을 발견하게 하는 것이다. 이러한 발견은 교사와 학생이 능동적으로 대화에 참여할 때 최대가 된다. 아동이 언어사용 기술을 배우려면 반드시 사람들과의 상호작용이라는 문화적인 체계가 있어야 하고, 유아들이 언어환경 속에 노출되어야 하며, 유아들에게 더 효과적으로 언어를 사용할 수 있는 언어 사용의 전략들을 의도적인 과정을 통하여 가르쳐야 한다.

4) Gagné의 학습조건이론

Gagné는 효과적인 학습을 촉발하기 위해 '학습의 누적 효과'를 강조하였으며, 학습이란 새로운 능력을 획득하기 위해 요구되는 정보처리의 단계로서 환경의 자극을 변형시키는 인지과정의 집합이라고 정의하였다.

(1) Gagné의 학습조건이론

① 내적 조건

• 학습영역

–언어정보: 언어로 표현될 수 있는 정보를 말하며, 이는 학교 교과내용의 반 이

상이 될 만큼 학교교육의 성공을 위해 중요한 역할을 한다.

- 지적 기능: 방법적 지식으로 여러 가지 기호나 상징을 사용하여 환경과 상호작용할 수 있는 능력이다.
- 운동기능: 비교적 단순한 기술에서 매우 복잡한 수준에 이르는 기술까지 우리 몸의 근육을 수단으로 사용해서 다른 무언가를 할 수 있게 한다.
- 태도: 학습자가 여러 종류의 활동들 가운데 어느 것을 선택하느냐에 영향을 주는 능력이다.
- 인지전략: 학습자 개인의 내재적 정보처리 과정을 조정하고 통제하는 기능이다.

• 학습영역의 선수 기능
  - 필수적 선수학습 요소: 학습자가 목표에 도달할 수 있도록 사전에 반드시 학습하도록 하는 하위 기능이다.
  - 보조적 선수학습 요소: 학습을 촉진시키는 데는 유용하지만 필수적이지는 않은 것들이다.

• 학습과정
  - 주의집중: 학습자는 학습과 관련되어 제시되는 자극을 받아들이거나 이해하게 된다.
  - 기대: 학습자에게 주어졌거나 스스로 설정한 학습목표에 도달하기 위한 학습자의 특수한 동기화를 의미한다.
  - 선택적 지각: 학습자는 일단 핵심적인 특징을 선택적으로 지각하면, 지각된 정보를 단기기억 장소에 저장한다.
  - 의미적 부호화: 새로운 정보를 더 잘 기억하기 위해서 유의미하게 정보를 조직하는 과정이다.
  - 장기기억에 저장: 의미적으로 부호화된 새로운 정보는 장기기억 속으로 들어가지만 흔히 간섭을 받게 되므로 복습과 연습이 필수적이다.
  - 탐색과 회상: 기억의 회상을 돕기 위해 단서가 제공된다.
  - 수행: 학습 결과를 반영하는 것으로 학습한 내용을 적용해 보는 것이다.
  - 피드백: 주어진 수행의 적절성이나 부적절성에 대한 정보를 제공한다.

② 외적 조건

• 수업사태(내적 학습과정을 유발하기 위한 외적 상황)
  – 주의력 획득하기: 어떤 것에 대한 중요성 부여, 시청각적 자극, 흥미자극 등이 해당된다.
  – 수업목표 진술하기: 학습이 끝났을 때 무엇을 할 수 있는지 기대하게 한다.
  – 선수학습의 회상 자극하기: 지난 수업에서 무엇을 하였는지 상기시킨다.
  – 자극 제시하기: 학습할 내용(독특한 특징)을 제시한다.
  – 학습안내 제시하기: 학습할 과제의 요소들을 통합시키는 데 필요한 방법을 제시한다.
  – 수행 유도하기: 통합된 학습요소들을 실제로 실행해 보게 한다.
  – 피드백 제공하기: 수행이 얼마나 성공적이었는지에 대한 결과를 알려 준다.
  – 수행 평가하기: 다음 단계의 학습이 가능한지 결정하기 위한 평가를 실시한다.
  – 파지와 학습의 전이 증진하기: 새로운 학습이 다른 상황으로 일반화되거나 적용되는 경험을 제시해 준다.

③ 수업모형

Gagné에게 수업이란 학습자의 내적 학습력(조건)과 적절하게 상호작용하며 내적 학습력에서 변화가 생기도록 학습의 외적 조건을 배열하는 것이다. Gagné의 이론은 학습자가 유의미한 자료를 학습하는 동안 겪는 내적인 인지과정과 학습을 성공적으로 수행하는 데 요구되는 외적인 교수사태, 다양한 학습의 결과 등에 초점을 둔다. Gagné는 학습장면의 배열에서 학습의 관리와 학습의 조건이라는 두 가지 개념을 사용한다. 학습의 관리는 동기, 흥미와 주의의 방향, 학습 결과의 평가, 결과의 보고 등과 같은 활동을 다루는 것이며, 학습의 조건은 학습될 내용과 밀접하게 관련된 절차를 의미한다. 수업사태란 수업장면에서 교사가 학습의 사태를 통제하는 일련의 활동을 말한다. 즉, 학습자의 학습을 촉진하기 위해서는 학습자 내부에서 발생하는 학습의 과정을 이해하고, 이를 촉진하기 위한 바람직한 수업사태들을 제공해야 한다는 것이다.

(2) 이론의 적용

① 수업을 위한 적용

• 학습자 특성
  - 학습자의 개인차를 학습과제와 구체적으로 관련시켜 개인차에 따른 교수 처방과 치료를 가능하게 하였다.
  - 학습과제를 제공하기 전에 그 과제에서 요구하는 선수학습 요소를 밝히고, 이 요소에 결함이 있는 학생에게는 필요로 하는 선수학습 요소를 학습시킨 다음 주어진 과제를 시키도록 하였다.
  - 동기: 수업설계 시 학생들의 동기를 확인하고 그 동기를 교육목적을 성취할 수 있는 생산적인 활동과 연결하도록 하였다.
• 인지과정과 수업
  - 학습하는 방법(인지전략)의 학습: 많은 지적 기능의 학습을 통해서 가능하게 하고 생산적 사고의 개발을 위한 연습의 기회를 많이 제공하게 하였다.
  - 문제해결 수업: 학습자 스스로 문제해결 방안을 구성하도록 하였다.

② 수업전략 개발

• 교육과정 조직: 요구, 장기목적, 우선권을 분석하고 자원과 여건 분석 후 교육과정 목표를 수립하고 마지막으로 과목의 구조와 계열을 정한다.
• 수업의 조직: 절차와 하위 기능으로 과목의 목표를 분석하고 행동목표를 정의한 후 목표에 맞는 수업사태를 확인하고 교재와 매체를 개발하거나 선정하고 마지막으로 학습성취를 평가한다.
• 교사의 체제 이용에 관한 연수를 하고 형성평가를 한 후 수업현장에서 시행과 개정을 해 보고 총괄평가를 한 다음 마지막으로 현장에서 채택하고 확대하여 활용한다.

5) Keller의 학습동기이론: ARCS이론

Keller는 개인의 동기를 설명하기 위하여 네 가지 개념적 요소로 구성된 ARCS이론을 개발하였다. ARCS이론은 미시적 교수설계 이론으로서 동기에 관한 기존의 각종 이론 및 연구들을 종합하여 체계화하며, 교수-학습 상황에서 학습동기를 유발시키고 유지시키기 위한 동기설계의 전략들을 제공하였다. 이 이론은 학습동기를 유발시키고 유지시키기 위하여 가장 중요한 변인들로 주의력을 집중시키고, 학습자들의 장단기 기간의 흥미와 학습할 내용의 관련성을 확인시키고, 학습자들에게 새로운 학습에 대한 자신감을 갖도록 하며, 학습과제를 성공적으로 수행한 결과에 따라 만족감을 갖도록 해 주는 것의 네 가지를 지적하였다.

(1) 기본가정 및 특징

① 기본가정

Keller는 가장 효과적이고 효율적인 교수 상황을 설계하고 개발하는 데만 관심을 가지고 학습과정 중에 학습자 동기를 전혀 고려하지 않는 교육공학 이론가들에 대해 동기설계 및 개발과정에 대한 체계적인 접근이 필요함을 역설하였다. 그리고 동기와 능력을 분리하여 동기 연구는 동기의 정의, 특성에서도 연구자들의 합의가 어려우므로 동기의 체계적인 연구와 학습동기 모델이 필요함을 강조하였다.

② 학업성취와 동기

- 노력과 수행 구분: 수행이란 실제적인 성취를 의미하고, 노력은 개인이 과제를 달성하기 위한 활동에 참여하는지의 여부를 의미한다. 따라서 수행보다 노력이 학습동기의 직접적인 지표가 된다고 보았다.
- 수행과 결과 구분: 결과에는 학습자의 정의적 반응, 사회적 보상 및 물질적 보상까지 포함된다. 따라서 결과는 학습동기에 영향을 미치는 인지적 평가와 관련되며, 결과에 영향을 받는 동기는 후에 학습자의 학습에 대한 노력과 직접 관련된다.

(2) 동기유발을 위한 4요소

① 주의

호기심과 관심을 유발시키고 그것을 유지시키는 것이다.

- 지각적 환기주의: '학습자의 관심을 끌기 위해 무엇을 해야 하는가?' 에 관한 것으로 새롭고 놀라우면서 기존의 것과 모순되거나 불확실한 사건 또는 정보를 수업에 사용하여 학습자의 주의를 유발하고 유지하는 전략이다. 시청각 매체나 비일상적인 내용, 사건 등을 활용한다.
- 탐구적 주의환기: '어떻게 호기심을 자극할 수 있을까?' 에 관한 것으로 학습자의 호기심과 탐구심을 자극하여 학습에 대한 기대감을 갖게 하는 전략이다. 학습자의 능동적 반응을 유도하고 문제해결 활동의 구상을 장려하며 학습자에게 신비감을 제공한다.
- 다양성: '어떻게 학습자들의 주의를 유지할 수 있을까?' 에 관한 것으로 수업의 요소를 변화시킴으로써 학습자의 흥미를 지속시키는 전략이다. 간결하고 다양한 교수형태를 사용하고 일방적인 교수와 상호작용적 교수를 혼합하여 교수자료의 변화를 추구하며 교수목표, 수업내용, 교수방법을 기능적으로 통합한다.

② 관련성

이 과제가 나의 개인적 흥미나 목적과 어떻게 관련되는가에 대한 긍정적인 해답을 찾아보고자 하는 노력이다.

- 친밀성: '수업을 학습자의 경험과 어떻게 연결할 수 있을까?' 에 관한 것으로 학습자의 경험이나 가치에 연관되는 예문이나 구체적 용어, 보기, 개념 등을 사용하는 전략이다. 친밀한 인물 혹은 사건을 활용하며 구체적이고 친숙한 그림이나 친밀한 예문 및 배경지식을 활용한다.
- 목적지향적: '어떻게 하면 학습자들의 요구를 최대한 충족시킬 수 있을 것인가?' 에 관한 것으로 결과 측면의 관련성을 높일 수 있는 구체적 방법을 제시해

주기 위해서 교수목표나 실용성을 나타내는 진술이나 예문을 포함시킬 것을 강조하는 전략이다. 학습과제의 중요성 또는 실용성에 중점을 둔 목표를 제시하고 목적지향적인 학습형태를 활용하며 학습자 자신에게 맞는 목적의 선택 가능성을 부여한다.

- 필요나 동기와의 부합성: '언제 어떻게 수업을 학습자들의 학습유형이나 개인적 관심과 연결시킬 수 있을 것인가?' 에 관한 것으로 교수의 과정 또는 방법 측면의 관련성을 강조하여 학습자의 필요나 동기와 부합되는 수업전략의 사용을 강조하는 전략이다. 다양한 수준의 목적을 제시하고 학업성취 여부의 기록체제를 활용하며 비경쟁적인 학습 상황을 선택할 수 있으며 협동적인 상호학습 상황을 제시한다.

③ 자신감

학습자가 학습의 재미와 필요를 느낌과 동시에 성공의 기회가 있다는 것을 인식하는 것이다.

- 학습의 필요조건 제시: '학습자들이 성공에 대한 긍정적인 기대감을 갖도록 하기 위해서 어떤 도움을 줄 수 있을까?' 에 관한 것으로 학습자에게 수행의 필요조건과 평가기준을 제시해 줌으로써 학습자가 성공의 가능성 여부를 짐작하도록 도와주는 전략이다. 학습목표와 수업의 전반적 구조와 평가기준을 분명하게 제시하고 연습의 기회와 피드백을 제공하며 선수지식, 기술이나 태도 등을 진술하고 시험의 조건을 확인한다.
- 성공의 기회 제시: '학생들이 자신의 능력에 대한 확신을 갖도록 도와주기 위해서 어떤 학습 경험을 제공할 것인가?' 에 관한 것으로 학습과정과 수행조건에서 성공의 경험을 할 수 있는 적절한 수준의 도전감을 제공하는 전략이다. 쉬운 것에서 어려운 것으로 과제를 제시하고 적정수준의 난이도, 다양한 수준의 시작점, 무작위의 다양한 사건을 제시한다.
- 개인적 조절감 증대: '자신의 성공이 노력과 능력에 기초한다는 것을 어떻게 확신하게 할 것인가?' 에 관한 것으로 학업에서의 성공이 개인의 노력이나 능력에

기인한다는 피드백과 그 조절의 기회를 제공함으로써 얻어질 수 있다는 전략이다. 학습의 끝을 조절할 수 있는 기회를 제시하고 학습 속도를 조절할 수 있고 원하는 부분으로 빨리 회귀할 수 있으며 선택 가능한 다양한 과제와 난이도를 제공하고 노력이나 능력에 성공을 귀착시킨다.

④ 만족감

학습자가 스스로 수행한 것에 대하여 기분 좋게 느끼게 도와줄 때 학습동기가 유발 · 유지된다는 것이다.

- 자연적 결과 강조: '학생들의 학습 경험을 통한 내적 만족도를 어떻게 하면 격려하고 보조할 수 있을 것인가?' 에 관한 것으로 학습자의 내적 동기를 유지시키기 위해 학습자가 새롭게 습득한 지식이나 기능을 실제 또는 모의 상황에 적용해 볼 수 있는 기회를 제공하는 전략이다. 연습문제, 후속 학습 상황, 모의 상황을 통해 적용해 볼 수 있게 한다.
- 긍정적 결과 강조: '학습자의 성공에 대하여 어떤 보상을 제공할 것인가?' 에 관한 것으로 바람직한 행동을 계속 유지시킬 수 있는 강화와 피드백을 제공하는 전략이다. 적절한 강화계획을 사용하고 의미 있는 강화를 제공하며 정답에 대한 보상을 강조하고 외적 보상을 사려 깊게 사용하며 선택적 보상체제를 활용한다.
- 공정성 강조: '어떻게 하면 학습자들이 결과가 공정했다고 생각하게 할 수 있는가?' 에 관한 것으로 학습자의 학업성취에 대한 기준과 결과가 일관성 있게 유지되는 전략이다. 수업 목표와 내용의 일관성을 유지하고 연습과 시험내용이 일치하도록 한다.

6) Merrill의 내용요소 전시이론

Merrill의 내용요소 전시이론(component display theory)은 미시적 교수설계 이론으로 교수설계 변인들 중 교수방법 변인의 범주를 다루며, 교수방법 변인을 다루는 조직전략 중에서 미시적 전략을 다루는 이론이다. 여기서 미시적 이론이란 여러 개의 아이디어들을 함께 가르치는 것이 아니라 개별 아이디어를 교수하는 방법을 처방하는 이론이다.

내용요소 전시이론은 여러 가지 학습의 대상이 되는 아이디어들을 몇 개의 종류로 구분해 그 각각을 교수하기 위한 방법들을 구체적으로 제시한다. 또한 복잡한 학습대상물을 낱개의 내용요소들로 나누어 또 그 학습수준을 결정한 다음, 각각에 적절한 교수방법을 모델로 전시하는 것이다. 이는 실제로 수행하기가 용이하며 가장 많이 사용되는 실천적 이론의 하나다.

(1) 수행×내용 행렬표

학업 수행의 수준을 세 가지로 나누고 학습내용을 네 가지로 나누어 그 관계를 매트릭스로 나타낸 것이다. 학습내용의 네 범주는 사실, 개념, 절차, 원리다. 이 내용들은 학습자가 수행해야 하는 과제의 수준에 따라서 기억, 활용, 발견의 세 개의 다른 수준에 걸쳐 습득된다. 이 행렬표에 따르면, 모든 학습은 10개의 범주로 나누어진다(단, 음영 부분은 존재하지 않는 것으로 간주된다).

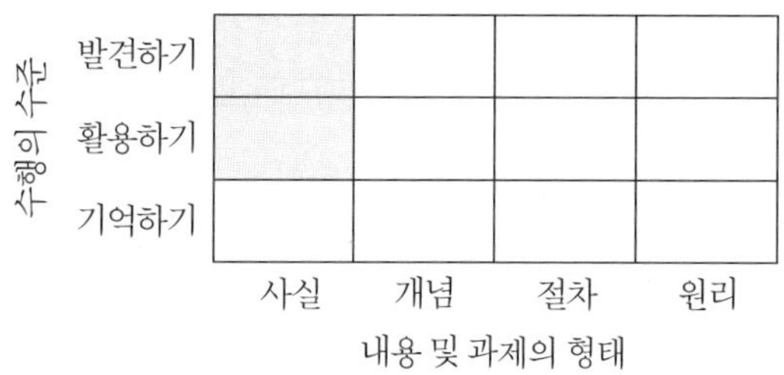

수행×내용 매트릭스

① 내용 범주

- 사실이란 정보의 조각들을 의미한다. 그 예로 요일의 이름, 역사적인 일들, 장소의 이름, 또는 어떤 특정한 사물이나 사건을 지칭하는 이름이나 그것들을 표시하는 기호들이 속한다. 예) 저항을 나타내는 기호다.
- 개념이란 특정한 성격을 공유하면서 똑같은 이름으로 불리는 사물, 사건, 기호들의 집합을 지칭한다. 어떤 언어를 막론하고 구체적 사물을 개념화한 어휘들

은 그 언어를 이루는 중요한 부분이 된다. 다음의 문제는 개념을 알아야만 해결이 가능한 것들이다. 예) 인상파 화풍과 르네상스 화풍을 구분 짓는 특징은 무엇인가?

- 절차란 어떤 목적을 달성한다거나, 특정한 일군의 문제를 푼다거나, 어떤 결과물을 만들어 내는 데 필요한 단계들을 순서화한 것이다. 예) 다음 일차함수를 푸시오.
- 원리란 왜 이 세상에서 어떤 현상이 생기는가에 대한 해설 또는 앞으로 어떤 일이 벌어질 것인가에 대한 예측이다. 원리는 사건이나 현상을 해석하고 이해하고자 하는 데 사용된 인과관계나 상관관계를 나타낸다. 예) 운동의 제1법칙을 설명하시오.

② 수행 범주

- 기억은 이미 저장되어 있는 정보를 재생 또는 재현시키는 것이다. 예) 이탈리아의 수도는 로마다.
- 활용은 추상적인 사항을 특정 사례에 적용하는 것이다. 예) 다음의 회로도에서 건전지를 모두 직렬로 연결시킨다면 어떤 일들이 생기게 되는가?
- 발견은 새로운 추상성을 도출해 내는 것이다. 예) 직류 모터를 점점 느리게 돌리다가 결국은 멈추도록 하는 간단한 회로를 만들어 내시오.

(2) 자료제시 형태

내용요소 전시이론에서의 처방은 일차제시형과 이차제시형으로 구분되는 제시형을 통해 학습자에게 주어진다. 이 제시형은 교수방법에 대한 기술로 내용유형이나 수행수준에 근거를 두고 처방된다.

① 일차제시형

목표한 학습이 일어나게 하기 위한 가장 기본적이고도 최소한의 자료를 제시하는 방식이다. 네 개의 제시형태를 일반성과 사례라는 개념, 설명식 제시형과 질문식 제시형이라는 개념으로 2차원화하여 설명한다.

• 일반성과 사례: 일반성은 정의, 절차, 원리를 추상적으로 진술한 것이며 사례는 정의, 절차, 원리의 특정한 예들을 가리키는 것으로 구체적인 상황 속에서 나타난다.

• 설명식과 질문식: 학생의 반응에 대한 기대를 다루는 것으로 학습물을 설명이나 질문 형태로 제시한다.

② 이차제시형

일차제시형이 나타내는 바를 보다 더 의미 있고 학습하기 수월한 형태로 만들기 위한 부가적인 자료를 제시하는 방식이다. 이차제시형으로는 여섯 가지 다른 제시형태를 보여 주는데, 각각의 일차제시형에 대해 해당하는 이차제시형을 덧붙이는 방식을 사용한다. 그 정교화의 형태는 맥락, 선수학습, 암기법, 도움말, 표현법, 피드백의 여섯 가지다.

	설명	질문
일반성	EG 법칙	IG 회상
사 례	Eeg 예	Ieg 연습

일차제시형

	법칙	예	연습	회상
맥락				
선수학습				
암기법				
도움말				
표현법				
피드백				

이차제시형

③ 과정전시

일차제시형이나 이차제시형과는 다른 형태의 제시형으로 학습자로 하여금 주어진 정보를 소화시키는 방법을 제공하는 색다른 제시형이다. 이는 메타인지이론을 교수설계에 원용한 것이다. 예) 일상생활에서 예를 찾아봅시다.

④ 절차전시

학습자로 하여금 학습자료를 사용하는 절차나 순서를 알려 주는 제시형이다. 예) 다음 페이지로 가시오.

(3) 일관성

내용요소 전시이론의 두 가지 기본 구성요소인 내용–수행 매트릭스와 제시형을 연결시켜 주는 원칙들이다. 구체적으로 말하면, '특정한 교과내용을 특정한 수준에서 학습자가 수행하도록 하려면 특정한 일차제시형을 제시해야 한다.' 는 처방이 일관성의 궁극적인 지향점이다.

- 수행–일차제시형 일관성: 특정 학습 결과를 얻기 위해서는 그에 상응하는 특정 학습조건들을 제공해야 한다.
- 내용–일차제시형 일관성: 내용의 형태에 따라 각각 특수한 처방에 따라 서로 다른 요소들이 제시되어야 한다.

(4) 적절성

지금까지 소개한 일차제시형이 수업을 전개하는 데 있어서 기본적인 네 가지 유형 혹은 방법에 대한 처방을 하고 있는 반면, 이차제시형은 수업을 보다 적절하고 완전한 형태로 만들기 위한 처방을 제시하고 있다. Merrill은 수업을 보다 적절하고 완전하도록 도와주는 적절성의 법칙들 혹은 처방들을 두 가지 측면으로 나누어 제공하고 있다. 하나는 일차제시형에 덧붙여서 이차제시형을 수행수준에 따라 적절히 활용하는 것이고, 다른 하나는 일차제시형 사이의 상호관계를 활용하는 것이다.

7) Carroll의 학교학습모형

(1) 모형의 가정

① 학교의 학업은 학습과제로 나누어져 있다.

② 모형은 한 번에 하나의 과제에만 적용되지만, 개별 과제에 모형을 적용함으로써 일련의 과제들은 학습자가 학습하였다고 할 수 있다.

③ 태도나 성향과 관련된 학교의 목표에는 이 모형을 적용하지 않았다.

④ 학교 학습과정의 경제성을 제고하는 것이 모형의 목적이다.

(2) 모형의 구성요소

$$\text{학습의 정도} = f\left(\frac{\text{학습에 사용한 시간}}{\text{학습에 필요한 시간}}\right)$$

Carroll의 방정식에 따르면 학습의 정도는 백분율로 나타낼 수 있다. 여기서 학습에 필요한 시간과 학습에 사용한 시간이 일치하면 학습의 정도는 100%에 도달할 수 있고, 학습에 사용한 시간이 필요한 시간에 비하여 적으면 학습의 정도는 낮아진다.

Carroll은 학습에 필요한 시간과 학습에 사용한 시간을 결정하는 변인을 개인차변인(적성, 수업이해력, 지구력)과 수업변인(수업의 질, 학습기회)으로 나누었다. 이 변인들은 각 범주에 영향을 준다.

① 학습에 필요한 시간의 변인

주어진 학습과제를 완전히 학습하여 수업목표에 진술된 수준까지 도달하는 데 필요한 시간을 말한다.

- 적성: 최적의 학습조건하에서 특정의 학습과제를 성취하는 데 필요로 하는 총 시간량이다. 적성은 학습과제의 종류와 성질에 따라 달라지고 개인과 개인의 차이뿐 아니라 한 개인 안에서 차이를 보이기도 한다. 또한 학습자의 과거 경험에 따라 달라지기도 하는데, 선행학습의 양이 그 과제를 성취하는 데 소요되는 시간에 영향을 준다는 것이다. 측정은 특정한 학습과제와의 관계에서 이루어진다.
- 수업을 이해하는 능력: 수업내용 또는 설명을 이해하는 학습자의 능력을 말한다. 여기에는 일반적 지능과 언어능력이 관련된다. 일반지능은 학습할 교재 속에 포함되어 있는 개념들을 스스로 인지하고 추리할 때 요구되는 능력으로, 특히 교사의 지시나 동료의 도움 없이 학습이 진행될 때 크게 요구된다. 언어능력은 한 수업에서 사용되는 언어가 학습자의 이해의 한계를 넘어서느냐 아니냐를 결정해 준다.
- 수업의 질: 학습의 정도가 극대화될 수 있도록 학습과제가 학습자에게 효과적으로 제시되고 설명되고 구성되는 정도를 의미한다. 수업의 질에는 학습목표의 구

체성, 목표 및 학습과제와 학생 간의 융화 정도, 학습활동의 계열화, 교사언어의 명확성 등의 조건이 영향을 미친다.

② 학습에 사용한 시간의 변인

학습자가 학습과제에 능동적으로 주의를 집중시켜 학습에 열중한 시간이다.

- 학습기회: 특정 과제를 학습할 때 학습자에게 실제로 주어지는 시간이다. 학습기회는 개인차에 맞추어 제공되어야 하며 개별 학습자의 학습 정도에 따라 예습과 복습의 시간량을 결정하는 것도 하나의 방안이 될 수 있다.
- 지구력: 학습자가 활동적으로 과제 수행에 참여할 수 있는 시간이다. 학습기회는 학습자의 의사와 관계없이 외부로부터 학습자에게 주어진 학습시간이고, 지구력은 학습자 자신의 의사에 따라 스스로 학습에 투입하기로 작정한 시간량이므로 완전히 구분된다. 학습자의 동기는 지구력과 상호작용 관계에 있다.

③ 모형의 시사점

- 절대평가를 지향한다.
- Bloom의 완전학습의 토대가 되었다.
- 기본적으로 사용한 5개의 변인 중 4개 변인은 시간단위로 측정할 수 있어 측정에서의 절대영점과 동간척도의 이점을 가질 수 있다.
- 전통주의 교육의 아동관에서 현대의 아동관으로 변화시키는 계기가 되었다.

(3) 모형의 적용

① 지시적 수업에 관한 연구의 지침: 많은 교육연구자들이 수업에 관한 연구문제를 보다 분명하고 예리하게 지각하고 형성할 수 있었다.

② 새로운 유형의 교육 프로그램을 개발하고 평가하기 위한 기반: 숙달학습 개념에 기초한 프로그램, 피츠버그 대학교의 개별 처방 수업, 초임교사 평가연구 등이 있다.

8) 구성주의 이론

구성주의는 인간이 어떻게 지식을 구성하느냐에 일차적인 관심을 가진다. 구성주의에서 지식이란 개별적으로 구성되어 사람의 마음에 내재되어 있는 것이며, 인간은 상호작용으로 보다 잘 협동하고 타협한다고 보고 있다. 따라서 지식이란 개인의 인지적 작용과 사회적 상호작용이라는 두 축에 따라 습득·형성되는 것이다. 이러한 맥락에서 볼 때 구성주의 관점에서는 효과적인 교수란 인지적 도제법을 통하여 현실에서 문제를 다루고 학습자가 상호작용을 통해 서로 협동하여 문제를 해결하도록 하는 것이다.

(1) 인지적 구성주의와 사회적 구성주의

지식이란 무엇이고 우리가 어떻게 지식을 획득하는지에 대한 철학적 견해자, 인식

〈표 8-1〉 인지적 구성주의와 사회적 구성주의의 비교

항목	인지적 구성주의	사회적 구성주의
대표 학자	• Piaget, Von Glasersfeld, Cobb	• Vygotsky, Rorty, Rogoff
특징	• 지식의 형성과정에서 인간의 개별적인 인지적 작용을 중요한 요인으로 본다. • 현존하는 지식의 도식과 조작은 서로 관련된 지식의 동화와 조절로 이루어진다. • 개인의 다양성 강조	• 지식을 구성하는 데 개인의 인지적 발달뿐 아니라 사회적 상호관계를 중요한 요인으로 본다. • 지식과 기술은 현재 도식과 관련된 다른 사람의 안내를 받아 획득되는데, 이는 점점 내면화되며 학습자는 자기조절력과 독립심이 증가된다. • 사회공동체의 동일성 강조
학습	• 인지적 재구성의 과정	• 실천공동체로의 문화적 동화
교육에의 적용	• 학습자는 새롭고 더욱 효과적인 도식을 함께 구성하기도 하며 개별적으로 학습하기도 한다. • 발전된 새로운 도식에 따라 개별적으로 의미를 구성하는 것을 강조한다.	• 교사의 안내하에 학습자는 새로운 개념을 구성하기 위해 협동하여 일한다. • 의미를 서로 나누면서 내면화하고 지식을 구성하는 것을 강조한다.

의 대상은 무엇이고 그러한 인식은 어떻게 다루어지는가에 대한 새로운 존재론적, 인식론적 가정을 제시하는 하나의 패러다임이다.

(2) 구성주의 교수 · 학습원리

① 구성주의 교수원리

- 학습에 대한 책무성과 주인의식 및 자율성을 강화하라.
- 참과제를 설계하여 유의미한 맥락 속에서 학습이 이루어질 수 있도록 하라.
- 고등수준의 지식구성에 역동적으로 참여하도록 하라.
- 협동학습을 통해 사회적 상호작용을 촉진하라.
- 비위협적이고 안전한 학습환경을 제공하라.
- 학습내용과 학습의 과정 및 성과에 대해 스스로 반성하도록 고무하라.
- 다양한 관점들을 경험하고 평가할 수 있는 기회를 제공하라.
- 다양한 표현양식을 활용하도록 고무하라.
- 실제 수업의 맥락에서 학생들의 학습을 평가하라.

② 구성주의 학습원리

- 학습은 발달의 결과가 아니라 발달 그 자체다.
- 불균형이 학습을 촉진한다.
- 학습은 원래 사회적, 대화적 활동이다.
- 학습은 구조의 발전을 지향한다.
- 학습은 상황에 기초하여 일어난다.
- 학습은 구성적, 능동적 과정이다.
- 학습은 도구와 상징을 통해 촉진된다.
- 인간의 궁극적인 성취는 앎의 방법을 아는 것이다.

③ 구성주의에 기초한 학습환경 설계

- 학습자의 흥미와 자발적 참여를 유도할 수 있는 교수목표와 학습과제를 제공한다.

- 더 복잡한 과제를 제시함으로써 고차적 기능의 학습에 초점을 둔다.
- 실제 환경에 직면하게 되는 문제를 학습과제로 구성하여 제공한다.
- 학습자 스스로 문제해결 방안을 개발하고 사고과정을 통해 해결하게 한다.
- 학습자의 사고를 촉진시켜 주고 도전을 줄 수 있는 학습매체나 자료 등을 제공한다.
- 학습자가 이해한 것을 다른 관점에서도 검토하도록 환경을 제공한다.
- 학습과정에 대한 자기조절 학습전략을 개발시켜 준다.

④ 구성주의 학습환경의 대표적 모형

- 인지적 도제모형: 전통적 도제방법의 장점을 살려 학습자들이 실제 상황에서 전문가의 과제 수행과정을 관찰하고 실제로 과제를 수행해 보는 가운데 자신의 지식상태의 변화를 경험할 수 있도록 하는 것이다.
- 정황(상황)수업 모형: 교수매체를 활용한 학습환경을 제공해 주고, 이를 통해 현실 상황에서 해결 가능한 문제해결력을 증진시키고자 시작된 수업방법이다.
- 인지적 융통성(유연성) 모형: 다른 모형에 비해 개인의 인지적 구조의 변화에 초점을 두고, 여러 가지 개념이나 지식 등이 복잡하게 얽혀 있는 비구조적인 과제들을 해결함으로써 연합적 지식틀을 형성한다.
- 문제중심 학습모형: 실생활의 문제를 중심으로 교육과정과 수업을 구조화한 교육적 접근이다. 학습자들이 문제를 해결해 가는 과정을 통해 비판적 사고기능과 협동기술을 키우게 하는 학습형태다.
- 인터넷 환경: 인터넷은 실제와 매우 유사한 환경을 제공할 수 있고 학습자와 전문가가 공유할 수 있는 환경을 가리킨다.
- 앵커드 교수 모형: 상황학습의 이론을 적극 수용하면서 교수매체를 활용한 학습환경을 제공해 주고, 이를 통해 현실 상황에서 활용 가능한 문제해결력을 증진시키는 데 도움을 주고자 시작된 상황학습 실현을 위한 구체적인 방법론이다.
- 문제중심 시나리오: 학습자들에게 구조화된 목표를 제시하여 의도한 기능과 지식을 달성하도록 하는 데 초점을 둔다.

(3) 이론의 적용

- 학습자 중심의 환경 강조: 학습자를 능동적인 학습의 과정에 참여하게 한다.
- 실제적 과제와 맥락의 강조: 지식은 실제로 사용되는 맥락과 분리되어서는 안 되고, 지식이 제공되는 맥락은 복잡하고 비구조화된 실제의 상황과 유사한 것으로 채택하게 한다.
- 문제해결 중심의 학습: 지식이 적용될 수 있는 문제를 중심으로 제공하여 문제해결에서 경험하는 사고력을 촉진하도록 한다.
- 교사 역할의 변화: 교사는 학습자의 흥미를 유발하고 질문을 유도하며 지속적인 피드백과 도움을 제공하는 보조자나 촉진자가 되어야 한다.
- 협동학습의 강조: 사회적 상호작용을 중시하여 개인의 인지적 발달을 촉진하며 학습자의 능력을 촉진하도록 한다.
- 평가의 개념과 원리의 변화: 평가는 학습과정에서 이루어지도록 하며 학습자가 문제를 해결하고 지식과 기능을 새로운 상황에 전이할 수 있는 능력에 초점을 맞춘다.

9장 효과적인 수업방법

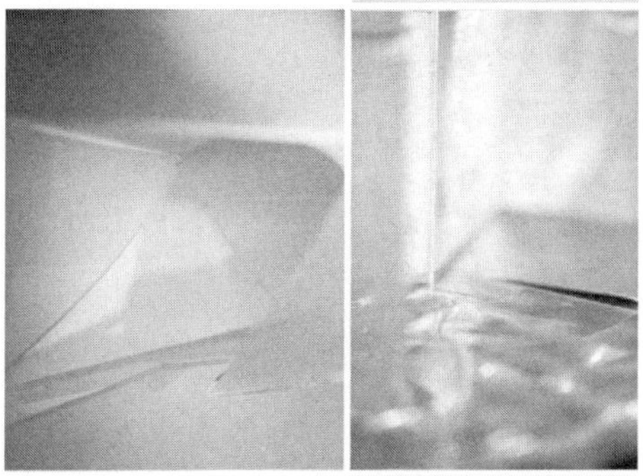

1. 수업방법의 분류
2. 수업방법의 유형

제9장 효과적인 수업방법

학습목표

1. 교사중심의 수업과 학습자중심의 수업의 차이를 설명한다.
2. 전통적인 교사중심 수업을 효과적으로 수행하기 위한 방법을 안다.
3. 교사중심의 수업과 학생중심의 수업 그리고 집단의 차이에 따라 효과적으로 활용할 수 있는 수업의 특성을 설명한다.

학습내용

1. 교사중심의 수업과 학습자중심의 수업의 차이는 무엇인가?
2. 집단의 크기에 따른 수업의 형태는 무엇이고 그 장단점은 무엇인가?
3. 다양한 효과적인 수업방법 각각에 대한 일반적인 특징과 효과는 무엇인가?
4. 다양한 효과적인 수업방법 각각에 대한 장단점은 무엇인가?

주요개념

교사중심 수업	학생중심 수업	소집단	개별화 집단	지시적 수업
강의법	토의법	버즈집단학습	브레인스토밍	세미나
게임과 시뮬레이션	협동학습	프로그램학습	개별화 수업방법	컴퓨터 보조수업

학습개요

학교교육에서 가장 핵심적이고 기본적인 현상은 가르치고 배우는 과정이라고 할 수 있다. 교사는 어떤 교과를 가르치는 활동을 하고 학생은 배우는 활동을 할 때 우리는 이것을 수업이라 한다. 교육이 체계적이고 의도적인 과정이 되기 위해서는 교육의 핵심활동이 이루어지는 수업활동이 효과적으로 운영되어야 한다. 그러기 위해서는 좋은, 효과적인 수업이론에 관한 체계적인 지식과 효과적인 수업방법에 관한 정보가 필요하다. 교사는 사랑과 열정만 갖고 지식이나 기능을 전달할 수 없다. 교사 자신이 여러 가지 수업방법을 배우고 익혀야 함은 물론, 새로운 방법을 고안해 내도록 끈질긴 노력과 연구를 아끼지 말아야 한다.

효과적인 수업방법을 어떻게 활용하느냐의 문제는 학생들의 학업성취에 커다란 영향을 미칠 수 있다. 따라서 이 장에서는 이론적 수업이론보다 효과성을 높일 수 있는 수업방법에 대해 구체적으로 살펴보고자 한다.

1. 수업방법의 분류

교사와 학생의 관계에서 수업 상황을 이끌어 가는 주체가 교사인지 학생인지에 따라 교사중심의 수업방법과 학생중심의 수업방법으로 구분할 수 있다. 그리고 집단의 크기에 따라 대집단 수업방법과 소집단 수업방법, 개별화 수업방법으로 구분하여 살펴보고자 한다.

1) 교사중심의 수업방법, 학생중심의 수업방법

교사중심 수업방법은 교사가 중심이 되어 학습자들에게 교수과정과 교수내용을 전달하는 방법이다. 이 방법은 수업내용을 어떻게 조직하고 가르쳐야 하는가에 대한 결정 권한이 대부분 교육과정을 제공하는 교육기관이나 수업을 실제로 이끌어 가는 교사에게 있다. 교사중심 수업방법의 구체적인 예로는 지시적 수업, 발문수업 등을 들 수 있다.

〈표 9-1〉 교사중심과 학습자중심 수업방법의 차이

	교사중심	학습자중심
목적	• 교사가 결정한다. • 학습자의 지적 변화에 강조점을 둔다. • 집단 응집성 개발을 시도하지 않는다.	• 학습자 집단이 결정한다. • 정의적 태도 변화에 강조점을 둔다. • 집단 응집성 개발을 시도한다.
교실 내 학습 활동	• 교사의 참여가 수업 전체량의 대부분을 차지한다. • 교사와 학생 간에 상호작용이 이루어진다. • 교사가 모든 활동내용을 결정한다. • 정해진 수업내용에만 국한하여 토의가 진행된다. • 전통적인 방법의 시험과 성적평가 방법이 활용된다. • 학생평가는 교사주도로 이루어진다.	• 학생들의 참여가 수업 전체량의 많은 부분을 차지한다. • 학생 상호 간에 상호작용이 이루어진다. • 학습자 집단이 자신들의 활동내용을 결정한다. • 학습자 개개인의 경험에 대한 토의를 존중한다. • 시험과 성적에 큰 강조점을 두지 않는다. • 학생들도 평가의 책임을 분담한다.

학생중심 수업방법은 학생 스스로 문제를 발견 · 탐구하고 해결해 나가며, 교사는 조력자의 역할을 하게 된다. 학생중심 수업방법에는 발견학습과 탐구학습 등이 해당된다고 볼 수 있다(이경화 외, 2004).

Mckeachie(1970)는 과거 여러 선행연구 결과들에 기초하여 교사중심과 학생중심 수업방법의 차이점을 〈표 9-1〉과 같이(이성호, 1986) 수업의 목적과 교실 내 학습활동의 양상에 따라 대별하였다.

2) 대집단, 소집단, 개별화 수업방법

Gagné(1978)는 수업방법을 분류하는 데 학습집단의 크기가 중요한 분류기준이 된다고 주장하고, 이에 따라 대집단, 소집단, 개별화 집단 수업방법을 분류하였다.

대집단은 40명 이상의 학생들로 구성되며, 효과적인 수업방법은 강의법이다. 중집단은 20~40명으로 평균 30명 정도의 학생들로 구성된 집단으로 강의법이나 교사의 질문과 학습자의 대답으로 진행되는 발문법이 효과적이다.

소집단은 2~20명으로 평균 10명 정도로 구성된다. 소집단 학습은 언어적 의사소통, 대인관계 기술, 문제해결 능력, 판단기술, 비판적 사고능력과 바람직한 태도 개발 등에 성과가 있다. 소집단 학습에 유용한 수업방법은 버즈집단학습, 세미나, 역할극, 집단 게임, 시뮬레이션, 협동학습 등이다. 그리고 학생이 1명일 경우는 프로그램 학습, 개별화 수업방법, 컴퓨터 보조수업이 유용한 수업방법이다.

2. 수업방법의 유형

위에서 언급한 교사중심의 수업과 학생중심의 수업 그리고 집단의 차이를 고려해서 효과적으로 활용할 수 있는 다양한 수업방법의 특징을 구체적으로 살펴보고자 한다. 여기서 소개하는 어떤 특정의 수업방법은 언제나 모든 상황에서 효과적인 것은 아니다. 따라서 다양한 수업방법의 특성들을 살려 선별적으로 적절히 활용할 때 효과적인 수업이 이루어질 수 있을 것이다.

1) 지시적 수업

수업을 계획하고 진행하며 수업의 결과에 가장 큰 영향을 미치는 변인은 교사다. 효과적인 수업은 교사의 역할에 크게 의존하게 되는데, 특히 교사중심 수업에서는 더욱 그러하다. 교사중심적인 수업에서 교사의 역할과 행동을 강조하는 수업방법을 지시적 수업이라 한다. 지시적 수업은 고도로 조직화되고 목표지향적인 접근을 특징으로 한다.

이러한 지시적 수업방법은 실제적인 학습을 강조한다. 즉, 교사가 학습과제를 할당하고 학습자 각자에게 책임을 부여하여 그것을 완수하게 하는 방식으로 수업을 진행한다.

이 수업방법은 교사가 학습과제를 선정하고 학생에게 과제를 목표로 부과하여 집단을 조직하거나 수업을 진행하는 중심 역할을 한다. 이 과정에서 가장 중요한 것은 교사가 학생의 학습목표를 해결할 원리나 전략을 명확하게 알고 설명해 주어야 하며 그것을 시범으로 보여 주어야 한다는 것이다. 교사는 학생의 자율적인 활동을 유도하기에 앞서 일정 수준에 이를 때까지 지시와 통제를 통해 학습을 촉진하다.

지시적 수업은 일반적으로 도입, 교사의 설명, 교사의 시범, 교사의 질문과 학생의 대답, 구조화된 연습, 학생의 자율적 학습의 6단계로 구성된 일반적인 진행형태를 보여 준다. 각 단계마다 이루어져야 할 활동에 대해 구체적으로 살펴보고자 한다.

(1) 도입

수업은 학생들이 해 온 숙제의 점검과 토론, 전 시간의 학습내용에 대한 개관으로 시작한다. 그 후 교사는 진행될 수업의 틀을 제시하고 전체 수업을 몇 개의 부분으로 나누어 학생이 어떤 과정을 거쳐 학습하게 될 것인지 이해하도록 한다. 교사가 학습목표를 말해 주며 그 시간에 학습할 주제를 소개한다. 수업의 목표를 설명하는 것은 학생들의 이해력을 높이며, 목표를 달성할 수준을 명시함으로써 학생들의 동기를 유발할 수 있다. 또한 학생이 이미 가지고 있는 선행 지식이나 경험과 새로 학습할 요소의 관계를 의미 있게 관련시켜 줌으로써 학습을 촉진시킨다. 수업의 도입 부분을 효과적으로 수행한다면 학생들의 주의를 집중시켜 보다 효과적으로 수업을 진행할 수 있다.

(2) 교사의 설명

학생들에게 학습내용을 제시하는 단계다. 새로운 개념이나 특성, 규칙, 원리, 절차 등에 대하여 교사가 상세하게 설명하여 정확한 지식을 토대로 학습할 수 있는 기반을 제공한다. 교사는 다양한 예를 제시하고 적절히 보충설명을 제시하면서 학생들이 수업내용을 이해하였는지에 대해 계속 점검해 나간다. 이 단계에서 충분한 시간과 노력을 기울이지 않는다면 학생들은 학습내용을 충분히 이해하지 못하게 되고, 교사는 나중에 학생들의 문제점이나 오해 등을 다시 교정해야 한다. 이럴 경우 성공하지 못한 학생들은 좌절하게 되고 교사는 좌절한 학생의 관리문제에 직면하게 된다.

(3) 교사의 시범

교사의 시범은 학생들이 모방하게 되므로 원리나 절차에 잘 맞아야 한다. 교사 자신이 가르치려는 목표와 그 목표달성을 위한 방법에 숙달되어 있지 않으면 지시적 수업은 가능하지 않게 된다. 여기서 학생들에게 시범을 보이는 것보다 더 중요한 것은 원리나 절차에 대하여 정확하게 설명하는 것이다. 원리나 절차가 없는 시범은 단순한 반복 연습에 지나지 않아 교육적인 효과를 기대하기 어렵기 때문이다.

(4) 교사의 질문과 학생의 대답

교사는 학생이 원리나 절차를 잘 알고 있는지 확인하기 위하여 학생에게 질문한다. 학생은 자신이 기억하고 학습한 내용을 대답하여 이해 정도 및 기억의 정도를 확인한다. 학생이 대답하지 못하면 교사는 다시 설명하기 단계로 돌아가 다음 차례를 진행시켜야 한다.

(5) 구조화된 연습

학습내용에 대해 충분히 제시한 후 학생이 지식을 갖추었다고 판단되면 교사가 지켜보고 있는 가운데 문제를 풀어 보게 한다. 이때 교사는 과제의 수행단계를 세분화하여 처리해야 한다. 학생이 문제를 풀 때 처음에는 교사가 같이 논의하고 분석하면서 도움을 주지만 점차 학생이 스스로 해결할 수 있도록 지켜봐야 한다. 또한 학습 곤란도를 고려하여 낮은 단계에서 높은 단계로 나아갈 수 있도록 한다. 각 단계를 거쳐 가면서 교사의 역할은 축소하고 학생의 역할은 확대하도록 한다. 여기서 중요한 점은 학생의 적극적인 참여를 유도하고, 특히 문제를 분석하는 과정에서 질문을 많이 던져서 많이 생각하게 하며, 즉각적이고 효율적인 피드백을 제공하여 학생들의 문제해결 성공률을 높이는 것이다.

(6) 자율적인 학습

이 단계에서 교사는 학생에 대한 지도를 하지 않고 높은 성취수준을 가진 학생이 스스로 문제를 해결할 수 있도록 적절한 상황만 제시해 준다. 일부 학생들은 처음에는 주저하지만 점차 자율적인 문제해결 활동에 익숙해질 것이다. 학생들이 교사가 아닌 학습내용과 상호작용하게 되는 것이다. 이 단계에서 교사의 감독은 수업을 더욱 효과적으로 만든다. 학생들이 제시된 문제를 풀고 있을 때 교사는 교실을 돌아다니면서 학생들이 정확하게 풀고 있는지 확인하고 도움을 줌으로써 과제의 이해를 돕는다. 그러나 학생에게 도움을 주기 위한 상호작용은 가급적 적게 해야 한다.

2) 발문수업

발문수업의 근본적인 목적은 사고를 촉진하는 데 있다. 발문을 통하여 교사는 학습자들의 비판적 사고, 반성적 사고, 합리적 사고 등 다양한 수준의 사고를 자극하고 이끌어 준다. 교사와 학습자, 학습자 상호 간의 문답을 통해서 학습자들은 스스로 탐구하는 능력을 키우고 배우는 방법을 학습하게 된다는 점에서 매우 가치가 있다(이경화 외, 2004).

발문수업은 사고촉진 외에도 주의를 환기시키고 호기심과 지적 활동을 일깨워 주고 수업 참여를 유도한다. 이는 교사와 학습자, 학습자 상호 간의 의사소통을 증진시키는 매체가 된다. 또한 발문은 평가의 한 수단으로, 이제까지 배운 것에 대한 하나의 정리수단으로, 앞으로 전개될 수업에 대한 하나의 시동적 수단으로 사용될 수도 있다(이성호, 1999).

3) 발견학습법

발견학습의 목적은 새로운 학습내용을 좀 더 심도 깊게 이해하는 것이다. 학습자들이 스스로 발견하게 되는 법칙이나 과정은 여러 가지 학습자료를 통해 해결하고 이 과정에서 탐구적 사고방법을 배워 나가는 것이며 그 원천은 Bruner의 발견학습에 있다.

Bruner의 발견학습법은 학생 스스로 내적 문화를 창조하며 지적 능력을 도야하고 개발하는 방법이다. 발견학습은 처음에는 교사에게 의존하지만 점차 교사의 사고는 감소되고 학생 스스로 사고를 진행해 가면서 지식의 구조를 이해하고 스스로 내적 문화를 창조하고 발견하는 과정을 통해 내적 동기를 유발시킬 수 있는 방법이다(박숙희 외, 1997).

Bruner는 개념획득 과정이란 "우리가 획득하고자 하는 개념의 예시와 비예시를 구별하는 속성을 발견하는 과정"이라고 했으며, 이는 학습자 스스로가 문제인식-가설설정-가설검증-결론짓기의 4단계를 경험하면서 학습되는 것이라고 하였다.

4) 탐구학습법

탐구학습은 학생들이 지식획득의 과정에 주체적으로 참가하여 스스로 문제를 인식하고 해결해 가는 '과정'을 중시한다는 점에서 발견학습과 동일한 개념으로 간주할 수 있다. 탐구나 발견은 지식 그 자체가 아니라 지식을 얻는 과정이나 방법 혹은 활동으로 표현되며, 흔히 문제해결과 반성적 사고과정을 포함하기 때문이다(송인섭 외, 2003).

탐구학습이란 학생들이 지식의 획득과정에 주체적으로 참가함으로써 학생들로 하여금 자연이나 사회를 조사하는 데 필요한 탐구능력을 몸에 배도록 하고, 인식의 기초가 되는 개념의 형성을 꾀하고, 새로운 것을 발견·탐구하려는 적극적인 태도를 기르려고 하는 학습활동을 말한다. 다시 말하면, 탐구는 사실과 가치의 문제를 인식하고, 이를 그 기초가 되는 과정에 비추어 평가하며, 어떤 평가기준에 따라 이를 입증하는 과정이다. 그러므로 탐구학습에서는 일반적으로 문제제기-가설형성-실험

단계-자료수집-가설검증-결론의 6단계 과정을 거치게 된다.

5) 강의법

강의법은 역사적으로 가장 오래되었고 아직까지도 학교에서 보편적으로 사용되고 있는 방법이다. 이는 언어를 통해서 지식이나 정보를 전달하는 가운데 학생의 사고능력을 개발하고 촉진시킬 수 있는 수업방법이다.

역사적으로 강의법은 고대 희랍시대 웅변의 한 가지 방법인 모순 반박법으로부터 발전하기 시작하여 중세의 대학에서 주로 활용되었으며, 18~19세기에 들어 Herbart가 준비-제시-결합-체계화-적용이라는 단계이론을 체계화하여 강의법의 전형적인 모형을 정착시켰다(이경화 외, 2004). Herbart의 5단계 수업방법은 오늘날의 보편화된 3단계 수업방법과 유사한 점이 많다.

3단계 수업의 전개는 도입단계, 전개단계, 정리 및 평가 단계로 구성된다. 도입단계는 선행학습과 연결시켜 현행학습에 관심을 갖도록 개념 연결과 동시에 학습동기를 유발하는 단계다. 전개단계는 수업활동이 전개되어 교수-학습활동이 본격적으로 이루어지는 단계다. 끝으로 정리단계는 수업이나 강의가 끝나기 전에 배워 온 내용을 정리·요약하여 학습자의 이해도를 알아보는 단계다.

오랜 역사를 가진 강의법은 교육이론의 변화와 함께 발전·개선되기도 하였으나, 아직도 가끔은 무분별한 교사에게는 안일한 수업방법으로 사용되기도 하고, 효과적인 교사에게는 명강의라는 갈채와 호평을 줄 수 있는 방법이기도 하다. 즉, 최대의 효과를 주는 수업방법이 될 수도 있고 최저의 효율성을 지닌 수업방법이 될 수도 있다. 그러므로 강의법의 장단점을 잘 살펴서 장점을 최대화시키는 것이 중요하다.

6) 토의법

토의법은 학생들 상호 간의 토의를 통해 진행되는 수업방법이다. 이 수업방법은 학생 자신만으로는 해결할 수 없는 문제에 직면했을 때 서로 의견을 교환하고 집단 안에서 함께 생각하여 문제를 해결할 수 있도록 도와주는 방법이다. 학생들은 집단 사고의 과정에서 자유로이 의견을 발표하고, 타인의 의견을 받아들여 문제를 해결해 나가는 능력을 기르게 된다.

토의법의 교육적 가치는, 첫째, 인지적인 측면에서 학생들에게 타인으로부터 새로운 정보를 접하고 배우는 기회를 제공할 수 있다. 둘째, 심리적으로 집단 속에서 수용감, 소속감, 유대의식 등을 느낄 수 있게 하며, 적극적인 구성원 의식과 집단에 대한 긍정적인 태도를 형성할 수 있다. 셋째, 여러 가지 사회적인 기능과 태도를 배양시켜 줄 수 있다.

토의를 이끌어 나가는 토의유형에는 다음과 같은 것이 있다.

(1) 원탁식 토의

10명 내외의 인원이 원탁에 둘러앉아 형식에 구애되지 않고 자유로이 토의를 진행하는 방법이다. 참가 전원이 토의에 참여할 수 있는 분위기를 조성해야 한다.

(2) 배심토의

토의할 문제에 대하여 대립된 견해를 가진 대표 배심원 4~6명과 일반 청중으로 구성된다. 배심원들의 토의를 청중이 들으면서 문제를 이해하고 비판하고 자기 나름대로 의견을 조성하도록 노력해야 한다.

(3) 공개토의

한 사람 또는 몇 사람의 연사가 청중 앞에서 강연한 다음, 주제에 대한 질문을 중심으로 강사와 청중 사이에 질의응답이 벌어지는 방법이다.

(4) 대화식 토의

주제의 권위자나 전문가를 교실에 초빙하거나 전문가가 있는 현장에 가서 질의응답 형식으로 지식을 얻는 방법이다.

(5) 심포지엄

몇 명의 연사가 같은 주제에 대해 각기 다른 입장에서 자기의 의견을 발표하고 강연내용도 사전에 청중에게 배부하여 알려 주며, 강연 후에 강사와 청중이 질의응답 형식으로 지식을 얻는 방법이다.

7) 버즈집단학습

버즈집단학습은 토론과 피드백 증대를 위해 강의나 대규모 훈련에 의도적으로 도입되는 방법이다. 5~6명의 소규모 하위집단이 한 주제 또는 교사가 제시한 주제에 대해 짧은 시간(일반적으로 6분 이하) 동안 토의하게 된다. 각 하위집단은 집단 전체에 각각의 토의를 보고하거나, 때로는 각각의 성과나 토의내용을 공유하기 위해 다른 하위집단과 회합을 가진다. 소집단 토의를 시작하게 되면 마치 벌집을 건드린 것처럼 윙윙거리며 집행된다고 하여 '버즈토의(buzz discussion)' 라고 부르는 것이다. 정상적인 학급 상황에서 이 기법은 학생 참여를 활발하게 하는 데 특히 유용하다. 버즈집단학습은 조의 인원 수가 적기 때문에 발표 시 심리적 긴장감이 적고 표현기술 습득에 유리하며 모든 학생의 의견을 수렴할 수 있으므로 학습참여 의식을 높일 수 있는 장점을 가진다. 이 방법은 집단생활 방법을 스스로 터득하면서 타인을 이해할 수 있는 기회가 되며 구성 인원 모두의 의견을 존중하는 데 그 가치가 있다.

8) 브레인스토밍

'Brainstorming' 을 직역하면 묘안착상법이다. 즉, 폭풍우가 내리는 날의 번개를 상징하여 번개처럼 날아오는 기발한 생각을 잘 포착해 낸다는 뜻을 갖고 있다. 갑자기 떠오르는 멋진 생각을 종이에 적는다든가 말로 표현해 본 후 글로 기록하거나 기록된 문장을 정리정돈하면서 생각을 논리화하는 방법이다.

[그림 9-1] 브레인스토밍

주로 어떤 계획을 세우고자 할 때(수업 진행이나 계획), 창조적이고 기발한 아이디어가 필요할 때, 학생들의 의견과 생각을 끌어 내어 발전시키고자 할 때 효과적인 방법이다.

12~15명으로 10~15분 정도의 단기토의를 한다. 짧은 시간에 구성원이 자유로운 분위기에서 우수하고도 다양한 의견이 나올 수 있도록 유도하는 기술이 필요하기 때문에 사회자의 역할이 중요하다는 것을 잊어서는 안 된다. 토의의 마지막 단계에서는 서기가 토의내용을 요약한 것을 사회자나 교사의 안내로 분석하게 되거나 장기토의로 넘어갈 수도 있다.

9) 세미나

세미나는 주어진 어떤 제목에 관하여 한 명 또는 여러 사람이 토의하고 도전하고 논쟁하기 위하여 모인 학생들의 조직체다. 세미나는 한 학생이 제시한 에세이나 사전 준비 발표물에 기초를 둔다. 집단은 그것을 근거로 하여 토의를 하게 된다. 집단 내 상호작용이 매우 중요하므로 교사는 개인지도 때보다 덜 권위적이어야 한다. 교사가 모든 상황을 잘 분석하고 이끌어 갈 수 있느냐와 교사가 세미나의 절차를 선택하는 데 있어서 학생들이 세미나를 효과적으로 운영할 수 있느냐가 성공적인 세미나에 커다란 영향을 미치게 된다.

세미나 수업은 학생들에게 세미나를 이끌고, 발표하고, 그 발표에 도전하고, 기여하며, 계획하고, 대화하며, 분석하고, 의견을 교환하는 등의 기회를 준다. 동시에 학생들에게 세미나의 계획, 진행 및 평가에 대한 책임을 지게 함으로써 학생 참여를 상당히 넓게 이끌 수 있는 큰 장점이 있다.

10) 게임과 시뮬레이션

게임과 시뮬레이션은 원래 군대나 회사경영 훈련에서 유래했지만, 현재 매우 다양한 목적으로 교육의 모든 영역에 확산되어 있다.

게임은 교육이나 훈련 상황에서 경쟁을 시키고 일정한 규칙을 지키게 하는 집단학습 과정이다. 이 기법은 단순한 카드나 모의 게임에서 대규모 경영 게임에 이르기까지 매우 광범위하게 사용된다. 집단학습 상황에서 게임을 할 때 참여자는 개별적이거나 다른 사람과 협동하게 되며, '이기기' 위해 자신들의 기술과 지식을 서로 경쟁한다.

시뮬레이션(모의실험)은 학생에게 실제와 유사한 상황을 제공하여 실제에서 있음 직한 위험 부담을 주지 않고 학습을 할 수 있는 환경을 제공한다. 시뮬레이션으로 학습을 하는 학생은 실제와 유사한 학습환경에서 다른 학생과 상호작용하거나, 학급환경 안에 있는 어떠한 기기와 도구를 가지고 환경과 상호작용하면서 학습을 이끌어 나간다.

시뮬레이션의 장점은 학생 스스로가 경험하는 가운데 피드백을 통해서 학습이 이루어지므로 학습자의 호기심과 동기가 강화되고 학습에 대한 적극적인 참여를 유도할 수 있다는 점, 실제로 현실세계에서 학습하기 어려운 과제들을 쉽게 접할 수 있다는 점, 그리고 개별적으로만 아니라 집단으로도 실시할 수 있다는 점이다. 반면, 시뮬레이션 장면을 설계하는 데 상당한 노력과 시간이 필요하고 자칫 잘못하면 그저 재미있는 놀이로만 인식되거나 시간낭비가 될 가능성이 있으며, 학습의 결과를 평가하는 것이 쉽지 않다는 단점이 있다.

11) 협동학습

협동학습은 학습능력이 각기 다른 학습자들이 동일한 학습목표를 향하여 소집단 내에서 함께 활동하는 학습방법이다.

협동학습에서 소집단은 2~6명으로 팀을 구성하게 되는데, 소집단 구성원들은 개인의 학습뿐 아니라 서로 격려하며 협동해서 팀 형성을 강화한다. 협동학습에서는 구성원 사이의 긍정적인 상호의존성을 강조하면서도 분명히 개별적 책무성이 존재한다. 전통적인 소집단 학습의 구성원은 개인적 특성이 동질적인 경우가 많지만 협동학습은 이질적 개인들로 구성된 경우가 많다.

협동학습은 과제 구조와 보상의 성격에 따라 Jigsaw 모형, 성취과제 분담모형, 팀 토너먼트 게임 등으로 구분할 수 있다.

(1) Jigsaw 모형

Jigsaw 모형은 Aronson(1978) 등이 개발한 협동학습 모형으로서, 학생들을 5~6명 혹은 이질집단으로 나누고 학습할 단원을 집단 구성원 수에 맞도록 나누어서 각 구성원에게 한 부분씩을 할당한다. 한 학급은 여러 Jigsaw 집단으로 나누어지므로 각 집단에서 같은 부분을 담당한 학생들이 따로 모여 전문가 집단을 형성하여 학습한 후, 돌아가 분담된 내용을 집단 구성원들에게 가르친다. 단원학습이 끝난 후 학생들은 시험을 보고 개별 점수를 받는다. 이때 시험점수는 개인 등급에는 기여하지만 집단 점수에는 기여하지 못한다. 이러한 의미에서 Jigsaw 모형은 개인의 과제 해결의 상호의존성은 높으나 보상의존성은 낮다. Jigsaw 협동학습 모형은 집단 내의 동료로부터 배우고 동료를 가르치는 모형이다. 이 모형은 보상구조를 통해서가 아니라 학습과제의 분담, 즉 작업분담 구조를 통해서 집단 구성원 간의 상호의존성과 협동심을 유발한다.

Slavin(1978)은 Jigsaw 모형을 수정하여 Jigsaw II 모형을 제시하였다. Jigsaw II 모형은 모든 학생이 전체 학습자료와 과제 전체를 읽되 특별히 관심 있는 주제를 선택한 다음, 그것을 전문가 집단에 가져가서 철저히 공부하고 다시 자기 소속팀으로 돌아와 가르치는 것이다. 이 모형은 Jigsaw I 모형과는 달리 인지적, 정의적 학업성취 영역에서 전통적 수업보다 효과적이라는 장점이 있다.

(2) 성취과제 분담학습

성취과제 분담학습은 Slavin(1978)이 개발한 협동학습 모형으로서 초 · 중 · 고등학교 수학 과목에 주로 이용된다. 학생들은 4~5명으로 구성된 학습팀을 조직하게 되는데, 각 팀은 전체 학급의 축소판처럼 학습능력이 높은 학습자와 낮은 학습자의 이질적인 학습자들로 구성된다.

매주 교사는 강의나 토론으로 새 단원을 소개한다. 각 팀은 연습문제지를 짝을 지어 풀기도 하고, 서로 질문하고 토의하면서 그 단원을 학습한다. 연습문제에 대한 해답도 주어지므로 학생들은 단순히 문제지를 채우는 것이 아니라 개념을 이해하는 것이 목적임을 명백히 알게 된다. 구성원 모두가 학습내용을 완전히 이해할 때까지 팀 학습이 계속되고, 팀 학습이 끝나면 개별적으로 시험을 본다. 개인은 각자 자신의 시험점수를 받지만 자신이 본 이전까지 시험의 평균점수를 초과한 점수만큼 팀 점수에 기여하게 된다.

이 모형은 집단 구성원들의 역할이 분담되지 않은 공동학습 구조면서 개인의 성취에 대해 개별적으로 보상되는 개별 보상구조로 개인의 성취가 팀 점수에 가산되는 집단보상이 추가된 구조다.

(3) 팀 토너먼트 게임

DeVries와 Edwards(1973)가 개발한 이 모형의 원리는 학생들이 게임에서 좋은 성적을 얻기 위해 학습을 하게 되며 게임에서 점수를 얻기 위해 동기화된다는 것이다. 이 모형의 중요한 특징은 매주 토너먼트 성적에 따라서 선수로 출전하는 테이블이 바뀐다는 것이다. 그 주에 좋은 성적을 얻은 구성원은 다음 주에 더 높은 경쟁자들이 모이는 상위 테이블 순서로 나가게 되고, 반대로 좋지 않은 성적을 얻은 구성원은 자신이 출전했던 테이블보다 하위 테이블에 출전하게 된다. 즉, 학습자들은 자신과 비슷한 능력의 경쟁자와 게임을 하게 되므로 자신의 팀에 공헌할 수 있는 동등한 기회를 갖게 되는 셈이다. 또한 이 모형은 지루하기 쉬운 학습을 게임 형식으로 진행하므로 학생들에게 굉장한 흥미를 가지게 하지만, 게임에 상대적으로 많은 시간을 보내기 때문에 협동학습 활동시간이 줄어드는 단점은 있다.

12) 프로그램학습

프로그램학습은 Skinner의 강화이론에 기초하여 학습과업을 작은 단위의 논리적인 순서에 따라 구성하여 제시하면, 학습자는 개별적인 속도에 따라 학습에 능동적으로 참여하고 학습활동에 대한 즉각적인 피드백을 제공받는다.

프로그램학습을 통해 학습목표에 도달하는 데는 몇 가지 원리들이 적용된다(이경화 외, 2004). 첫째는 자기활동 원리로서 학습자가 자기 활동을 통해서 주어진 교재를 학습해 나가는 것이다. 둘째는 자기속도의 원리로서 학습에는 개인차에 따라 진행의 속도가 다르므로 자기 속도대로 학습을 진행해 나가는 것이다. 셋째는 자기검증의 원리로서 학습자가 올바른 수행을 했을 때는 즉각적인 피드백을 주어 자신의 반응

결과를 즉시 확인할 수 있으며, 오답을 했을 때는 곧바로 수정할 수 있는 기회를 주어 완전학습이 될 수 있도록 유도한다. 넷째는 작은 단계의 원리로서 학습자로 하여금 학습목표에 도달하기까지의 과정을 난이도를 고려하여 작은 단계로 나누어 논리적인 순서에 따라 점진적으로 배열하여 제시한다.

프로그램학습의 장점은 학습의 개별화가 가능하며 학습자의 능력과 학습 속도에 맞추어 학습할 수 있다는 것이다. 또한 즉각적인 피드백이 제공되므로 질문이 있을 때 생기는 심리적인 부담을 줄일 수 있으며, 학습과업이 논리적인 순차에 따라 구성되므로 준비 부족으로 오는 미숙한 수업보다 효과적일 수 있다.

13) 개별화 수업방법

학생들은 각자의 독특한 흥미와 욕구 및 능력을 가지고 있다. 따라서 교사는 각 학생들의 개인차에 주의를 기울일 필요가 있다. 개별화란 수업을 이러한 필요에 맞추려는 시도다. 개별화 수업을 위해서는 학생 개인을 위한 시간과 학습목표가 다양해야 하며, 다양한 교수교재와 학습활동을 활용하는 것이 필요하다.

개별화 수업의 기본 가정은, 첫째, 학급 내의 학생들은 나이가 같더라도 그들이 지니고 있는 인지적, 정의적, 기능적 특성은 각기 다르다. 둘째, 이렇게 출발점이 다른 학생들에게 똑같은 방식으로 학습했을 때 동일한 효과를 거둔다는 것은 불가능하다. 셋째, 개인의 인간적 존엄성을 보장한다는 측면에서 본다면, '다수'를 위한 수업보다는 인지적, 정의적, 기능적 특성의 양 극단에 놓인 학생들을 포함해서 '모두'를 위한 수업을 해야 한다. 넷째, 교사중심의 한 가지 수업방법은 그 방법에 적합한 학생들에게는 좋을 수 있지만 나머지 학생들에게는 비효과적인 수업방법이 될 수 있다.

개별화 수업을 하기 위해서는 무엇보다 먼저 학습 효과와 관련 있는 학습자의 특성이 무엇인가를 드러내야 하고, 그 다음은 적합한 교수-학습방법이 무엇인가를 밝혀야 한다. 이에 대해 Cronbach와 Snow(1977)는 '적성-처치 상호작용(Aptitude-Treatment Interaction: ATI)'이라는 중요한 아이디어를 제안하고 있다. 적성-처치 상호작용 접근은 학생의 적성 혹은 특성의 개인차를 측정하고 그 정보를 기초로 각 학생들의 특정 적성과 상호작용 관계를 보이는 특정 교수변인을 조합하려는 것이다.

개별화 수업은 현 단계에서는 하나의 이상형에 더 가깝다. 개인의 특성과 교수방법을 조화시키려는 노력은 계속되고 있지만, 그 연구가 얻어 나가야 할 해답은 개인차만큼 다양하고 폭넓다. 현재 개별화 수업이 체계적으로 구현되고 있는 분야는 컴퓨터 보조수업(Computer Assisted Instruction: CAI)을 이용한 수업방법이다. 아직은 충분하다고 볼 수 없지만, 컴퓨터를 이용한 개별화 수업 연구는 인지과학의 발전에 힘입어 앞으로도 그 연구의 고삐를 늦추지 않을 전망이다.

14) 컴퓨터 보조수업

컴퓨터 보조수업이란 실제 수업에서 수업평가에 이르기까지 컴퓨터를 이용하는 수업을 말한다.

질문 항목과 여러 가지 답 항목으로 짝지어져 구성되어 있는 프로그램화된 자료를 통해 학습하고, 일정한 학습이 끝난 후에는 컴퓨터를 통해 제시되는 문제로 단원별 또는 전체적인 평가를 받게 된다. 그리고 평가 결과에 따라 보충학습이나 참고문헌이 제시된다. 컴퓨터 보조수업의 중심 과제는 학생들의 질문이나 활동에 대해 여러 가지 가능성을 예상하여 정교하게 프로그램화하는 것이다. 이러한 수업형태는 초보적인 학습과제나 연습을 많이 요하는 학습과제 등에서 크게 활용될 수 있다.

컴퓨터 보조수업은 기존의 교사중심 수업을 효과적으로 보완할 수 있다. 컴퓨터 보조수업의 가장 큰 장점은 학생 개개인의 욕구와 능력에 맞는 연습활동에 적절하다는 것이다. 이 프로그램은 서로 다른 학년과 다양한 학습영역에서 학생들에게 실습기회를 제공하고 이해 정도를 평가하며, 필요한 경우 개선방법까지도 제공할 수 있다(White, 1987). 컴퓨터 보조수업은 기존의 서면으로 구성된 프로그램 자료나 개별 지도 등의 수업에 비해 학생들의 반응을 신속하게 평가할 수 있고, 활동의 과정이나 난이도를 학생의 현재 수준에 맞춰 변화시킬 수 있다는 장점을 가지고 있다. 따라서 학생의 반응에 따라 특별한 주제나 기술 등에 더 많은 시간을 할당하거나, 필수적인 학습을 반복하기 위해 전 단계의 수업으

[그림 9-2] 컴퓨터 보조학습

로 되돌아가는 일도 용이하다.

이러한 컴퓨터 보조수업은 학습의 개별화, 즉각적인 피드백, 학습 진전도의 지속적인 추적과 확인, 오류의 개선 등이 용이하다는 장점을 지니고 있다. 하지만 창의성과 같은 고차적인 정신능력을 모형화하지 못하는 한계와 기계를 이용함으로써 학생-교사의 직접적 상호작용에서 얻을 수 있는 많은 인간관계적 장점을 잃어버릴 수 있다는 비판도 있다.

10장 생활지도

1. 생활지도
2. 상 담
3. 진로상담

제10장 생활지도

학습목표

1. 생활지도의 개념과 원리에 대해 이해한다.
2. 상담의 의미와 각 상담이론에 대해 이해한다.
3. 상담이 학교생활에 어떻게 적용되는지 이해한다.
4. 진로상담의 개념과 그 필요성에 대해 이해한다.

학습내용

1. 생활지도는 무엇인가?
2. 상담이란 무엇이며 이를 설명하는 이론에는 어떠한 것들이 있는가?
3. 진로상담의 필요성과 그 내용은 무엇인가?

주요개념

생활지도	상담	상담이론	진로상담
정신분석학적 상담이론	내담자중심적 상담이론	행동주의적 상담이론	인지적 상담이론
특성요인이론	발달적 진로상담	행동주의적 진로상담	

학습개요

학교교육은 비단 학업성취만을 위해서 이루어지는 것이 아니다. 학교교육의 목표는 전인교육을 전제로 하고 있기 때문에 학업성취뿐 아니라 학습자의 생활지도는 절대 배제되어서는 안 된다. 그러나 우리 학교현장에서는 학과지도가 너무 많은 비중을 차지하고 있고, 생활지도는 문제가 있는 학생들을 지도하는 것이라는 잘못된 편견을 가지고 있다. 학교의 목표가 앞서 언급한 바와 같이 전인교육이라면 학생의 지적 성장뿐 아니라 개인의 전반적인 성장과 발달에 관심을 두어야 할 것이다. 즉, 학생은 모든 학생들이 그 대상이 되는 것이다.

생활지도에서 가장 많이 이루어지고 있는 활동 중 하나는 상담이며, 이를 통해 학생들은 보다 더 성숙되고 바람직한 발달을 할 수 있도록 도움을 받는다. 하지만 우리나라처럼 입시위주의 학교환경에서는 이러한 심리적 조력이 너무나 미비한 실정이다. 따라서 앞으로의 교육현장에서는 지적인 조력뿐 아니라 심리적 도움에도 많은 관심을 기울여야 할 것이다.

또한 입시라는 특성화된 사회에서 많은 학생들이 직업선택에 어려움을 느끼고 있다. 이에 진로상담을 통해 보다 학생들에게 효과적인 도움을 주어야 할 것이다.

이 장에서는 생활지도의 개념과 원리에 대해 살펴보고, 상담의 개념과 목표 그리고 이를 설명하는 몇 가지 이론들을 제시하고자 한다. 더불어 진로상담의 개념과 필요성 그리고 이론에 대해 살펴보고자 한다.

1. 생활지도

학교교육은 단지 지식이나 기술의 전수로 인한 성장만 추구하는 데 목적이 있는 것이 아니다. 학교교육의 궁극적 목적은 학생들의 인간적 성숙을 촉진하고 그들의 자아실현을 돕기 위한 것이다. 그러나 우리의 학교교육은 지나치게 지식의 전달만을 추구하려는 편중된 현상을 보이고 있다. 하지만 보다 발전된 학교교육을 위해서 생활지도는 결코 빠져서는 안 되는 측면이다. 이 장에서는 생활지도의 개념과 목표 그리고 원리와 영역에 대해 살펴보고자 한다.

1) 생활지도의 개념과 그 목표

학생생활지도라 하면 흔히 사람들은 학교에서 문제를 일으키는 학생들을 지도하거나 훈육하는 것이라 생각하는데, 실제 학교의 생활지도는 이와는 다른 모습이다.

학생생활지도는 1907년 미국의 Parsons가 시작한 직업지도 운동을 그 시초라 볼 수 있다. 그는 개인이 자신의 특성을 이해하여 직업을 선택하는 데 활용하도록 도와주는 활동에 많은 관심을 가졌다. 이 같은 직업지도 운동을 출발점으로 하여 생활지도는 빠른 성장을 보였고 제도권 교육에 그 영향을 미치게 되었다.

현대에 있어 생활지도의 개념은 학생생활의 전반적인 영역과 관련되어 있다. 생활지도의 개념은 학자들마다 조금씩 차이를 보이기는 하지만 이를 종합해 보면, '생활지도란 한 개인 자신의 이해와 처한 환경의 이해를 통해 건전한 적응을 하며 자기의 가능성을 발달시켜 계속 건전하게 성장할 수 있도록 조력하는 기술적이고 지속적인 교육활동을 말한다' (정원식 외, 1975).

생활지도의 기본목표는 학생으로 하여금 그들에게 가장 최적의 선택과 적응을 하도록 도움을 주는 것으로서 자기의 지도능력을 신장시키도록 하는 데 있다. 정원식 등(1987)은 생활지도 목표를 다음 몇 가지로 설명하고 있다.

① 학생으로 하여금 그들의 당면문제를 유능하게 해결할 수 있는 능력을 양성하고

그 방법을 훈련하게 한다.

② 학생으로 하여금 자신에게 주어진 장면문제에 대해 자발적으로 대처하는 의욕을 북돋우며, 이를 자율적으로 해결하는 능력을 부여한다.

③ 학생이 주어진 사회에 잘 적응하여 부적응행동을 예방하도록 한다.

④ 학생 개개인의 개성과 문제를 정확하게 이해하고 자신의 진로를 현명하게 선택할 수 있도록 한다.

⑤ 학생의 신체적, 지적적, 정서적, 사회적 모든 측면이 잘 통합될 수 있도록 돕는다.

⑥ 학생 자신의 개성과 창의성을 신장시켜 자신이 속한 사회에 봉사함으로써 삶을 즐길 수 있도록 한다.

⑦ 학생들의 욕구좌절을 현명하게 극복하도록 도와주고 원만한 성격을 발달시킬 수 있도록 조력함으로써 그들의 정신건강을 증진시킨다.

2) 생활지도의 원리

Stertzer와 Stone(1981)은 생활지도 과정에서 다루어야 하는 실제적이고 구체적인 원리를 다음과 같이 제시하고 있다.

① 생활지도는 근본적으로 개인적 발달에 관심을 둔다.

진정한 의미의 개인발달이란 자아에 관하여 이해하고 폭넓은 개인적 탐구를 할 수 있는 상태를 말한다(Kehas, 1970). 생활지도 프로그램은 학생들이 자신에 대하여 인식하고 스스로의 경험을 이해할 수 있도록 돕는 것을 특징으로 한다.

② 생활지도는 개인의 행동에 개입한다.

생활지도 담당자들의 중요한 관심사는 개별 학생들의 개인적 발달과 그들이 처해 있는 주위 환경이다. 생활지도 담당자들은 개인면담, 상담관계, 검사해석, 그리고 학생들 자신의 내적 구조를 이해하는 데 도움이 되는 다양한 방법들을 활용하게 된다. 이러한 방법들을 통해서 개인은 자신이 처해 있는 세계와 자신들의 경험에서 얻어진 의미들을 검토할 수 있다. 생활지도는 개인 자신만의 유일한 지각세계와 주변의 삶에서 일어나는 일련의 외적인 사건들이 상호작용하는 지점에서 이루어진다. 그러므로 생활지도 프로그램은 그 과정과 실제에 있어서 학생들이 보다 구체적인 상황과 외부적, 사회적 상황을 잘 이해하도록 고안되어야 한다. 따라서 생활지도 담당자들의 활동이란 개인들이 자신의 발달을 관리하기 위해 스스로의 경험, 태도 등을 바르게 이해하도록 도와주려는 노력이다.

③ 생활지도는 협력지향적이며 강제나 강압은 지양한다.

생활지도는 학생들과 상호 협의하에서 이루어져야 하는 것이다. 따라서 강요나 압력이 배제되어야 하며, 생활지도 담당자들은 생활지도에 대한 학생들의 저항을 감소시킬 수 있어야 한다. 즉, 외부의 강요나 의무감이 아니라 학생 스스로의 내적 동기 또는 기꺼이 받아들이는 태도에 의존해야 한다.

④ 인간은 자기발달의 능력을 갖고 있다.

생활지도 담당자는 학생들이 스스로 자아를 개척할 수 있는 기회와 자아실현의 능력을 갖도록 해야 한다. 또한 학생 자신이 모든 영역에 영향을 주고 동시에 영향을 받기도 하는 특별한 존재라는 자긍심을 갖도록 도와주어야 한다.

⑤ 생활지도는 개인의 권리와 존엄성 및 가치의 인정을 기초로 한다.

생활지도는 개인의 기본적인 존엄성에 대한 믿음을 바탕으로 해야 하며, 민주주의에 입각한 인간의 평등과 자유를 실현하고자 노력해야 한다. 즉, 인간은 유일하고 신성하게 대우받을 권리를 갖고 있음(Kehas, 1970)을 의미한다. 이러한 원리에 따라 최대한의 자유를 보장받아 자기결정으로 인생을 계획하고 성취할 수 있을 때 비로소 인간은 자기소외나 불안에서 벗어나 생산적인 가치를 지니고 변화에 능동적으로 대처하게 된다(Herr, 1979).

⑥ 생활지도는 지속적이고 연속적이며 교육적인 일련의 과정이다.

학령기의 생활지도는 학교생활을 처음 시작하는 초등학교 때부터 시작해야 하며 교육과 개인의 삶을 통해 지속되어야 한다. 이를 위해 생활지도는 하나의 단일한 형태로 전체 학교 프로그램 속에 일관성 있게 통합될 필요가 있다(Shertzer & Stone, 1981).

3) 생활지도의 영역

(1) 내용별 영역

생활지도의 영역을 내용별로 나누면 크게 여섯 가지다.

첫째, 교육지도는 학교학습과 관련된 여러 가지 적응, 부적응 상태를 조성하고 지도하는 영역의 활동을 의미한다. 예를 들어, 신입생 오리엔테이션, 재학생 교과목 선택, 효과적인 학습방법, 교육정보의 제공, 진학 및 진로 지도, 특별활동, 동아리 활동, 독서지도 등이 해당된다.

둘째, 직업지도는 학생들에게 직업정보를 제공하고 직업의 준비와 선택, 취업을 할 수 있도록 도움을 주는 것이다.

셋째, 사회성 지도는 친구나 이성을 비롯한 각종 대인관계 문제, 도덕성, 종교와 관련된 문제, 사회인식과 관련된 문제 등 공동생활에 필요한 사회적 지식 · 태도 · 기술의 습득이 해당된다.

넷째, 성격지도는 건전한 성격 형성 및 발달 지도, 성격교정 혹은 심리치료 등의 활동이다.

다섯째, 건강지도는 학생들의 심신 건강에 관련된 도움을 제공하는 것이다.

여섯째, 여가선용 지도는 개인적 · 집단적 과외활동에 대한 도움을 제공하는 것이다.

(2) 활동별 영역

생활지도는 학생들의 활동영역에 따라 다시 구분해 볼 수 있다. 첫째, 학생 이해활동 측면은 먼저 학생들에 대한 정확한 이해와 지도에 필요한 기초자료를 수집—가정환경, 학업성취와 지적 능력, 신체적 · 정신적 건강상태, 교육적 · 직업적 흥미와 적성, 성격 특성, 교우관계, 장래계획 등—하는 것이다. 이 자료는 심리검사를 통해 확보하게 된다.

둘째, 정보 제공활동 측면은 교육 및 진학에 관한 정보, 직업 및 직업선택에 관한 정보, 개성 및 인성에 관한 정보 등을 제공한다.

셋째, 상담활동 측면은 생활지도 활동 가운데 가장 중요한 영역으로 크게 개인상담, 집단상담이 있다.

넷째, 정치(定置, placement)활동 측면은 교육이나 직업과 관련된 배치의 문제를 다루는 것으로 학급, 교과목, 특별활동, 학과, 진학, 진로 등의 측면에서 나타나는 문제에 대해 도움을 제공한다.

다섯째, 추수(追隨, follow-up service)활동 측면은 생활지도를 받은 학생들을 사후 점검하여 계속 그 성과를 확인하고 지도하는 활동이다.

2. 상 담

대부분의 생활지도가 상담을 통해 이루어지기 때문에 생활지도 활동 중 가장 핵심은 상담이라고 볼 수 있다. 여기에서는 상담의 정의와 목표 그리고 각 이론에 대해 살펴보기로 한다.

1) 상담(상담이론)의 정의

상담이론에 따라 상담을 보는 시각이나 관점이 제각기 다르기 때문에 상담을 한 마디로 정의하기는 매우 힘들다. 또한 일상생활에서 접하는 고객상담, 투자상담 등과 같은 상담의 본질과 다른 활동들 때문에 상담의 용어가 더욱 모호해졌다. 그러나 여기에서는 상담학자들의 정의를 비롯하여 가장 기본적인 정의에 대해 살펴보기로 한다.

> 도움을 필요로 하는 사람(내담자)이 전문적 훈련을 받은 사람(상담자)과 대면관계를 이루어, 생활과제의 해결과 사고, 행동 및 감정 측면의 인간적 성장을 위해 노력하는 학습과정이다(이장호).

> 치유적인 상담은 내담자가 경직된 자기방어를 지양하고, 그가 이전에는 부정하고 왜곡했던 자신의 자아체제의 여러 국면들을 통합하고 받아들이는 안정감과 수용성의 관계인 나와 너, 개인 대 개인의 관계성에 토대를 둔다(Rogers).

치료자(또는 상담자)와의 안전한 관계에서 내담자가 과거에 부정했던 경험을 다시 통합하여 새로운 자기로 변화하는 과정(Rogers)

내담자의 자기이해, 의사결정 및 문제해결이 이루어지도록 상담자가 전문적으로 도와주는 과정(Pietrofesa, Leonard, & Van Hoose)

[그림 10-1] 집단상담

여기서 이장호는 상담의 구성요소를 상담자와 내담자, 그들 간의 대면관계로 일단 규정하고, 상담에서는 내담자의 변화가 이루어지기 때문에 이를 '학습과정' 으로 표현하였으며, 이러한 학습의 목표를 '생활과제의 해결 및 인간적 성장' 에 두었다. 그리고 Rogers의 정의는 자아개념의 변화를 상담의 핵심으로 보았으며, 그 변화는 상담자가 조성하는 '긴장이 없는 안전한 분위기' 에서 이루어진다는 것을 강조한 것이라 할 수 있다.

2) 상담이론의 정의

상담이론은 이러한 다양한 상담의 정의와 목표 아래 상담과정을 좀 더 효율적으로 이끌기 위하여 각 학파의 여러 학자들이 임상 경험과 연구를 통해 점차적으로 발전시켜 온 것들이다. 대표적인 상담이론에는 Freud의 정신분석적 이론, Skinner의 행동주의적 이론, Carl Rogers의 내담자중심 이론, Kelly와 Ellis의 인지적 이론 등이 있다.

3) 각 학파의 상담이론

상담이론은 학파별로 기본전제와 목표들이 약간씩 다르다. 여기에서는 학파별 이론의 기본개념과 목표 기술 등을 중심으로 살펴보고자 한다.

(1) 정신분석학적 상담이론

① 상담목표

정신분석이론에서는 무의식적으로 잠재된 갈등이 해소되지 않으면, 심리적 긴장 상태로 남아 있거나 여러 가지 증상으로 나타난다고 본다. 따라서 정신분석적 상담의 목표는 무의식적 갈등을 의식화하여 개인의 성격구조를 재구성하는 데 있다. 즉, 억압을 약화시킴으로써 무의식적 내면세계의 의식화 작업을 통해 의식적 기능인 자아의 힘을 강화시키는 것이 정신분석적 상담의 목표다.

② 상담기술

- 해석(interpretation): 자유연상이나 꿈, 저항, 전이 등을 분석하고 그 속에 담긴 의미를 내담자에게 지적하고 설명해 주는 기본적 절차다. 이것은 내담자가 자신의 무의식적 욕구나 행동을 이해하는 과정을 가속화한다. 해석의 원칙은 해석하려는 무의식적 내용이 내담자의 의식에 가까이 왔다고 판단될 때 그가 받아들일 수 있는 내용을 해석해 주어야 하며, 해석 전에 저항이나 방어를 먼저 지적해 주어야 한다는 것이다.
- 자유연상(free association): 내담자로 하여금 마음에 떠오르는 것은 무엇이든지 다 말하게 하고, 상담자는 연상내용들의 관계와 의미를 해석해 주는 것이다. 이것은 내담자가 과거의 외상적 감정을 정화하고, 자신의 무의식적 동기에 대한 통찰력을 얻게 한다.
- 꿈의 분석(dream analysis): 수면 중에는 방어가 약화되어 억압된 욕구와 감정이 꿈속에 표출되므로, 꿈에 나타난 그대로의 현재몽 속에 감추어진 잠재몽의 상징적 의미를 밝히는 꿈의 분석을 통해 내담자로 하여금 자신의 무의식적 동기에 대한 통찰력을 얻게 한다.
- 저항(resistance)의 해석: 저항은 내담자가 자신의 억압된 욕구나 감정을 알았을 때 느끼게 되는 불안으로부터 자아를 보호하기 위해 치료의 진전과 무의식적 욕구나 감정이 드러나는 것을 방해하는 무의식적 행동이다. 내담자의 갈등을 근본적으로 해결하기 위해서는 이를 해석해 주어서 그가 저항의 원인들을 자각하고 처리하도록 해야 한다.

- 전이(transference)의 해석: 전이는 치료과정에서 내담자가 과거에 자신에게 영향력 있었던 사람에게 느꼈던 감정이 재현되어 상담자와의 관계에서 재경험하게 되는 것이다. 이때 상담자는 객관적이고 비교적 수동적인 자세로 내담자의 전이를 유도하며, 그 해석을 통해 내담자가 자신의 감정적 성장을 지연시키는 초기 관계의 갈등들을 이해하고 제거하도록 노력하게 한다.

정신분석학적 상담이론의 핵심이라고 할 수 있는 무의식은 전혀 인식되지는 않지만 사람들의 행동을 주로 결정하며 그 내용은 변장되고 상징화된 형태로 나타난다. 이에 Freud는 이러한 사실을 그의 환자 연구에 이용하였다. 따라서 정신분석 상담이론은 자신의 무의식을 통찰하도록 돕기 위해 자유연상, 저항의 해석, 꿈의 분석, 전이의 해석과 같은 방법을 사용한다. 즉, 이러한 상담기술들은 인간의 본성 또는 성격에 관한 Freud의 이해와 이를 종합한 성격이론에서 나오는 것이다. 또한 Freud의 성격이론 중 심리성욕 발달단계는 내담자의 성격구조를 재구성하여 이해해 나가고 그에 따른 상담이론을 확립하는 데 중요한 하나의 틀로 기능을 한다.

(2) 내담자중심적 상담이론

① 기본개념

Rogers가 창안한 이 이론은 인간의 잠재능력에 큰 신뢰를 두며, 내담자로 하여금 자신의 문제해결 능력을 스스로 발견하고, 성장할 수 있는 촉진적인 조건을 제공하는 것을 강조한다.

② 상담목표

충분히 기능을 하고 자아실현해 가는 사람의 특성들은 내담자중심 이론의 기본적인 상담목표를 구성하는데, 그 특성들은 경험에 대한 개방성, 자신에 대한 신뢰, 평가에 대한 내재적 좌소(座所), 과정에 참여하고자 하는 자발성이다.

③ 상담기술

상담자가 갖추어야 할 인격적 특성 혹은 태도를 표현하고 전달하는 방법이라 할 수 있다. 이러한 태도에는 내담자와의 관계에서 일어나는 경험과 감정을 솔직히 표현하는 태도인 일치성 혹은 진실성, 내담자의 모습 그대로를 수용·존중하는 태도인 무조건적인 긍정적 관심 그리고 내담자의 경험과 감정을 민감하고 정확하게 공감·이해하는 태도인 공감적 이해가 요구된다.

(3) 행동주의적 상담이론

① 상담목표

인간의 모든 행동은 학습을 통해 형성되므로 상담의 목표는 새로운 학습을 위한 새로운 조건들을 조성해 내는 것이다. 즉, 행동주의적 상담이론은 부적합한 학습을 제거하고 적합한 반응들이 학습되도록 하는 과정으로 이루어진다.

② 상담의 주요 기술

- 체계적 둔감법(단계적 둔화, systematic desensitization): 공포나 불안을 제거하는 데 쓰이는 기술로, 먼저 불안의 정도에 따른 불안 위계목록을 작성하고 근육이완 훈련을 받게 한다. 그런 다음 내담자가 이완상태에 도달하면 불안 위계목록 중 가장 적게 불안을 일으키는 장면부터 상상시켜, 최대의 불안을 일으키는 장면을 상상해도 이완상태에 머무를 수 있을 때 치료는 끝나게 된다.
- 주장적 훈련(자기표현 훈련, assertive training): 대인관계에서 자기표현이 어려운 사람들에게 적합한 기술로, 상담자와 내담자가 문제의 대인관계 상황을 구성해 서로 역할을 바꾸어 가며 자신을 표현하는 역할행동(role playing)을 한다. 이를 통해 연습되어 실제 상황에서 실행되도록 한다.
- 혐오치료(aversion therapy): 전기충격이나 구토제와 같은 혐오자극을 가하여 바람직하지 못한 행동을 소거시키는 기술로, 처벌된 행동을 대체할 수 있는 바람직한 다른 행동을 강화해 줄 때 효과가 더 크다.
- 긍정적 강화(positive reinforcement): 바람직한 행동을 할 때마다 음식이나 칭찬과 같은 보상을 주어 그 행동을 강화시키는 기술이다.
- 조형(행동조성, shaping): 바람직한 행동을 여러 단계로 나누어 강화함으로써 점진적으로 바람직한 행동에 접근하도록 유도하는 기술이다.

• 토큰경제(대리경제, 환권 보상치료, token economics): 바람직한 행동을 인정해 주는 것만으로 별 효과가 없을 때, 토큰을 주어 내담자가 원하는 물건이나 권리로 바꿀 수 있게 함으로써 바람직한 행동을 강화시키는 기술이다.

(4) 인지적 상담이론

합리적-정서적 이론(REBT)은 인지이론을 대표하는 Ellis가 창안한 주요 상담이론들 중 하나다. 이 이론은 인간의 비합리적인 사고(iB)가 정서장애의 주요인이 되며, 이러한 비합리적 사고를 논박(D)을 통해 합리적인 사고(rB)로 교정함으로써 정서장애를 제거하여 효과(E)를 볼 수 있다고 주장한다. 즉, 정서적인 결과(C)는 어떤 선행하는 사건(A)으로 인해 발생하는 것이 아니라, 그 사건에 대한 그의 비합리적 또는 합리적 사고를 통하여 일어난다는 것이다(A-B-C-D-E: ABC 이론).

〈Ellis〉

비합리적 사고에는 당위적 사고(반드시 ~해야만 한다)와 단정적, 일반화된 사고(~이다)가 있다. 이러한 사고들은 부모와 사회 등의 환경에 따라 학습되어 자기독백(self-talk)으로 강화된다. 그러므로 일단 반복되는 자신의 비합리적인 자기독백을 알아내어 그것을 논박하고 합리적인 말로 대체하여 반복학습을 함으로써 정서적 장애를 소거 · 최소화하는 것이 REBT의 상담과정이다.

3. 진로상담

진로란 한 개인이 생애 동안 일과 관련해서 경험하고 거쳐 가는 모든 체험을 의미한다. 진로는 개인이 결정한 직업의 자리뿐 아니라 일과 관련된 태도, 동기, 행동 등을 포괄하는 개념으로 사용된다. 진로는 단순히 보수를 받고 일을 하는 직업보다 훨씬 포괄적인 개념으로 개인의 생애 전체의 발달과정에서 지속적으로 영향을 미치면서 개인의 일, 여가, 환경, 심리적 만족과 관련된 모든 활동을 포함한다.

상담이란 전문적이고 목적 있는 대화며 충고, 조언, 권고, 제안, 훈육, 제언, 대화 이상의 의미를 지닌 매우 정선된 형태의 도움을 주는 면담이다. 또한 상담자와 내담자의 관계에서 자기의 생활과정상의 문제를 해결하고 생각, 감정, 행동 측면의 인간적 성장을 위해 노력하는 학습과정이다.

1) 진로상담

Crites는 진로상담이란 일의 세계에서 적절히 융화된 자신의 역할상과 자아상을 발전시키고 수용하여 자신에게 만족스럽고 사회에 이익이 되는 현실로 전환하도록 도와주는 과정이라고 하였다.

또한 미국의 진로발달협회에서는 진로상담이란 내담자가 가장 적절한 진로 결정을 하기 위해 자신과 환경의 이해를 종합하고 응용하도록 돕는, 상담자와 내담자 사이의 개인과 개인 또는 개인과 소집단의 관계라고 정의 내리고 있다.

김계현(1995)은 개인이 자기의 진로목표에 접근해 가고 목표를 달성해 가는 과정을 진로발달이라고 보고, 진로상담이란 개인의 진로발달을 촉진시키거나 진로계획, 진로나 직업 선택과 결정, 실천, 직업적응, 진로변경 등의 과정을 돕기 위한 활동이라고 설명한다.

진로상담의 단계를 Remer와 O' Neill(1980)은 다음과 같이 정의하고 있다.

- 나의 진로결정이 혼란스럽고 불확실하다는 것을 받아들인다.
- 의사결정 과정을 배우고 특별한 진로결정 프로그램을 통해 그 과정을 적용시켜 본다.
- 자신에 관한 정보를 정리해 본다.
- 진로나 전공에 관한 대안들의 목록을 작성한다.
- 나의 진로대안들에 관한 정보를 정리한다.
- 나에게 절대로 맞지 않는 진로대안들을 배제한다.
- 자기 자신의 모습과 진로분석 자료를 비교한다.
- 각 대안의 장단점을 평가한다.

• 어떤 대안이 나의 기회를 증진시키는지 생각해 본다.
• 대안의 우선순위를 정한다.
• 결정을 한다.
• 결정을 평가한다.
• 의사결정을 어떻게 하는지 종합해 본다.

2) 진로상담의 목적

진로상담의 목적은 자신의 진로를 객관적이고 합리적인 경로를 통하여 정확하게 인식하도록 도와주는 데 있다. 즉, 진로상담과 지도를 통하여 자신을 정확히 이해하고, 주위 여건을 충분히 고려하여 자신에게 적합한 진로를 계획하고 선택하여 이를 개척해 나감으로써 자신 및 사회를 위해 공헌할 수 있는 기틀을 마련해 주는 데 있다.

진로란 단순히 직업의 선택과정만을 의미하는 것이 아니라 개인이 살아가는 과정 전체와 관련되는 일, 취미활동, 여가, 가정생활 등 전반을 포함하는 개념이다. 따라서 진로상담은 진로발달과정과 밀접하게 관련되며 각각의 단계에 적합한 상담과정이 적용되어야 한다.

진로상담자는 개인의 발달을 극대화시키는 목표와 관련된 것에 일차적인 초점을 두어야 하며, 능숙하게 내담자의 자아와 일의 세계를 통합시킬 수 있어야 한다. Krumblotz(1996)는 내담자가 끊임없이 변화하는 직업세계 속에서 만족스러운 생활을 창조하도록 하기 위해 기술, 흥미, 신념, 가치, 일 습관, 개인적 자질을 학습하도록 촉진하는 것이 진로상담의 목적이라고 하였다. 장석민 등(1986)은 내담자가 이미 결정한 직업적인 선택과 계획을 확인하고 개인의 직업목표를 명백히 하여, 자아와 직업세계에 대해 이해하고 새로운 사실을 발견하여 의사결정 능력을 신장시킬 수 있도록 하는 것을 진로상담의 목적이라고 보았다.

진로상담은 내담자가 자신의 발달단계에 적절하게 진로문제를 받아들이고 결정하며, 감춰진 잠재능력을 발휘해 준비하고 적응해 나갈 수 있도록 조력하는 과정이 되어야 한다. 진로상담은 단순히 진로결정으로 끝나는 것이 아니라 내담자가 살아가는 과정 전체를 다루면서 내담자가 발달하고 성장할 수 있도록 돕는 것을 목적으로 한다.

3) 진로상담의 필요성

초등학교는 진로인식단계, 중학교는 진로탐색단계, 고등학교는 진로준비단계, 대학교와 졸업 이후는 진로전문화단계라고 볼 때, 각급 학교 학생들의 수준에 맞는 다양한 정보와 자료를 제공해야 한다. 특히, 현대사회는 산업기술과 과학문명의 급속한 발달과 함께 직업세계가 날로 다양해지고 전문화 · 세분화되고 있어서 이런 변화에 적응하기 위해서는 새로운 지식과 기술 및 정보를 습득하지 않으면 안 된다. 따라서 각 시기마다 적합한 진로교육을 통해 학생 개개인의 소질과 적성을 발견하고 일과 직업세계에 대해 인식하며 자신에게 적합한 진로를 결정할 수 있는 준비를 할 수 있게 해 주어야 한다. 하지만 학생들이 요구하는 것만큼 진로나 직업정보가 제대로 제공되지 못하고 진로에 대해 상담할 수 있는 상담자도 부족한 것이 현실이다. 과거에는 사회 변화의 속도가 느리고 직업구조가 단순했기 때문에 가정에서 부모들이 자연스럽게 사회화 과정을 밟아가는 자녀들에게 명실상부한 진로지도를 했으며, 학교에서도 특별한 계획이나 교육과정, 전문적 지식 없이도 나름대로 진로지도를 할 수 있었다. 그러나 현대사회는 직업구조가 전문화되어 고도의 지식과 기능이 요구되며, 직업세계의 급속한 변동으로 직업의 종류가 세분화되고 다양해졌다. 또한 급속한 사회 변화로 일에 대한 가치관과 태도 설정조차도 어렵게 되어서 진로교육의 중요성과 필요성이 그 어느 때보다 절실하고 시급한 현실이다.

이와 관련하여 Marland는 다음과 같이 진로교육의 필요성을 강조했다.

첫째, 진로교육을 중핵으로 하는 직업교육이 교양교육보다 더 강조되어야 한다.

둘째, 고등학교 수준의 교육은 학생 개인이 진학 혹은 생산적인 일에 취업할 수 있도록 교육되어야 한다.

셋째, 다양한 전달체계를 통하여 일을 위한 또는 일에 관한 교육이 필요하다.

넷째, 개인에게 개방된 진로선택의 기회가 주어져야 한다.

그리고 개인, 국가사회, 부모 측면의 필요성도 감안해서 진로교육이 이뤄져야 한다.

4) 진로상담과 관련된 이론

(1) 특성요인이론(trait factor theory)

특성요인이론은 고전적인 진로상담이론으로 개인차 심리학에 근간을 두고 Parsons(1909)와 Williamson(1950)에 의해 제시되었다. 이 이론은 기본적으로 진로 선택 과정을 특정 시기에 일어나는 일회적인 사건으로 개념화한다.

특성요인이론에서는 개인의 특성을 파악하고 직업에 대한 이해의 과정을 거친 후 이 두 가지 요소에 근거하여 각 개인의 특성과 적절한 직업의 매칭(matching)을 이론의 기본으로 하고 있다. 특성요인이론에서는 내담자가 자신의 지능, 적성, 흥미, 포부, 학업성취, 환경 등의 개인 특성을 이해하면서 자신에 대한 이해를 명확히 하는 가운데 합리적이고 현실적인 진로결정을 할 수 있다고 본다. 또한 표준화 검사의 실시와 결과의 해석을 진로상담 과정에서 크게 강조한다.

Williamson(1936)이 제시한 특성요인 진로상담모형을 살펴보면 다음과 같다.

① 1단계-분석: 개인의 특성(태도, 흥미, 가족배경, 지적 능력, 교육적 능력, 적성 등)에 관한 자료수집 및 표준화 검사를 실시한다.
② 2단계-종합: 개인의 장단점, 욕구, 문제를 분류하기 위한 정보를 수집하고 조정한다.
③ 3단계-진단: 진로문제의 개관적인 원인을 파악한다.
④ 4단계-예측: 가능한 대안을 탐색하고 각 대안의 성공 가능성을 평가하고 예측한다.
⑤ 5단계-상담: 개인 특성에 관한 자료를 중심으로 직업에 잘 적응하려면 어떻게 해야 할지를 상담한다.
⑥ 6단계-추수지도: 내담자가 행동계획을 잘 실현하도록 돕고 결정과정의 적합성을 점검한 후 필요한 부분의 보충을 위해 추수지도를 한다.

Williamson은 특성요인 진로상담의 기법을 다음과 같이 제시하고 있다.

① 촉진적 관계 형성: 진로상담자는 내담자에게 신뢰감을 주고 문제해결을 촉진할 수 있는 관계를 형성해야 한다.

② 자아 이해의 신장: 상담자는 내담자가 그의 장점을 최대한으로 이용하여 진로를 선택하고 성공과 만족을 얻도록 조력해야 한다.

③ 실제적인 행동의 계획이나 설계: 상담자는 내담자의 학문, 직업적인 선택이나 감정, 태도 등에 대해 언어로써 명료화해 준다. 또한 실제적인 행동을 계획하고 설계하도록 한다.

④ 계획의 수정: 내담자가 계획을 실행에 옮기고 직접 직업을 선택해 보도록 조력한다.

⑤ 의뢰: 필요한 경우 다른 상담자에게 내담자를 의뢰할 수 있다.

(2) 발달적 진로상담

발달적 진로상담(developmental career counseling)은 내담자의 진로발달 측면을 중시하는 이론으로서 개인의 진로발달은 그의 전 생애에 걸쳐 이루어지는 일련의 과정이라는 것이다. 이 이론을 대표하는 학자들은 Super, Ginzberg, Tiedeman 등이다. Super(1962)의 이론에 따르면, 개인은 일부는 자신의 심리생리적 속성에 따라서, 일부는 의미 있는 타인을 포함하는 환경조건에 따라서 결정된 비율에 따른 전체 발달의 한 측면으로서 직업적으로 발달하게 된다.

① 진단

Super(1957)는 진단이라는 말 대신에 '평가'라는 말을 썼는데, 이는 평가라는 개념이 진단이라는 개념보다 포괄적이고 긍정적이기 때문이라고 한다. 그는 내담자의 잠재능력에 초점을 두는 세 가지 종류의 평가에 대해 다음과 같이 제시하고 있다.

첫째, 문제의 평가(problem appraisal)에서는 내담자가 경험한 곤란과 진로상담에 대한 기대가 평가된다. 생각건대, 심리역동적인 접근법처럼 Bordin(1946)의 분류체계가 사용되었다. Super는 자신이 사용한 진단구조에 대해서 논의하지는 않았지만 Bordin은 사용하였다.

둘째, 개인의 평가(personal appraisal)로 내담자의 심리적 측면은 인구통계학적이고 심리측정적이며, 사회적인 각종 통계자료로 수집되며, 임상적인 사례연구에 따른 분석이 이루어진다. 예를 들면, 한 내담자는 손으로 하는 수공능력에서는 평균 이상이지만 심리검사에서 속도와 정확성은 평균 이하를 보이기도 한다.

셋째, 예언평가(prognostic appraisal)에서는 직업적, 개인적 평가를 바탕으로 내담자가 성공하고 만족할 수 있는 것에 대한 예언이 이루어진다. 개인평가와 예언평가는 직업적응의 중요한 원리다.

② **과정**

발달적 진로상담의 과정은 진로발달이론에 기초한다. 상담자와 내담자의 관계는 내담자가 진로발달의 어느 단계에 도달해 있는지에 따라 달라진다. 따라서 상담자가 내담자의 진로성숙도를 측정하고 그에 따라 상담전략을 세워야 한다. 진로성숙도가 낮은 내담자에게는 직업준비에, 성숙도가 높은 내담자에게는 정보수집과 내면화에 조력해야 한다. 진로성숙을 측정하는 도구로는 Crites의 진로성숙검사(Career Maturity Inventory: CMI)가 대표적이다. 이것은 지난 15년간에 걸친 진로성숙의 종단적 연구의 일부로 제작된 것이다. CMI는 진로성숙의 태도척도와 능력검사를 측정하는 두 부분으로 되어 있다. 전자는 진로선택 과정에서 보이는 내담자의 태도를 측정한다. 즉, 진로선택 과정에 개제하는 '성향적 반응성의 경향'을 측정한다. 태도척도는 ① 관여성, ② 독립성, ③ 방향성, ④ 결정성, ⑤ 타협성으로 구성되어 있다. 능력척도로는 진로선택 과정의 인지적 측면을 구성하도록 되어 있으며, ① 자기평가, ② 직업정보, ③ 목표선정, ④ 계획, ⑤ 문제해결의 하위척도로 구성되어 있다.

태도척도와 능력척도는 모두 진로선택 과정의 주요소를 다루고 있으며, 검사 내 각 항목은 생활연령이나 학년(6~12학년)에 따른 표준화가 되어 있다. 다시 말해, 문항들은 시간에 관련되어 있기 때문에 발달적 변인, 즉 진로성숙을 측정한다. 많은 요인들과 관련하여 CMI에 대한 다른 연구는 진로선택의 현실성과 개인적 · 사회적 적응의 지수를 포함하여 진로성숙검사로서의 타당도를 실증하고 있다. 따라서 광범위한 학년/생활단계 표준점(norms)에 따라 내담자의 진로발달단계를 확인하고 내담자가 그의 동료들에 비해 상대적으로 뒤떨어져 있는 진로성숙의 범주를 정확히 지적해 줌으로써 발달적 선택문제의 진단에 예언을 줄 수 있다.

③ 결과

발달적 진로상담의 목표는 내담자의 긴장을 이완시키고 느낌을 명료화하며, 통찰에 조력하고 자기가 일하는 분야에서 능력감을 맛보게 하여 진로적응을 돕고, 일상적인 삶에서 적응력을 높이도록 돕는다. 발달적 진로상담의 직접 목표는 내담자의 진로발달을 돕는 것이다. 즉, 일의 세계에 대한 인식을 증진시키고 직업목표를 설정하고 실행하게 하며 진로발달과제를 완수하게 한다. 나아가 발달적 진로상담은 일반적인 적응력을 기르고 인간관계를 개선시키는 일에 관심을 갖고 있다. 왜냐하면 인간관계와 적응능력은 진로적응의 결정요소이기 때문이다.

(3) 행동주의 진로상담

행동주의 진로상담(behavioral career counseling)의 목표는 내담자의 진로행동을 변화시키는 데 있다. 이 접근법에서 내담자가 가진 문제행동을 학습된 부적응행동이라고 보고, 다양한 방법을 이용해 내담자의 부적응행동을 바람직한 새로운 행동으로 대치시키도록 조력할 것을 강조하고 있다.

이 이론을 이해하기 위해 앞에서 제시한 상담이론의 특성을 제시하면 다음과 같다. 특성요인 진로상담은 내담자의 능력과 흥미 그리고 인성의 개인차에 초점을 맞추고, 발달이론은 인생에 걸친 개인의 진로행동 성숙도에 초점을 맞춘다. 행동주의 이론은 진로결정에 영향을 미치는 학습과정을 주로 다룬다.

① 진단

진로선택에 관한 문제를 분석해 보면 그 배후에 불안이 개재되어 있음을 알 수 있다.

② 과정

진로상담의 행동주의적-이론적 관점에서 내담자의 의사결정 문제가 선행불안의 작용이라는 것이 진단적으로 알려진다면, 진로선택에 대한 효과적이고 인지적인 고려가 이루어지기 전에 제거되어야 한다. 바꿔 말하면, 불안의 제거는 진로결정의 필수요건이다. 이런 경우에 Shoben(1949)이 심리치료를 위하여 제안한 것처럼 두 단계의 진로상담 과정이 있다. 첫 단계에서 상담자는 의사결정과 연관된 '불안'을 반조건 형성을 통해 제거하려고 한다. 두 번째 단계에서는 내담자가 불안의 영향을 제거한 후에 도구적 학습이 일어날 수 있는데, 예컨대 내담자가 정보탐색과 같은 진로를 선택하는 데 필요한 반응을 획득할 수 있게 된다.

그러나 내담자 문제가 전에 가지고 있던 '불안'을 제거할 증거가 없는 단순한 우유부단이라면 진로상담은 두 번째 단계인 도구적 단계에서 시작될 것이다. 내담자학습이 필요로 하는 것은 어떻게 진로선택을 하며, 어떤 선택이 자신에게 유리하며, 선택의 결과가 무엇인가 하는 것이다. 종전의 진로발달에 유용하지 못했던 경험들을 내담자는 노출시킨다.

③ 결과

행동주의 진로상담에서는 불안의 제거나 감소와 진로결정 기술의 습득을 기대한다. 즉, 내담자의 불안을 제거시키고 부적응행동을 바람직한 적응행동으로 대치시키며, 진로결정 기술을 학습하여 현명한 진로결정을 하도록 돕는다.

11장 적응과 스트레스

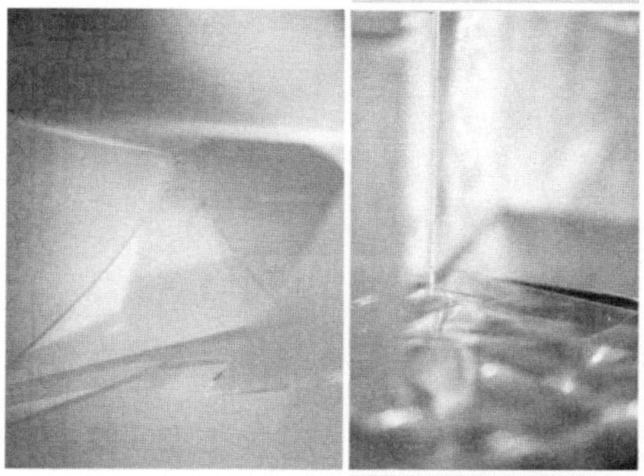

1. 적응의 개념
2. 스트레스 유형
3. 스트레스 대처
4. 학교생활 관련 부적응행동
5. 스트레스의 신체적 증상

제11장 적응과 스트레스

학습목표

1. 적응과 부적응의 개념에 대해 살펴본다.
2. 스트레스의 유형에 대해 알아본다.
3. 스트레스에 대한 대처방법을 알아본다.
4. 학교환경과 관련된 청소년의 부적응 유형을 살펴본다.
5. 스트레스로 인한 신체적 증상과 우리나라 청소년이 겪고 있는 신체적 증상에 대해 알아본다.

학습내용

1. 적응과 스트레스는 어떤 관련성을 갖는가?
2. 스트레스 대처방식에서 효과적인 방식과 비효과적인 방식은 무엇인가?
3. 학교생활에서 일어나는 부적응행동에는 무엇이 있는가?

주요개념

적응	스트레스	갈등	사회적응평가지수
생활 변화	욕구불만	불안	부적응행동

학습개요

적응한다는 것은 우리가 살아가는 데 꼭 필요한 작용이다. 어느 한 환경에서 살아남기 위해서는 그 환경과 조화로운 관계를 맺는 것이 필요하며, 그렇지 못할 경우 그 환경에서 도태될 수 있다. 특히, 현대사회와 같이 급격한 변화가 계속되는 환경에서는 적응에 대한 관심이 높아질 수밖에 없으며, 다양한 주위 환경과 조화로운 상태를 유지하는 것이 개인의 심리적·신체적 안녕에 지대한 영향을 미친다.

적응하는 과정이나 적응하지 못한 상태, 즉 부적응 상태에서 발생하는 스트레스는 인간생활에 불가피하게 존재하는 요소로서 긍정적인 측면과 부정적인 측면을 동시에 가지고 있다. 적절한 수준의 스트레스는 성취의욕을 높여 주는 등 삶의 원동력으로 작용할 수 있으나, 과도한 스트레스는 신체 및 정신 건강에 부정적인 영향을 끼치게 된다. 스트레스는 그 자체가 건강에 직접적 영향을 주기도 하지만, 다양한 매개변인을 통하여 간접적 영향을 주기도 한다.

초기의 스트레스 연구들은 스트레스를 외적 조건에 대한 생리적 반응으로 보고 주로 생리적 차원에서 파악하고 설명하고자 하였다. 심리적 차원에서 파악하는 연구들은 스트레스를 환경자극으로 보거나 개인과 환경 사이의 상호작용으로 보고 있다.

스트레스가 유발되는 환경은 매우 다양하며, 학교 상황도 다양한 스트레스가 존재한다. 청소년에게 있어 주요한 스트레스 요인으로는 학업문제와 교우문제, 이성친구 문제, 부모님과의 갈등 등이 있을 수 있다.

이 장에서는 적응의 개념과 스트레스의 유형, 스트레스 대처방법과 스트레스로 인한 신체적 증상 등을 살펴보고자 한다. 특히, 자라나는 청소년들에게 영향을 주는 학교생활과 관련된 부적응에 대해 구체적으로 알아볼 것이다.

1. 적응의 개념

우리는 살아가면서 끊임없이 무엇인가에 적응하는 과정을 겪게 된다. 더우면 시원한 곳을 찾게 되고, 외롭거나 슬프면 친구를 찾게 된다. 이같이 적응은 개인의 신체적, 심리적 욕구를 충족시키는 능력을 의미한다.

적응의 개념은 생물학에서 유래한 것으로, 생물학에서 말하는 적응은 개체 또는 종족의 보존을 위해 자연적 환경에 따라 변화함을 의미한다. 예를 들어, 산업화된 도시에서 나방이 자신을 보호하기 위하여 주위 환경과 유사하게 자신의 색깔을 까맣게 변화시켜 가는 것과 같이 종족보존을 위한 생물학적 변화가 이에 해당한다.

심리학적 측면에서 적응은 주변 환경 속에서 살아남기 위한 개인의 투쟁을 의미한다(Lazarus, 1976). 주변 환경과 조화 있는 관계를 이룰 수 있는 능력이 강조된다. 이때 환경이란 외부로부터 전해지는 자연적, 물리적 환경과 사회적 환경을 포함하고 있는데, 인간에게 더 중요한 의미가 있는 환경은 사회적 환경이다.

현대사회는 과거보다 더 능동적인 개인의 역할을 요구하고 있다. 이런 변화와 더불어 현대에 있어 적응의 개념은 단순히 주변 환경에 자신을 맞추어 가는 환경에 순응함을 의미하는 것뿐 아니라 주위 환경을 변화시키는 것도 포함하고 있다. 주위 환경에 가하는 변화의 측면에서 적응은 인간이 가진 잠재능력을 중요시한다. 이것은 자신의 능력을 가능한 최대로 발휘하여 당면한 환경을 적극적으로 변화시켜 나가는 것을 의미한다. 즉, 적응이란 인간이 자발적으로 행동하고, 보다 적극적으로 환경을 이용하며, 사회적 변화에 능동적으로 참여하는 개인과 환경의 능동적인 상호작용(여광응 외, 1995)이라고 할 수 있다.

적응에 반대되는 개념은 부적응이다. 부적응이란 주어진 환경조건에 적절하게 적응하지 못하는 비정상 상태를 의미한다. 개인이 주위 환경이나 사회 규범 및 요구에 적응하지 못한다든가 타인에게 인정을 받지 못하고 갈등과 불만이 쌓여 마음이 편하지 못한 상태에 있는 경우에 우리는 그를 부적응행동을 가진 사람이라고 말할 수 있다(이성진, 1997).

적응 또는 부적응의 의미는 개인의 욕구나 개인이 처한 사회적, 환경적 요인에 따라 달라질 수 있다. 예를 들어, 우리나라에서 잘 적응하여 생활하던 사람이 생소한 외국에 나가게 되면 그 사회가 가지는 독특한 문화나 언어생활에 제대로 적응하지 못하는 부적응 현상을 경험할 수 있다. 따라서 적응과 부적응의 개념은 고정된 것이 아니라 상대적인 가능성의 차이다. 인간은 욕구와 환경에 따라 평소 적응적인 행동을 보이던 사람도 부적응행동을 보일 수 있으며, 부적응적으로 보이던 사람도 적응행동을 할 수 있는 것이다. 여기서는 부적응행동이 스트레스 상황에서 일어난다고 보고, 스트레스의 유형과 대처방법에 대해 살펴보고자 한다.

2. 스트레스 유형

스트레스(stress)란 개인이 환경이나 사건으로부터 신체적 혹은 심리적으로 상당한 정도의 부담을 받아서 생기는 긴장상태를 의미한다. 이 스트레스에 얼마나 적절하게 대처하느냐에 따라 적응 정도가 결정된다고 볼 수 있다. 한 개인에게 부적응을 야기하는 다양한 스트레스 요인들을 임규혁(1996)은 크게 세 가지로 나눠 살펴보았다. 이를 요약하면 다음과 같다.

① 모든 인간은 발달과정에서 각 발달단계마다 일정한 스트레스를 경험한다. 아기가 모체에 있는 동안은 모체의 신체적 건강, 영양관리, 정서적 안정의 여부가 태아의 스트레스 원인이 되고, 유아기부터는 부모의 양육태도에 따라 스트레스를 경험하게 된다. 아동기에는 학교 내에서 교사나 또래들과 대인관계를 맺으며 적응하는 과정에서 스트레스를 경험하게 된다. 그리고 청소년기에는 학업성취 압박이나 학업부진으로 스트레스를 경험하게 된다.

[그림 11-1] 여러 가지 요인에 의한 스트레스

② 가정환경에서도 스트레스 요인을 찾아볼 수 있다. 현대사회의 핵가족화 현상은 전통적인 부모-자녀 관계, 형제관계 등 가족관계의

변화를 가져왔으며, 이는 많은 갈등의 원인이 되고 있다. 또한 가족 내 폭력이나 이혼의 증가 역시 중요한 스트레스의 원인이 되고 있다.

③ 현대사회의 변동과정 역시 스트레스의 중요 원인이다. 도시화, 가치관의 변화, 문화의 대중화, 소외감의 증가, 일탈행위의 증대 등은 개인이 경험하는 스트레스의 중요 원인을 제공한다. 이처럼 인간은 외부 환경과 접촉하는 과정에서 다양한 스트레스를 경험하게 되는데, 이러한 요인들로 야기되는 스트레스는 특히 청소년들에게 비행, 가출, 미혼모, 자살, 약물남용, 성폭력 등 다양한 사회병리 현상의 원인이 되고 있다. 또한 장기간의 학교생활을 거쳐야 하는 학생들에게는 학교환경이 스트레스의 중요 요인이 된다.

실제로 중 · 고등학생이 가출하고 싶은 충동을 느끼는 이유는 대부분 학교생활과 관련되어 있다. 1991년 서울 YMCA에서 중 · 고등학생 5,232명을 대상으로 실시한 조사에 따르면 74.4%의 학생이 가출충동을 느껴 본 적이 있다고 한다. 이 통계에 따르면 학업성적 문제와 시험부담으로 인한 가출충동이 전체의 66%를 차지하며, 친구로부터의 따돌림이 12.3%로 학교생활과 관련된 가출충동이 78%라는 큰 비중을 차지하고 있다.

이 조사에서 나타난 바와 같이 학생들은 학업성취욕, 학업실패로 인한 좌절, 교사와 친구들과의 인간관계 등 여러 가지 학교환경에서의 스트레스를 경험하게 된다. 적정수준의 스트레스는 인간의 성장을 위한 원동력이 되기도 하며, 스트레스가 전혀 없는 상태는 활동력이나 의욕을 저하시킬 수 있다. 그러나 스트레스에 장기간 노출되면 여러 가지 정신적, 신체적 질환으로 발전되기 쉽다. 스트레스를 유발하는 대표적인 요인들에는 갈등, 생활 변화, 욕구불만, 불안 등이 있다.

1) 갈등

갈등이란 둘 또는 그 이상의 상반된 목표나 욕망 중에 어떤 선택을 해야 할 때 생긴다. 하나의 선택은 다른 것에 대한 포기나 좌절을 의미하기 때문에 결정하는 데 어려움을 겪게 된다. 이 같은 갈등 상황은 일상의 사소한 일에서 생사를 결정하는 중대사에 이르기까지 우리가 살아가는 동안 다양한 장면에서 발생한다. 학생의 생활문제 중에서도 갈등이 가장 흔한 문제일 수 있다. 예를 들어, 장난감 가게에서 사고 싶은 두 개의 장난감 중 하나만을 선택해야 하는 유치원생, 공부하기도 싫고 야단맞기도 싫은 초등학생, 가고 싶은 두 군데 대학 중에서 한 곳만 결정해야 하는 대학입시생 등의 경우가 있을 수 있다.

개인 내에서 일어나는 이러한 갈등은 원하는 목표나 욕망을 동시에 모두 달성하기가 어렵거나 불가능할 때 발생한다. Lewin(1935)은 개인 내부에서 일어나는 갈등의 유형을 접근-접근 갈등, 회피-회피 갈등, 접근-회피 갈등, 이중접근-회피 갈등으로 구분하였다.

(1) 접근-접근 갈등

긍정적인 유인가를 지닌 두 개의 목표가 동시에 있는 경우에 나타나는 갈등이다. 어떤 학생이 친한 친구들과 영화관에 가는 약속과 친하게 지내고 싶은 친구의 생일초대를 동시에 받은 경우가 해당된다. 이처럼 비슷한 정도의 매력을 지닌 긍정적인 옵션이 둘 이상 있고 그중 하나를 선택해야 하는 경우에 접근-접근 갈등이 일어난다.

(2) 회피-회피 갈등

부정적인 유인가를 지닌 목표들이 동시에 존재하는 경우, 즉 선택할 수 있는 옵션이 모두 마음에 들지 않을 경우에 나타나는 갈등이다. 공부하기도 싫고 야단맞기도 싫은 학생의 경우가 해당된다.

(3) 접근-회피 갈등

긍정적 유인가를 지닌 목표와 부정적 유인가를 지닌 목표가 동시에 존재하는 경우의 갈등이다. 이 경우 개인은 동일 목표에 대해 이끌리기도 하고 거부감을 가지기도 한다. 예를 들어, TV를 시청하는 것은 즐거움을 주기는 하지만 공부를 방해하는 요인이 된다. 또한 친구는 나를 이해하고 도와주는 존재인 동시에 경쟁자이기도 하다.

(4) 이중접근-회피 갈등

동시에 두 목표가 있으며 각기 접근하고 싶은 긍정적인 유인가와 회피하고 싶은 부정적인 유인가를 동시에 가지고 있는 상황이다. 즉, 선택할 수 있는 옵션들이 좋은 점과 나쁜 점을 동시에 가지고 있을 때 발생하는 갈등 상황이다. 자신이 원하는 학과에 가기 위해서는(접근) 부모님의 심한 반대(회피)를 각오해야 하고, 부모님의 뜻을 따르자니(접근) 원하지 않는 학과에 가야 하는(회피) 경우다.

2) 생활 변화

개인생활에서 일어나는 모든 변화는 좋은 일이든 나쁜 일이든 다소의 재적응을 필요로 하며 이러한 과정이 스트레스를 유발할 수 있다. 특히, 아동기나 청소년기에 있어 가족의 사망이나 부모의 이혼 및 별거, 학교의 입학이나 졸업, 거주지나 학교의 변화와 같은 생활사건(life event)들은 새로운 상황에 대한 적응이 요구되는 중요한 사건들이다.

Holmes와 Rahe(1967)는 개인에게 스트레스를 주는 여러 가지 생활사건 목록을 작성한 후, 생활사건이 개인의 적응에 미치는 영향력을 산출하여 스트레스 순위를 매긴 사회적응평가지수(social readjustment rating scale)를 고안하였다. 홍강의와 정도언(1982)은 Holmes과 Rahe의 평가지수를 우리나라 사람에 맞게끔 고안하여 한국판 스트레스 척도를 제시하였다.

스트레스 평가치

다음은 여러분이 일생생활에서 경험할 수 있는 일들입니다.
다음 사항을 읽고 지난 일 년 동안 경험한 일이 있으면 해당 칸에 ○표 하십시오.
그리고 표시한 각 문항의 점수를 더하여 밑의 총점란에 쓰십시오.

1. ________ 자식 사망(74)
2. ________ 배우자 사망 (73)
3. ________ 부모 사망(73)

4. ________ 이혼(63)
5. ________ 형제자매 사망(60)
6. ________ 혼외정사(59)
7. ________ 별거 후 재결합(54)
8. ________ 부부의 이혼, 재혼(53)
9. ________ 별거(51)
10. ________ 해고, 파면(50)
11. ________ 정든 친구의 사망(50)
12. ________ 결혼(50)
13. ________ 징역(49)
14. ________ 결혼 약속(44)
15. ________ 중병, 중상(44)
16. ________ 사업의 일대 재정비(43)
17. ________ 직업전환(43)
18. ________ 정년퇴직(41)
19. ________ 해외취업(39)
20. ________ 유산(38)
21. ________ 임신(37)
22. ________ 입학시험, 취직 실패(37)
23. ________ 자식의 분가(36)
24. ________ 새 가족의 등장(36)
25. ________ 가족 중 한 명의 병(35)
26. ________ 성취(35)
27. ________ 주택, 사업, 부동산 매입(35)
28. ________ 정치적 신념의 변화(35)
29. ________ 시댁, 처가, 친척과 알력(34)
30. ________ 학업의 시작, 중단(34)

총점 : ________

출처: 홍강의, 정도언(1982). 사회재적응 평가척도 제작. 신경정신의학, 21. 123~138.

결혼은 긍정적인 사건이지만 상당한 적응이 요구되어 대부분의 사람에게 주요한 사건으로 여겨지므로 척도의 중간인 임의적인 값 50으로 설정한 후, 이를 중심으로 하여 다른 척도들의 스트레스 부담량들을 산출하였다. 제시한 표에서 괄호 안의 수치가 부담량의 평균치인데, 이 수치는 순위 1인 자식 사망의 스트레스 부담량 74는 21위인 임신의 스트레스 부담량 37의 2배가 된다는 의미다.

이 스트레스 평가척도가 성인대상으로 만들어진 척도여서 학생들의 생활 변화와는 거리가 있지만, 부모나 형제자매, 친구의 사망, 가족의 질병, 학업의 시작과 중단 등 청소년기에 일어날 수 있는 생활사건들이 스트레스 상황을 유발함을 알 수 있다.

3) 욕구불만

욕구불만(frustration)은 목표에 접근하는 과정에서 내적 또는 외적 장애로 방해를 받을 때 일어나는 정서적 긴장상태다. 개인은 욕구가 발생하면 그 욕구를 만족시키기 위한 행동을 하게 된다. 이때 정도의 차이가 있기는 하지만 항상 저항이나 장애요인이 발생하게 되며 일단 욕구가 좌절된다.

욕구를 억누르는 장애요인은 내적 장애와 외적 장애로 나눠 볼 수 있다. 열등감, 죄책감, 수치심, 자존심, 불안감과 같은 개인 내적 장애요인과 본인 능력으로 해결할 수 없는 신체적 결함, 법규, 풍습, 경제적 빈곤, 정치적 상황과 같은 외적 장애요인들이 있다.

Coleman과 Hammen(1974)은 욕구좌절의 근원을 다섯 가지로 설명하고 있다. 첫째, 행동과정의 지연이다. 현대 산업사회는 특히 속도와 시간을 중요한 가치로 강조하는 경향이 있으므로 시간이 지연될 때 좌절감을 느끼게 마련이다. 둘째, 자원의 결핍이다. 이것은 경제적 여건과 관련되어 발생한다. 셋째, 상실이다. 가까운 친구나 가족을 잃었을 때, 또 자존심이 손상되거나 개인적 자신감을 잃었을 때 좌절을 경험한다. 넷째, 경쟁사회에서 낙오에 따른 좌절감을 경험한다. 다섯째, 인생에 대한 허무감이나 무의미감으로 좌절을 경험한다. 이 경우 흔히 무력감에 빠지고 자기가 하는 일이 중요하지 않다고 생각하며, 타인으로부터 소외당하고 있다고 믿는 경우도 있다.

4) 불안

불안(anxiety)은 욕구좌절이나 생활 변화와 같은 스트레스원에 기인한 정서반응의 일부일 수도 있으나, 불안 그 자체가 스트레스를 유발할 수 있다.

불안은 때때로 걱정, 근심, 긴장, 공포와 같은 용어들로 표현될 수 있는 불쾌한 정서를 의미한다. 근육이 긴장되거나 주의집중하기 힘들어하고, 사소한 일에 짜증이나 화를 내며 신경질적인 반응을 보이기도 한다. 불안한 상태의 사람들이 보이는 이런 모습은 일상생활에서 보이는 그들의 모습과는 상당한 차이를 보이며, 주관적인 상태에 기인하기 때문에 다른 사람들은 이해하기 어렵다.

불안은 학생들의 학교생활을 통해 쉽게 관찰될 수 있으며 학생들에게 직접적인 영향을 미치고 있음을 볼 수 있다. 높은 불안상태를 보이는 학생들은 일반적으로 자기비하적이고 모험을 피하며 백일몽에 빠지는 행동양식을 자주 보인다. 또한 어린 학생들은 승낙과 거절 등의 경험으로 불안이 조성되며, 고학년 학생들은 불안을 느끼면 교실에서 공격적인 행동을 나타내는 경향을 보이기도 한다(Gaudry & Spielberger, 1971; Good & Brophy, 1991). 학교에서 학생들이 느끼는 불안 가운데 전형적인 것은 시험과 관련하여 경험하는 시험불안(test anxiety)이다.

학습에 있어 일정 정도의 불안은 긍정적인 학습 효과를 가져온다. 학업성취에 대한 불안의 정도가 낮으면 학습량도 적지만, 적정수준의 불안은 학습동기 유발요인이 된다. 그러나 적정수준 이상의 불안은 스트레스 요인이 되는 것이다. 시험을 앞두고 어느 정도 불안해지는 것, 예를 들어 가슴뛰기, 땀, 가쁜 숨 등은 정상적인 반응이지만, 주의집중이 안 된다거나 두통, 복통, 기침 등의 신체증상이 보이거나 시험 당시에 공부한 내용이 전혀 기억나지 않는 정도라면 문제가 된다.

3. 스트레스 대처

일단 유발된 스트레스를 해결하기 위해서는 어떤 식으로든 반응을 보이게 된다. 스트레스에 대처(coping)한다는 것은 일상적으로 직면하는 생활의 문제들로 인하여 개인의 균형이 깨어질 때, 불균형한 상태를 회복하고 다시 일상에 적응하는 과정을 말한다(Selye, 1982). 스트레스 대처양식은 크게 문제중심적 대처와 방어적 대처로 나눠 볼 수 있다.

문제중심적 대처는 스트레스를 유발한 문제에 초점을 맞추어 자신의 목표를 위해 적극적으로 외부 환경을 변화시키거나 자신의 목표를 내적으로 조절하는 것을 말한다. 반대로 방어적 대처는 스트레스 유발원인에 대한 대응이 아니라 스트레스로 인한 부정적인 정서들을 감소시키기 위해 현실을 왜곡하는 자기기만적 대처양상이다. 공부는 열심히 하는데 학습성과는 기대에 미치지 못하는 학생의 경우를 예로 들어 보자. 자신의 문제를 객관적으로 진단한 후 학습습관이나 공부방법에 대해 전문가의 도움을 얻어 문제를 해결한다면 이는 문제중심적 대처다. 그러나 자신의 집은 공부하기에 나쁜 환경이라고 생각하고 문제의 원인을 외부로 귀인시켜 버린다면 스트레스에 대한 방어적 대처다.

사람들은 스트레스 상황에서 일반적으로 문제중심적 대처와 방어적 대처를 함께 사용한다. 대개의 경우에 문제중심적 대처가 보다 적절한 방법이지만, 방어적 대처가 효과적으로 사용될 수 있는 경우도 있다. 여기에서는 여러 방어기제(defense mechanism)의 유형에 대해 살펴보기로 한다.

방어기제는 Freud가 사용하기 시작한 용어로 적응기제라고도 불린다. Freud는 현실을 왜곡함으로써 사람을 불안으로부터 방어하게 하는 무의식과정을 설명하기 위해 방어기제라는 용어를 사용했다. 자신의 힘으로 처리할 수 없다고 여겨지는 스트레스 상황을 벗어나기 위해 사용하는 일반적인 방어기제들은 다음과 같다.

[그림 11-2] 여우의 신포도-합리화

① **합리화**(rationalization)

합리화는 사회적으로 용납되지 않는 감정이나 행동에 대하여 그럴 듯한 이유를 붙여 자신의 행동을 정당화함으로써 사회적 비판이나 죄의식을 피하려는 방어기제다. 먹고는 싶으나 높은 곳에 매달려 있어 먹을 수 없는 포도를 "신포도이기 때문에 안 먹겠다."라고 말하는 이솝우화 속의 여우처럼, 목표한 바에 도달하지 못했을 때 실망감이나 실패를 보상하고자 하는 것이다. 일반적으로 자신의 대외적 인상과 자존심을 보존하거나 향상시키기 위해 사용하는 방어기제다.

② **억압**(repression)

의식하기에는 고통스러운 감정이나 경험에 대한 의식을 무의식 속에 억눌러 버리는 방어기제다. 수치스러운 생각, 죄의식 또는 자기비난을 일으키는 생각, 고통스러운 기억 등을 의식수준 아래로 밀어내는 반응이다. 이는 대체로 자신도 모르는 사이에 일어난다.

③ **투사**(projection)

자기 자신의 동기나 불편한 감정을 다른 사람에게 돌림으로써 불안이나 죄의식에서 벗어나고자 하는 방어기제다. 자신이 상대방을 싫어하는 것을 의식하지 못하고, 오히려 상대방이 자신을 싫어한다고 생각하는 것이 해당된다.

④ **전이 혹은 대치**(displacement)

욕구대상을 다른 대상으로 돌림으로써 긴장을 완화시키는 방어기제다. 자식을 갖고 싶으나 갖지 못하는 사람이 고양이나 강아지 같은 애완동물에 집착하는 경우를 예로 들 수 있다. 또는 부모에게 야단맞고 불만을 품은 아이가 동생이나 강아지에게 화풀이하는 경우가 해당된다.

⑤ **주지화**(intellectualization)

정서적으로 위협이 되는 상황을 추상적이고 지적인 용어로 취급함으로써 초연해지려는 시도다. 스트레스를 부정하는 고등수단으로, 골치 아픈 문제나 위협적인 감정에서 벗어나기 위해 문제장면이나 위협조건에 관하여 지적으로 토론하거나 분석을 하는 경우가 해당된다. 예를 들어, 죽음을 두려워하는 사람이 사후세계나 죽음의 의미에 관해 토론을 벌이는 경우다.

⑥ **승화**(sublimation)

사회적으로 가치 있는 일을 성취하려고 노력함으로써 자신이 억압당하고 있는 성적 또는 공격적 욕구와 같은 사회적으로 용납될 수 없는 욕구를 충족시키는 것을 말한다. 일반적으로 욕망이 승화해서 예술적 작품이 창조될 때에는 욕망의 현실적 실현 대신에 예술적 가상세계에서 실현하게 되는 것이다.

⑦ **반동형성**(reaction formation)

자신이 느끼고 바라는 것과 정반대로 감정을 표현하고 행동함으로써 자신의 욕구를 은폐시키는 방어기제다. 예를 들어, 자신의 도덕성에 대해 열등감을 느낀 사람이 도덕성을 강하게 주장함으로써 그 약점을 보충하려고 하는 것과 같은 경우가 해당된다.

⑧ **퇴행**(regression)

현재의 불안이나 위협에 대해 발달 이전의 단계로 도피하려는 방어기제다. 동생이 생긴 아이가 부모의 관심을 동생에게 뺏기게 되면서 오줌을 싸거나 모유를 먹겠다고 보채는 행동을 보이는 경우다.

이외에도 보상(compensation), 백일몽(day-dreaming), 부정(denial), 격리(isolation), 복원(undoing) 등의 방어기제가 있다. 여기서 언급한 방어기제들은 스트레스로부터 자신을 보호하려는 무의식적인 과정들이다. 방어기제들은 과도한 스트레스 영향에서 우리에게 희망을 갖도록 해 주고 정서적 고통을 감소시켜 주는 긍정적인 역할을 하기도 한다. 그러나 스트레스 상황에서 이 같은 방어기제에만 의존한다면 방어기제 사용 자체가 부적응행동이 될 수 있다. 그러므로 스트레스 상황에서 대처방법들을 효과적으로 활용할 수 있도록 가르칠 필요가 있으며, 학생 스스로 대처능력을 향상시키려는 노력을 기울이도록 해야 한다.

4. 학교생활 관련 부적응행동

앞에서 부적응을 주어진 환경조건에 적절하게 적응하지 못하는 상태라고 정의하였다. 학교에서 문제를 일으킨다고 해서 부적응을 보이는 학생이라고 단정지을 수는 없으나, 문제시되는 행동은 학교생활의 부적응에서 오는 것일 수 있다. 여기에서는 여러 가지 학교생활 관련 부적응행동 유형 중 학업문제, 상습적 지각, 결석, 집단따돌림을 살펴보기로 한다.

1) 학업문제

학교교육이 교육의 전부는 아니지만 학과성적이 주된 평가기준으로 작용하는 우리나라 현 상황에서 학업문제는 중요하다. 왜냐하면 학업부진은 다른 요인들로부터 야기되는 결과적인 증상일 뿐만 아니라, 학업부진이 다른 많은 문제를 야기하는 원인으로 작용하기 때문이다. 학업부진은 자아개념을 손상시키며, 신체 질병이나 정신문제를 일으키고, 부모와의 관계를 악화시키고, 좌절에서 오는 비행과 탈선 등 여러 가지 문제의 원인으로 작용한다(김계현, 1997).

신체적 · 신경학적으로는 학습의 문제가 없으리라고 보이지만 결과적으로는 학습문제를 나타내는 경우를 학습부진이라 한다. 예컨대, 순수하게 심리적인 학습동기의 결여, 학습기회의 부족, 부적절한 교육 등과 관련된 학습(공부)문제를 지칭하는 것이다.

학업부진의 요인을 김계현(1997)은 선수학습의 결핍, 학습동기의 결여, 가정환경의 문제, 또래집단의 영향, 비효과적인 공부방법, 교사, 정신건강 문제 등으로 보았다. 이를 간단하게 요약해 보면 다음과 같다.

(1) 선수학습의 결핍

거의 대부분이 집단교육인 학교 교육과정은 쉬운 내용에서 어려운 내용으로 발전하도록 구성되어 있다. 따라서 한 시점에서 중요한 내용을 제대로 학습하지 못하면 이후의 내용을 학습할 수 없는 문제가 종종 생긴다. 수업이 고도로 개별화되어 있다면 이런 문제를 극복하기가 수월하지만 그렇지 못한 현실에서는 선수학습의 결핍은 종종 회복하기 어려운 학업문제를 일으킨다. 한번 생긴 학습의 결핍은 현재의 학업부진을 야기하고, 현재의 학업부진은 다시 미래의 학습결핍으로 이어진다. 이런 현상이 반복될 때 누적된 학습결손을 야기하게 된다.

(2) 학습동기의 결여

학습동기는 공부할 과제에 대한 흥미, 의욕, 관심 등을 포괄하는 일반적인 개념으로, 이 같은 정의적인 학습 시발(始發)행동이 결여될 경우 학습 자체에 관심을 가지지 못하고 소홀히 하므로 학업부진이 야기된다.

(3) 가정환경의 문제

지적 발달과 관련된 가정환경 요인으로는 유아기의 감각적 자극 경험, 영양상태, 양육방법(예: 강화 및 처벌의 방법), 인지적 학습에 대한 성취 기대나 압력의 정도 등이 중요하게 다루어져 왔다. 그리고 가정에서 사용하는 언어의 특징도 아동의 지적 발달에 영향을 준다고 알려져 있다. 가정환경이 학업에 부정적인 영향으로 작용할 때 학업부진은 발생할 수 있다.

(4) 또래집단의 영향

어떤 친구를 사귀는가가 학업과 관련이 깊다는 것은 많은 부모와 교사들이 가지고 있는 가설이다. 이에 대한 연구는 방법상 어려우므로 과학적 연구가 별로 수행되지 않았지만 이 가설은 신중하게 검증될 필요가 있어 보인다. 공부를 하지 않고 놀기를 좋아하거나 비행을 하는 친구들과 어울리면 공부에 투입하는 시간이 감소되어 학업성적이 하락하는 결과가 생기는 것 같다. 그리고 노는 아이들 간에는 공부하는 행동보다는 비행이 더 영웅시되고 선택된다. 불량한 친구관계가 한두 사람의 차원이 아니라 서클, 즉 집단에 가입하는 경우 상태는 더욱 나빠지고 지도해서 개선시키기가 더욱 어려워지는 것으로 보인다. 또한 학교의 전통이나 전체 분위기가 학업성취를 과소평가하는 경우에도 문제가 될 것이다.

(5) 비효과적인 공부방법

공부방법은 시간관리 방법, 주의집중, 독서방법, 시험준비 및 시험 보는 요령, 예습·복습방법, 노트 필기방법 등과 관련이 있다. 지적 수준이 아니라 공부방법이 비효과적이어서 학업부진이 생길 수 있다.

(6) 교사

교사가 학생을 어떤 시선으로 바라보는가가 학생의 성적은 물론 지능발달까지 영향을 줄 수 있다는 연구 결과가 있다(이성진, 1985). 그리고 학생이 교사에게 느끼는, 좋아하거나 싫어하는 감정상태가 그 교사가 가르치는 교과목에 대한 흥미와 학습행동에 영향을 미친다고 믿는 예는 수없이 많다. 이는 과학적이고 체계적인 연구가 요망되는 주제다.

(7) 정신건강 문제

몇 가지 정신건강 문제는 학업부진과 관련이 깊다. 시험불안도 문제시되지만 우울증이나 정신분열증 등 정신증적 문제는 학과학습에 지장을 주곤 한다.

만일 학업부진이 다음 표에 제시된 것과 같은 발달장애(developmental disorder) 때문이라면 전문가의 도움이 꼭 필요하다.

〈표 11-1〉 DSM-III-R에 의거한 발달장애

- 정신지체
- 전반적 발달장애
  - 자폐장애
  - 기타
- 부분 발달장애
  - 학습(공부)기능 장애
    - 산수 발달장애
    - 글표현 발달장애
    - 읽기 발달장애
  - 언어 및 말하기 장애
    - 조음 발달장애
    - 표현언어 발달장애
    - 수용언어 발달장애
  - 동작기술 장애 – 조응 발달장애

Russell과 Petrie(1992)는 대학 학업적응에 대한 다음과 같은 모델을 제시하였다.

그는 대학에서 성공적인 학업적응을 예언하기 위해서는 몇 가지 중요한 요인들을 감안해야 한다고 보았다. 학업적응 성공의 예언변인으로 학업요인, 사회/환경 요인, 심리요인의 세 범주의 요인들을 제시하였다([그림 11-1] 참조).

이 모델은 이런 요인들이 만족되어 학업적응에 성공하였을 때, 그 학생은 좋은 성

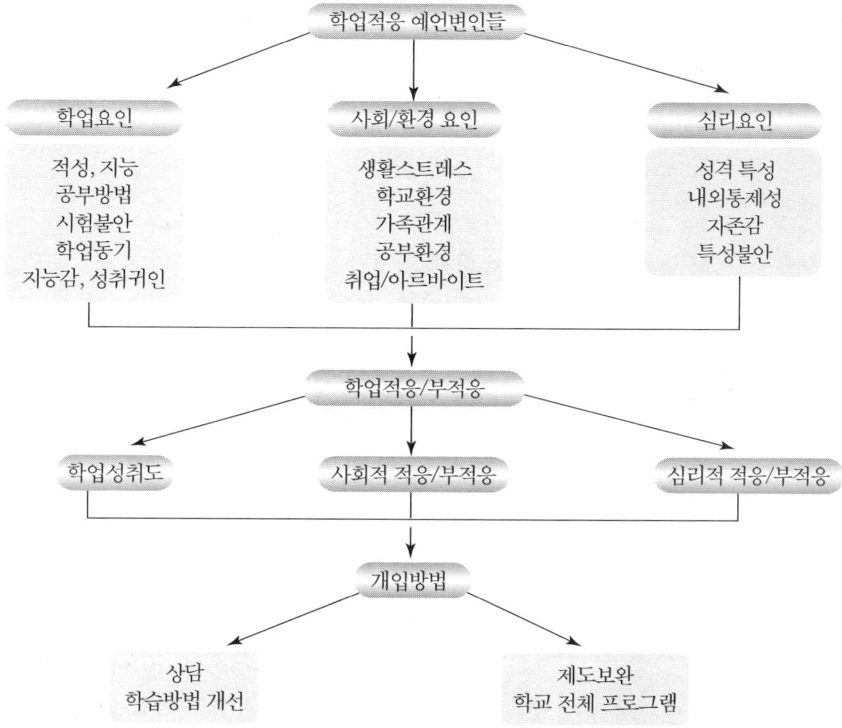

[그림 11-3] 대학 학업적응 모델

적을 취득하고 대인관계 등 사회적응 및 심리적응에도 성공한다는 것을 주요 가정으로 한다. 부적응에 대한 개입방법으로 개별적으로는 상담과 학습방법 개선을 제안했으며, 집단대상으로는 학교 전체적으로 실시하는 학업적응 프로그램을 제시하였다. 이 모델은 대학생뿐 아니라 청소년의 학업적응에 관한 연구나 적응 프로그램 제작에 유용한 참고자료로 활용될 수 있다

2) 상습적 지각

간혹 한두 번 지각하는 것은 문제가 되지 않지만, 습관적으로 지각하는 것은 문제가 된다. 지각을 하는 이유가 무엇이든 간에 지각을 하면 교사로부터 제재를 받게 되며 다른 학생들로부터 부정적인 시선을 받기도 하기 때문이다. 상습적으로 지각을 하

게 되는 원인들에는 다음과 같은 것들이 있을 수 있다(서울시 교육연구원, 1992). 이러한 정확한 상습적 지각의 원인규명이 선행되어야 효율적인 지도를 할 수 있을 것이다.

① 불규칙한 생활습관, 불규칙적인 취침시간 및 기상시간
② 책임감 부족, 시간관념, 학생의 의무와 책임에 대한 인식 부족
③ 생활 스케줄의 문제: 늦게 자고 늦게 일어남
④ 강박증
⑤ 학교에 대한 부정적 태도
⑥ 산만함: 등교 도중 여러 가지 일에 정신이 팔림

3) 결석

질병이나 집안사정과 같은 피치 못할 사정으로 결석하는 것은 별로 문제가 되지 않는다. 그러나 수시로 혹은 장기적으로 무단결석을 하는 것은 심각한 문제의 징후로 볼 수 있다. 무단결석의 원인은 다양하지만 그중 대표적인 내용은 다음과 같다(서울시 교육연구원, 1992).

① 가출(결석의 직접적 원인은 아니더라도 가출로 인해 결석하게 되는 경우가 많음)
② 친구의 유혹
③ 가정문제: 결손, 빈곤, 가정불화 등
④ 학교문제: 학업부진, 학습동기 상실, 재미 상실, 막연한 진로문제 등
⑤ 유해환경: 불량배의 위협, 폭행이나 금품탈취 경험, 유흥향락업소의 유혹 등
⑥ 학생 개인의 심리문제: 학교공포, 대인공포, 이별불안 등

4) 집단따돌림: 왕따

『MBC 청소년백서』(1999)에 따르면 집단따돌림을 경험한 중·고등학생이 조사응답자의 10.2%로서 10명 중 1명꼴로 집단따돌림을 당한 것으로 조사되었다. 또한 평

소에 자신이 집단따돌림을 당할 수 있다는 걱정을 얼마나 하는지에 관해서는 28%의 응답자가 걱정을 한다고 응답하여, 10명 중 3명 정도의 학생들이 집단따돌림을 걱정하는 것으로 나타났다. 이처럼 학급이나 학교에서 집단적으로 미움을 받는 학생이 우리 사회의 큰 문제로 대두되고 있다. 심리적 또는 신체적 가해로 인해 고통받는 청소년이 상당수 있는 것으로 파악되고 있으나, 이에 대한 적절한 대응이 이루어지지 못하고 있다. 집단따돌림은 중 · 고등학생뿐 아니라 초등학생까지 문제시되고 있다.

『청소년 대화의 광장』(1997)의 조사에 따르면 우리나라 청소년들의 따돌리기 방법은 주로 다음과 같이 나타났다.

- 등하교 길에 자기네끼리만 가기
- 전혀 말을 걸지 않고 상대하지 않기
- 쉬는 시간에 같이 놀아 주지 않기
- 점심시간에 밥을 같이 먹지 않기
- 부탁할 때마다 거절하기
- 별명을 부르거나 조롱하기
- 물어봐도 대답하지 않고 쳐다보지 않기

이와 같이 적극적 괴롭힘보다는 상대하지 않거나 고립시키는 방법을 주로 사용하고 있었다.

또한 서울시 청소년종합상담실(1998)에 따르면 따돌림의 형태는 주로 세 가지로 나타나고 있다.

- 싫어하는 별명을 부르며 바보 취급하거나 말을 따라하며 놀리는 등 말로 놀리는 경우
- 지나갈 때 발을 걸거나 분필 등을 던지는 등 신체적으로 모욕감을 주는 경우
- 특정 학생을 무시 · 소외시키고 같이 놀아 주지 않는 경우

이 중 말로 놀리는 경우가 가장 많으며 가장 심각한 것은 같이 놀아 주지 않는 경우로, 심하면 피해자가 전학을 원하는 사례까지 발생하는 것으로 나타났다.

서울시 카운슬러협회(1990)의 조사에 따르면 집단따돌림을 당하는 학생에게는 다음과 같은 특징적인 행동이 있을 수 있다.

① 담임교사가 싫어하는 행동을 자주 한다.
② 어느 선생님에게나 지적을 많이 받는다.
③ 수업태도가 산만하여 수업을 자주 방해하고 중단시킨다.
④ 의지가 약하거나 잘 운다.
⑤ 자기주장을 할 줄 모르거나 편협한 주장을 하고 융통성 없이 고집을 부린다.
⑥ 좋지 않은 버릇을 갖고 있다.
⑦ 키가 작고 체구가 왜소한 경우가 있다.
⑧ 깔끔하지 못하다.
⑨ 지지자(감싸 주거나 동정해 주는 친구)가 없다.

그러나 이 같은 특별한 이유 없이도 집단따돌림을 당하여 학교생활에 제대로 적응하지 못하는 경우가 있다.

PC통신에 올린 상담문의 내용을 보면 집단따돌림으로 어려움을 겪는 청소년들의 이야기를 종종 볼 수 있다. 다음의 몇 가지 사례는 1999년 에듀넷에 올린 청소년들의 상담문 내용 중 일부다.

㉠ 안녕하세요. 고등학교에 입학한 지 세 달째입니다. 제가 고민하는 것은 친구들 때문입니다. 친구들이 저를 보면 영구라고 놀리고요, 저랑 얘기하기를 거부하는 애도 있어요. "재수없어! 저리 꺼져!"라고 얘기하는 애들도 있어요. 이런 말을 들으면 하루 종일 기분이 우울해요. 이럴 때 제가 대처할 수 있는 방법은 있나요? 학교 다니기가 싫어서 미치겠어요. 안녕히 계세요.

㉡ 초등학교 6학년인 아이의 학교생활에서 오는 어려움에 대해 상담을 하고자 합니다. 6학년 초 몸이 아프면서 손을 자주 씻는 버릇과 함께 학교에 가지 않으려고 해서 심각하게 받아들이고 선생님과 상담도 해 보고 병원에도 데려가 보았지만 큰 이상은 없었습니다. 선생님께서 학급 친구들과 문제가 있는지 신경을 쓰신 결과 몇 가지 문제가 있었고, 선생님의 노력으로 아이가 많이 좋아지고 있었습니다. 그런데 요즘 또 학교에 가기 싫다고 하여 이유를 물어보았더니 친구들이 몸이 아프면서 손을 자

주 씻었던 것을 빌미로 미쳤다고 하거나 바보라고 하면서 집단으로 놀린다고 합니다. 성적이 좋으면 베꼈냐고 놀리고 성적이 나쁘면 원래 머리가 안 좋으냐고 놀리니 아이가 화가 나서 때리기도 하고 싸우기도 했던 모양입니다. 아이는 나는 바보가 아닌데 아이들이 자꾸 바보라고 해서 학교에 못 다니겠다고 해서 네가 더 많이 참아야 된다고 타일러도 보고 야단도 쳐 보았지만, 학교생활에 적응을 못하고 수업시간에도 밖으로 나도는 지경입니다. 선생님께 전화가 와서 상담을 했는데, 선생님께서는 우리 아이가 너무 민감하게 받아들인다고 말씀하시면서 전학을 해 보는 것도 좋은 방법일 수는 있다고 합니다. 그런데 걱정이 타 지역으로 전학을 하려면 이사를 가야 한다고 하는데, 이사 갈 형편이 못 되기에 이사를 안 가고 이웃 지역의 학교로 전학을 시킬 수 있는지 알고 싶습니다.

같은 지역 내에도 학교가 있지만 아이가 곧 중학교에 들어가면 다시 지금 친구들과 같은 중학교에 가게 되어 그때에도 지금 있었던 일로 따돌림을 당할까봐 다른 지역을 찾습니다. 예민한 사춘기에 또 그런 일을 당하면 아이가 영원히 학교에 적응하지 못하고 도태될까 염려해서입니다. 꼭 주소를 옮기지 않고 전학할 수 있는 방법을 알려 주시면 고맙겠습니다.

ⓒ 안녕하세요. 저는 중학교에 다니는 남학생입니다. 어제 수업시간에 한 친구가 저의 어깨에 계속 기대서 몇 번 하지 말라고 하였습니다. 그런데 시간 마치고 따라오라는 거예요. 그래서 저는 설마 때릴까라는 생각으로 따라갔습니다. 그런데 갑자기 학교의 나쁜 아이들이 많이 모여서 저를 2층 화장실로 데리고 가는 것이었습니다. 그러고는 볼을 때리면서 "나에게 한 번만 더 하면 죽는다."라는 말을 하고 갔습니다. 그리고 오늘도 놀이터로 데려가서 때리려고 하는 것이었습니다. 한 아이가 말려서 다행히 맞진 않았지만 전 정말 억울합니다. 어떻게 하면 좋을까요?

5. 스트레스의 신체적 증상

스트레스를 받았을 때는 다음과 같은 신체적 증상들이 발생할 수 있다(Greenberg, 1987).

〈표 11-2〉와 같은 스트레스로 생긴 신체적 증상이 원인이 되어 질병으로 발전하기도 한다. 우리 주변에서 흔히 볼 수 있는 스트레스성 심인성 질병으로는 위궤양 등의 각종 궤양, 고혈압, 면역계통 장애, 류머티즘성 관절염, 대장염 등이 있다.

청소년들의 경우 과중한 학업부담 때문에 신체적인 병리증상을 겪는 경우가 있다.

전국에서 무작위 추출한 13~18세 청소년 1,500명을 대상으로 1999년 10월에서 11월 사이에 방문면접을 통해 조사한 내용을 토대로 한 『MBC청소년백서』의 내용을 살펴보면, 학업으로 인한 신체적 병리현상을 경험한 적이 있는 학생들이 82.7%로

〈표 11-2〉 스트레스로 인한 신체적 증상

신체기관	증 상
심장 및 순환기	가슴이 뜀 심장고동이 불규칙하게 느껴짐 손이 차고 손바닥에 땀이 남 일시적인 (편)두통
호흡기	가쁜 숨 불규칙하고 얕은 호흡 기침 호흡곤란으로 말하는 데 장애를 느낌
소화기	소화불량, 멀미, 구토, 변비, 설사, 복통
근육	만성 두통 등, 허리, 어깨, 목 근육의 통증 근육경련, 손떨림 관절염
피부	여드름 비듬 건조한 피부와 모발
면역체계 이상	작은 감기 두드러기 알레르기
대사(代謝)	식욕 상승 담배나 당도 높은 음식에 대한 욕구 상승 조증(躁症) 불면 불안감 불안정

〈표 11-3〉 청소년의 학업으로 인한 신체적 병리현상

학업으로 인한 신체적 병리현상 / 성별	두 통	복통 (위장병)	축농증 등 비염	불면증	악 몽
남자	28.1(%)	11.5(%)	9.9(%)	7.9(%)	3.7(%)
여자	39.9(%)	18.3(%)	7.7(%)	8.7(%)	4.8(%)
전체	34.0(%)	14.8(%)	8.8(%)	8.3(%)	4.3(%)

*%는 응답자 1,495명 중의 백분율을 의미한다(중복응답).

학업으로 인한 스트레스가 심각하다는 것을 알 수 있다. 병리현상의 신체적 증상으로는 두통이 가장 많았고, 그 밖에 복통, 축농증과 비염, 불면증 등이 있다(〈표 11-3〉 참조).

이외에 학업으로 인한 심리적 증상도 상당수 학생들이 경험하고 있다. 심리적 증상으로는 큰 소리를 지르고 싶다고 답한 학생이 가장 많았고, 아무것도 하고 싶지 않다, 불안하거나 초조하다, 무언가를 부수거나 때리고 싶다, 왠지 모르게 슬프다, 부모에게 반항, 자살충동, 가출 등이 있었다.

실제로 많은 학생들이 이와 같은 학업으로 인한 신체적 또는 심리적 증상들을 겪고 있다. 그러나 학업으로 인한 스트레스를 해소하는 데 대부분 전자오락을 하거나 노래 부르기 또는 친구와 놀거나 이야기하기, 음악을 듣거나 연주하기, 잠자기, 운동, 먹기 등의 방법을 사용하고 있다(『2000 MBC 청소년백서』 내용 참조).

12장 심리검사

제12장 심리검사

학습목표

1. 심리검사의 본질과 의미를 이해한다.
2. 표준화 검사의 개념과 활용도를 이해한다.
3. 지능검사의 발전배경을 살펴본다.
4. 지능검사의 의미와 문제점을 이해한다.

학습내용

1. 심리검사의 신뢰도를 이해 · 적용한다.
2. 심리검사의 타당도를 이해 · 적용한다.
3. 표준화 검사를 이해 · 적용한다.
4. 각종 심리검사를 이해한다.

주요개념

신뢰도	타당도	표준화 검사	반분 신뢰도	
내용 타당도	예언 타당도	공인 타당도	구인 타당도	지능검사

학습개요

인간의 심리적인 행동을 이해하고 측정하고자 하는 것이 '심리검사'다. 그 심리검사의 접근방법이 객관적이고 타당한 방법일 때 의미가 있다. 한 개인이 갖는 심리적 특성은 직접 관찰할 수 없으므로 간접적인 방법인 심리검사를 통하여 알게 된다. 이때 중요한 문제는 심리검사가 그 역할을 다하지 못하게 되면 본래의 측정하고자 하는 목적에 충실할 수 없기 때문에 그 심리검사를 사용하지 않는 것이 차라리 낫다는 것이다. 그래서 검사를 통해서 나오는 측정치는 그 심리검사가 어떠냐에 따른 측정치의 신뢰도와 타당도 그리고 표준화 문제가 반드시 논의되어야만 한다.

심리검사는 지능검사의 발전과정과 그 맥을 같이 하고 있다. 그러므로 이 장에서는 지능검사를 통하여 심리검사를 설명하고자 한다.

1. 심리검사의 본질

〈Binet〉

개인차 연구는 Francis Galton(1822~1911)의 감각과 운동 기능을 측정하는 인체측정 실험실에서 처음 시작되었다. 통계학의 창시자라고 할 수 있는 영국의 Karl Pearson(1857~1936)은 측정이론의 중핵을 이루는 통계방법을 개발하였다. 프랑스의 Alfred Binet(1857~1911)는 개인차 연구작업의 일부로서 개인지능검사를 최초로 개발하였다(1905). 독일의 William Stern(1871~1938)은 실제연령에 대한 정신연령의 비율로 정의하는 지능지수(IQ)를 개발하였다.

인간의 심리적인 행동을 한 개인이 갖고 있는 고유한 특성으로 간주하면서, 그 고유한 특성의 개인차에 대한 관심이 '심리검사' 라는 측정도구의 접근법을 낳았다. 심리검사는 그 과정이 객관적이고 타당한 방법일 때 의미가 있다. 한 개인이 갖는 심리적 특성은 자연과학에서 어떤 물체의 길이를 잰다든지, 무게를 단다든지 하는 것 같이 직접적으로 물체의 특성을 파악하고자 하는 것과 달리 직접적인 관찰이 불가능하므로 간접적인 방법인 심리검사를 통하여 그 특성을 알게 된다. 이때 중요한 점은 심리검사가 그 역할을 다하지 못하게 되면 본래의 측정하고자 하는 목적에 충실할 수 없기 때문에 그 심리검사를 사용하지 않는 것이 차라리 낫다는 것이다. 그래서 검사를 통해서 나오는 측정치는 그 심리검사가 어떠냐에 따른 측정치의 신뢰도와 타당도 문제를 반드시 논의해야만 한다.

2. 신뢰도

1) 신뢰도의 의미

신뢰도란 어떻게 추정되느냐에 따라 여러 의미로 해석할 수 있으나 근본적으로는 측정하고자 하는 것을 그 검사가 얼마나 '믿을 만하게' 재고 있느냐의 정도를 나타내는 것이다. 한 검사의 신뢰도는 여러 가지 오차의 근원인 검사도구, 피검사자 또는 검사 실시과정에서 오는 변산적 오차의 정도를 나타내는 지수라고 할 수 있다.

신뢰도에 접근하는 방법으로는 크게 두 가지를 들 수 있다. 첫째는 측정의 표준오차다. 이것은 단일한 측정대상을 같은 측정도구를 가지고 여러 번 반복 측정한 결과, 어느 정도로 같은 결과를 얻느냐의 일치성에 기초를 둔 항상성, 예언성의 개념이다. 만약 얻은 측정이 믿을 만하다면 여러 번 측정한 결과는 같게 나올 것이고, 그렇지 못하면 그 변화 정도는 클 것이다. 이것은 어느 특정한 개인이 측정치 내에 존재하는 변산이 원천이기 때문에 개인 내 변산의 일관성을 문제 삼는 경우다.

둘째는 한 집단의 피검사자에게 측정을 두 번 실시하여 첫 번째 실시했을 때의 측정치의 상대적인 순서와 두 번째 실시했을 때의 상대적 순서가 어느 정도 일관성이 있느냐를 보는 방법이다. 즉, 처음의 측정치와 두 번째 측정치 사이에서 점수의 상대적 순서의 '일관성 정도'를 보아 신뢰도를 측정하는 방법이다. 이것은 변산의 원천을 개인 간의 점수에 두기 때문에 개인 간 변산이라고 볼 수 있다. 이 개념은 곧 측정치의 안정성, 신뢰성, 예언성을 그 관심의 대상으로 삼는 신뢰도 추정방법이다.

신장과 같이 비교적 안정성이 있다고 볼 수 있는 측정도 안정성이 보장되지 않는다. 더욱이 행동과학에서 다루는 인간의 심리·행동 특성은 그 속성이 갖는 불명료성, 측정도구의 간접적 측정 때문에 정확한 측정이 어렵다. 제작되어서 사용되는 검사들은 여러 가지 이유로 신뢰도에 의구심을 자아낼 가능성이 있다.

Thorndike는 검사점수의 변동 원인을 〈표 12-1〉과 같이 요약하고 있다.

〈표 12-1〉 검사점수의 변동 원인

1. 개인의 영속적 · 일반적 특질
   (1) 일반적 기능(예: 독해력)
   (2) 문항의 지시를 이해하는 일반적인 능력, 검사에 익숙한 정도, 수험의 요령
   (3) 이 검사에 출제된 형식의 문제를 푸는 일반적인 능력
   (4) 검사장면과 같은 상황에서 일반적으로 작용하는 태도, 정서적 반응습관(예: 자신감)

2. 개인의 영속적 · 특수적 특질
   (1) 이 검사의 문항이 요구하는 지식과 지능
   (2) 특정한 검사자극에 관련된 태도, 정서적 반응, 습관
   (예: 성격검사에서 높은 장소에 대한 공포에 관해서 묻는 문항이 야기한 공포심)

3. 개인의 일시적 · 일반적 특질
   (1) 건강, 피로, 정서적 긴장
   (2) 동기, 감독자와의 인간관계
   (3) 온도, 광선, 통풍 등의 영향
   (4) 검사의 문항형식이 요구하는 기능에 대한 연습 정도
   (5) 현재의 태도, 정서적 반응, 습관의 강도(물론 그 개인의 평균적 · 영속적 특질과는 다르다)
   (예: 선거기간 중의 정치에 대한 태도)

4. 개인의 일시적 특수 특질
   (1) 검사를 받는 도중에 생긴 피로와 동기의 변화
   (예: 어떤 한 문항에 대한 실패가 낙담감을 유발하는 경우)
   (2) 주의력, 조절력, 판단기준의 동요
   (3) 특수한 사실에 대한 기억력의 동요
   (4) 검사가 요구하는 지식이나 기능에 대한 연습의 정도
   (예: 문항내용의 사전누설에 따른 지도)
   (5) 특정한 검사자극에 관련된 일시적인 정서상태, 습관의 강도 등
   (예: 어떤 문항이 최근의 악몽을 연상케 하는 경우)
   (6) 추측으로 답할 경우의 운수

한 검사에서 나오는 점수는 그 검사가 실제로 재는 능력과 앞에서 든 오차의 작용을 더불어 나타낸 것이라고 볼 수 있다. 이들 중 개인에 관련된 오차를 오차 변량이라 하고 그 변산의 원천을 오차원이라 부른다.

2) 신뢰도 계수 해석방법

신뢰도 계수 해석방법은 첫째, 검사의 신뢰도는 두 평행검사의 관찰점수 사이의 상관계수와 같다. 두 평행검사에서 각 피험자의 관찰점수가 동일하고 각 검사 내에서 관찰점수의 분산이 있을 때 그 검사는 완전한 신뢰도를 갖는다.

둘째, 신뢰도는 Pearson 상관계수에 대한 해석이다. 상관계수의 제곱은 한 변인이 다른 변인과 선형관계에 따라 설명되는 변량의 비라고 해석할 수 있다.

셋째, 신뢰도 계수는 관찰점수 변량에 대한 진점수 변량의 비율, 즉 관찰점수 변량 중에서 진점수 변량이 차지하는 비율이다. 검사의 신뢰도가 증가함에 따라 오차점수 변량은 상대적으로 작아진다.

넷째, 관찰점수와 진점수 간의 상관계수의 제곱으로 신뢰도 계수를 나타낸다. 검사의 관찰점수는 평행검사의 관찰점수보다 그 검사의 진점수와 더 높은 상관을 갖는다. 신뢰도는 타당도에 영향을 미친다. 타당도 계수는 신뢰도 계수의 제곱근보다 더 높을 수는 없지만, 신뢰도 계수 자체보다는 더 클 수 있다.

다섯째, 신뢰도는 오차점수 분산과 관찰점수 변량의 관계다. 피험자집단으로부터 수집한 관찰점수의 변량 정도는 신뢰도에 중요한 영향을 미친다.

3) 측정의 표준오차

신뢰도의 개념을 이해하기 위해서는 진점수라는 개념을 알아야 할 필요가 있다. '진점수'는 한 검사가 오차 없이 어떤 특성을 측정할 때 얻어지는 점수를 가리킨다.

한 검사에서 한 개인의 심리적 특성에 대해 얻은 관찰점수를 'X'라고 하면 이 관찰점수는 복합된 점수라고 볼 수 있는데, 이는 최소한 진점수와 오차점수의 합이라고 볼 수 있다.

$$X = T + E$$

X: 관찰점수

T: 진점수

E: 오차점수

여기서 E는 검사점수의 변동을 일으키는 모든 요인들에 의해서 생기는 변동점수를 말한다. 오차점수는 '+' 방향 혹은 '−' 방향으로 영향이 있다. 오차점수는 무선적이고 우연적이므로 한 개인이나 집단에게 이 점수는 상호 독립적이고 점수의 분포는 정상분포를 이룬다고 가정할 수 있다.

(1) 측정의 표준오차에 대한 해석

측정의 표준오차는 정상분포를 이루고 있다는 가정하에서 정상분포의 해석을 적용할 수 있다.

표준오차가 클수록 신뢰도는 낮아지고 거기에서 얻어진 측정치는 부정확하므로 진점수의 추정 범위는 넓게 된다. 따라서 검사를 해석할 때 조그만 점수의 차를 지나치게 과장해서 해석하는 일이 없도록 하는 것이 좋다.

(2) 표준오차와 신뢰도 계수의 관계

한 검사의 신뢰도 계수는 그 검사 속에 포함되어 있는 오차점수의 크기를 표시해 주므로 한 검사가 얼마나 믿을 만한가를 나타내 준다. 얻은 신뢰도 계수를 의미 있게 해석하기 위해서는 우선 앞에서 논의한 측정의 표준오차를 통한 해석과 그 신뢰도 계수를 결정한 요인들을 고려해야 한다. 각 신뢰도 계수는 그 계산방법에서 요구되는 전제조건이 충족되는 상태에서 계산되었기 때문에 어떤 방법(검사−재검사 신뢰도, 동형검사 신뢰도, 반분 신뢰도 등)으로 계산한 것인가를 밝혀 주어야 한다. 신뢰도 계수는 같은 검사라도 대상집단이 다르면 대상집단의 연령, 교육 정도, 성별, 사회경제적 지위 등의 요인 때문에 그 계수가 다르게 나타날 수 있으므로 대상집단의 성격을 고려하여 해석해야 한다. 그리고 신뢰도 계수는 대상집단을 고려하여 해석되어야 하므로 검사 메뉴얼에 표시되어야 한다. 요컨대, 추상적인 의미의 신뢰도 계수란 있을 수 없으며 반드시 신뢰도 계수가 계산된 구체적인 집단의 기술임을 명심해야 한다.

4) 신뢰도의 종류와 검증

한 검사의 신뢰도를 검증하기 위한 실제적 자료를 사용한 경험적 추정방법은 다양하다. 각각의 방법은 그것이 가정하고 있는 오차의 근원에 따라 달리 추정하고 있다. 여기서는 검사-재검사 신뢰도, 동형검사 신뢰도 그리고 반분 신뢰도의 대표적인 신뢰도 추정방법을 소개한다.

(1) 검사-재검사 신뢰도: 안정성 계수

검사-재검사 신뢰도는 첫째, 하나의 평가도구를 피험자에게 두 번 실시하여 그 전후의 결과에서 얻은 점수로 상관계수를 산출하는 접근방법이다. 이것은 곧 처음 실시했을 때의 점수와 나중에 실시했을 때의 점수 사이에 어느 정도의 안정성이 있느냐를 보는 관점이기 때문에 안정성 계수라고도 한다. 한 예로 저울의 신뢰도를 검증하기 위해서 우선 동일한 물건을 여러 번 되풀이하여 재어 보고 무게의 값으로 분포를 그린다면 그 분포의 변산도는 저울의 신뢰도 정도를 표시해 준다. 그러나 인간을 대상으로 한 심리측정에서 어떤 검사를 여러 번 되풀이하여 실시한다는 것은 사실상 어렵다. 따라서 어떤 한 집단에 대한 검사를 두 번 실시하고, 그 두 결과 간에 상관계수를 내어 신뢰도를 추정하려는 것이다. 두 검사의 결과 간에 상관계수가 높으면 신뢰도는 높다고 할 수 있다.

둘째, 평가도구 혹은 검사에 표본이 되는 문항의 오차변량이 진변량으로 취급된다는 점이다. 어떤 검사든 결국에는 몇 개의 문항으로 구성되는데, 측정하는 특성은 같다 해도 어떤 문항들을 검사 속에 포함시키는가에 따라 검사의 결과가 달라질 수 있는 것이다. 즉, 문항표본의 성질에 따라 같은 능력을 가진 학생의 점수가 다르게 나올 수 있는데, 이 방법에서는 동일한 검사이기 때문에 문항표본에서 오는 오차가 전후 같아져서 신뢰도가 사실보다 더 크게 나올 확률이 많다.

셋째, 전후의 검사실시에서 여러 가지 조건인 내적 동기상태, 수험태도, 검사지시, 검사시간(속도검사의 경우) 등을 똑같이 통제하기가 어렵다는 점이다. 검사란 표준화된 수험상태, 수험방법을 전제해야 하나 이 방법에서는 오차가 가중될 확률이 높다.

이와 같은 난점 때문에 검사-재검사 신뢰도는 기억과 연습의 효과에 따른 영향을 비교적 적게 받는 검사의 경우를 제외하고는 널리 쓰이지 않는다. 그리고 검사-재검사 신뢰도에 따라 결정된 신뢰도는 진짜 신뢰도보다 과대추정될 가능성이 많다는 것을 고려해야 한다.

(2) 동형검사 신뢰도: 동형성 계수

동형검사 신뢰도는 어떤 한 검사의 내용과 곤란도는 같으나 문항의 형태가 다른 두 개의 동형검사를 제작하고, 그것을 같은 피험자에게 실시하여 두 동형검사에서 얻은 점수 사이의 상관을 산출해서 신뢰도 계수를 얻는 방법으로 동형성 지수라고도 한다. 자아개념 검사와 같은 표준화 검사를 제작할 때 재고자 하는 특성은 모두 자아개념이지만 구체적인 문항들은 서로 상이한 두 검사 A형, B형을 만들어, 이것을 동시에 혹은 적당한 시간간격을 두고 한 집단에 실시하여 A형의 결과와 B형의 결과의 상관계수를 낸다. 이처럼 동일한 특성을 측정하고자 하는 두 검사가 얼마나 동등한 특성을 재느냐를 따지는 것이 관심이므로 이 방법에서 나온 신뢰도를 동등성 계수, 동형성 계수라고 한다.

이 방법은 측정하려고 하는 내용은 서로 다르지만 두 검사가 측정이론상에서 보아 동질적이고 동일하다고 측정될 수 있는 문항으로 구성된 검사를 통하여 신뢰도를 추정하고자 한다. 이 접근방법은 기억 효과와 연습 효과를 극소화시키며, 문항표본에서 파생하는 오차도 오차변량으로 취급하게 된다는 점에서 그 장점을 갖고 있다. 그러나 실제로 동질적인 두 검사를 제작한다는 데 어려움이 있다.

(3) 반분 신뢰도: 동질성 계수

여러 개의 문항으로 된 검사를 어떤 방법으로 나누어 각각의 반쪽짜리 검사를 하나의 검사로 취급해서 얻은 점수를 서로 비교하여 이들 간의 일치도 혹은 동질성 정도를 보는 방법을 반분 신뢰도라 한다. 반분 신뢰도는 하나의 평가도구 혹은 검사를 한 피험집단에 실시한 다음 두 부분의 점수로 분할하고, 이 분할된 두 부분을 독립된 검사로 생각해서 그 사이의 상관을 계산하여 신뢰도를 측정하는 방법이기 때문에 두 부분의 검사 사이의 상관이 기초가 된다.

한 검사를 두 개의 동등한 부분으로 나누는 엄밀한 방법은 문항분석을 통해 문항의 곤란도, 내용, 변별도 등을 고려하여 두 문항이 가장 동등한 것끼리 선정하여 양쪽으로 동등하게 나누는 것이다. 그러나 실제에서는 이러한 문항통계치를 구하는 복잡성을 피하기 위해 간편한 다음의 몇 가지 방법을 사용하고 있다.

첫째, 전후반분법으로 전체 문항이 100개 있으면 1~50번까지를 한 부분, 51~100번까지를 다른 한 부분으로 나누어 각각 채점하고 둘 사이의 상관을 내는 방법이다. 그러나 이 방법은 특히 검사에 속도요인이 많이 포함되었거나 검사문항이 곤란도의 순위로 나열된 경우에는 동형검사로 나누어졌다는 보장을 하기가 어렵다.

둘째, 기우반분법은 문항의 번호가 홀수인 것들을 한 부분으로 하고 짝수인 것들을 다른 한 부분으로 하여 따로 채점하고 둘 사이의 상관을 내는 방법이다. 이 방법은 문항들이 동질적이고 곤란도의 순서가 쉬운 것에서 어려운 것으로 배열된 경우에는 적당하지만, 이질적인 문항이 산재해 있거나 곤란도의 순서로 문항배열이 되어 있지 않을 경우에는 맹목적인 분할법이 될 수 있다.

셋째, 난수표에 따라 두 부분으로 나누는 방법으로 이 방법은 문항이 어떻게 선택되어도 무방한 경우에 적용된다.

넷째, 의식적인 비교에 따른 반분법으로 의식적으로 각 문항의 종목, 내용, 곤란도 등 문항의 성질을 고려하여 비슷한 두 부분으로 분할하는 방법이다.

결국 반분 신뢰도에서 전체 문항을 어떻게 반분하느냐는 검사의 문항 내용과 구성으로 보아 양분된 두 부분이 서로 비슷하고 동질적이 되도록 계획되어야 한다.

그런데 이렇게 부분점수를 내어 상관을 계산하면 이때 얻은 신뢰도는 검사 전체의 신뢰도가 아니라 반분된 검사의 신뢰도가 된다. 따라서 이 두 부분을 합했을 때의 검사 전체의 신뢰도를 계산해 주기 위해 Spearman-Brown의 공식을 사용해서 교정한다(공식은 신뢰도에 관계되는 전문서적을 참고할 것).

5) 신뢰도에 영향을 주는 조건

신뢰도 계수에 영향을 주는 요인에는 어떤 것이 있으며 그 본질이 무엇인가를 이해하는 것은 상이한 신뢰도 추정방법과 상황에서 계산된 신뢰도 계수를 객관적으로 비평하고 적절히 이용하는 데 도움을 준다.

(1) 신뢰도의 추정방법

신뢰도 계수의 크기는 어떤 접근방법에 따라 그 계수가 계산되었느냐에 따라서 달라진다. 만일 같은 검사에 대해 앞에 설명한 여러 가지 방법을 동시에 사용한다면 얻어진 신뢰도 계수는 어느 정도 서로 다를 수 있다. 예를 들어, 같은 집단에 같은 검사를 실시할 때 동형검사 신뢰도는 검사-재검사 신뢰도보다 낮게 나올 것이다. 왜냐하면 오차의 근원이 시간적인 변화와 검사문항의 표집오차를 포함하며 기억 효과의 작용에 따른 반응의 가능성 정도를 고려할 때 동형검사 신뢰도는 보다 낮게 나오게 되기 때문이다. 따라서 어떤 방법으로 신뢰도 계수를 계산할 것인가를 고려해야 하며, 이때 특정한 방법을 쓸 수 있는 기초조건이 어느 정도 성립되어 있는가를 보아야 한다. 검사-재검사 방법은 연습의 효과가 작용하는 경우의 검사라면 적절치 않고, 동형검사 방법은 두 형이 동등한 것인가를 보아야 하며, 반분법에서는 두 부분이 같은 표준편차로 나와 있는 것인가를 보아야 한다. 이런 조건의 차이가 심할수록 얻어진 신뢰도 계수는 왜곡된 것이다.

(2) 검사의 길이

단 하나의 특성을 재려는 검사에서 모든 문항이 동질적인 경우 그 검사의 길이, 즉 문항의 수를 늘리면 신뢰도 계수는 커진다. 일반적으로 한 개인의 전집에 있어서 특성은 조그마한 표집을 통해 추정되는 것이므로 여기에서 얻어진 점수는 원래의 진점수에 대한 추정치에 불과한 것이다. 따라서 표집이 클수록(여기서는 검사의 길이가 길수록) 전집의 모수치(여기서는 검사의 진점수)를 추정하는 추정치는 더 정확하고 표집의 오차도 작아진다. 검사문항의 표집에서도 그 표집이 클수록 검사의 길이는 길어지므로 검사는 보다 신뢰도가 높아진다.

(3) 집단의 이질성

상관되는 두 변인의 변산도가 축소된 경우에는 상관계수가 작게 나온다. 이것은 상관도인 신뢰도의 경우에서도 마찬가지로 적용된다. 측정하고자 하는 능력 혹은 특성의 분포 범위가 좁은 집단에서 계산되어 나온 신뢰도 계수는 같은 특성에 비추어 넓게 분포되어 있는 집단에서 나온 신뢰도 계수보다 작게 나온다.

검사 제작자는 통용 범위가 가능한 모든 다른 집단에 대해 각각 독립된 신뢰도를 보고해 주어야 한다. 고등학생 집단이라든가 대학생 집단 또는 일반 성인집단 등에 대하여 각각 따로 그 집단에서 얻어진 신뢰도를 알려 주어야 할 것이다.

3. 타당도

한 검사가 측정하려고 의도한 목적을 측정한다면 그 검사는 타당도가 있다고 할 수 있다. 성격에 있어서 의미 있는 차이를 나타낼 수 있는 성격검사는 타당하다고 할 수 있다.

검사를 사용하는 목적에 따라 타당도는 여러 가지 방법으로 평가될 수 있다. 타당도의 세 가지 주요한 유형은 내용 타당도, 준거관련 타당도, 구인 타당도다. 준거관련 타당도와 구인 타당도의 측정은 상관계수와 기타 통계적 방법을 사용한다. 그러나 내용 타당도의 평가는 어떠한 통계적 계산도 포함하지 않고 논리적이고 전문가적인 판단을 요구한다.

1) 타당도의 의미

신뢰도가 측정하려고 하는 것이 '얼마나' 정확하게 측정하느냐와 관계된 것이라면 타당도는 '무엇' 을 측정하느냐에 그 초점이 있다. 타당도는 한 측정도구가 문항 제작 시 의도했던 목적을 어느 정도 충실히 측정했느냐 하는 검사의 능력이다. "이 심리검사가 정말로 무엇을 재고 있느냐?" "이 검사가 재려고 하는 심리 특성을 어느 정도로 충실히 재고 있느냐?"라는 질문은 모두 심리검사가 의도하고 있는 특성을 측정하고 있어야 한다. 그러므로 타당도를 다른 용어로는 검사의 정직성이라고 말할 수 있다. 즉, 신입사원을 선발하는 입사시험 점수와 앞으로 실제 업무에서 나타날 신입사원의 업무 수행능력 사이에 높은 관계가 있으면 그 시험은 타당하다고 할 수 있다.

한 심리검사의 타당성 정도를 결정하기 위해서는 어디에 비추어 본 타당도인가의 문제가 제기된다. 이때 필요한 것이 측정되는 준거다. 이는 그 검사 측정치의 타당성 정도는 이 준거에 비추어 본 것이기 때문이다. 그래서 "타당도가 있다, 없다."라는 주장 뒤에는 어떤 준거에 비추어 보아서라는 질문이 반드시 수반된다.

2) 타당도의 종류와 검증

타당도를 분류하는 방법은 학자에 따라 여러 가지로 구분해 설명하고 있으며 그 검증방법도 다르다. 일반적으로 내용 타당도, 구인 타당도, 준거관련 타당도로 분류하고, 준거관련 타당도 속에 공인 타당도와 예언 타당도를 포함시키고 있다. 어떤 종류의 이름을 가진 타당도도 결국 위의 세 영역 중 어느 하나에 포함되게 된다. 여기서는 이 네 가지의 개념과 그 검증방법을 알아보고자 한다.

(1) 내용 타당도

고전적 측정이론에서는 내용 타당도를 흔히 안면 타당도, 이론 타당도라고도 한다. 내용 타당도란 주어진 측정도구가 그것이 평가하려고 하는 내용을 어느 정도로 충실히 측정하고 있는지를 측정 · 분석하려는 타당도다. 내용 타당도에서 내용이라 함은 그 검사가 포함하는 내용을 의미하는 것이며, 그 문항이 대표하는 어떤 문제를 푸는 데 필요한 과정을 나타내지는 않는다.

이는 한 검사가 측정하려고 의도하는 내용의 표집을 적절하고 타당하게 하였는지의 여부를 알아보기 위한 방법이다. 내용 타당도의 결정은 어떤 수량적인 관계로 표현되는 것이 아닌 합리적인 판단과정이다. 이 과정은 검사와 내용 간의 일치성을 평가하는 논리적이고 합리적인 과정으로, 검사문항이 전문가의 입장에서 볼 때 그 전집을 적절하게 대표하고 있다면 그 검사는 내용 타당도를 가졌다고 말한다.

내용 타당도란 전집의 범위가 정확히 정의되어야 한다는 것을 의미한다. 이와 같은 요구조건은 결국 검사 제작자가 검사가 포함하려고 하는 영역을 가능한 정확하고 명료하게 표시해야 한다는 것으로 해석하고 있다.

이 내용 타당도의 검증방법은 한편으로는 한 검사가 재려고 하는 능력이나 특성을 논리적으로 분석 · 종합하고, 다른 한편으로는 검사문항이 실제로 측정하고 있는 내용을 판단하여 이들이 어느 정도 서로 합치하느냐의 정도를 비교함으로써 검증한다.

(2) 예언 타당도

타당도를 추정하는 두 번째 방법은 한 측정도구의 검사 결과가 피험자의 미래의 행동이나 특성을 어느 정도로 정확하고 완전하게 예언하느냐에 따라 결정되는 예언 타당도다.

예언 타당도의 타당성 준거는 시간적으로 미래의 특성을 의미한다. 미래의 행동 특성은 학업의 성공이나 직업의 성공일 수도 있고 개인적, 사회적 적응의 정도일 수도 있다. 한 예로 운전면허 적성검사라면 이 검사에서 좋은 점수를 받은 사람이 장차 운전자가 되었을 때 자동차의 운행에서 낮은 사고율을 보이는 결과가 나타나야 이 검사가 제 구실을 한 셈이다.

마찬가지로 학습을 평가하는 검사에서도 한 성적검사에서 성공을 한 학생은 다음의 그 성적검사에서도 역시 좋은 성적을 나타내야 하고, 실패한 사람은 다음의 그 성적검사에서도 나쁜 성적을 보일 것을 기대할 수 있다. 그래서 한 검사의 예언 타당도란 그 검사도구가 의도하고 목적하는 준거를 어느 정도로 정확히 예언하느냐는 것이다. 통계적 개념에 비추어 설명하면 예언 타당도는 한 선행검사 점수와 준거 특성의 상관계수로 나타낼 수 있으며, 상관계수가 크면 그만큼 예언의 오차는 작다는 해석이 가능하다. 그러나 복잡한 인간행동을 측정대상으로 한 심리검사도구에서 완전한 예언이란 기대할 수 없기 때문에 항상 예언의 오차는 존재한다. 예언 타당도란 개념 속에는 결국 결정을 내리는 과정을 위한 수단으로써 검사를 사용한다는 의미가 들어 있다. 이러한 결정을 내리는 데 사용되는 수단으로는 우선 한 개인에게 어떠한 조치를 할 것인가의 문제, 다수집단에 대한 결정의 문제, 행동결정에 도움을 주는 다른 정보자원들을 들 수 있다.

예언 타당도는 한 검사와 준거 간의 상관관계로 표시된다. 통계적으로 말하면, 한 검사의 점수를 X라 하고 얻은 준거점수를 Y라고 했을 때 X와 Y 간의 상관계수 r이 예언 타당도 계수가 된다. 상관계수가 클수록 그 검사의 예언 타당도는 높다고 할 수 있다. 그런데 한 검사와 한 준거 간의 예언 타당도(상관계수)는 두 가지 신뢰도, 곧 검사의 신뢰도와 준거의 신뢰도 중 신뢰도가 낮은 것의 평방근 이상의 값을 갖지 못한다. 한 검사의 예언 타당도는 그 검사가 아무리 믿을 만하고 타당하다 할지라도 준거점수를 무엇을 잡느냐에 따라 크게 영향을 받는다. 예컨대, 한 공과대학 적성검사의 예언 타당도는 그 준거점수를 공과대학 학기성적으로 하느냐, 졸업성적으로 하느냐, 졸업 후 직장의 근무성적으로 하느냐에 따라 달라질 수 있다. 그러므로 검사의 실제적인 목적에 따라 여러 가지 준거점수를 얻어 여러 가지 예언 타당도를 검증하는 것이 보통이다.

또한 예언 타당도에서 고려해야 할 것은 준거점수의 신뢰도다. 한 검사가 아무리 믿을 만하고 타당하다 하더라도 준거점수의 신뢰도가 낮으면 예언 타당도는 낮게 나오게 마련이다. 준거로 사용되는 점수들에는 대개 심리검사의 점수와는 달리 주관적인 판단이나 의견이 개입되어 있을 가능성이 크다. 그리고 준거점수는 많은 이질적인 요인이 작용되어 얻어진다.

(3) 공인 타당도

타당도를 추정하는 공인 타당도는 그 기본개념을 예언 타당도와 같이 한 검사점수와 한 준거검사 점수 사이에 공통적으로 가지고 있는 변량으로 나타낼 수 있다. 그러나 예언 타당도와 공인 타당도의 차이는 시간차원과 준거의 성질에 있다. 우선 공인 타당도는 한 검사와 한 준거검사가 본질적으로 동시에 측정되므로 한 심리 특성을 측정할 검사점수와 검사 밖에 존재하는 행동준거점수 사이에 '현재' 어느 정도 잘 일치하느냐로 한 검사의 타당성을 보려는 방법이다. 다음으로 준거검사의 특성과 제작된 검사의 준거 사이에 공통된 성질이 있느냐 없느냐에 대한 관심으로, 검사 A와 검사 B를 서로 바꾸어 사용할 수 있느냐 할 때 그 답이 '그렇다' 면 공인 타당도가 있다고 할 수 있다. 다시 말하면, 공인 타당도는 한 검사의 점수와 어떤 준거점수의 상관을 통해서 짐작한다는 점에서는 예언 타당도의 개념과 다를 바 없다. 그러나 이 두 개념의 차이는 시간적 차원과 준거의 성질이 다르다는 데 있다.

곧 공인 타당도는 검사로 밝혀진 어떤 특성이 검사 밖에 있는 준거와 현재 어느 정도로 합치하고 있느냐를 통계적으로 검증하는 것이다.

새로 만든 검사와 이미 만들어져 사용하고 있는 검사 간의 상관을 알아보는 것도 공인 타당도의 검증이라고 할 수 있다. 예를 들면, 새로 제작된 집단용 지능검사와 기존의 지능검사를 동일한 집단에 실시하여 그 상관을 구하였을 때, 상관이 높다면 측정된 두 점수 간에는 동일한 요인을 공유하고 있다는 증거가 되므로, 새로 제작된 지능검사를 대신하여 사용할 수 있다고 결론 내릴 수 있다.

그러나 이와 같이 외형상으로 보아 분명히 관련이 있을 듯한 준거뿐 아니라 관련이 먼 듯한 준거도 필요에 따라 상관을 내는 경우가 있다. 예컨대, 특성 X를 측정하고 있는 검사 X와 특성 Y를 측정하고 있는 검사 Y 사이의 경험적 공인관계를 밝혀 보려는 것이 목적이다. 이 같은 타당도는 한 평가도구의 실제적 의미를 풍부히 해 주고 활용하는 데 유용한 정보를 제공할 뿐만 아니라 새로운 연구의 아이디어를 제공한다는 점에서도 중요하다.

(4) 구인 타당도

구인 타당도는 어떤 한 검사가 측정한 점수 결과가 그 검사가 측정하고자 하는 속성과 목적이 이론적 합리성에 비추어 얼마나 적합한가의 정보를 통하여 한 검사의 타당성을 보는 방법이다. '구인' 이란 심리검사에 반영되어 측정되고 있다고 짐작되는 인간의 비가시적이며 가정적인 특성으로 지배성, 자아개념, 흥미, 태도 등은 모두 그 예가 될 수 있다.

이 같은 속성 혹은 특성이 모호하고 불명료한 심리적 개념에 관한 이론적 모형을 기초로 하여 그것을 측정한다고 상정되는 검사를 제작했을 때, 그것이 분명한 과학적 법칙을 정립해 줄 수 있는 증거를 보인다면 그 검사는 그 개념에 의미 있는 경험적 증거를 제공하게 되어 이때 그 검사는 구인 타당성이 있다고 볼 수 있다.

구인 타당도는 준거 없이 타당도를 검증한다는 점에서 앞에서 말한 예언 타당도나 공인 타당도와 다르다. 즉, 어떤 실제적인 준거변인과 얼마나 관계가 있느냐 또는 예언해 주고 있느냐의 실용적인 측면에 관심을 갖는 것이 아니라 이론적 견지에서 무엇을 재어 주고 있느냐의 증거에 관심을 갖고 있으므로, 이론적인 연구에서는 측정도구의 이러한 구인 타당도에 관한 검토와 그 증거가 연구의 성패를 결정한다고 해도 과언이 아니다.

구인 타당도는 마치 조작적으로 정의되지 않고 과학적으로 이론이 아직 정립되지 않은 새로운 개념 혹은 구인을 측정하는 검사에 과학적 이론과 타당성을 부여하는 과정이라 볼 수 있다. 구인 타당화를 하기 위해서는 설명한 내용 타당도, 공인 타당도의 모든 절차가 동원된다.

구인 타당도를 검증하기 위한 일반적 절차는 다음과 같다. 첫째, 어떤 구인이 검사점수의 원인이 되고 있는지를 추측한다. 이것은 주로 검사에 대한 관찰이나 논리적인 검토를 통해서 이루어진다. 둘째, 이 구인을 둘러싸고 있는 이론으로부터 검증할 수 있는 가설을 추출한다. 셋째, 이 가설을 검증하기 위해 경험적 연구를 실행한다.

3) 타당도에 영향을 주는 조건

(1) 검사의 길이

검사의 길이와 타당도는 관계가 있다. 검사의 길이를 늘리면 타당도는 증가한다. 그러나 검사의 길이가 길어진다고 타당도가 꼭 높아지는 것은 아니다. 이는 동질검사의 경우에만 적용된다. 다시 말하면, 검사의 새로운 부분과 원래 부분의 검사가 동질적이어야 한다는 것이다.

(2) 검사 또는 준거검사의 신뢰도

한 검사와 그 준거검사 간의 상관에 있어 신뢰도 계수가 낮으면 그에 따라서 타당도 계수도 낮아진다. 곧 타당도 계수는 한 검사 또는 준거검사의 낮은 신뢰도로 말미암아 낮아진다. 그런데 이와 같이 낮은 신뢰도로 말미암아 원래의 타당도가 약소해졌을 때는 통계적으로 이 약소화를 교정하여 최선의 조건에 있어서의 타당도 계수를 짐작하게 해 주는 방법이 있다.

(3) 신뢰도와의 관계

신뢰도가 검사점수의 안정성에 관한 것이라면, 타당도는 외적 준거와 관련된 것이다. 검사의 타당도 검증에서 중요한 일은 알맞고 믿을 만한 준거를 설정하는 것이다.

한 검사의 신뢰도가 높다고 하여 타당도도 높은 것은 아니다. 그러나 한 검사가 타당하기 위해서는 믿을 만해야 한다. 신뢰도가 높으면 타당도도 높아지는 것이 보통이지만, 신뢰도를 올리면 타당도가 내려가고 타당도를 올리면 신뢰도가 내려가는 때도 있다. 타당도와 신뢰도의 관계를 요약하면 다음과 같다.

첫째, 신뢰도가 높은 검사는 이론적으로 타당하나 실제로는 타당하지 않을 수 있다. 둘째, 높은 타당도의 검사는 신뢰도가 높다. 준거와의 상관은 그 검사신뢰도의 신뢰지수에 따라 제한되기 때문이다. 즉, 한 검사와 다른 어떤 준거 간의 상관인 타당도 계수는 그 검사의 신뢰도 계수의 제곱근을 초과하지 못한다. 이는 한 검사의 타당도는 그 검사의 신뢰도에 따라 제한된다는 것을 의미한다.

4. 심리검사의 표준화

검사의 신뢰도나 타당도와 함께 생각해 보아야 할 문제는 검사가 표준화 과정을 거쳐서 이루어진 것이냐의 문제다. 왜냐하면 심리검사는 표준화과정에 이용된 표집이 대표하는 전집에만 의의 있게 이용될 수 있기 때문이다. 따라서 심리검사의 표준화 과정은 검사의 실시, 채점 그리고 해석방법이 일정하게 고정되어 있어 동일한 검사과정이 행해지도록 만드는 과정이다.

1) 표준화 검사의 의미

표준화 검사란 일반적인 시험지나 보통의 질문지와는 달리 누가 사용하더라도 검사의 실시와 채점 그리고 결과의 해석이 동일하도록 모든 절차와 방법을 일정하게 만들어 놓은 검사를 말한다. 다시 말하면, 표준화 검사는 주로 규준지향적 검사로서 예비조사의 과정을 거치면서 검사의 목적에 적합한 검사를 제작하기 위하여 검사문항의 표집과 구성을 엄격히 하며, 검사실시 조건과 채점방법을 일정하게 정해 놓고, 검사 결과의 해석을 표준화하고, 규준에 비추어 비교할 수 있도록 규준점수를 제시한다.

한 검사에서 얻어진 점수는 그 자체로는 어떤 의미를 갖지 못한다. 검사점수의 의미를 말해 주는 기준에 비추어 비교할 때 한 개인의 검사점수는 의미 있게 해석될 수 있다. 이때 비교하고자 하는 검사 결과를 규준에 따라 해석하는 데 어떤 규준과 비교하느냐에 따라 한 개인의 검사 결과의 해석은 달라진다. 이 규준에 의하여 한 검사점수에 의미를 부여하는 데 표준화 검사의 가치가 있다.

2) 규준

규준은 검사가 사용될 집단을 대표할 수 있는 표본인 규준집단으로부터 얻은 검사점수의 분포다. 규준은 한 표집집단의 검사점수의 분포로서 한 개인의 점수비교를 가능하게 해 준다. 규준은 흔히 규준표로 제시되는데, 각 점수는 이 규준표에 나타난 전체에 대한 한 개인의 비율로 설명된다.

검사 제작자가 규준집단을 선정할 때 고려해야 할 사항은, 첫째, 규준집단의 성격과 특징을 명확히 정의하여야 한다. 그래야만 그 검사에 타당한 집단을 선정할 수 있기 때문이다. 둘째, 규준집단은 전집을 대표할 수 있는 표집이어야 한다. 대부분의 규준을 작성하는 데 있어서 전집에서 표집한 것을 기초로 규준집단의 작성에서 대표성이 결여된 규준을 만들 가능성이 있으므로 실제 점수의 해석에서 타당성이 결여될 수 있다. 그러므로 한 검사가 초등학교 3학년 학생을 위한 것이라면 그 규준은 초등학교 3학년 학생을 대표할 수 있는 표집이어야 한다. 셋째, 규준의 최근성을 들 수 있다. 수년 전에 제작된 규준을 몇 년이 지난 후에도 그대로 사용하는 것은 적합하지 않을 수 있다. 그러므로 규준은 그 적합도가 검토되어야 하고 개선이 필요할 때는 개정되어야 한다.

얻어진 점수를 의미 있게 하기 위해서는 원점수를 해석 가능한 척도로 변환해야 한다. 이 같은 변환점수에는 크게 백분위 점수, 발달 척도 및 비율 등이 있다. 여기서는 심리검사의 표준화에서 자주 이용되고 활용되는 서열척도인 백분위 점수를 예로 들겠는데 이 방법은 계산이 쉬워서 많이 사용된다.

백분위란 특정 점수의 등위나 백분점수를 특정 값이나 특정 값 이하의 점수를 지닌 분포에 있는 개별 백분율이다.

예를 들어, 당신이 검사에서 43점을 받았고 학급의 50%가 43점 이하라고 하자. 그런 경우 당신의 점수는 50% 백분위를 가지고 있고 그 점수를 50번째 백분점수라고 한다. 백분위는 백분율을 말하고 백분점수는 점수와 관계가 있다. 또한 백분위나 백분점수는 분포에서 정확한 위치를 가리킨다.

3) 표준화 검사의 기능

한 현상을 정확하게 진단하기 위해서는 정확한 측정이 전제되어야 한다. 주먹구구식의 측정으로는 정확한 자료를 제공할 수 없을 뿐만 아니라 그 결과 해석 또한 측정의 오차만큼 부정확할 수 있다. 인간의 복잡한 심리현상을 이해하기 위해서는 정확한 자료가 절실하게 요구된다. 이 같은 요구를 부분적으로나마 충족시키고자 하는 노력이 검사의 표준화 시도다.

표준화 검사는 객관적으로 인간의 심리 특성을 파악하는 데 필요하다. 표준화검사는 진보 · 발전하는 심리학의 이론을 기초로 해서 문항이 구성되어 있기 때문이다.

표준화검사의 기능 중 하나로 우선 예언의 기능을 들 수 있다. 예언이란 확률적 추정이라고 할 수 있다.

둘째로는 진단의 기능이 있다. 진단을 위해서 한 개인이 가지고 있는 특성을 포괄적으로 좋다, 나쁘다고 평가하기보다는 어떤 특성은 우수하고 어떤 특성은 열등하다는 식으로 표현하는 것이 바람직하다. 왜냐하면 어떤 장점과 동시에 단점을 발견해 내려면 한 가지 측면만 재는 것은 크게 도움이 안 되기 때문이다.

셋째로는 조사적 기능이 있다. 이것은 검사를 사용하여 어떤 집단의 특성을 알고자 하는 목적에서 실시하는 것이다. 한 예로 특별한 학급의 특성을 전국적인 경향과 비교하는 것이 해당된다.

넷째로는 적성의 발견을 들 수 있다. 한 사람의 적성을 발견하고자 할 때 이용될 수 있다.

5. 지능검사

1) 지능검사의 발전배경

인간의 지능 혹은 정신능력에 관한 개념이나 이론의 발전은 정신능력을 측정하기 위한 방법, 도구, 검사의 발전과 병행되어 왔다. 때로는 정신능력이나 지능에 관한 이론의 발전에 앞서서 측정도구 및 검사가 발전되어 가는 경우도 있었다. 인간의 정신능력에 관한 이론은 측정방법이나 검사도구의 개발 없이는 그 대상을 규명하기 어렵다. 또한 초기의 정신검사 발전에 영향을 준 정신지체아의 진단과 처치, 임상적 처치, 교육적 필요 등은 검사도구의 개발을 더욱 요구하게 되었다(송인섭, 1997a).

이와 같은 실제적인 필요와 더불어 그 당시 사회적 시각은 인간의 정신능력을 진화론과 유전론적 관점에서 파악하려 했다. 이것이 Galton의 지능에 관한 유전론적 연구를 자극한 것으로 보인다. 그래서 그는 개인차에 관심을 두면서부터 어떤 가계들은 다른 가계들보다 더 우수하다는 가정을 하였다. 그는 1884년 런던 박람회에 구경 온 9,000명의 관람객에게 머리 크기, 반응시간, 폐활량 및 손아귀 힘과 같은 것을 재는 한 검사를 실시하여 우수한 사람과 열등한 사람의 차이를 추정하였다. 그러나 저명한 과학자들도 머리 크기는 일반 사람들과 구별되지 않음을 발견했다.

이와 같이 Galton이 지능을 측정하려고 의도한 검사는 지능을 양화하는 방법으로 타당하게 보이지는 않는다. 하지만 그는 심리검사의 신뢰도·타당도 추정에 중요한 역할을 하는 상관계수를 창안하였으며, 인간의 지능에 관한 검사들을 개발하려고 시도한 첫 번째 사람으로 평가된다.

현재 일반적으로 사용되고 있는 지능검사에 크게 기여한 사람은 프랑스 심리학자 Binet로, 그가 만든 검사는 오늘날 지능검사의 기초가 되었다. 1881년에 프랑스 정부는 Binet에게 정규학교 교과과정을 이수할 수 있는 지적 능력을 갖지 못한 학습지진아들을 찾아낼 수 있는 검사를 개발하도록 연구를 위촉했다. 그는 정신연령이라는 개념을 도입하여 생활연령과 비교함으로써 지적 능력을 알아보고자 시도하였다는 점에서 지능검사 발전에 크게 공헌하였다.

지능의 구성인자를 측정하기 위해 시도된 Binet의 접근방법은 종래의 방법과 현격히 다른 접근방법으로, 그의 지능을 정신능력으로 본 연구가 발표된 후에 많은 새로운 지능검사들이 개발되었으며 지능의 본질에 관한 연구와 이론들도 많이 발전되었다.

2) 지능검사의 종류

지능검사는 분류의 기준, 목적에 따라 여러 가지 방법으로 나눌 수 있다. 우선 측정목적이 개인의 일반적 평균수준을 측정하는 것인 일반지능검사와 특수한 정신능력을 독립적으로 측정하려는 특수지능검사로 분류된다. 현재 사용하고 있는 대부분의 검사는 일반지능검사며, 특수지능검사는 후에 적성검사로 발전되어 갔다.

검사의 실시방법에 따라서는 개인검사와 집단검사로 구분된다. 개인지능검사는 주로 진단용 검사로 많이 쓰인다. 이는 검사자와 피검사자가 마주 앉아 한 사람씩 실시하므로 검사장면의 통제가 용이하여 개인의 능력을 최대한 발휘할 수 있게 하기 때문에 개인의 지능을 비교적 정확하게 평가할 수 있다는 장점이 있다. 반면, 실시가 복잡하여 검사실시를 위해서는 고도의 훈련 및 기술이 요구되며 검사시간도 오래 걸린다는 단점이 있다. 이에 비해 집단지능검사는 여러 사람을 단시간에 검사할 수 있기 때문에 그 경제성이 장점인 반면, 검사장면에서 발생할 수 있는 여러 가지 오차요인을 통제하기 곤란하기 때문에 그 신뢰성이 떨어진다는 단점이 있다.

검사의 시행방법에 따라서는 지필검사와 동작검사로 나눌 수 있다. 대부분의 집단검사는 지필검사로서 이 방법을 사용하면 한꺼번에 여러 사람이 검사를 받을 수 있으며 검사의 채점도 비교적 용이하다. 반면에 도구를 사용하는 동작검사는 주로 개인검사에 많이 이용된다.

다음에 소개되는 검사 외에도 K-ABC, 종합인지기능 진단검사(CAS) 등도 있으나 여기서는 대표적인 검사인 Binet 지능검사, Stanford-Binet 지능검사, Wechsler 지능검사 그리고 집단지능검사를 소개하고 한국의 지능검사를 간략히 소개하겠다.

(1) 개인용 지능검사

① Binet 지능검사

1904년 Binet는 프랑스 정부의 요청을 받아 파리에 있는 초등학교 아동 중에서 지속적으로 교육적 지체를 보이는 저능 아동을 선별할 목적으로 지능검사 개발작업에 들어갔다. 1905년에 당시 동료인 Simon과 함께 Binet-Simon 척도를 제작하였다. 이것이 공식적인 지능검사의 효시가 된다. 1905년판 지능검사는 30개의 문항으로 구성되었으며, 문항을 문항내용에 따라 묶지 않고 난이도 수준에 따라 배열했다. 1908년 이를 연령수준별로 개정하였는데, 이것이 곧 Binet 검사에서 처음으로 도입된 정신연령(mental age)의 개념에 따른 것이다. 즉, Binet는 나이를 먹음에 따라 일반적으로 수반하게 되는 변화 정도를 보기 위해서 정신연령이라는 개념을 도입하여 이 정신연령(M.A.) 점수를 출생과 동시에 결정되는 생활연령(C.A.)과 비교함으로써 지적 능력을 알아보고자 시도했다. 그의 이 같은 정신연령과 생활연령의 비교는 지능검사 발전에 크게 기여하였다.

Binet 검사는 세계 각국에서 자기 나라 형편에 알맞는 형태로 개조되어 사용되고 있는데, 그중 가장 많이 알려지고 또 가장 많이 사용되는 것이 Stanford-Binet 검사다.

② Stanford-Binet 지능검사

최초 지능검사인 Binet-Simon 검사를 미국 문화권에 맞게 개정해 표준화한 것이 Stanford-Binet 지능검사다. 이것은 1916년 스탠퍼드 대학의 L. M. Terman 교수가 제작한 것으로 1,000명의 아동과 400명의 성인을 표본으로 하여 표준화해서 발행되었다. Binet-Simon 검사와 마찬가지로 연령수준에 따른 연령검사며, 처음으로 지능지수(IQ)의 개념을 실제 사용했다. 이 검사의 단점은 성인과 매우 어린 아동을 검사하는 데 부적당하며, 재검사를 실시하기 위한 제2형의 검사가 부족하다는 점이다.

1937년에 Terman과 그의 동료 Merill은 이 같은 단점을 보완하기 위해 1916년판을 개정하였다. 개정된 1937년판은 L형과 M형의 동형검사로 되어 있으며, 2세부터 5세까지는 6개월로, 6세부터 14세까지는 1년으로 구분된 연령검사로 측정집단의 연령 범위가 매우 커졌다. 또한 평균성인(average adult)과 3개의 성인상(成人上, superior adult I, II, III) 검사가 있다. Stanford-Binet 검사를 가지고 실시할 때, 검사자는 우선 기저연령(basal age)—모든 문항을 다 풀 수 있는 연령단계—에서 시작하여 천장연령(ceiling age)—차츰 위로 올라가면서 몇 문항씩 못 풀게 되다가 마지막에 한 문항도 풀지 못하는 단계—에 이를 때까지 검사가 계속된다. 정신연령의 계산은 각각의 하위검사를 통과하여 천장연령에 이를 때까지 받은 개월 수 점수를 기준연령에 가산함으로써 계산된다. 그런 다음 IQ는 일반 비율공식에 따라 계산된다.

1960년에 Miffin이 발행한 Stanford-Binet 검사 개정판은 1937년의 L형과 M형에

서 가장 적절한 최신 문항들로 구성하였다. 이전의 검사들과 같이 이 3판은 2세에서 성인까지 개인 지능을 측정하기 위한 검사다. 1960년 검사의 다른 변화는 편차 IQ에 대한 고려다. 이는 1916년판에서 사용한 IQ=(MA/CA)×100으로 표시되는 비율 IQ 개념의 모순을 극복하기 위해 도입된 것이다. 즉, IQ의 비율이 연령단위의 동등성의 요구조건을 만족시키지 못하기 때문이다. 더욱이 성인 피검사자들을 위한 MA/CA의 계산에서 분모로 어떤 생활연령이 사용되어야 하는지에 관한 질문에 만족스런 해답이 없기 때문에 성인에게 적용할 때 그것은 의미가 없다. 이 때문에 1960년 Standford-Binet 검사는 평균을 100으로 하고 표준편차를 16으로 하는 IQ 편차척도를 사용한다.

③ Wechsler 지능검사

Standford-Binet 검사는 성인수준에 필요한 하위검사가 포함되어 있지만 성인의 지능을 측정하기에는 결코 만족스럽지 못하다. 이에 1939년 뉴욕의 벨뷰 병원의 심리학자인 Wechsler는 성인용 지능검사를 개발했다. Wechsler는 1947년에 이 검사의 초판(Wechsler-Bellevue scale form I)에 두 번째 유형의 검사(Wechsler-Bellevue scale form II)를 첨가했다.

1955년에 Psychological Corporation 사에 의해 검사유형 I 이 Wechsler 성인지능검사(Wechsler Adult Intelligence Scale: WAIS)로 재표준화되어 발간되었다. 이 검사는 16~75세의 성인 지능을 측정하며, 6개의 언어검사와 각각 다른 유형의 과제들로 구성된 5개의 과제수행검사를 합해 모두 11개의 하위검사로 구성되었다. 하위검사 내의 문항들은 난이도 순서에 따라 배열되었고, 어느 특정 하위검사에 대한 검사는 피검사자가 연속해서 일정한 수의 문항들을 풀지 못할 때 중단된다. 채점의 기준은 각 하위검사마다 다르다. 11개의 WAIS 하위검사 각각에 대한 원점수는 평균을 10으로, 표준편차를 3으로 하는 표준점수 척도로 환산된다. 이 척도화된

K-WISC 지능검사

점수를 가산함으로써 세 가지 유형의 지능지수가 얻어진다. 6개의 언어검사 문제에서 척도화된 점수의 총합에 기초한 언어 IQ(verval IQ), 5개의 과제수행검사 문제에 대한 척도화된 점수의 총합에 근거한 수행 IQ(performance IQ), 그리고 모든 11개의 하위검사 문제에서 척도화된 점수의 총합에서 얻어진 전체 IQ(full scaled IQ)의 3개로 나누어진다. 이러한 것들이 평균을 100으로, 표준편차를 15로 하는 표준점수(standard score)치로 표현되는 것이 IQ편차다.

WAIS는 10~60세까지의 피검사자를 대상으로 하지만 근본적으로 성인의 지능을 측정하는 데 목적이 있었다. 그래서 7~16세의 아동을 대상으로 하는 검사를 1949년에 따로 제작했는데 그것이 WISC다. 현재 사용되고 있는 것은 1974년에 개정된 검사다.

WISC는 12개 하위검사로 구성되어 있으며 WAIS와 채점방법이 같다. 또한 4~6.5세 사이의 취학 전 아동을 대상으로 하는 WPPSI는 제작원리, 검사구성, IQ 산출방법 등이 WISC와 동일하다.

(2) 집단용 지능검사

앞에서 말한 바와 같이 개인지능검사가 개인의 정신능력, 정신결함 등을 보다 정밀하게 진단하려는 임상적 목적에서 출발했던 반면, 집단용 지능검사는 일시에 많은 피험자의 정신능력을 변별하기 위한 간편성, 경제성 때문에 발달되었다.

집단지능검사의 시초는 제1차 세계대전 중에 미국심리학회가 제작했던 군대 알파(Army-α) 검사와 군대 베타(Army-β) 검사를 들 수 있다. 검사의 측정내용은 대부분 Standford-Binet 검사, Wechsler 검사에서 다루어진 내용으로 언어, 수리, 추리 능력요인으로 구성되어 있다. 1940년 이전의 집단용 지능검사는 보통 여러 종류의 문항이 함께 섞여 있는 합승식이었는데, 1940년 이후 요인분석의 영향을 받아 각 하위검사마다 동질적인 문항으로 구성되도록 따로 제작하는 것이 최근의 경향이다.

집단지능검사의 종류는 매우 다양해서 일일이 언급하기도 어려울 정도다. 여기서는 미국의 Kuhlman-Anderson 지능검사와 AGCT 검사(Army General Classification Test, 군대일반분류검사) 그리고 한국의 지능검사를 간략히 살펴보겠다.

Kuhlman-Anderson 지능검사는 9개의 검사 시리즈(K, A, B, …… G, H)로 구성

되어 있어서 각 피험자는 자기 능력에 적당한 시리즈를 택해 검사를 받으면 된다. 예를 들면, K(유치원)는 1~10까지의 소검사, A(1학년)는 4~13까지의 소검사, 이런 식으로 해서 H(9~12학년)까지의 39개 소검사로 구성되어 있다.

군대 α와 β 검사가 제1차세계대전 중 전쟁 수행의 목적을 위해 제작된 검사인 것과 같이 AGCT는 제2차세계대전 중에 군인의 선발과 배치를 위해 제작된 지능검사다. AGCT는 1945년 종전과 함께 개정판이 나오자 초기판은 일반용으로 사용하도록 했다. 이 검사의 문항은 언어, 수리, 공간 능력요인으로 구성되어 있으며, 요인분석의 영향을 받아 각 요인의 문항이 같은 비율로 섞여 있다.

우리나라에서 제작된 최초의 지능검사는 정범모(1955)의 간편지능검사다. 그 다음 해 일반지능검사 I, II, III이 정범모에 의해 제작되어 현재까지 사용되고 있다. 간편지능검사(중 · 고등학교용)와 일반지능검사(초등학교용)는 일반지능검사라는 명칭으로 초등학교 상급용, 중학교용, 고등학교용 A, B형으로 개정되었다. 이 일반지능검사는 개인의 일반지능을 추정하려는 검사로서 5개의 소검사—어휘적용, 언어추리, 산수추리, 수열추리, 도형추리—로 구성된 필답식 집단지능검사다.

지능진단검사 가, 나(이상로, 1967)는 Thurstone의 지능구조설에 입각하여 7개의 하위검사—지각속도, 공간지각, 추리력, 수리력, 기억력, 언어개념, 언어유창성—로 구성되었다. 1975년에는 개정판이 나왔는데 재표준화 과정에서 수리력 검사를 20문항으로 줄였고 언어유창성 검사를 제외했다. 이 검사는 필답식 집단기능검사이나 개인검사로도 사용할 수 있다.

황정규와 김순택이 제작한 지능종합검사(중학교용, 고등학교용)는 Thurstone의 지능 다요인설을 바탕으로 구성된 필답식 집단용 지능검사다. 지능종합검사는 크게 4개의 소검사(각 소검사마다 각기 측정하여 종합하도록 되어 있다)—언어, 수리, 공간, 추리요인—로 구성되어 있으며, 각 소검사는 2~3개의 하위요인을 포괄하도록 되어 있다. 객관식 선다형이며 각 문항마다 답지가 5개씩으로 되어 있는 점이 특징이다.

이외에도 표준지능검사(임의도), KIT-A 지능검사(한국행동과학연구소) 등이 있다.

그러나 인지능력검사(CAT), 초등학교 및 대학 능력검사(SCAT)와 같은 종류의 특수목적용 집단지능검사, 다양한 목적의 비언어성 검사, 지체부자유자를 위한 지능검사 등은 아직 개발되지 않은 실정이다.

13장 교육평가

1. 교육평가의 개념
2. 인간규정의 시각
3. 교육개선을 위한 시각
4. 교육평가의 가치와 의미
5. 평가의 유형
6. 평가문항의 제작
7. 문항의 양호도

제13장 교육평가

학습목표

1. 교육평가의 개념과 교육과정에서의 가치를 이해한다.
2. 평가유형의 다양성과 각 특징을 이해한다.
3. 문항양호도의 개념과 접근방법들을 이해한다.

학습내용

1. 교육평가의 가치와 의미를 이해한다.
2. 규준지향평가와 목표지향평가의 차이를 이해한다.
3. 진단평가, 형성평가, 종합평가의 차이를 이해한다.
4. 다양한 평가문항의 특성을 이해한다.

주요개념

시험	고사	측정	평가	규준지향평가
목표지향평가	진단평가	형성평가	종합평가	선택형
서답형	문항제작	문항난이도	문항변별도	

학습개요

교육평가는 학생을 성공과 실패로 유목화하는 역할과 교수 및 학습을 개선하고 학생의 학습에 도움을 주는 것으로 보려는 시각이 있다(Bloom, 1968; Cronbach, 1963; Scriven, 1967). 이 두 입장이 어떻게 조화되어 학교학습에 교육평가가 투입되느냐에 따라서 교육평가는 그 의미를 더할 수 있으리라 본다.

교육평가에서 사용되는 비슷한 용어로는 시험, 고사, 검사, 측정, 평가, 형성평가, 총합평가, 총평 등이 있다.

이들 용어는 교육평가라는 학문 테두리 내의 곳곳에서 사용되고 있다. 그 이유는 이들 용어들이 각각 그대로의 독특한 뜻을 내포하고 있기 때문이다. 그래서 어디에다 강조를 두느냐에 따라 이들 용어를 가려 쓰는 것이 타당하다고 본다.

교육평가의 역할과 기능으로는, 첫째로 평가의 준거에 따른 평가의 기능으로 규준지향평가와 목표지향평가, 둘째로 평가의 목적에 따라 진단평가, 형성평가, 총합평가를 살펴보고자 한다. 나아가 평가문항의 제작과 그 타당성과 신뢰성을 생각해 볼 것이다.

1. 교육평가의 개념

교육은 일련의 학습과제를 학생이 차례로 성취해 나가는 것으로 본다. 그러므로 교육에는 교육과정, 계열화된 학습과제 그리고 학생이라는 세 가지 요소가 있다. 평가는 일반적으로 점수를 매기고 판정하며, 학생을 성공과 실패 집단으로 유목화하는 것으로 생각해 왔다.

이와 같이 학생을 성공과 실패로 유목화한 결과, 성공집단은 계속해서 성공함으로써 바람직한 학생, 능력 있는 학생이라는 생각을 갖게 되는 반면, 실패집단은 계속해서 실패함으로써 바람직하지 않은 인간, 쓸모없는 인간으로 생각해 버린다. 즉, 실패집단은 부정적인 자아개념을 형성하게 된다(Stringer & Glidewell, 1967).

한편, 교육평가를 교수 및 학습을 개선하고 학생의 학습에 도움을 주는 것으로 보려는 시각도 있다(Bloom, 1968; Cronbach, 1963; Scriven, 1967). 교육평가의 기본 목적이 성공한 학생, 실패한 학생 등으로 판정하는 것에 있다면 평가는 교수 및 학습과정과 관련 없는 활동이 된다. 교수-학습과정에 도움을 주어 학생의 학교학습에 도움을 주고자 하는 것이 교육평가가 지향하는 방향이다. 즉, 교육평가란 교수 프로그램에 관한 의의결정을 하기 위해서 학습자의 행동 변화 및 학습과정에 관한 정보를 수집하고 이용하여 교육적 의사결정을 내리는 데 도움을 주거나, 혹은 의사결정을 위해서 논의한 교육평가에 대한 두 가지의 접근은 그 나름대로의 가치가 있을 수 있다. 학생이 현재 어떤 위치에 있느냐에 대한 판정이 평가의 중요한 목적 중 하나라는 입장은 그 나름대로 학습 결과의 평가에 대한 정보를 부여한다는 데 의미가 있을 수 있다. 한편으로 평가는 학생의 학습활동을 극대화시키는 정보를 부여한다는 의미에서 보는 입장이 있는데, 여기에서 교육평가는 학생의 학습을 극대화시키는 교육활동의 하나로 볼 수 있는 것이다. 이 두 입장이 어떻게 조화되어서 학교학습에 교육평가가 투입되느냐에 따라 교육평가는 그 의미를 더할 수 있으리라 본다.

2. 인간규정의 시각

교육평가에서 수량화 방법을 도입하고 있는 것은 평가방법의 과학화를 위하여 바람직한 현상이라 하겠으나, 인간의 행동을 수량화한다는 것은 자연과학처럼 명확하고 절대적인 의미를 지니지는 않는다. 자연과학에서 50cm나 50kg이라는 측정치는 절대적인 의미를 지니고 있지만 국어 점수 50점, 산수 점수 50점이란 아무런 의미도 절대성도 없다.

사람은 수량화된 결과에 대해서는 무조건 믿어 버리려 한다. 수치로 표시된 것은 과학적이고 정확하다는 타성에 젖어 버렸기 때문이다.

교육평가의 결과는 지나치게 수량화에만 급급하여 모든 평가 결과는 점수와 등수로 귀결되고 있다. 물론 교육평가의 결과를 엄밀한 통계적인 처리를 거쳐 수량화하는 것도 의미 있으나, 인간이 지니고 있는 능력의 특성 중에는 수량화할 수 없는 것이 너무나 많기 때문에 수량화 일변도의 평가는 지양되어야 한다.

지금까지는 시험 치고, 점수 매기고, 그 결과에 따라 등수를 결정하여 우등생과 열등생으로 분류하는 것이 교육평가의 전부인 것처럼 생각하였다. 그러나 성공군과 실패군으로 분류하는 유목화는 학습 효과의 측면과 정의적 측면에서 문제가 있다. 성공군은 능력 있고 위대한 사람으로 과신해서 오만한 인간성이 조장되며, 실패군은 열등감과 패배의식에 사로잡혀 학습의욕을 상실하고 결국 부정적인 자아개념이 형성되어 정의적인 면에 결정적인 결함을 갖게 된다.

유목화하는 평가는 평가의 결과로 나타나는 '인간규정의 평가관' 이 문제다. 학업성적이 우수하다고 해서 인간성 자체도 부지런하다고 판정하거나 학업성적이 열등한 학생은 모든 면에서 게으르다는 성급한 규정은 중대한 오류다.

인간규정의 평가관에서 탈피하는 길만이 올바른 교육평가관을 정립하는 첩경임을 재차 강조해 둔다.

3. 교육개선을 위한 시각

교육평가가 존재하는 이유는 학생의 유목화보다 더 적극적이고 역동적인 기능이 있기 때문이다. 그것은 교육평가가 교육개선과 직결되어야 한다는 시각에서 나온다.

첫째로 교육평가의 주된 기능은 목표를 설정해 놓고 그 목표의 달성을 위해서 여러 가지 교육적 방법을 동원하고 활동을 전개해서 얻어진 교육적 성과를 평가해 내는 데 있다. 따라서 교육평가는 항상 교육목표와 함께 하는 함수관계에 있다.

교육목표는 교육평가의 준거다. 그래서 교육목표는 무엇을 지향하고 있는지 명확하게 정의되어야 하며, 교육목표가 지향하고 있는 바를 꾸준히 그리고 성실하게 추구해 나가는 것이 바람직한 교육평가관이다.

둘째로 교육평가의 목적은 교수 및 학습 방법을 개선하는 데 필요한 증거를 수집하고 조작하는 데 있다. 따라서 교육평가는 교수-학습이 진행되고 있는 각 단계에서 그 과정이 효과적으로 움직이고 있는지를 점검하여 비효율적일 경우에는 교수-학습방법의 개선을 위해서 어떤 조치를 취해야 할 것인가를 결정짓는 질적 관리의 체제다.

결론적으로 다시 한 번 강조하면 교육평가를 하는 데 있어, 시험을 치고 점수를 매겨서 서열을 정하고, 판정을 내려서 분류하는 수량화, 유목화의 인간규정의 평가관 속에 안주하는 정적인 활동에 머물지 말고, 보다 적극적이고 동적인 활동을 하여 교육개선에 직결되는 평가관을 정립해야 할 것이다.

4. 교육평가의 가치와 의미

교육이 존속하는 한 평가는 그 형태가 어떻든 간에 부단히 계속되고 있는 것이다. 그래서 영어의 evaluation이란 말의 어간 value는 바로 가치라는 뜻이며, 우리말의 평가라는 말도 그런 뜻을 지니고 있다.

원래 교육은 목적이 있고 계획이 따르는 일로 가치와 이상을 지향하고 있다. 이 반성이 바로 가치추구 '평가'의 심적 작용이라 할 수 있다. 더욱이 교육이 학문으로 다루어진 근래에 이르러서는 교육학이 과학적으로나 전문적으로 분화됨에 따라 교육의 과정에 있어서 교육평가가 중요한 역할을 한다는 것을 알게 되었다. 그 첫째가는 이유는 교육평가가 교육의 가치 있는 목적, 내용, 방법, 즉 교육의 과정 전반에 걸쳐 개선을 위한 선구적 안내의 역할을 하기 때문이다.

다음으로 교육평가에서 사용되는 비슷한 용어로는 시험, 고사, 검사, 측정, 평가, 형성평가, 총합평가, 총평 등이 있다.

이들 용어는 교육평가라는 학문 테두리 내의 곳곳에서 사용되고 있다. 그 이유는 이들 용어들이 각각 그대로의 독특한 뜻을 내포하고 있기 때문이다. 그래서 어디에다 강조를 두느냐에 따라 이들 용어를 가려 쓰는 것이 타당하다고 본다(김옥환, 권오일, 1981).

- 시험: 이 말은 교육평가사상 가장 흔히 쓰이고, 선행되어 쓰여 내려오고 있는 것으로, 교육평가를 하나의 학문적 체계로 받아들이기 이전부터 우리의 귀에 제일 먼저 익은 말이다. 따라서 시험이라고 하면 세대 간의 격차 없이 노소를 막론하고 평가 테두리 안에서 통용되고 있는 말이다.

  그런데 이 용어는 어딘가 모르게 교수조건의 필답시험에 중점을 두어 생각하게 한다. 과거 우리나라의 과거제도도 일종의 시험으로 보았고, 이를 주관하여 실시하는 사람을 시관이라 불렀다. 따라서 이 용어는 광범한 교육평가체제에서 볼 때 극히 전통적으로 필답시험에 한정된 범위 내에서 사용되어 내려오는 말이라 할 수 있다.
- 고사: 이 말도 시험이란 용어와 근본적 차이는 없는 것 같다. 이는 시험이란 용어 이후에 쓰이고 있는 말이다. 월별고사니 모의고사니 하면서 흔히 학교사회에서 쓰고 있으며, 특히 총합평가의 경우에 많이 쓰이고 있다. 그러나 이 말도 교사제작이란 점과 대개 집필시험에 한정되어 쓰이고 있는 것은 위에서 말한 시험 개념과 동일하다.
- 검사: 이 말은 위의 두 용어에 비하면 훨씬 나중에 쓰인 말이다. 이는 측정운동이 왕성했던 20세기 초반기의 산물이다. 측정시대라고 볼 수 있었던 1920년대

에서 1940년까지는 검사가 홍수처럼 쏟아졌으며 테스트 제일주의를 부르짖은 시대다. 우리나라는 뒤늦게 1955년부터 이 테스트 제작의 바람이 불기 시작하여 오늘에 이른 것이다. 이때부터 검사란 말이 우리 교육계에서 본격적으로 쓰인 것 같다. 소위 표준화 검사의 제작활용부터라고 볼 수 있다.

위에서 말한 시험, 검사에서 뜻하는 소위 교사제작 검사 및 각종 교육 및 심리 표준화 검사까지를 검사라는 용어로 포괄적으로 써도 좋다고 본다. 이 세 가지 용어는 비슷한 개념과 의미를 가지고 있다. 다만 발달사적인 입장에서 볼 때 약간 강조되는 측면이 다를 뿐이다.

그런데 시험, 고사, 검사의 세 용어는 어디까지나 평가과정에서 볼 때 교육목표의 달성도를 알기 위하여 행동증거를 수집하는 도구라는 의미를 넘어서 쓸 수는 없다. 어디까지나 측정하기 위하여 구체적으로 어떤 형태든 제작되어 있는 도구 혹은 기구에다 초점을 두고 있는 의미라는 것을 생각해야 할 것이다.

• 측정: 측정이란 교육평가의 학술용어가 채택된 것은 Thorndike를 비롯한 교육측정운동자들에 의해서다. 물론 이전에도 Cattell이 1890년에 'Mental Test and Measurement' 라는 말을 쓴 적이 있지만, 측정의 구체적 방법으로서 도구 · 개발을 비롯한 본격적인 운동은 20세기 초엽부터다. Thorndike는 1904년에 측정론에 관한 입문서를 내놓았으며, 1918년에는 측정운동의 대명제가 되는 논문도 발표하였다. 그래서 그들은 객관적이고 공정하고 정확하고 총괄성 있는 평가방법을 발전시켰던 것이다.

평가하기 위하여 마련한 도구인 각종 검사로 구체적인 행동 변화의 증거를 수집하려면 어차피 측정활동이란 불가피한 것이다. 이때 측정에는 객관, 정확, 엄밀성이 따르게 된다.

측정운동자들이 공통적으로 요구했던 것은 '표준화' 다. 따라서 각종 검사도 표준화하는 것이 커다란 일이었고, 그 검사가 측정하려는 인간의 특성마저 표준화해 이것을 규준 삼아 양적인 해석을 하는 것이었다.

측정에서는 학습이 진행되고 있는 과정이나 바람직한 교육목표를 지향하는 가치관에는 별로 큰 관심을 돌리지 않는다. 그래서 오차 없는 정확성, 믿을 만하고 객관성 있는 측정에 관심이 있다.

• 평가: 평가라는 용어는 1934년 R. W. Tyler부터 시작된다. 그는 당시의 8년 연구를 계기로 측정은 단지 측정 그 자체만 강조한 나머지 가치 있는 교육목표를 지향한 측정이 아니었다고 비판한다. 즉, 무엇을 위한 측정인가가 불확실하다는 것이다. 그래서 '평가' 라는 용어를 사용하면서부터는 가치 있는 교육목표관에 입각한 학습자들의 성장발달과 행동변화에 중점을 두고 사용되고 있는 것이다.

그렇기 때문에 평가는 검사(시험, 고사)도구와 측정의 활동이라는 모든 선행과정에서 얻은 정보를 기초로 하여 이루어지는 것이다. 이런 뜻에서 평가는 포괄성을 갖는다.

그래서 오늘에 이르기까지 평가에서 강조해 온 것은 교수목표에서 구체적으로 분류 · 분석해 놓은 행동상에 학습자의 행동이 실제적으로 얼마나 변화되어 목표에 도달되었느냐는 것이다. 그리고 측정에서는 객관성, 신뢰성, 정확성 등을 문제 삼았지만 평가에서는 내용 타당도에 초점을 둔다.

5. 평가의 유형

이 절에서는 첫째로 평가의 준거에 따른 평가의 기능으로 규준지향평가와 목표지향평가를 살펴본 후, 둘째로 평가의 목적에 따라 진단평가, 형성평가 그리고 총합평가를 살펴보고자 한다.

1) 규준지향평가와 목표지향평가

(1) 규준지향평가

규준지향평가는 집단 내의 개인을 집단 속의 어떤 규준과 비교하여 그 상대적 위치를 밝혀 보는 데 의의가 있다. 학생의 성적수준을 그가 속해 있거나 혹은 그가 속해 있지 않더라도 비교가 되는 집단의 규준에 비추어 보고 상대적 서열에 따라 판단하여 평가하는 것이다.

따라서 규준지향평가에서 평점은 개인의 어떤 행동 특성의 상대적 위치를 표시하는 구실을 맡게 된다. 그래서 상대적 평가는 규준에 의한 평가(norm-referenced evaluation)다.

예컨대, 어떤 학생 개인의 능력으로는 그런대로 성공적인 결과를 얻었다 해도 다른 학생과 비교할 때 뒤떨어져 있는 것이라면 양이나 가라고 평가된다. 지능이나 학력과 같은 표준화 검사의 기준에 따른 지수나 표준점수, 백분위 점수도 상대적 평가의 입장에 선 방식이다. 그래서 이 평가의 기준은 한 개인이 '무엇을 얼마나 성취했느냐'가 아니라 한 개인이 다른 학생들에 비해서 '얼마나 잘했느냐 못했느냐'이다.

이 평가방법의 장점은, 첫째, 그 학급, 그 학교 안에서는 극히 객관적으로 평가할 수 있으며 교사의 주관에 따른 편견이 없다. 둘째, 각 평점이 나타내고 있는 가치의 정도와 각 학생들이 집단 내에서 차지하는 상대적 위치가 명확하다. 셋째, 평가나 해석은 타인과 비교해 본 후에야 잘 이해가 된다.

그리고 단점으로는, 첫째, 지능, 성격, 환경이나 여러 조건 등의 개인적 사정은 무시하고 결과만 상대적으로 평가하므로 개성이 소홀히 여겨질 염려가 있다. 둘째, 비상하게 노력을 하였다 해도 전 집단이 같이 향상되었다면 상대적 평가에서는 그 내용과 상태가 표시되지 않는다. 따라서 성적이 원래부터 열등한 학생은 결국 자포자기에 빠지기 쉬운 경향을 가진다. 셋째, 우수한 학급에서도 양, 가의 평점을 일정한 학생 수만큼 내어야 하며, 실력이 낮은 학급에서도 정해진 만큼의 수, 우를 내어야 한다.

규준지향평가의 검사는 대개 백점만점, 등위점수, 백분위 점수나 표준점수의 방법을 이용하고 있다.

(2) 목표지향평가

목표지향평가는 학생이 무엇을 성취했느냐에 관심이 있다. 이는 다른 학생과 상대적으로 비교하는 것이 아니라 교육 또는 교수 목표에 비추어 평가하는 것이다. 그래서 이를 목표에 의한 평가(criterion-referenced evaluation)라고 한다. 절대적 평가법을 택하는 검사는 학생들이 무엇을 할 수 있는지 없는지에 관한 정보를 제공해 준다. 이 평가에서는 학생의 성취를 확인해 주고 해석하고 그에 관한 의사결정을 내리는 평가의 전체 과정이 교육목표에 있다. 즉, 다른 학생이 무엇을 성취했든 상관하지 않고 교육목표를 학생이 얼마나 달성하느냐에 관심이 있다.

예컨대, 어떤 학생이 한 차원의 내용을 100% 잘 알았다고 평가되면 다음 차원으로 나갈 수 있다. 그러나 만약 70%의 정답밖에 못했다고 하면 현재 차원의 내용을 모두 습득하지 못하였으므로 다음 차원으로 넘어갈 것이 아니라 현재의 것을 충분히 보충해야 하는 것이다. 이때의 평가는 절대평가다.

따라서 목표지향평가는 학기말 또는 학기 중간과 같은 특정한 시기에만 실시하는 것이 아니라 학생들의 도입행동 또는 종국행동을 알아보려고 할 때 언제나 실시해야 한다. 목표지향평가를 위한 검사는 백분율로 표시되는 것이 보통이다

(3) 규준지향평가와 목표지향평가의 비교

규준지향평가는 학습 결과의 우열을 판정하며, 목표지향평가는 목표도달 정도를 검토하는 것이 주목적이다. 교육성과로서 교육목적 달성도를 확인한다는 점에서는 규준지향 평가법이 논리상 그 목적에 맞지 않으며, 목표지향 평가법이 오히려 합목적적인 것 같다. 이런 면에서 근래에 와서는 오랫동안 실시해 온 상대적 평가가 비판되고 있다.

목표지향평가로 전환하는 일이 절실하다 해도 그 자체가 규준지향평가의 모든 장점을 보완할 수도 없는 일이다. 또 현재의 평가방법이 거의 전적으로 상대적 비교를 목적으로 하는 측정론적 입장에서 발달되어 온 것이므로 상대평가에서 절대평가로 이행하는 데는 많은 이론적 · 기술적 난관이 있음을 생각해야 할 것이다(김호권, 1969).

2) 교육평가의 목적

(1) 진단평가(diagnosis evaluation)

학생이 지니고 있는 특성, 그들의 과거 학습의 정도, 준비도, 흥미, 동기상태 등 교수-학습활동이 시작되기 이전의 초기상태에 관한 진단이 교수의 효율화와 학습의 능률을 향상시키기 위해서 중요한 역할을 한다.

이와 같은 초기상태의 진단평가에 관하여 설명하고자 한다(황정규, 1984).

첫째, 교수가 시작되기 이전에 실시하는 진단평가는 학생이 학습을 시작하기 전에

어떤 단계에 놓여 있는가를 보여 준다. 이 목적을 위한 진단은 대개 세 가지 형태로 나누어 볼 수 있다. 첫째는 계획된 학습단위의 목표를 성취하는 데 선행조건이 된다고 추측되는 시발행동을 학생이 소유하고 있는가 없는가를 결정하는 것이다. 둘째는 주어진 학습단위 혹은 과정의 목표를 학생이 이미 통달했는지, 그럼으로써 보다 높은 수준의 학습 프로그램을 제공해야 할지 어떠한지를 결정하려는 것이다. 셋째는 학생이 지니고 있는 어떤 특성, 예컨대 흥미 · 성격 · 직업 · 적성 · 선행학습사 등에 비추어 분류하고 그에 따라 적절한 교수전략이나 교수방법의 대안을 제공하려는 것이다.

둘째, 교수가 진행 중일 때 실시하는 평가로 그 주된 기능은 학생이 계속 학습에서 결함을 나타낼 때 그 원인과 환경을 진단하려는 것이다. 형성평가도 물론 학습 도중의 학습결함을 진단하는 기능을 갖고 있다. 그러나 형성평가는 학습목표와 관련해서 교수방법 및 교재 자체를 개선하여 학습을 개선시키려는 것인 데 반해, 진단평가는 신체적 · 정서적 · 문화적 환경결함을 찾으려는 목적을 가진다는 점에서 차이가 있다. 달리 표현하면, 형성평가는 표적집단이 다른 결함이 없다는 것을 가정하고 그 가정 위에서 교수전략 및 교재를 개선하면 학생이 학습에서 성공할 수 있으리라는 것이 밑받침이 되고 있다. 그러나 진단평가는 이러한 개선으로는 교정되지 않는, 보다 교수 외적인 결함을 진단하려는 것이다.

평가의 유형 중 진단평가, 형성평가, 총합평가의 특징들을 비교해 보면 〈표 13-1〉과 같다(황정규, 1974).

(2) 형성평가

형성평가는 교수-학습이 진행 중일 때 하는 평가다. 그래서 이 평가의 결과는 학습자 개인의 학습 속도를 조정하고 학습의 혼란이 무엇인지를 진단하는 역할을 한다. 그 결과 새로운 교수-학습 전략을 모색하는 데 도움을 준다.

그러므로 형성평가는 교수와 학생에게 도움을 주며 또 그들도 이를 환영한다. 이와 같은 형성평가는 학습 및 교수가 진행되고 있고 유동적인 상태에 있을 때 학생에게 송환 효과를 주기 위해 실시하는 활동이다.

즉, 형성평가는 학생의 학습을 증진시키기 위한 목적뿐 아니라 그에 이어서 교수

<표 13-1> 진단평가, 형성평가, 총합평가의 비교(황정규, 1998)

	진단평가	형성평가	총합평가
기능	배치: 선행 기능의 보유상태 결정 • 학습 전 성취수준의 결정 • 교수방법의 대답에 관련된 특성에 따른 학생의 분류 • 계속되는 학습곤란의 원인 결정	• 학습단위에 관련된 학생의 진보상태를 교사, 학생에게 피드백 • 학습단위의 구조에 따라 오류를 확인함으로써 교정, 교수방법의 대안을 제시	• 학습단위, 학기, 학년의 종류에 학생성적의 판정 및 자격 부여
시간	• 학습시초, 학기, 학년의 시초에 배치를 위하여 • 정상수업으로는 학생이 계속해서 도움을 못 받을 때 수업 도중에	• 수업 도중에	• 학습단위, 학기, 학년의 끝에
평가에서 강조점	• 지적, 정의적, 심리운동적 행동 • 신체적, 환경적, 심리적 요인	• 지적 행동	• 일반적으로 지적 행동, 교과에 따라 심리적 행동, 때때로 정의적 행동
검사도구의 형태	• 사전검사를 위해서 형성 및 총합 평가의 도구 • 표준화 학력검사 • 표준화 진단검사 • 교사제작의 평가도구 관찰 및 체크리스트	• 학습목표에 맞게 특별히 고안된 형성평가 도구	• 종말 혹은 총합평가 도구
교육목표의 표본방법	• 각 선행 기능 행동의 구체적 표본 • 비중을 둔 교과목표의 표본 • 특별한 교수형태에 관계 있다고 생각되는 학생변인의 표본 • 신체적, 정서적, 환경적으로 관련된 행동의 표본	• 학습단위의 위계에 포함된 모든 관련 있는 과제의 구체적 표본	• 비중을 둔 교과목표의 표본
문항난이도	• 선행 기능 및 능력의 진단: 대부분 쉬운 문항. 65% 이상의 난이도	• 미리 구체화할 수 없음	• 평균 난이도가 35~70%이고 대단히 쉬운 문항, 대단히 어려운 문항도 포함
채점	• 규준지향 및 목표지향 겸용	• 목표지향	• 일반적으로 규준지향이나 목표지향도 사용
점수의 보고방법	• 하위기능별의 개인 프로파일	• 학습위배에 포함된 각 과제에 대한 급락의 개인 점수 유형	• 목표에 비추어 본 총점 혹은 하위점수

방법을 개선하고 교육과정에 어떤 개선을 가져오려고 실시하는 것이다. 또한 학습이 형성되고 있는 시기에 실시하는 평가이기 때문에 학습증진의 극대화를 불러오는 것이 그 목적이다.

이와 같은 형성평가의 중요한 역할은 다음과 같다(황정규, 1984).

첫째, 형성평가는 각 학생이 자신의 학습보조를 자기의 학습능력에 맞추어 나가는 데 중요한 역할을 한다. 이 방법은 학습보조의 개별화를 부여한다. 형성평가는 하나의 학습단위를 학습하는 도중에 여러 번 실시할 수 있고, 학생들 각자 자기의 학습보조를 적절히 개별화하는 데 도움을 준다. 각 학생은 학습과제를 거쳐 가는 도중에 자기의 시간이나 노력을 여러 면에 투입할 것을 강요받는다. 이 경우 학생은 어려운 학습문제에는 시간과 노력을 들이고, 그렇지 않은 학습문제에는 시간과 노력을 덜 들인다. 특히, 고도로 계열화되어 있는 학습단위에서는 이것을 완전히 학습하기 위해 계열화되어 있는 학습과제를 차례로 학습해야 할 일이 무엇보다도 중요하다. 이 같은 경우, 각 독립된 학습단위를 학습한 직후에 형성평가를 실시하면 학생으로 하여금 적시에 적당한 노력을 투입하게 하는 동기가 된다(황정규, 1974).

둘째, 형성평가의 주된 목적의 하나가 교수–학생 과정의 각 단계에서 학생에게 피드백을 주고 교정해 주려는 데 있다. 주어진 형성평가에서 좋은 성취를 보이는 학생은 형성평가의 결과 하나만으로도 강화를 받았다고 본다. 이같이 각 학습단위에서의 성공은 곧 정적 강화를 주기 때문에 학생에게 중요한 강화 효과를 준다. 더욱이 형성평가의 빈도가 잦아서 계속 여러 번 실시할 경우, 형성평가에서 계속 좋은 성취를 보이는 학생은 누적적 성공 경험을 갖게 되고, 이것이 결국 긍정적 자아개념의 형성에도 영향을 미치게 된다.

이에 관련해서 보면 학습단위의 초기에 실시되는 형성평가는 중기나 후기에 실시되는 형성평가보다 중요하다. 만약 학습단위의 초기에서 실패하면 그 결함이 계속 누적되어 중기 및 말기의 학습에서도 실패할 가능성이 있다. 그러므로 가능하면 초기단계에서 형성평가를 자주 하도록 함으로써 초기의 학습단위에서 학생이 실패한 것에 대한 정확한 정보를 학생에게 주며, 다시 학습할 수 있는 기회를 제공하여 형성평가를 통해 정적 강화를 줄 필요가 있다. 학습의 초기에서 맛보는 실패는 곧 그 다음의 실패를 예언할 뿐 아니라 자아개념조차도 부정적으로 발달시킬 가능성이 있기 때문이다.

셋째, 형성평가를 통해 학생이 필요로 하는 정보는 단지 한 학습단위에서 성공했느냐 실패했느냐의 정보뿐 아니라 실패했다면 실패한 원인에 관한 정보를 제공해 주는 것이다. 다시 말해, 이는 학습곤란의 진단이다.

어떤 내용의 어떤 행동에서 자기가 실패했다는 것을 안다는 것은 곧 그것을 다시 학습할 경우 중요한 강화의 효과가 된다. 단지 어느 문제에서 실패했다는 것을 밝혀 주는 정보만으로도 피드백의 효과는 충분히 있다고 할 수 있겠으나, 그 실패문항(혹은 학습요소)에 대하여 그렇게 된 원인을 밝혀 주면 그 효과는 훨씬 상승할 것이다. 그러므로 이상적으로 말하면, 형성평가의 각 문항이 갖추어야 할 요건은 ① 성공 · 실패의 정보, ② 실패의 원인을 시사하는 정보, ③ 실패를 만회하고 재학습하는 데 필요한 학습자료의 정보다.

넷째, 형성평가의 결과는 학생의 학습에 도움을 주기 위해 활용될 뿐 아니라 교사의 교수방법 개선에도 크게 이바지한다.

어떤 학습이든지 그 성과를 증진시키기 위해서는 형성평가 후에 어떤 방법으로든 학습에서의 곤란을 확인하고 교정해 주는 교수가 투입되어야 하는 것이다.

(3) 총합평가

총합평가는 일련의 학습과제, 단위, 교과가 끝난 다음이나 기말, 연말에 총합적으로 교육목표의 달성 정도를 평가하려는 것이다. 형성평가가 과정 중의 평가인 것에 비하여 총합평가는 과정종료 후에 실시한다는 데 그 차이가 있다.

총합평가는 학습을 통해서 의도하는 교육목표의 종합적 성취에 관심을 가진다. 형성평가는 세분된 선행 기능 및 지식을 평가하려는 것이며, 총합평가는 보다 일반화되고 광범위한 목표를 평가하려는 것이다.

총합평가의 역할은 다음과 같다(황정규, 1984).

첫째, 초등학교부터 대학에 이르기까지 총합평가의 가장 중요한 용도는 학생의 성취 정도를 알기 위한 판정이다. 판정의 목적은 각 학생의 학습 정도나 수준에 의거해서 학생 사이의 상대적 위치를 결정하려는 데 있다. 따라서 총합평가의 도구는 될 수 있는 대로 각 학생의 학습 정도를 변별할 수 있고 학생의 개인차를 정확히 이해할 수 있어야 한다. 문항을 제작 · 선택할 때도 이 목적에 부합되도록 해야 한다. 이때 사용되는 준거는 문항난이도와 문항변별도다.

둘째, 총합평가의 목적 중 하나는 학생이 어떤 기능이나 능력, 지식에서 요구하는 정도의 자격이 있는지 없는지를 인정하기 위한 판단에 있다. 다시 말해 이는 자격인정이다. 각종 고등학교, 전문학교, 기술학교, 대학교의 경우에는 이것이 주된 목적의 하나다. 또한 초등학교나 중학교에서도 각 과목의 내용과 행동별로 어느 정도의 능력을 갖고 있는지를 판단해야 할 필요가 있다. 이와 같은 경우에 총합평가의 결과는 크게 도움이 된다.

셋째, 다음 과정에서의 성공예언이다. 즉, 총합평가의 결과는 다음 학습과정의 학습에서 학생이 성공할 수 있느냐를 예언하는 데 중요한 역할을 한다. 중학교 2, 3학년의 수학 성적은 곧 고등학교의 대수나 미적분 성적을 예언하며, 초등학교의 사회생활 성적은 중학교에서의 사회생활 능력을 예언한다. 이와 같은 예언에는 두 가지 가정이 포함된다. 하나는 전자의 성적과 후자의 성적 사이에 경험적으로 서로 밀접한 관련이 있다는 것이고, 다른 하나는 후속해서 학습하는 교과의 내용, 방법 그리고 학생이 변화하지 않는다는 것이다.

넷째, 학년말에 실시하는 총합평가의 결과는 다음 학년의 수업이 시작될 때 각 학생 혹은 학급의 학생을 어느 정도의 수준에서 교수해야 할 것인지를 결정하는 데 도움을 준다. 만약 전체 학생의 상당수가 전 학년의 교과목을 제대로 성취하지 못한 것으로 드러나면 다음 학년에서는 그 수준에 맞추어 교수해야 할 것이며, 혹은 수준에 도달했거나 수준 이상으로 넘어선 학생이 있다면 그들 각자에게 적절한 학습수준에서 출발시키는 것이 교수 효과를 위해 바람직한 계획이다. 총합평가의 결과는 이 같은 목적에 활용할 수 있으며, 이런 점에서 보면 형성평가의 역할과 다를 바 없다.

다섯째, 학생 각자의 학습진도가 어느 정도 이루어지고 있느냐는 정보를 학생에게 알려 주는 것은 형성평가의 주된 목적이었다. 총합평가도 필요에 따라 이 같은 목적을 위해 활용할 수 있다. 교과목을 학습하는 도중에 비교적 넓은 분야에 걸친 총합평가를 몇 번 실시하거나, 교과목을 학습한 후 실시해서 그 결과를 학생에게 통지하는 것은 학생에게 자기 진보의 수준을 알려 줌으로써 피드백의 효과를 거둘 수 있다.

여섯째, 집단 간의 성적 결과를 비교하는 데 총합평가는 반드시 이용된다. 집단의 규모가 국제적, 국가적 규모의 학력수준의 비교일 때도 있고, 이보다 소규모의 지역별 성적의 비교, 학교별 성적의 비교일 경우도 있다. 이같이 학급이나 학년이라는 집단이 그 표본단위일 경우 총합평가의 문항은 그 대상이 되는 집단의 성적을 잘 대표할 수 있는 문항으로 구성되어야 하는데, 이 문항의 표본 여하가 절대적 요건이 된다.

6. 평가문항의 제작

문항제작의 기술을 터득한다는 것은 교육평가에서 아주 중요한 일이다. 저울은 쇠고기의 무게를 다는 구실을 하고, 미인선발대회장에 마련되어 있는 자는 미인들의 가슴, 허리, 엉덩이의 둘레를 재는 구실을 하는 것과 마찬가지로, 시험지에 담겨 있는 검사의 문항들은 학력을 측정해 내는 구실을 감당해 내야 한다. 저울이나 자가 제대로 만들어지지 못했다면 그것을 통해서 얻어진 측정치도 믿을 수 없는 것과 마찬가지로, 제대로 만들어지지 못한 문항으로 구성된 검사에 의해서 측정된 학력평가의 결과도 믿을 수 없다는 것은 너무나 당연한 이치일 것이다.

물리적인 현상인 무게나 길이는 저울과 자에 대한 초보적인 지식만 있는 사람이면 누구나 손쉽게 측정해 낼 수 있지만, 학력의 평가란 '행동 변화의 양' 이라는 인간의 내면적인 요인을 간접적으로 측정해야 한다는 점에서 어려움이 있다.

그래서 검사문항 제작에는 전문적인 식견이 요구된다. 이 장에서는 검사의 문항제작에 대한 구체적이고 실제적인 사항을 들어가며 비교적 상세히 기술함으로써 문항제작의 기술을 습득해 보고자 한다.

1) 문항의 형식

문항형식의 분류방법에는 여러 가지 설이 있지만, 여기서는 우리나라에서 일반적으로 쓰이고 있는 분류법을 따랐다(김옥환, 건오일, 1981; 황정규, 1984). 선다형, 배합형, 진위형을 묶어서 선택형으로, 논문형, 단답형, 완성형을 묶어서 서답형으로 분류하였다.

(1) 선택형

① 선다형

필답검사에서 널리 사용되고 있는 형식이다. 이는 문두(問頭)와 그에 따른 두 개 이상의 답지로 이루어진다. 문제는 대개 서술적이거나 불완전한 문장으로 되어 있고, 답지는 한 개의 정답이나 최선답 또는 두 개 이상의 정답과 몇 개의 오답으로 이루어져 있다. 이 방법은 여러 가지 문항상태, 목적, 내용을 다룰 수 있는 다양성, 포괄성이 있고 수험 때 우연적 오차의 영향도 적게 받는다.

최선답형 제시된 답지 중에서 절대적인 정답이 아니라도 '가장 맞는 답' '정답의 정도가 가장 큰 것' 을 선택하게 하는 방법이다. 선다형 가운데서는 가장 많이 쓰이는 형식으로서 문항제작에 대단한 노력과 시간이 요구되기는 하지만 잘만 만들어 놓으면 효율도가 높은 문항형식이다.

〈예문 1〉

물고기를 보호하기 위해서 우리가 가장 힘써야 할 일은 무엇인가?

㉠ 될 수 있는 대로 큰 고기만 잡는다.
㉡ 물고기의 가공방법을 연구한다.
㉢ 물고기의 먹이를 자주 뿌려 준다.
㉣ 잡는 시기와 방법을 제한한다.

〈예문 2〉

다음 한 토막의 이야기를 읽고 물음에 답하여라.

환자의 집에 급히 달려온 의사 선생님, 환자의 진찰을 끝내고 주사를 놓으며 말을 꺼냈다.

> 의사: 조금만 내가 늦게 왔어도 큰일 날 뻔했군.
> 환자: 그렇게도 내 병이 위급한 병이었나요?
> 의사: 아닙니다. 조금만 내가 늦게 왔어도 당신의 병은 저절로 나을 병이었으니까요.
> 환자: 뭐라구요?

㉮ 이 이야기를 읽고 나서 웃었다면 왜 웃었겠는가?

㉠ 의사 선생님이 지나치게 친절했기 때문에

㉡ 환자의 병이 너무 쉽게 나았기 때문에

㉢ 의사가 너무 솔직하게 말을 했기 때문에

㉣ 마지막에 환자가 공연히 놀랐기 때문에

㉯ 이 글로 미루어 보아 의사는 어떤 사람이라고 생각되는가?

㉠ 친절하다.

㉡ 약다.

㉢ 미련하다.

㉣ 너그럽다.

정답형 여러 개의 답지 중에서 한 개만이 정답이고, 다른 것은 거의 관계가 없거나 전혀 틀린 것으로 이루어져 있는 형식이다. 이 형식도 비교적 보편적으로 사용된다.

다답형 답지 중에 두 개 이상의 정답이 들어 있는 형식으로, 문항 중에 분명한 정답이 여러 개 있고 그것을 문항 속에 담고 싶을 때 사용된다. 이것을 모두 가려낼 수 있느냐 없느냐를 알아보려고 할 때 쓰이는 문항형식이다.

〈예문 3〉

1930년대 초기 미국의 경제불황에 아주 큰 영향을 미친 조건은 무엇인가? (답은 두 개 이상이어도 좋다)

㉠ 1920년대의 농장번영의 부족

㉡ 제1차세계대전 이후 외국 시장의 감소

㉢ 1920년대의 막대한 국방예산

㉣ 공업능력과 자연자원의 부족

불완전 문장형 문제가 직접적인 질문으로 되어 있는 것이 아니라 불완전한 문장으로 되어 있고, 답지 중에서 정답을 골라 그 미완성 부분을 채우는 문항형식이다.

〈예문 4〉

사람이 ________ 소화기관을 건전하게 유지할 수 있는 한 방법이다.

㉠ 음식을 잘 씹어 먹는 것은
㉡ 될 수 있는 대로 음식을 조금씩 먹는 것은
㉢ 맛이 있는 음식을 가려서 먹는 것은
㉣ 수분이 적은 음식을 많이 먹는 것은

부정형 다답형과 비슷한 개념의 형식으로, 문항의 내용이 옳은 답은 많으나 오답을 찾기가 어려울 때, 여러 개의 정답 속에 오답을 하나만 넣어서 그것을 가려내게 하는 문항형식이다. 이 형식을 사용할 때는 반드시 부정적 표현의 어구에 밑줄을 긋거나 다른 방법으로 주의를 환기시켜야 한다.

〈예문 5〉

다음 중 우리나라 국회의 권한에 속하지 않는 것은 무엇인가?

㉠ 국정감사
㉡ 예산 · 결산심의
㉢ 대통령 선거
㉣ 국무위원 불신임권

합답형 여러 개의 답지 중에서 하나 또는 몇 개의 답지가 합해서 정답을 이루는 것이 특징이다. 이것은 근본적인 성질은 다답형과 같으나 미리 답지를 조합해서 제시하는 것이 다른 점이라 하겠다.

〈예문 6〉

경상남도와 접경하고 있는 도는 어느 것인가?

□ ⓐ 경상북도	□ ㉠ ⓐ뿐이다.
□ ⓑ 충청남도	□ ㉡ ⓒ와 ⓓ
□ ⓒ 전라북도	□ ㉢ ⓐ와 ⓒ와 ⓓ
□ ⓓ 전라남도	□ ㉣ ⓐ와 ⓑ와 ⓒ와 ⓓ

② 배합형

필답시험의 문제형식의 하나로 어떤 전제와 그에 대응하는 짝을 각각 한 묶음씩 늘어놓고 서로 관련이 있는 것끼리 짝을 맞추게 하는 형식으로 이루어진다.

배합형이란 일련의 전제와 답지, 그리고 전제와 답지를 배합시키는 지시문의 세 가지로 구성되는 문항형식이다. 전제와 답지에는 단어, 어구, 문장, 기호 등 무엇이든지 사용할 수 있다. 이 유형은 실시시간이 많이 걸리지 않고 많은 학습목표를 다룰 수 있으며 사실 정보뿐 아니라 개념, 원리, 사고력도 측정할 수 있다

단순배합형 전제와 답지가 한 묶음으로 되어 있는 형식으로 가장 보편적으로 사용된다.

〈예문 7〉

다음에 있는 동물들의 임신기간을 앞에서 찾아 ( ) 안에 그 번호를 써넣으시오.

〈임신기간〉	〈동물〉
1. 270～290일	( ) 돼지
2. 143～161일	( ) 개
3. 112～114일	( ) 양
4. 62～ 68일	( ) 소
5. 20～ 21일	

복합배합형 한 개의 전제에 대해 두 개 이상의 답지가 배합되도록 하는 형식이다.

〈예문 8〉

다음에 제시한 인명에 대하여 〈A〉에서 업적이나 관계 사실을 고르고, 〈B〉에서 국적을 골라 각각 그 번호를 써넣으시오.

A	B	〈인명〉	〈A〉	〈B〉
( )	( )	코흐	X광선	오스트리아
( )	( )	코흐	라듐	영국
( )	( )	퀴리부인	결핵균	폴란드
( )	( )	뉴턴	우성인자	독일
( )	( )	에디슨	운동법칙	미국
		축음기	소련	

분류배합형 어떤 조건, 법칙, 개념, 사실에 비추어 주어진 답지를 분류시키는 방법이다.

〈예문 9〉

다음에 있는 동물들을, 제시한 A, B, C, D의 유목에 따라 분류하시오.

A. 조류 B. 포유류 C. 파충류 D. 양서류

( ) 독수리 ( ) 소

( ) 쥐 ( ) 고래

관계분석형 답지에 제시된 두 개의 진술문 사이에 인과관계가 성립하는지의 여부를 분석해서 주어진 전제에 따라 분류시키는 형식이다.

〈예문 10〉

아래 문제에는 주장과 그 주장에 대한 이유를 두었다. 다음 요령에 따라 답하시오.

○ 만약 주장과 이유 두 가지가 다 옳고, 그 이유가 주장에 대하여 옳은 이유가 될 때에는 '가' 를,

○ 만약 주장과 이유 두 가지가 다 옳기는 하나, 그 이유가 주장에 대한 옳은 이유가 되지 않을 때에는 '나' 를,

○ 만약 주장은 옳으나 이유가 옳지 않을 때에는 '다' 를,

○ 만약 주장은 옳지 않으나 이유가 옳을 때에는 '라' 를 답안지에 표기하시오.

주 장	이 유	답 지
임신 중 흡연과 음주를 삼가야 한다.	흡연과 음주는 태아에게 공급되는 산소와 영양분을 감소시킨다.	
시금치를 데칠 때 소다를 넣으면 색은 고우나 영양분의 손실이 있다.	비타민 C는 알카리에 강하다.	
임신 전반기보다는 후반기에 칼슘, 철, 엽산의 영양권장량이 증가한다.	태아의 성장에 따라 신체의 모든 세포가 정상적으로 발육되어야 한다.	

관계분류형 답지에 두 개의 조건을 제시하고 그 관계가 전제에 비추어 어느 것으로 분류될 수 있는가를 묻는 방법이다.

〈예문 11〉

다음 문제 아래에는 두 개의 진술문(A, B)이 있다.

다음 요령에 따라 (   ) 안에 답하시오.

그 문제가 A에만 관계 있으면 '가' 를,

그 문제가 B에만 관계 있으면 '나' 를,

그 문제가 A, B 모두에 관계 있으면 '다' 를,

그 문제가 A, B 모두에 관계 없으면 '라' 를 표기하시오.

1. 공업의 발달 (   )

A. 자 본

B. 기 술

③ 진위형

진위형이란 피험자에게 진술문을 제시하고 그것의 진위, 정오를 판단하게 하는 문항형식으로 흔히 양자택일형(alternative-response type)이라고도 한다. 진술문을 한 개만 주어 그것이 옳은지 그른지를 판단하게 하는 방법도 있지만, 진술문 두 개를 주고 그 중 어느 것이 옳은지 묻는 방법도 있다. 또한 '예/아니요' '찬성한다/반대한다' 로 응답하게 하는 방법도 있다. 진위형 문항은 실시시간이 적게 걸리므로 한 검사에 많은 학습목표를 포함시킬 수 있고, 또한 언어능력이나 읽기능력이 낮은 초등학교 저학년을 대상으로 하는 평가문항으로 적당하다.

진위형 문항은 완벽한 진(眞)과 위(僞)의 문항을 만들기 위해서는 자연히 구체적인 정보 쪽으로 치우치기 쉽다는 단점을 가지고 있다. 왜냐하면 일반화를 포함하는 진위형 문항은 만들기 어렵기 때문이다. 따라서 많은 진위형 문항이 이같이 단편적인 정보에 대한 인지 여부를 재고 있기 때문에 학생들로 하여금 맹목적인 문장, 즉 명제의 암기를 강요하는 결과를 낳고 있다. 또한 응답자의 추측반응을 부추긴다. 읽지 않고도 답을 맞힐 확률이 50%이기 때문에 추측이나 우연의 오차를 통제할 수 없다. 이로 말미암아 진위형 문항은 응답자들의 학습동기를 감소시키고 학생들이 피상적인 학습을 하도록 만들 가능성이 크다.

〈예문 12〉

다음 진술문을 읽고 맞으면 ○표, 틀리면 ×표 하시오.

1. 압력이 일정할 때 기체의 부피는 온도에 정비례한다. ( )
2. 온도가 일정할 때 기체의 부피는 압력에 반비례한다. ( )

(2) 서답형

① 단답형

단답형은 간단한 단어나 숫자, 기호, 그림 등 제한된 형태로 답하게 하는 형식이다. 이 형식은 단순재생법이라고도 하는데, 대개의 경우에는 누가, 무엇을, 언제, 어디서, 무엇 때문에, 어떻게 하였다는 사실적인 지식을 문항에 포함시킴으로써 이해력이나 문제해결력보다는 단순한 지식의 암기에만 치우칠 염려가 있다.

〈예문 13〉

㉮ 우리나라의 헌법이 제정된 날을 무엇이라고 하는가?

(   )

㉯ A, B 두 반의 학생 수는 각각 a, b명이고, 그 수학시험 평균점은 각각 75, 81점이다. 두 반의 평균점을 구하는 식을 쓰라.

(   )

㉰ 다음은 한 가족의 계보를 표시한 것이다. 아래 보기와 같이 괄호 속에 그 관계를 써넣어라. (=표는 부부임을 표시함)

William(남) = Mary(여)

아들□	딸□
Robert(남)=Betty(여)	Magaret(여)=Jack(남)
□ Richard	□ Nancy

Ex.) Mary is Margaret' s (mother)

㉮ Betty is Robert' s (   )

㉯ Robert is William' s (   )

㉰ Richard is Mary' s (   )

㉱ Margaret is William' s (   )

㉲ Jack is Margaret' s (   )

② 완성형

완성형은 진술문의 일부분 또는 몇 부분을 비워 놓고 거기에 적합한 단어, 어구, 기호 등을 써넣는 형식이다. 짧은 답을 요구하는 면에서는 단답형과 근본적인 차이는 없지만 그 형식에서 차이가 있다.

자유완성형

〈예문 14〉

㉮ 공기는 약 (   )의 산소와 약 (   )의 질소 혼합물이다.

㉯ 공채에는 (   )와 지방 공공단체가 발행하는 (   )가 있어 모두 재정자금이 (   )할 때 발행한다.

㉰ $\frac{x+y}{3} = \frac{y-x}{2}$ 일 때, $x : y$ = (   ) : (   )

㉣ 완두의 키가 큰 품종을 AA, 키가 작은 품종을 aa라고 하면, 여기에서 얻은 F_1은 모두 키가 크다. 이것을 그림표로 표시하면 다음과 같다. (　　　) 속에 알맞은 기호를 넣어 표를 완성하라.

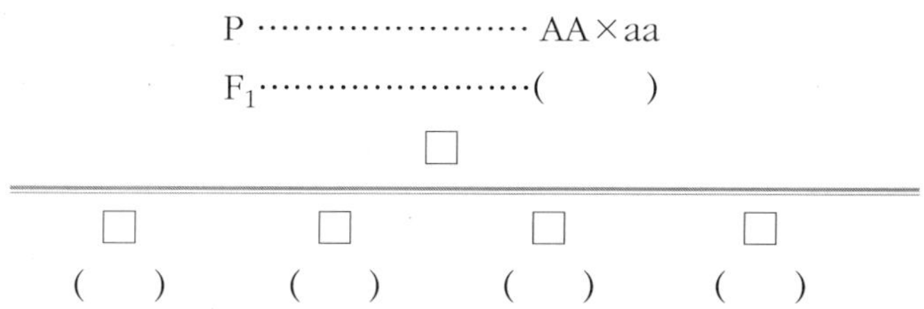

제한완성형

〈예문 15〉

㉮ 미국은 동부의 (　　　)과 서부의 (　　　)을 5대호의 수운이 연결하여 세계적인 (　　　) 공업지대를 형성하였다.

a. 농산물　b. 석탄　c. 제철제강　d. 전력　e. 자본　f. 철광석

이상으로 문항의 형식에 대해서 살펴보았다. 문항의 형식은 어떤 일정한 격식에 얽매여 그 틀에서 벗어날 수 없는 것은 아니다. 어떤 형이라는 것은 필요에 따라서 형식화한 데 불과한 것이다. 내용에 따라서는 기왕의 문항형식을 조합 · 보충 · 단순화할 수도 있고 새로운 형식을 창안해서 쓸 수도 있다.

③ 논문형

논문형이란 주어진 질문에 대하여 학생이 여러 개의 문장으로 자신의 답을 만들어 쓰게 하는 문항형식으로, 한 문장부터 여러 문장이나 페이지에 이르기까지의 답을 요구하고 응답자들에게 자유반응을 허용한다. 단, 문항에 따라 자유반응의 허용 정도는 약간씩 다르다.

응답제한형　수검자들의 반응허용 정도가 상당히 제한된 논문형을 일컫는 것으로, 반응의 내용과 형식을 구체적으로 지시하여 제한된 답박에 나오지 않게 하는 문

항형식이다. 특히, 이 유형은 '지식' 수준을 측정하는 것이 아니라 '이해' 수준 이상의 행동을 측정한다. 이 유형의 답은 수험생 자신의 말로 표현되어야 한다.

〈예문 16〉

중학교 학생에게 100m를 몇 초에 달릴 수 있는지 알아보려고 한다. 출발지점에는 출발을 알리는 총을 가진 교사가 서 있고 도착지점에는 스톱워치를 가진 교사가 서 있다. 출발 시에 총을 가진 교사가 총을 쏘아 신호를 하고 도착지점에서는 스톱워치를 가진 교사가 시계를 작동한다. 시간을 정확하게 재기 위해서 스톱워치를 가진 교사가 총소리를 듣는 순간에 그 시계를 작동하는 것이 좋은가, 아니면 그 총에서 나는 빛을 보고 그 시계를 작동하는 것이 좋은가?

둘 중에 선택을 하고 그 이유를 설명하시오.

응답자유형 응답의 내용 범위와 서술양식에 아무런 제한이 가해지지 않고 답안의 길이에 대한 제한도 명시되어 있지 않는 것으로, 답안의 최대 길이가 수검자 개개인의 능력수준과 시험시간에 의해서만 간접적으로 제한을 받는, 수험생의 반응자유가 가장 큰 문항형식이다.

〈예문 17〉

상혁과 상훈이는 초등학교 6학년생이다. 그들은 이를 잘 보호하기 위해서 노력하고 있다. 그들은 아침과 저녁식사 후에 늘 칫솔로 이를 닦는다. 그러나 점심식사는 대부분 학교에서 하기 때문에 이를 닦지 않는다. 또한 아침과 점심 식사 중간에 간식을 먹었을 때에도 이를 닦지 않는다. 그들은 6개월마다 치과의사에게 가서 이를 검사했다. 최근 검사에서 상혁이는 상훈이보다 이가 더 많이 상한 것을 발견했다. 왜 이러한 검사 결과가 나왔는지 그 가능한 원인을 항목화한 후 각 항목을 관련시켜 설명하시오.

2) 문항의 장점과 단점

문항의 여러 가지 형식을 활용하려면 그 문항형식이 지니고 있는 특징이나 장단점에 대해 올바로 이해하고 판단할 수 있어야 한다.

그러면 각 문항형식의 장단점을 살펴보기로 하자.

(1) 선택형

논문형이 지니고 있는 여러 가지 단점들을 극복해 보려는 연구와 노력에 힘입어 선택형은 나날이 발전을 거듭해 왔다. 그러나 그에 못지않은 단점들도 있다. 선택형의 장점과 단점을 자세히 살펴보기로 하자.

① 장점

첫째, 채점의 객관성과 신뢰성이 높다.

선택형 문항은 완전히 객관적일 수 있어 신뢰성이 높다. 그리고 그 방법은 간편해서 시간이 절약되며 용이하다. 채점자의 주관에 따라 일시적인 기분이나 능력, 편견 등으로 점수가 왔다갔다 할 여지가 없다. 결국 검사의 객관성은 신뢰성과도 직결되는 것으로 객관도가 높다는 것은 곧 검사의 신뢰도를 높이는 첩경이다.

둘째, 문항의 내용 타당성이 높다.

각 문항이 교수목표를 얼마나 정확히 평가하고 있느냐는 것이 문항의 내용 타당도다. 이 방법은 일정한 시간 동안에 많은 문제를 다룰 수 있기 때문에 학습한 내용과 영역을 골고루 표집해서 포괄적인 검사를 할 수 있다. 그래서 문항의 내용 타당성이 높다. 측정한 내용이나 영역의 범위에 따라 결정될 문제지만, 아무래도 선택형 검사라면 40문항 이상은 되어야 표집의 과오를 면할 수 있을 것이다 .

셋째, 채점과 통계적 분석이 쉽다.

교육평가는 검사에 대한 통계적인 처리 결과를 분석하고 해석해서 교육목표부터 학습자료, 학습방법, 교육평가에 이르기까지 그 개선을 위해서 자료를 제공해 주는 것이다. 그뿐 아니라 선택형은 검사문항의 여러 가지 양호도를 검증하는 데 있어서 논문형이 따를 수 없는 장점들을 지니고 있다.

② 단점

첫째, 자기표현의 기회가 제한된다.

선택형은 피험자의 생각이나 능력을 정리해서 반응할 수 있는 자기표현의 기회가 허용되지 않는 것이 큰 단점 중의 하나다. 학생들의 사고하고 창조하는 활동을 교육목표로 하는 능력을 평가하려면 선택형으로서는 그 목적을 달성하기가 어렵다.

둘째, 단순한 기억력 측정에 빠질 위험이 있다.

선택형 문항으로는 단순한 기억력이나 단편적인 지식의 측정에 빠질 우려가 있다. 그러나 선다형과 배합형의 새로운 형식에서는 문항제작의 기술 여하에 따라 어느 정도 극복할 수 있다. 흔히 선택형 문항으로는 인간의 고등 정신능력은 측정해 낼 수 없다는 관념을 갖게 되는데 이것은 명확히 그릇된 생각이다. 문항 제작자의 제작기술이나 방법 여하에 따라서 선택형 문항을 가지고도 얼마든지 고등 정신능력을 측정해 낼 수 있다.

셋째, 문항제작에 많은 시간과 노력이 소모된다.

문항다운 문항의 제작에는 많은 시간과 노력, 전문적인 기술과 훈련 그리고 출제자의 성실한 태도와 의욕적인 창의성이 요구된다. 문항 수가 많기 때문에 용지의 소모량이 늘어나서 자연히 비용도 많이 들게 되는 단점들이 있다. 그러나 교육평가의 중요성에 비추어 본다면 이 정도의 제약은 참아야 할 것이다.

(2) 서답형

서답형에는 단답형, 완성형, 논문형의 세 가지 형식이 있다. 그중에서 단답형과 완성형은 그 반응의 자유도가 제한된 어떤 특정한 해답만을 요구하고 있다는 점에서 선택형과 마찬가지로 선택의 기능만을 요구할 위험이 있다. 이에 반하여 논문형은 대체로 문장에 따른 반응을 요구하는 형식으로서 반응의 자유도가 크다.

그러나 단답형이나 완성형은 그 반응의 형태에서는 선택형과 비슷하지만, 문항제작만 잘 되면 충분한 자유도도 허용할 수 있으며 복잡한 고등 정신기능도 측정할 수 있다.

① 장점

첫째, 반응의 자유가 크다.

특히, 논문형에서는 피험자들이 그 문항이 요구하고 있는 특정한 내용을 자기 나름으로 조직하고 자기의 말과 글로 표현할 수 있다. 그러므로 거의 완전한 자유도가 보장되어 있는 셈이다.

그러나 논문형 문항에 있어서 무제한적인 반응의 자유는 장점이라기보다 오히려 단점이 될 수도 있다. 가령 어떤 문항에서 "심리학에 대하여 논하라."라고 했다면, 이 문항은 지나친 반응의 자유를 허용한 까닭에 오히려 피험자들이 일정한 방향감을 갖지 못할 뿐만 아니라 출제자 자신도 이 문항에서 요구하고 있는 해답이 무엇인가에 대해서 명백한 규정을 짓기가 어려울 것이다. 이러한 이유에서 문항 제작자는 항상 반응의 자유도를 적절히 조절해야 한다. 만일 이러한 배려가 없다면 논문형의 장점인 반응의 자유도가 제 기능을 못할 것이다.

둘째, 고등 정신기능을 측정하는 데 효과적이다.

논문형은 사고력, 조직력, 표현력, 분석력 등과 같은 교육목적의 중요한 분야인 고등 정신기능을 타당하게 측정할 수 있다.

지식을 활용하는 능력, 요약하고 개괄하는 능력, 반성적인 사고력이나 의견, 주장 등을 내세우는 태도와 능력, 어떤 사태에 대하여 비판하고 평가하는 능력, 어려운 개념을 이해하고 응용하는 능력, 복잡한 사태나 내용을 분석하고 설명하는 능력 등을 측정하려고 할 때는 논문형 문항의 타당성이 높다는 점에 대체로 동의한다.

셋째, 바람직한 학습태도를 제시해 준다.

학습의 결과를 평가하는 문항은 학습자의 학습태도를 제시해 주고 개선해 주는 데 중요한 구실을 한다. 선택형 문항에서는 학습자들로 하여금 단편적인 지식 암기의 학습태도를 조장할 위험성을 다분히 내포하고 있다.

그러나 논문형에 있어서는 피험자에게 반응의 자유가 주어져 있는 까닭에 피험자가 지니고 있는 지식의 전 분야에서 적절한 지식을 조직하고 표현해야 한다. 그러기 위해서는 조직하고 분석하고 판단하고 창조하는 복잡한 정신기능의 능력이 있어야 하며, 따라서 학습의 방향과 태도도 자연히 이러한 면으로 지향해 나갈 것이다.

넷째, 문항제작에 시간과 노력이 절약된다.

논문형은 선택형에 비해서 제작하는 데 시간과 노력이 적게 든다. 그것은 한 검사에 소용되는 문항의 수가 선택형에 비해서 훨씬 적다는 것이 큰 이유다. 흔히 논문형은 문항제작이 쉽다고 생각하는데 반드시 그런 것은 아니다. 한 개의 문항제작 과정을 살펴볼 때, 오히려 논문형이 보다 많은 시간과 노력이 소모된다.

이러한 여러 가지 장점들을 살리려면 우선 측정할 내용의 성질에 비추어 보아 논문형 검사가 적용될 경우와 그렇지 못한 경우를 밝혀 내야 한다.

② 단점

첫째, 채점에 신뢰도와 객관도가 부족하다.

어떤 형식의 문항이든 그것이 유용한 학력측정의 도구가 되려면 항상 믿을 만하고 일관성 있게 측정대상을 잴 수 있어야 한다.

검사지의 반응 이외에 피험자에 대한 과거의 학업성적, 채점자의 기분, 편견 등의 영향을 받아 점수가 객관성을 잃을 수 있다. 반응의 자유도가 높은 논문형에서 완전히 객관적이고 신뢰도 높은 채점 결과를 기대하기란 어려운 노릇이지만, 문항제작과 채점의 기준에 신경을 쓰면 논문형의 신뢰도와 객관도는 향상될 수 있다.

둘째, 문항의 표집 수가 제한된다.

교육평가의 검사문항은 교육목표의 내용과 행동의 전 분야에 걸쳐서 표집되어야 믿을 만하고 타당한 측정을 할 수 있다.

그러나 논문형은 시간과 지면의 제약을 받아서 문항 수가 적어지게 마련이기에 표집의 편파성을 면하기 어렵다.

셋째, 채점에 시간과 노력이 많이 든다.

논문형 검사는 출제하는 데 시간이 절약되지만 채점에는 많은 시간과 노력이 든다. 답안지를 일일히 읽어가며 채점을 해야 하기 때문에 많은 시간과 노력이 든다. 채점을 정확히 하려면 할수록 시간과 노력의 소모는 더욱 커지게 마련이다.

또 논문형 검사의 채점은 아무나 할 수 있는 성질의 것이 아니다. 반드시 그 검사 내용을 잘 알고 채점의 기준에도 정통한 사람이 다루어야 한다는 것이 논문형 검사의 단점이 된다.

3) 문항제작의 계획

앞의 문항형식의 장단점을 토대로 해서 여기서는 실제로 문항을 제작하려고 할 때 어떠한 계획을 세워야 할 것인가를 논의하고자 한다(김옥환, 권오일, 1981).

(1) 선택형

① 공통적인 특징

• 문항은 가능한 그 의미가 명백하게 표현되어야 한다.

문항 자체가 모호해서 피험자를 어리둥절하게 해서는 안 된다. 쓰이는 문장은 잘 다듬어져야 하며 답을 찾아내는 데 필요한 말만을 간결하게, 이해하기 쉽도록 진술하여야 한다.

• 정답을 찾아내는 데 필요한 조건은 모두 주어야 하며, 명확한 의미를 갖지 않은 용어는 피해야 한다.

〈예문 18〉
우리나라에서 농업에 종사하는 사람은 전체 인구의 80%다.

〈예문 19〉
우리나라의 겨울철은 눈이 적게 오는 편이다.

이 두 개의 진위형 문항에서는 정확하게 알고 있는 사람은 대답을 못하든가 틀렸다고 할 가능성이 크다. 출제자가 이 문항의 정답을 진이라고 우긴다면 그것은 억지다. 〈예문 18〉에서 80%라는 수치는 대략의 어림수일 뿐더러, 언제 조사한 인구비례인지도 밝혀져 있지 않기 때문에 정답을 찾아내는 데 필요한 조건들이 빠져 있는 셈이다.

〈예문 19〉에서는 '적게' 라는 말이 그 의미의 정확성을 잃고 있다. 도대체 이 '적게' 라는 양을 어느 정도로 봐야 할지 알 수 없기 때문이다. 또 이 문항에서는 정답을 판정하는 데 필요한 조건도 갖추지 못했다.

평가도구를 만들 때, '대개' '어느 정도' '좀' '약간' 이라든가 '많다' '적다' '드물다' '멀다' 등과 같은 용어는 피하는 편이 현명하다.

• 지나치게 특수한 사실을 다룬 문항은 삼가라.

〈예문 20〉

경부선 철도의 길이는 몇 km인가?

㉠ 438.9km ㉡ 441.5km ㉢ 443.7km ㉣ 445.6km

이 예문은 세부적인 수치까지를 따지고 있어 학생들로 하여금 특수하고 지엽적인 정보를 암기하게 한다. 지식이란 다원성이 있고 보편타당성이 있는 일반적인 것일수록 유용하기 때문에 평가도구의 문항도 그에 준해야 하는 것이다.

• 검사 집단과 목적에 합당한 곤란도를 지닌 문항을 택해야 하며 지나친 복잡성도 피해야 한다.

검사대상자 집단과 검사의 목적, 용도에 비추어서 각 문항이 적절한 곤란도를 지니고 있어야 한다. 너무 쉬워서 피험자 전원이 다 풀거나, 반대로 지나치게 어려워서 한 사람도 못 푸는 문항은 있으나마나다. 또한 지나치게 복잡하고 까다로운 문항도 곤란하다.

• 문항 속에 불필요한 말을 끼워 넣지 말라.

검사문항은 뜻만 명확히 전할 수 있으면 간결할수록 좋다. 정답을 찾아내는 것과는 아무런 상관도 없는 말이 끼어들면 오히려 혼란만 초래할 뿐이다.

• 정답을 찾아내는 데 필요한 단서를 주지 않도록 조심해야 한다.

피험자가 정답을 몰라도 문항 자체가 정답에 대한 단서를 주는 경우가 있다. 그래서 다음과 같은 사항을 유의해야 한다.

첫째, 상투적인 표현, 언어적인 연상, 절대적인 어구, 교과서의 문장 때문에 주는 단서가 있다. '민주주의-자유' '루소-성선설' '3·1절-독립운동' 'UN-세계평화' 등은 그 본보기다. 언어적인 연상도 문제가 된다. '절대로' '결코' '반드시' '항상' '확실히' '모든' 등과 같은 절대적인 어구가 들어 있는 문항의 경우 오답일 가능성이 크다.

둘째, 문법구조를 잘못하면 단서를 잡힐 염려가 있다.

〈예문 21〉

「상록수」는 ________ 이 쓴 소설이다.

㉠ 이광수 ㉡ 박종화 ㉢ 김동리 ㉣ 심훈

이 문항에서 조사 '이' 와 들어맞는 것은 심훈뿐이기 때문에 정답을 몰라도 조금만 주의 깊게 살피면 곧 옳은 답을 가려낼 수 있다. 이럴 때는 '이(가)' 라고 조사를 둘다 써주어야 한다.

셋째, 선택형에서는 정답이 오답보다 대개 길고 자세한 경향이 있으며, 진위형에서는 진이 위의 문장보다 길게 표현되는 실수를 범하기 쉽다.

• 한 검사를 구성하는 문항은 같거나 비슷한 형식으로 하는 것이 바람직하다.

물론 한 검사에 속하는 문항이 꼭 같은 형식을 갖추어야 한다는 원칙이 있는 것은 아니지만 가능하면 비슷한 형식으로 구성하는 것이 바람직하다.

• 문장으로만 표현된 문항보다 실제적인 자료를 활용해서 만드는 편이 좋다.

그림 · 지도 · 도표 · 수표 등과 같은 구체적이고 실제적인 자료가 있으면 가능한 그러한 자료를 이용해서 문항을 만드는 편이 문장으로만 표현된 문항보다 훨씬 바람직하다.

② 선다형 문항제작의 계획

• 문항은 직접질문형이 아니면 불완전 서술문으로 하라.

직접질문형은 '얼마인가?' '무엇인가?' 하고 직접 질문을 하는 형식이며, 불완전 서술문은 문제의 한 부분을 비워 놓고 그 공간에 알맞은 말을 답지 중에서 선택하게 하는 형식이다.

이 두 가지 형식 중에서 직접질문형이 보다 유용하다고 생각하는 것이 보통이다. 이는 직접질문은 문항의 뜻을 분명하게 드러내 줄 뿐만 아니라 문항을 만들기도 쉽기 때문에 문항제작의 초심자들은 이 형식을 쓰는 것이 좋다.

- 어떤 술어의 정의를 요구하는 문항에서는 술어를 문두에, 정의를 답지에 두는 것이 바람직하다.

〈예문 22〉

우리들이 산수의 셈을 할 수 있게 하는 골은 어느 것인가?

㉠ 큰골 ㉡ 숨골 ㉢ 작은골 ㉣ 등골

이 문항은 정의가 문두에 있고 술어가 답지에 있으므로, 여러 가지 뇌의 작용에 대한 피상적인 지식만 가지고도 정답을 찾아내게 된다. 그러나 다음과 같이 고쳐 놓으면 좀 달라질 것이다.

〈예문 23〉

사람의 큰골은 어떤 일을 하는가?

㉠ 비틀거리지 않고 똑바로 걷게 한다.
㉡ 무릎을 탁 치면 다리를 튀게 한다.
㉢ 아름다운 음악을 듣고 즐기게 한다.
㉣ 산수의 셈을 할 수 있게 한다.

이와 같이 문항을 개정해 놓으면 같은 내용을 다루고 있기는 하지만 〈예문 22〉와 달리 피상적인 지식만으로는 정답을 가려내기가 좀 힘들 것이다.

- 답지마다 반복되는 말은 문제에 넣어라.

답지마다 똑같은 말이 반복되는 것은 피하는 것이 좋다.

〈예문 24〉

수공업에서 기계공업으로 변한 것은 언제인가?

㉠ 산업혁명 시대였다. ㉡ 종교개혁 시대였다.
㉢ 르네상스 시대였다. ㉣ 십자군 시대였다.

이 문항에서는 '시대였다' 라는 말이 답지마다 반복되고 있다. 이것을 다음과 같이 개정해 보자.

〈예문 25〉

수공업에서 기계공업으로 변한 것은 어느 시대인가?

㉠ 산업혁명 ㉡ 종교개혁

㉢ 르네상스 ㉣ 십자군

이와 같이 답지에 반복되던 '시대였다'를 문항에 표현하면 답지가 간결해서 문항 자체가 한결 짜임새 있게 된다.

• 특수한 경우를 제외하고는 문제를 부정문으로 하지 말라.

꼭 부정문으로 해야 할 경우를 제외하고는 긍정문으로 문제를 만드는 것이 좋다. 그렇다고 부정문을 써서는 안 된다는 논리는 서지 않는다. 필요할 때는 사용해도 무방한데, 그럴 경우에는 반드시 부정을 나타내는 '아닌' '없는' '틀린' 등의 낱말 밑에 밑줄을 그어 주어야 한다.

• 정답은 분명해야 하고, 오답은 매력이 있어야 한다.

정답은 누가 보아도 분명히 정답이란 판정을 내릴 만큼 명확해야 하고, 오답은 오답대로 매력이 있어서 자신이 없는 피험자는 모든 답지가 그럴 듯하게 보이도록 꾸며져야 한다. 정답과 오답이 제 구실을 못하는 선다형은 평가도구의 구실도 못할 것이 뻔하다.

• 답지의 내용이 중복되면 안 된다.

특히, 수량이나 연대와 같은 내용을 다루는 문항에서는 각별히 조심해야 할 문제다.

〈예문 26〉

볍씨는 며칠 동안이나 물에 담가 두었다가 못자리에 뿌리는 것이 좋은가?

㉠ 6~10일 ㉡ 10~15일 ㉢ 15~20일 ㉣ 20~25일

이 문항에서는 답지 ㉠㉡에서 10일이, ㉡㉢에서 15일이, ㉢㉣에서는 20일이 중복되어 있다. 이런 경우에는 ㉡의 10은 비록 그 중복된 부분이 정답을 찾아내는 데

별로 영향을 미치지 않는다고 해도 문항의 정확성과 은밀성을 저해하는 요소가 되므로 반드시 시정되어야 한다.

• 오답은 피험자가 이해할 수 있는 용어로 표현하라.

대개 문항제작이 서툰 사람일수록 오답을 아무렇게나 만드는 경향이 있다. 오답이라고 해도 그것은 피험자들이 능히 그 뜻을 이해할 수 있는 용어로 표현되어야만 비로소 선택의 기능을 제대로 발휘할 수 있는 것이다.

• 정답이 없거나 틀린 것을 찾게 하는 형식도 사용하라.

문항의 답지 중에 '정답이 없음' 이라는 답지를 가끔 섞어 넣는 것도 좋다. 그러나 최선답형에서는 이 방법이 쓸모가 없다. 왜냐하면 최선답형에서는 최선답만 찾게 되므로 정답이 없을 경우는 거의 없기 때문이다.

또 정답은 많은데 오답지를 만들기가 어려운 경우에는 정답 대신 오답을 선택하게 해서 그것을 정답으로 하는 방법도 매우 편리하다.

③ 배합형 문항제작의 계획

• 전제는 전제대로, 답지는 답지대로 고도의 동질성이 있어야 한다.

하나의 전제나 답지의 묶음 속에 여러 가지 이질적인 개념, 사실, 법칙, 현상 등이 뒤섞여 들어가는 것은 어느 모로 보나 좋은 문항이라고 할 수 없다.

〈예문 27〉

다음에서 관계 있는 것끼리 줄로 이어라.

㉠ 젖먹이 동물	ⓐ 악어
㉡ 물뭍동물	ⓑ 잣나무
㉢ 엽체	ⓒ 독수리
㉣ 행운목	ⓓ 고래
	ⓔ 떡갈나무
	ⓕ 난초

이 문항의 전제와 답지에는 모두 동물과 식물이 혼합되어 있다. 이러한 배합형 문항은 선택의 반응도가 둘로 나누어지기 때문에 곤란도가 훨씬 낮아진다.

• 전제와 답지의 수는 같으면 안 된다.

가령 전제와 답지가 똑같이 5개로 되어 있다면, 마지막 하나는 내용을 알든 모르든 자동적으로 맞출 수가 있다. 이러한 폐단을 없애기 위해서는 대개 답지의 수를 두세 개 정도로 많게 한다.

• 배합하는 기준을 분명하게 제시하라.

단순배합형과 같이 "관계 있는 것끼리 줄로 이어라." 하는 식으로 간단히 배합되는 경우도 있지만, 배합형에는 여러 가지 복잡한 형식이 있기 때문에(문항의 형식, 배합형 참조) 어떠한 기준과 방법으로 배합할 것인가를 명백히 제시해 주어야 한다.

〈예문 28〉

타고 있는 불을 끄는 데는 대개 다음 세 가지 원인을 생각할 수 있다.

ⓐ 타고 있는 물체를 없앤다.

ⓑ 공기를 차단한다.

ⓒ 타고 있는 물체의 온도를 발화점 이하로 내린다.

다음에 제시한 다섯 개의 답지들이 위에서 든 원인 중 주로 어떤 것에 의해서 불이 꺼지는가를 가려내어 그 기호(ⓐ, ⓑ, ⓒ)를 (　　) 속에 써넣어라. 같은 기호를 두 번 이상 써넣어도 좋다.

㉠ 연탄불을 쓰레기통에 넣고 뚜껑을 꼭 닫았더니 꺼졌다. (　　)

㉡ 산불이 방화제가 있는 곳에서 꺼졌다. (　　)

㉢ 모닥불에 물을 끼얹었더니 꺼졌다. (　　)

㉣ 알코올램프의 뚜껑을 닫았더니 불이 꺼졌다. (　　)

㉤ 촛불을 입김으로 불어서 꺼버렸다. (　　)

적어도 이만큼은 친절하고 자세하게 제시를 해 주어야 한다. 특히, 조심할 것은 전제에서 두 번 써도 좋다는 지시를 잊어서는 안 된다.

④ 진위형 문항제작의 계획

• 한 문항에는 한 가지 개념만 다루어야 한다.

절대적으로 진이거나 절대적으로 위인 하나의 개념만을 한 문항에 담아야 한다.

〈예문 29〉

삼각형의 세 각의 총합은 180° 이고 두 변의 길이의 합은 한 변의 길이보다 길다.

이 문항은 각과 변의 두 가지 개념이 포함되어 있기 때문에 어느 한 가지 개념만 알아도 정답을 할 가능성이 있으며, 반대로 한 가지 개념을 몰라서 오답을 할 염려도 있다. 이러한 문항은 각과 변을 분리해서 두 개의 문항으로 하는 것이 바람직하다.

또 한 문항 속에 일부는 진이고 일부는 위인 개념을 담아도 안 된다.

• 특수한 경우를 제외하고는 부정문을 쓰지 말라.

대개의 경우 부정문을 쓰는 것은 바람직하지 못하다. 이중부정문은 더욱 그러하다.

〈예문 30〉

하지는 일 년 중 밤이 가장 긴 날이 아니다.

이것보다는, "하지는 일 년 중 밤이 가장 짧은 날이다." 로 하는 것이 어느 모로 보나 바람직하다. 더욱 나쁜 것은, "하지는 일 년 중 밤이 가장 짧은 날이라 아니 할 수 없다."와 같은 이중부정문을 썼을 경우다. 이러한 문항은 결과적으로 피험자를 골려 주는 구실밖에 못하는 것으로 백해무익한 문항이다. 꼭 부정문을 써야 할 경우에는 부정을 나타내는 '아니다' '없다' '틀리다' '못하다' 등의 낱말 밑에 밑줄을 쳐 주는 것이 좋다.

• 뜻이나 개념이 뚜렷하지 못한 용어를 피해야 한다.

대체로 '결코' '언제나' '모두' 등과 같은 말이 들어가면 위가 될 가능성이 크고, '흔히' '일반적으로' '대체로' '때로는' '보통' 등과 같은 말이 들어가면 진이 될 가능성이 크기 때문에 정답의 단서를 줄 염려가 있는 것이다.

(2) 서답형

① 논문형 문항제작의 계획

• 피험자집단의 특성을 고려하라.

어떤 한 분류의 피험자들에게 좋은 논문형 문항이라고 해서 다른 집단의 피험자들에게도 반드시 좋은 문항이 되리라는 보장은 없는 것이다. 그러므로 논문형 문항에서는 우선 피험자의 범위와 성질에 대한 적절한 배려를 해야 실효를 거둘 수 있다.

• 질문내용을 분명히 하고 반응의 자유를 적당히 제한하라.

논문형 문항의 약점은 지나치게 반응의 자유를 강조한 나머지 모호해지기 쉽다는 점이다. 질문의 내용과 응답의 방향을 분명히 제시해 주어야 하며, 반응의 자유도 적절히 제약해야 할 필요가 있다.

가령 "한국의 정치적 현실에 대한 의견을 진술하라."의 문항은 반응의 자유가 지나쳐서 제각기 다른 해답을 할 가능성이 크기 때문에, 피험자들의 능력을 비교해서 상대적인 평가를 해낼 수 없고 채점에서도 객관도를 보장하기도 어렵다. 그러므로 평가하려는 교육목적에 저촉되지 않는 범위 내에서 반응의 자유에 적절한 제약을 가하는 것이 바람직하다.

• 문항의 표현을 쉽고 자세하게 해 주라.

문항을 표현하는 데 공연히 까다롭고 어려운 낱말이나 문장을 써서 피험자를 골탕먹이는 것은 삼가야 한다. 묻고 있는 질문 자체가 지나치게 난해하고 조잡하다면 그 문항은 평가도구의 구실을 할 수 없다.

• 가능하면 채점의 기준을 미리 작성하고 지시하라.

채점의 기준을 미리 명확하게 작성해 놓으면 채점의 객관도를 높이는 데 매우 유용하다. 그 기준을 피험자들에게 제시해 주면 피험자는 반응하는 데 불필요한 혼란에 빠지지 않고 유리한 조건에서 답안을 작성할 수가 있다.

• 몇 개의 문항을 주고 선택해서 쓰도록 하지 말라.

논문형 검사에서 3~5개의 문항을 주고, 그중에서 하나나 두 개의 문항만을 자유로이 골라서 쓰게 하는 '삼자택일' '오자택이' 식의 방법을 흔히 볼 수 있는데, 이러한 방법은 결코 좋은 것이 아니다.

② 단답형 문항제작의 계획

• 정답은 명확한 일의적인 것이라야 한다.

우선 피험자가 정답을 하는 데 혼란을 느끼지 않고, 또 채점의 객관성도 보장하기 위해서는 요구하는 정답이 일의적인 것으로 명확해야 할 것이다.

〈예문 31〉

울릉도는 어디에 있는가?

이 문항의 답은 '동해' '경상북도' '울진군' 어느 것이라도 정답이 된다. 이런 경우에 채점자의 주관에 따라서 정답이 왔다갔다 하기 때문에 객관도는 낮아지게 마련이다. 이러한 문항은 "울릉도는 어느 도에 속해 있는가?" 로 해 놓으면 누가 채점을 하든지 '경상북도' 가 정답이 되며, 따라서 객관도도 보장된다.

• 정답이 여러 가지로 표현될 수 있는 경우에는 모두 정답으로 간주해야 한다.

혹시 채점자가 예기치 못했던 해답이라도 그것이 맞았을 경우에는 정답으로 간주해야 한다. 교사가 생각하고 있는 정답만이 옳다고 우기는 것은 억지다. 그러나 여러 가지 정답이 쏟아져 나올 수 있는 문항은 되도록 피하는 것이 현명하다.

• 어떤 술어에 대한 정의를 물을 때는 술어를 주고 정의를 답하게 하라.

대개 어떤 술어에 대한 정의는 짧은 말로 표현하기가 어렵기 때문에 단답형으로는 적절하지 않지만, 단답형으로 다루어야 할 경우에는 술어에 대한 정의를 묻는 것이 학생들의 학력을 평가하는 데 유용하다.

〈예문 32〉

"직각삼각형의 빗변의 길이의 자승은 다른 두변의 길이의 자승의 합과 같다." 이

것을 무슨 정의라고 하는가?

이렇게 문항을 만드는 것보다는, "'피타고라스의 정의"는 무엇인가?" 하고 술어를 제시하여 그에 대한 정의를 내리도록 하는 것이 바람직하다.

③ 완성형 문항제작의 요령

• 한 공란에는 한 개의 정답만이 있도록 하라.

이미 단답형에서도 지적한 바 있지만 공란 하나에는 절대적인 한 개의 정답만 있어야 채점의 객관성도 보장될 뿐더러 평가도구로서 제 구실을 할 수 있는 것이다.

〈예문 33〉

1년은 (　　　)이다.

이 문항에서는 '열두 달' '365일' 어느 것이나 정답으로 간주해야 한다.

〈예문 34〉

오늘의 세계를 크게 둘로 나누면, (　　　)과 (　　　)으로 구분할 수 있다.

이 문항에서도 '동양과 서양' '자유진영과 공산진영' 등의 해답이 나올 수 있다. 이런 경우에 교과서나 학습한 내용 그대로를 써야만 정답이라고 우기거나, 교사가 생각하고 있는 답만이 절대적인 정답이라고 고집한다면 그것은 억지다. 어떤 해답을 썼든 그것이 의미 있게 뜻만 맞으면 정답으로 간주해 주어야 한다.

• 문장 중에서 중요하고 의미 있는 부분을 공란으로 해야 한다. 기말단적인 사항이나 수식적인 부분을 공란으로 하는 것은 무의미하다.

〈예문 35〉

유엔은 세계 최고 최대의 국제평화(　　　　)로서 국제평화와 안전의 유지를 그 (　　　) 목표로 하고 있다.

유엔의 근본이념을 다루고 있는 위의 예문에서 공란 속에 들어가야 할 '기구'나 '지상' 따위는 알아도 그만 몰라도 그만, 별 문제가 되지 않는다. 이 문항에서는 유엔의 근본이념이라고 볼 수 있는 '평화' 와 '안전' 을 공란으로 하는 것이 어느 모로 보나 타당하다.

7. 문항의 양호도

한 문항이 문항으로서 역할을 제대로 하기 위해서는 양호도가 높아야 한다. 문항의 좋고 나쁨은 어떤 준거에 비추어 보느냐에 따라 달라질 수 있다. 이 기준은 합리성과 실용적 목적이 될 수 있다. 이 같은 문항의 양호도를 알기 위해서는 문항의 분포, 문항난이도, 문항변별도, 문항반응분포의 분석이 필요하다(김옥환, 권오일, 1981). 이 장에서는 문항의 적부와 양호도를 설명하려고 한다.

1) 분포의 분석

한 검사의 결과는 최하점과 최고점 간을 설명하는 일정한 분포를 만든다. 이때의 기준을 보면 다음과 같다.

(1) 분포의 집중경향

좋은 검사는 대개 기대하는 점수를 중심으로 좌우대칭을 만든다. '기대하는 점수' 라는 것은 대체로 100점 만점에 평균이 80점이라든지, 30점이 아니라 40~60점 이내에 있는 것을 말한다. 문제를 지나치게 쉽게 내면 평균이 80점 또는 90점 가까이 될 것이고, 어렵게 내면 20~30점 가까이 떨어질 것이다. 때에 따라서는 100점 만점에 80점의 평균을 '기대' 할 수도 있고 또 20점의 평균도 기대할 수 있다. 그러나 대개는 점수 범위의 중간쯤에 오는 것이 바람직한 결과일 것이다.

(2) 분포의 변산도

좋은 검사의 점수분포는 넓게 퍼져 있어야 한다. 어떤 집단이든 반드시 개인차가 있고 능력, 인성, 지능, 학과성적 등 그리고 평가의 출발이 있는 '개인차' 를 밝혀 내자는 데 있으므로 좁은 변산도를 보이는 검사분포는 그만큼 개인차를 찾지 못하는 결과를 낳는다. 가령 100점 만점에서는 0~100 사이에 점수가 있을 수 있다. 그런데 실제 나타난 결과는 60~80점 사이였다면 0~60, 80~100점 사이는 아무 소용없는 검사인 셈이다.

(3) 분포의 정상성

교육평가나 심리측정에서 다루는 대상은 대개가 정상적인 분포를 이루고 있다. 정상적이란 말은 상하대칭적인 모양의 분포를 말하며, 우리가 바라는 검사 결과는 이것이다. 만약 측정된 결과가 이런 모양이 되지 않는다면 어딘가 잘못된 검사라 할 수밖에 없다.

부적 편포는 문제가 너무 쉬웠을 경우 높은 점수로 몰려 있는 현상이며, 정적 편포는 문제가 너무 어려워서 낮은 점수로 몰리는 현상이다. 이것은 모두 분포의 정당성에서 어그러지는 모양이다.

2) 문항난이도

한 검사의 양호도는 그 검사를 구성하고 있는 문항의 질에 있다. 그 속에 담긴 문항의 질이 좋지 못하면 검사 전체의 양호도도 줄어들게 된다. 이와 같은 양호도를 알아보는 방법을 문항분석이라고 하며, 대개 문항곤란도와 문항변별력, 반응분포 등으로 나눈다.

문항곤란도란 각 문항의 어려운 정도를 지시하는 말이다. 어떤 문항에 전체 인원의 80%가 통과되었다면 그 문항은 20%가 통과된 것보다 쉬운 것이다.

3) 문항변별력

문항변별력이란 문항이 능력의 상하를 변별하는 능력이 있는지를 보는 것이다. '자연' 검사의 각 문항에 합격한 사람이 '자연에 관한 실지 응용능력(준거)' 에서도 좋은 성적을 올려야 그 문항이 제 구실을 하게 되는 것이다. 이러한 준거와의 상관이 곧 변별력이 된다. 이때 준거의 종류에 따라 문항 내적 합치도와 문항 타당도의 두 가지 변별도 지수로 나누어진다. 내적 합치도는 내적 준거에 비추어 본 변별도고, 문항 타당도는 외적 준거에 비추어 본 변별도다. 예컨대, '한 문장과 실습성적' 의 관계를 따진다면 타당도 지수가 되며, '한 문항과 그 검사 전체 총점' 의 관계를 따진다면 내적 합치도 지수가 된다.

계산방법

우선 한 학년 300명에 '생물' 검사를 실시해서 채점을 마쳤다고 하고, 그중에서 문항 1, 2, 3 세 개를 뽑았다고 하자. 이 세 문항의 변별력이 어떤지를 알아보기 위해서 우리는 다음과 같은 작업을 한다.

ⓐ 한 학년의 답안지를 총점에 따라 상부집단(H)과 하부집단(L)으로 나눈다.

ⓑ 다음 상부집단에서 문항 1에 맞은 사람과 하위집단에서 문항 1에 맞은 사람을 헤아려서 그 수를 기입한다. 이와 같은 작업을 마찬가지로 문항 2, 3에도 한다.

ⓒ 그러면 다음과 같은 사간상관표가 생긴다.

검사총점

〔문항 1〕

	오	정	
H	90	60	150
L	50	100	150
	140	160	300

〔문항 2〕

	오	정	
H	75	75	150
L	75	75	150
	150	150	300

〔문항 3〕

	오	정	
H	40	110	150
L	120	30	150
	160	140	300

$$D.I. = \frac{H_R - L_R}{\frac{N}{2}} \cdots\cdots \text{(공식)}$$

$D.I.$ = 변별도 지수(discrimination index)

H_R = 상부집단의 정답자 수

L_R = 하부집단의 정답자 수

N = 전체 학생 수

이 공식을 적용해서 앞에 제시한 문항 1, 2, 3을 계산해 보면 다음과 같이 된다.

〔문항 1〕 $D.I.= \frac{60-100}{150} = \frac{-40}{150} = -.37$

〔문항 2〕 $D.I.= \frac{75-75}{150} = 0$

〔문항 3〕 $D.I.= \frac{110-30}{150} = \frac{80}{150} = 53$

변별도지수는 상관계수와 마찬가지로 −1.00~+1.00 사이에 있을 수 있다. 그중 −부호가 붙은 것은 〔문항 1〕에서 보듯이 아예 쓸모가 없는 지수며, 〔문항 2〕에서 보듯 0을 중심으로 한 지수도 별 쓸모가 없는 문항이다. 〔문항 3〕은 +.53으로서 좋은 지수를 보이고 있다. 그런데 좋은 문항이 되기 위해서는 어느 정도의 변별도지수를 보여야 하는가가 문제다. 이에 대해서 일정한 원칙을 세울 수는 없으나 최소 +.20은 되어야 한다는 것이 공통된 의견이다. 지수 20은 변량이 약 4%로 통계적으로 '4% 수준에서 의의 있는' 정도가 된다.

또 다음과 같은 문항의 경우를 보자. 〔문항 A〕는 상부집단, 하부집단할 것 없이 모두 정답을 한 경우고 〔문항 B〕는 모두 오답을 한 경우다. 이 두 문항의 변별도지수를 계산해 보면 다음과 같이 된다.

〔문항 A〕

준거	오	정	
H	0	150	150
L	0	150	150
	0	300	300

〔문항 B〕

준거	오	정	
H	150	0	150
L	150	0	150
	300	0	300

〔문항 A〕 $D.I.= \frac{150-150}{150} = \frac{0}{150} = 0$

〔문항 B〕 $D.I.= \frac{0-0}{150} = \frac{0}{150} = 0$

이것으로 알 수 있듯이 아주 쉬워서 모두 정답을 한 문항이나 아주 어려워 모두 오답을 한 문항은 모두 0으로 제 구실을 못하는 문항들이라고 할 수 있다. 이런 문항은 쓸모없는 것들이다.

4) 문항반응분포

논문식 검사에서는 별로 문제되지 않는 것이지만, 선택적 문항에서는 문항반응도포를 살펴봄으로써 문항양호도를 검증할 수 있다.

문항반응도포란 선택형의 각 답지가 어떤 상태로 분포되어 있느냐를 말한다. 예컨대, 다음과 같은 세 개의 문항이 있다고 하자.

	〔문항 가〕 반응 학생 수		〔문항 나〕 반응 학생 수		〔문항 다〕 반응 학생 수
답지 ⓐ	50	ⓐ	60	ⓐ ※	200
ⓑ ※	150	ⓑ	70	ⓑ	0
ⓒ	48	ⓒ	80	ⓒ	20
ⓓ	52	ⓓ ※	90	ⓓ	80
계	300	계	300	계	300

여기서 〔문항 가〕가 바람직한 분포다. 정답에 비교적 많은 수의 학생이 분포되어 있고, 나머지 오답에는 같은 정도의 학생이 매력을 느끼고 있는 상황이다.

〔문항 나〕는 좀 곤란한 문항이다. 이것은 정답이 '정답 구실'을 못하고 있는 예다. 오답에 반응하는 학생 수나 정답에 반응하는 학생 수가 거의 비슷하다. 이것은 결국 학생에게 정답, 오답이 똑같은 매력을 주고 있다는 증거다. 이런 문항은 정답을 고쳐 좀 더 정답의 매력을 갖게 하든가 오답의 매력을 낮추든가 해야 한다.

〔문항 다〕는 정답에만 너무 몰려 있고, 정작 오답 구실을 해야 할 답지 ⓑ나 ⓒ는 답지 구실을 못하는 문항이다.

참고문헌

강영하 외(2004). 교육심리학-수업을 위한 심리학적 원리와 적용. 서울: 아카데미프레스.

강인애(1998). 왜 구성주의인가? 서울: 문음사.

강인애(1999). 구성주의 학습이론에 대한 고찰. 서울: 초등우리교육.

강정구(1996). 학습심리학. 서울: 문음사.

김수욱, 최승희(2002). 심리학. 서울: 박영사.

김신자 외(1999). 교육공학의 이론과 실제. 서울: 문음사.

김아영(2003). 교실에서의 동기. 교육심리연구, 17(1), 5-36.

김아영 외(2003). 교육심리학. 서울: 박학사.

김옥환, 권오일(1981). 교육평가. 서울: 교육출판사.

김정휘 편저(1998). 영재 학생 식별 편담. 서울: 원미사.

김정휘 외(2004). 영재학생을 위한 교육. 서울: 박학사.

김진호 외(2001). 교육방법의 기초. 서울: 문음사.

김학수(1984). 교육측정 및 평가. 서울: 학문사.

김현택, 박동건 외(2003). 인간의 이해: 심리학. 서울: 학지사.

김호권, 이성진, 김상호(1989). 교육평가핸드북. 서울: 교육과학사.

노안영, 강연신(2004). 인간이해 및 성장을 위한 성격심리학. 서울: 학지사.

노은호, 민경일(2000). 교수-학습 방법론. 서울: 동문사.

민경환(2002). 성격심리학. 서울: 법문사.

박석규(2000). 교육방법 및 교육공학. 서울: 양서원.

박성수(1987). 개인구념이론: 성격과 심리치료. 서울: 교육과학사.

박성익 외(2002). 교육방법의 교육공학적 이해. 서울: 교육과학사.

박숙희, 염명숙, 이경희(1997). 교육방법 및 교육공학. 서울: 학지사.

박승재, 조희형(1999). 교수-학습 이론과 과학교육. 서울: 교육과학사

방명애, 이효신 역(2004). 정서 및 행동장애. 서울: 시그마프레스.

변영계(2005). 교수 · 학습 이론의 이해(2판). 서울: 학지사.

송인섭(1987). 심리검사의 탐구논리. 교육평가연구, 제2권, 제2호.

송인섭(1989a). 연구방법의 이해. 성원사.

송인섭(1989b). 인간심리와 자아개념. 서울: 양서원.

송인섭(1989c). 자아개념 구조에 대한 발달적 경향에 관한 연구. 교육학연구, 27(1), 85-103.

송인섭(1989d). 표준화 자아개념 진단검사. 한국심리적성연구소.

송인섭(1994a). 심리학의 이해. 서울: 학지사.

송인섭(1994b). 영역 평가방법의 다원화. 전국 교육평가 심포지엄 보고서, 제11집. 국립교육평가원.

송인섭(1995). 적성 능력에 따른 성격 차원의 격차에 관한 연구. 교육심리연구, 제9권, 제2집. 한국교육학회 교육심리연구회

송인섭(1996). 표준화 지능 검사의 활용 과제. 교육활보. 교육부.

송인섭(1997a). 심리학개론. 서울: 양서원.

송인섭(1997b). 유아지능의 분화에 대한 탐색적 연구. 교육심리연구, 제11권, 제3호. 한국교육심리학회, 205-224.

송인섭(1998a). 인간의 자아개념의 탐구. 서울: 학지사.

송인섭(1998b). 지능의 위계구조 분석. 교육심리연구, 제12권, 제2호, 219-268.

송인섭(1999). 자아개념의 이론 · 측정 · 변화. 교육심리연구, 13(4), 1-46.

송인섭(2002). 한국 표준화 검사의 문제와 발전방향. 2002년도 춘계학술세미나 발표논문집. 한국교육평가학회.

송인섭(2004). 의학적성구인 탐색을 위한 연구. 한국의학교육, 제16권, 제1호. 한국의학학회.

송인섭, 김누리(2005). 영재판별프로그램의 실제. 숙명여자대학교.

신명희 외(2002). 교육심리학의 이해. 서울: 학지사.

여태철(1990). 맥락주의적 발달이론이 성인교육에 주는 시사. 서울대학교 석사학위논문.

온기찬(2003). 교육심리학. 서울: 교육과학사.

윤치연, 이순영, 천성문(2004). 특수아 교육. 서울: 동문사.

윤치연, 이영순, 천성문(2004). 특수아 상담 및 치료교육 프로그램. 서울: 학지사.

이경화, 고진영, 최병연, 정미경, 박숙희(2004). 교육심리학. 서울: 교육과학사.

이성진(1985). 교육심리학. 서울: 교육과학사.

이성진(1996). 교육심리학: 그 학문적 성격과 과제. 교육심리연구, 10(1), 25-44.

이성호(1999). 교수방법론. 서울: 학지사.

이신동(1994). 교육심리학 교재에 대한 내용분석 및 한 · 미 비교연구(1954-1988). 교육심리학연구, 8(2), 69-86.

이훈구, 한종철 외(2003). 인간행동의 이해. 서울: 법문사.

임규혁(1996). 학교학습 효과를 위한 교육심리학. 서울: 학지사.

정원식, 이상로, 이성진(1978). 현대 교육심리학. 서울: 교육출판사.

정인성, 나일주(1992). 최신교수설계이론. 서울: 교육과학사.

정인성, 나일주(1996). 교육공학의 이해. 서울: 학지사.

조나센, D. H. (1992). 교수설계의 원리와 적용. 서울: 교육과학사.

조세현, 안지혜 공역(2000). 인지학습과 교수법. 서울: 민지사.

조현춘, 조현재 공역(1996). 심리상담과 치료의 이론과 실제. 서울: 시그마프레스.

최동근(1993). 교수-학습과정 신강. 서울: 형설출판사.

최병기(1993). 현대 교수-학습 지도론. 서울: 형설출판사.

하대현(1996). 인간지능이론과 연구의 최근 동향과 과제. 교육심리연구, 10(1), 127-161.

홍강의, 정도언(1982). 사회재적응 평가척도 제작. 신경정신의학, 21, 123-138.

홍경자(2004). 청소년의 인성교육. 서울: 학지사.

홍후조(2005). 교육과정의 이해와 개발. 서울: 문음사.

황정규(1984). 인간의 지능. 서울: 민음사.

황정규(1984). 학교학습과 교육평가. 서울: 교육과학사.

황정규, 이돈희, 김신일(2003). 교육학개론. 서울: 교육과학사.

Aronson, E. et al. (1978). *The Jigsaw Classroom.* CA: Sage Publication.

Atkinson, J. (1964). *An introduction to motivation.* Princeton, NJ: Van Nostrand.

Ausubel, D. P. (1968). *Educational psychology: A cognitive view.* New York: Hlot, Rinehart & Winston.

Ausubel, D. P. (1969). Is there a discipline of educational psychology? *Educational psychologist, 5*, 1-9.

Bandura, A. (1977). Self-efficacy: Toward a unifying theory of behavioral change. *Psychological Review, 84*, 191-215.

Bandura, A. (1997). *Self-efficacy:* The exercise of control. New York: Freeman.

Bloom, B. S. (1956), *Teaching of Educational Objective, Handbook 1, Cognitive Domaign.* New York: David Mickay.

Bloom, B. S., Madaus, G. F., & Hastings, J. T., (1981). *Evaluation to Improve Learning. New York: McGraw Hill.*

Boring, E. (1957). *The history of experimental psychology.* NY: Appleton-Century-Croft.

Brody, N. (1992). *Intelligence* (2nd ed.). San Diego, California: Academic Press.

Brophy, J. (1983). Research on the self-fulfilling prophecy and teacher expections. *Journal of Educational Psychology, 75*, 631-661.

Brophy, T. (1988). Research on teacher effects: Use and Abuses. *The Elementary School Journal, 89,* 3-17.

Bruner, J. S. (1959). Learning and thinking. *Harvard Educational Review, 29,* 184-192.

Bruner, J. S. (1961). The act of discovery. *Harvard Educational Review, 31*, 21-32.

Cameron, J., & Pierce, W. D. (1994). Reinforcement, reward and intrinsic motivation: A meta-analysis. *Review of Educational Research, 64*(3), 363-423.

Carroll, J. B. (1993a). Educational psychology in the 21st century. *Educational Psycologist, 28,* 89-95.

Carroll, J. B. (1993b). Human cognitive abilities. *A survey of factor-analytic studies.* Cambridge University Press.

Cattell, R. B. (1963). Theory of fluid and crystallized intelligence: A critical experiment. *Journal of Educational Psychology, 54,* 1-22.

Charles S. Carver, & Michael F. Scheire (2000). *Perspectives on Personality* (5th ed.). Allyn & Bacon.

Collins, J. (1982). *Self-efficacy and ability in achievement behavior.* Paper present at the annual meeting of the American Educational Research Association, New York.

Covington, M. (1984). The self-worth theory of achievement motivation: Finding and implication. *The Elementary School Journal, 85*, 5-20.

Cronbach, L. J. (1963), Evaluation for Course Improvement. *Teachers College Record, 64*, 672-683.

Csikszentmihalyi, M. (1988). Society, culture, and person: A systems view of creativity. In R. J. Sternberg (Ed.), *The nature of creativity* (pp. 325-339). Cambridge University press.

deCharms, R. (1976). *Enhancing motivation.* New York: Irvington Publishers.

Deci, E., & Ryan, R. (1985). *Intrinsic motivation and self-determination in human behavior.* New York: Plenum

Deci, E., & Ryan, R. (2000). The "What" and "Why" of goal pursuit: Human needs and the self-determination of behavior. *Psychological Inquiry, 11,* 319-338.

DeVries, I. D. E., & Edwards, K. J. (1973). Learning games and students teams: Their effects on classroom process. *American Educational Journal, 10.*

Dweck, C. (1986). Motivational processes affecting learning. *American Psychologist, 41,* 1040-1048.

Gagné, R. M., & Scriven, M. (Eds.) (1967). *Perspective on Curriculum Evaluation.* AERA Monograph Series on Curriculum Evaluation, No. 1, Chicago: Rand McMally.

Gardner, H. (1983). *Frames of mind: The theory of multiple intelligence.* New York: Basic Books.

Greenberg, J. S. (1987). *Comprehensive stress management* (2nd ed.). Dubuque, Iwoa: WCB.

Grinder, R. E. (1989). Educational psychology: The master science. In M. C. Wittrock, & F. Farley (Eds.), *The future of educational psychology* (pp. 3-18). Hillsdale, Erlbaum.

Guilford, J. P. (1950). Creativity. *American Psychologist, 5,* 444-454.

Gustafsson, J. E. (1988). Hierarchical models of individual difference in cognitive abilities. In R. J. Sternberg (Ed.), *Advances in the psychology of human intelligence, Vol. 4* (pp. 35-71). Hillsdale, New Jersey: Lawrence Erlbaum Associates, Inc.

Hallenbeck, B., & Kauffman, J. M. (1995). How does observational learning affect the behavior of students with emotional or behavior disorders? A review of research. *Journal of Special Education.*

Holme, T. H., & Rahe, R. H. (1967). The social adjustment rating scale. *Journal of Psychosomatic Research, 11,* 213-218.

Horn, J. L. (1985). Remodeling old models of intelligence. In B. B. Wolman (Ed.),

Handbook of intelligence (pp. 267-300). New York: Wiley.

Hull, C. (1951). *Essentials of behavior.* New York: Appleton-Century-Crofts.

Hunt, E. B., Lunneborg, C., & Lewis, J. (1975). What does it mean to be high verbal? *Cognitive Psychology, 7*, 194-227.

James, W. (1899). *Talks to teachers of psychology and to students on some of life's ideals.* NY: Norton.

Judd, C. H. (1939). *Educational psychology.* NY: Houghton Mifflin.

Martin, A. J., Marsh, H. W., & Debus, R. L. (2001). Self-handicapping and defensive pessimism: Exploring a model of predictors and outcomes from self-protection perspective. *Journal of educational Psychology, 93*(1), 87-102.

Maslow, A. H. (1954). *Motivation and Personality.* New York: Harper & Row.

Mayer, R. E. (1987). *Educational psychology: A cognitive approach.* Boston: Little, Brown.

Mayer, R. E. (1992). Cognition and instruction: Their historic meeting within educational psychology. *Journal of Educational Psychology, 84*, 405-412.

Pintrich, P. P. (1994). Continuities and discontinuities: Future directions for research in educational psychology. *Educational Psychologist, 29*, 137-148.

Pintrich, P. P., & Schunk, D. H. (2002). *Motivation in education: Theory, research and application.* NJ: Merrill Prentice Hall.

Pintrich, P. R., Cross, D. R., Kozma, R. B., & McKeachie, W. J. (1986). Instructional psychology. *Annual Review of Psychology, 37*, 611-651.

Premack, D. (1962). Reversibility of the Reinforcement Relation. *Science, 136*, 225-257.

Renzulli, J. S. (1978). *What makes giftedness?* Phi Delta Kappan.

Renzulli, J. S. (1986). The three ring conception of giftedness: A developmental model for creative productivity. In R. J. Sternberg, & J. E. Davidson (Eds.), *Conceptions of giftedness* (pp. 53-92). New York: Cambridge University Press.

Rogers, C. R. (1951). *Client-centered Therapy.* Bosyon: Houghton-Mifflin.

Rosenthal, R., & Jacobson, L. (1968). *Pygmalion in the classroom: Teacher expectation and pupils' intellectual development.* New York: Holt, Rinehart & Winston.

Russel, R. K., & Petrie, T. A. (1992). Academic adjustment of college students: Assessment and counseling. In S. D. Brown, & R. W. Lent (Eds.), *Handbook of counseling psychology*, 485-512. New York: Wiley.

Ryan, R. M., & Deci, E. L. (1996). When paradigms clash: Comment on Cameron and Pierce' s claim that rewards do not undermine intrinsic motivation. *Review of Educational Research, 66*(1), 33-38.

Ryan, R., & Deci, E. (2000). Intrinsic motivation and extrinsic motivation: Classic definition and new direction. *Contemporary Educational Psychology, 25*, 54-67.

Schunk, D. (1990). Goal setting and self-efficacy during self-regulated learning. *Educational Psychologist, 25*, 71-86.

Schwartz, J. H. (1980). The Transport of Substances in Nerve Cells. *Scientific American,* 152-171.

Skinner, B. F. (1968). *The technology of teaching.* NY: Appleton-Century-Crofts.

Slavin, R. E. (1978). Students reams and comparison among equals: Effects on academic performance and students attitudes. *Journal of Educational Psychology.*

Slavin, R. E. (1988). *Educational psychology: Theory into practice.* Englewood Cliffs, NJ: Prentice-Hall.

Slavin, R. E. (2003). *Educational Psychology: Theory and Practice* (7th ed.). Allyin & Bacon.

Sternberg, R. J. (1985). *Beyond IQ: A triarchic theory of human intelligence.* New York: Cambridge University Press.

Sternberg, R. J. (1987). Teaching intelligence: The application of cognitive psychology to the improvement of intellectual skills. In J. B. Baron, & R. Sternberg (Eds.), *Teaching thinking skills: Theory and practice.* NY: Freeman.

Sternberg, R. J. (1999). *Handbook of Creativity.* Cambridge University press.

Sternberg, R. J. (2000). *Handbook of intelligence.* Cambridge University press.

Sternberg, R. J., & Berg, C. A. (1986). Quantitative integration: Definitions of intelligence: A comparison of the 1921 and 1986 symposia. In R. J. Sternberg, & D. K. Detterman (Eds.), *What is intelligence?: Contemporary viewpoints on its nature and definition* (pp. 155-162). Norwood, NJ: Ablex Publishing Corporation.

Sternberg, R. J., & Lubart, T. I.(1995). *Defying the crowd: Cultivating creativity in a culture of conformity.* New York: Free Press.

Stipek, D. (2002). *Motivation to Learn: Integrating Theory and Practice* (4th ed.).

Allyin & Bacon.

Thorndike, E. L. (1903). *Educational Psychology.* NY: Columbia University Teachers College Press.

Thorndike, E. L. (1910). The contribution of psychology to education. *Journal of Educational Psychology, 1,* 5-12.

Tonnenbavm. A., (1983). *Gifted children Psychological and Educational perspectives.* New York: Macmillan Publish Co., INC.

Walberg, H. J., & Haertel, G. D. (1992). Educational psychology's first century. *Journal of Educational Psychology, 84,* 6-19.

Weiner, B. (1992). *Human motivation: Metaphors theories of research.* Beverly Hills: Sage Publications.

Wittrock, M. C. (1967). Focus on educational psychology. *Educational Psychologist, 4,* 1-7.

Wittrock, M. C. (1992). An empowering conception of educational psychology. *Educational Psychologist, 27,* 129-141.

Wittrock, M. C., & Farley, F. (1989). *The future of educational psychology.* Hillsdale, NJ: Erlbaum.

Wolpe, J. (1958), *Psychotherapy of Reciprocal in Habition.* Stanford, C. A.: Stanford University Press

Woolfolk, A. E. (1987). *Educational psychology.* Englewood Cliffs, NJ: Prentice-Hall.

찾아보기

인 명

내용

저자 소개

송인섭

호주 뉴잉글랜드 대학(철학박사)

현 숙명여자대학교 교육심리학과 교수

국제영재교육학회장

Whoami 심리연구소 연구원장

한국교육평가학회장

저 · 역서

인간심리와 자아개념(양서원, 1989)

연구방법의 이해(성원사, 1989)

SPSS/PC^{+} 분석방법을 포함한 통계학의 이해(학지사, 1992)

생산적인 삶을 위하여(상조사, 1995)

심리학(상조사, 1996)

연구 방법론(상조사, 1997)

인간의 자아개념 탐구(학지사, 1998)

신교육심리학(공저, 학지사, 1999)

아동연구방법(공저, 학지사, 2001)

신뢰도-일반화가능도 중심으로(학지사, 2002)

영재교육의 기초(공저, 한국시험정보은행, 2004)

내 아이도 영재다(공역, 학지사, 2005)

심리학의 이해(개정2판 공저, 학지사, 2005)

자기주도학습(학지사, 2006) 외 다수의 저서와 논문

최명구

한양대학교 사범대학 교육학과(문학사)

한양대학교 대학원 교육학과(석사)

한양대학교 대학원 교육학과(박사, 상담교육전공)

현 극동대학교 특수교육학과 교수

저 · 역서

정신건강과 심리치료(학지사, 1998)

에니어그램 지능(역, 교육과학사, 2003)

생활 속의 정신건강(신정, 2006)

인간관계론(신정, 2006)

* **김누리** 숙명여자대학교, 목포대학교, 극동대학교 강사

* **남궁정** 숙명여자대학교, 서원대학교, 숭실대학교, 배화여자대학 강사

* **박소연** 숙명여자대학교, 경인교육대학교, 숭실대학교 강사

* **이희현** 숙명여자대학교 강사

* **한윤영** 숙명여자대학교 강사

* **안혜진** 숙명여자대학교, 한경대학교 강사

* **김희정** 숙명여자대학교, 경민대학 강사

* **김효원** 숙명여자대학교, 경원대학교 강사

교육심리학

2006년 9월 20일 1판 1쇄 발행
2009년 8월 20일 1판 5쇄 발행

지은이 • 송 인 섭 외
펴낸이 • 김 진 환
펴낸곳 • **학지사**

121-837 서울시 마포구 서교동 352-29 마인드월드빌딩 5층
전 화 • 330-5114(대) / 팩스 324-2345
등 록 • 제313-2006-000265호
http://www.hakjisa.co.kr

ISBN 978-89-5891-287-3 93370

정가 16,000원